マルコムとサラに捧げる

CONTENTS
目次

前書き

「これのやり方を学校で勉強したんですか?」

それまで受けたことのなかった質問だった。それに私はレコード買取の学位取得カリキュラムなるものが存在し得るか/存在するべきかさえ考えたことがなかった。レコード買取業者として、人々から自宅に招かれ、彼らのレコード・コレクションの査定金額を提示するよう促された経験は数限りなくある。こうした「訪問査定」ではほぼ毎回、彩り豊かな会話に花が咲くケースが多く、話題が音楽以外にすら及ぶという意味では番狂わせも起こる。ここで描写している訪問について言えば、私は売り手の居間にいて、彼らのレコードに囲まれながら、これは欲しいと思ったとある盤を水平に掲げて凝視しつつ歪みがないかチェックしているところだった。そんな私の姿は、非常に勉強熱心そうに、もしくは非常に滑稽に映ったに違いない。

「いいえ、学校で教わったことはありません」と、私は軽い笑いまじりで答えた。しかしこのやり取りのおかげで、ヴァイナル・レコードの買い方と収集の仕方を人はどうやったら学べるのだろう?　と考えさせられた。

ひとつのやり方は、長年にわたって売買に携わることだ。友人のゲイリー・バージェスはヴァイナルの売り買いに少なくとも過去二十年関わってきた人で、彼は自身の受けた「教育」を常々口にしている。それは彼が購入してきた無数の、そして今も買い続けているレコード——買った場所はフリマ、リサイクルショップ、引退を決めたコレクターや他のディーラーから等、様々だろうが――のことで、収集に値するレア度と金銭的価値で、サウンド面で、あるいはその両面で期待はずれに終わったものから得た「教育／教訓」だ（つまるところ、金銭的および希少価値と、音の面での価値はしばしば比例するのだ）。なぜそんなに詳しいのかと訊ねられると、彼はいつも「授業料をさんざん払ってきたからね」と返す。彼の言う通りだ――あなたが単に「勘だろう」と済ませるような事柄の多くは、試行錯誤の繰り返しを経て修得された、レコード一枚につきひとつずつ養ってきた知恵だ。正直、実地の経験に勝るものはない――最も能率のいい教師ではないかもしれないが、経験は全能の教師だ。

レコード収集に手を染めた頃、二〇〇〇年代初期に、私は重要な情報源をいくつか発見した。友人連中、WXYC（大学のカレッジ・ラジオ局）でヴォランティアとして働いていた仲間、地元のDJ、コレクター、各種雑誌、ファンクとソウル専門のネットのメッセージ・ボード、そしてレコード漁り全般がそれだった。しかしそれ以上に知りたかったし、バージェス流のメソッドが自分には効果的であるのも分かった。中古でも新品でもいいからレコードを買い、それらの価値を調べ、聴き込み、何が好きかを見定め、それを繰り返し続けていく手法だ。インターネットも成長し、今やそこには驚異的な数のレコード関連ウェブサイトがずらり居並んでいる。その点に、私は比較的新しいコレクター連中をうらやむと同時にまた、彼らに代わって圧倒される感覚も抱く。もし今の自分がゲームへの新たな参戦者だったとしたら、一体どこから手をつければいいか分からないのではないかと思う。初めてヴァイナルについて学ぼうと思っている、あるいはヴァイナルについてもっと知りたい人なら誰であれ、流布している膨大な量の情報を掻き分けていく諸手段は役に立つはずだ。

本書『ヴァイナルの時代』が関わってくるのがそこだ。以下に続くページの中に、あなたはマックス・ブレジンスキー、カロライナ・ソウルのマーケティング・ディレクターである彼が丹誠込めて作り上げた、洞察力あふれる、示唆に富んだ仕事の成果を見出すことだろう。彼は我々読者のために、他の人間の積んできた経験の恩恵をもたらすべくこの本を書いた。それによってヴァイナルに関する学習曲線を加速させ我々がもっとスピーディに自分自身の哲学を構築し、各人にとって最も意義あるレコード・コレクションの集積およびその管理維持のプロセスを速めるために。

情熱を注ぐことのできるレコード・コレクションを築くには多くの方法がある。ベストなやり方は、もちろん、あなたがこれは自分にふさわしいと思う方法だ。私自身の家庭内ですら、それに関する究極のアプローチは何かについて合意に達していなかったりする。妻のホリーは何年もレコードを収集してきた人で、マックスの説明を借りれば「雑食性」のレコード・コレクターに当たる。彼女の何やら広大なコレクションには、まったく脈絡のない多種多様なジャンルとスタイルが含まれる。その大半は彼女がヤード・セール、リサイクルショップ、図書館の在庫売却で一枚につき一ドルかそれ以下で購入したものだ。彼女は金銭面で非常に価値の高いコレクションを作るために収集を始めたわけではなかった。そうではなく彼女は、偶然の出会いおよび手の届く価格という要素がなければ決して経験することのなかったであろうサウンドの星座、その中で楽しんでいる。彼女にとって、安い価格帯に絞るというのは面白そうなレコードを気楽に試し買いできるということであり、かつ、気に入った作品は愛聴しつつ、聴いてみてピンとこなかったレコードをいずれ処分する際にも抵抗感がない、ということになる。

私はそれより、マックスが呼ぶところの「原理主義者」に近い。私は主に、単一のニッチなエリアでの収集に精力を傾けてきた――一九六〇年代から八〇年代にかけてノースおよびサウス・カロライナで自主制作・発表されてきたソウル・ミュージック像を描く、しっかりしたコレクションを集めてきた。この音楽大系には、WXYC局でヴォランティアとして働いていた二十一歳の頃から惹きつけられてきた。無名にも関わらず素晴らしい作品を、しかも地元で見つけるという興奮がそもそもこの世界に私を引き込んだ。自分の生まれ育った地方で活動していた名も無きミュージシャンと、彼らの豊かなネットワークについて学ぶプロセスを大いに気に入った。今日ですら、まだお目にかかったことのなかった、より多くの耳に触れるべき地元産レコードに思いがけず出会うことがある。この音楽を心から愛しているし、ゆえに「カロライナ・ソウル」はいずれ私が立ち上げることになり、現在も経営を続けているビジネスに最もふさわしい名称と思えた。

前ディケイドの間に、カロライナ・ソウルは私が集中的な関心を寄せる対象からノース・カロライナ州ダーラムにある一軒のレコード店へ、そして世界中のコレクターに向け複数のジャンルおよびフォーマットを発送するのが日常業務なオンライン・ストアへと成長した。簡潔に言えば、ビジネスを始めたことで私は自分が熱意を抱くフィールドで働けるようになったし、ニッチな分野の収集を続ける一方でその中で見つけた専門ジャンル以外の作品を販売し、それによってコレクションの拡大を支えられるようになった。レコード取引を始めた頃、ローカル産のレコードを売ってくれそうな地元に暮らす売り手を探り当て、彼らのそれ以外のレコードにも漏れなく目を通し、自分自身の学習のため、およびいずれ転売する可能性を念頭に置きつつ買取をおこなったものだった。家に戻ると、買い取ったレコードをチェックし、キープするものと売りに出すものとを選り分けていった。現在と同様、当時の私の主な販売ルートはeBayオークションだった。アイテムごとに作品解説を書き、格付けし、写真を撮り、試聴用サンプル音源を作り、その上でひとつずつeBayにリストアップしていった。やがて、販売プロセスを手伝ってもらうべく友人連中に参加してもらうことにした。それに伴い、我々は自分たちのオークションの場を個人的なコネのある人々からの委託販売向けにも解放した。要するに、彼らのためにレコードを代理で売ることになったのだ。現時点で、我々のeBay売り上げの大半は委託販売が占めており、それら販売代理業は一般大衆に由来している。

委託販売は我々にとって最大の喜びのひとつであり、レコード入手の最も素晴らしいメソッドのひとつであり続けている。委託販売を通じて培ってきた人間関係、そしてそれなしには絶対目にし得なかったであろうマテリアルの数々は非常にエキサイティングなものだ。我々の手元にもたらされた一生に一度しか出会えなさそうな品の中でも最も興味深いもののいくつかは、委託販売を通じて手に入れたものだ。レゲエのダブプレート、マイルス・デイヴィスの未発表アセテート盤、スタジオに保管されていた未発表オープンリール・テープ、プロモーション用写真、ロカビリーの45回転、「ラジオ・スポッツ」(デジタル以前の時代にラジオ放送の映画宣伝用に作られたプロモ盤)。これらの人間関係を窓口として、我々収集するタイプの人間とはどういう手合いか、そして充分な時間を経れば彼らは進化し得る、というかおそらく進化するであろうとの印象を深めていった。この点からも、この世界にアプローチするのに「正解な方法」などないことが分かるはずだ。

本書が提議する物事の数々は、真の意味で考えるに値することだと信じている。うちいくつかはあなたも同意するかもしれないし、また同意しかねるものもあるだろう。それでも、あなたはヴァイナル盤を購入し所有することに関してより包括的な思考の枠組みを得ることになるはずだし、それこそが我々読者に本書がもたらす真の贈り物だと思う。あなたが新参のレコード収集家であろうと、あるいは私のようにレコード購入を職業へと変えた人間であろうと、この本はあなたのアプローチのみならず、その根底に横たわる諸々の前提をも検討するよう促してくれる。比較的最近レコード収集を始めた人にとって、本書の内容は実質丸ごと、非常に価値あるものになるだろう。ここでマックスはレコード市場に向かう際の素晴らしい指導をしているし、それは様々な入手チャンネルにどうアプローチをかければベストかを判断するための近道として機能するはずだ。彼は私自身も個人的に日々活用しているインターネット上のリソースを参照している。既にしばらくの間レコード収集をやってきた人も、これらのページの中にレコードとの関係の見直しを求めるトピックを発見することだろう。たとえば、第五章で、マックスはヴァイナルを聴く体験を検証し、時間と空間の次元を越えて音楽を愛でる方法を考えてみせる。この章がどんなサウンドの旅路をインスパイアするだろうかと私は思いを馳せる。読者の皆さんが我々にコンタクトをとり、その結果を知らせてくれるのを楽しみにしています!

レコード収集はその人自身に合ったやり方で経験するのがベストな活動だ。『ヴァイナルの時代』はあなたのアプローチと哲学がどうあるべきかを決めてくれる本ではないが、個人の旅路の一部としてあなたが検討するかもしれない様々な事項をよく知るのに役に立つだろう。本書でマックスが発展させた枠組みは、これから初めてレコードを買おうとしているのであれ、最初にレコードを買ったのが何十年も前のことであれ、あなたにとって意義あるものになるはずだ。

結局のところ、レコード収集の方法を学び、収集を続けていくのに、ただひとつの「正しい」やり方などというものは存在しない。とにかくスタートしてみて、続けていって欲しい。どうぞ、良い旅路を。

ジェイソン・パールマッター
創設者／オーナー
カロライナ・ソウル・レコーズ
二〇二〇年四月

始めに

今、なぜヴァイナルなのか?

ヴァイナル・レコードは魔法の商品だ。銅やコーヒーのように日々売り買いされるにも関わらず、レコードの真価は常に現金価格を上回る。現在のヴァイナルの収集家はこれまで以上に、自らの所有するレコードに対し深くスピリチュアルな、知的な、エモーショナルな意味合いを付与している。ヴァイナルを愛する者の心と精神の中において、一枚のレコードは決して単なる「引っ摑み、引っくり返す」ための「ちょっとした名も無きオブジェ」ではない。むしろ、レコードはアルバート・アイラーが「宇宙を癒すフォース」と呼んだものを内に宿す存在だ。とはいえ、最も熱心なヴァイナル原理主義者ですらヴァイナル市場が高騰しているのはご存知のはずだ。二〇〇七年以降、新品ヴァイナル盤の売り上げは毎年上昇してきた。多くのレアなレコードが、今やコンスタントに四、五桁の金額で売られている。『フォーブス』は低めに見積もっても二〇一七年の一年だけで三千万枚の新旧レコードが販売されたはずだとしている【註1】。カロライナ・ソウル・レコーズは毎月約七千枚のレコードを販売しており（参考図1：ヴァイナルのユニット売り上げ）、その多くは史上最高価格を記録している。

現時点において、ヴァイナル・レコードはふたつの非常に異なる価値を同時に兼ね備えている。

ひとつは世俗的かつ経済的な価値、そしてもうひとつはスピリチュアルで美学的な価値。商品としてのレコードは、それ以外の物品となんら変わりなく取引される。一個の芸術作品としてのレコードは音楽の「王者のフォーマット」【註2】であり、我々の最も深遠な思考と情熱の媒介役だ。結果、とあるコレクターにとっての「聖杯（grail）」は、他の人間にとっては経済的な道具になる。これはすなわち、ヴァイナルに対する金銭および情熱の投資の双方は、過去最高値に達しているのを意味する。

このヴァイナルの価値の高まりは何によって起きたのだろう？　お決まりな回答はいくつも頭に浮かんでくる——レトロな魅力。ターンテーブルにヴァイナルを載せ再生するという満足感をもたらす実体験の喜び。レコード・コレクションのディスプレーとしての価値およびフィジカルな所有物を通して音楽ファンが自身の趣味をひけらかすことのできる点。デジタルに比較すると「あたたかみのある」アナログ盤のサウンド。

これらのファクターすべてがヴァイナルの復活に貢献したとはいえ、アナログのリヴァイヴァルに至る突破口を開いたもの、それはインターネットだった。オンラインのプラットフォームが存在しなかったら、先述した諸要因だけではヴァイナルの人気復活に至らなかっただろう。eBayおよびDiscogsを眺めれば、マルチ・プラチナを達成した大ヒット作『スリラー』や『狂気』はもちろん激マイナーな私家版レコード、たとえばブラック・ライダーの〝Black Ryder〟（レーベルなし／一九八二）やアイスの〝Reality〟（レーベルなし／一九八〇）まで、何百万枚というレコードが売られている。現在オンラインで入手可能なヴァイナルは、その幅広さとディープさの双方で過去に類を見ないものになっている。世界中どこにいても、最も希少な、制作された土地に根ざしたローカルなヴァイナル作品を最もありふれたヴァイナルと並行して買えるようになったのはこれが史上初だ。コレクターはもはや自分の街にあるレコード店の在庫にすがらなくて済むようになった——それがオハイオであろうがオマンであろうが、「レコード砂漠」に暮らす者たちですら、今や彼らの求めるレコードを（適正価格で）ほぼなんでも購入できる。

インターネット到来前の時代（一九八〇年代およびそれ以前）およびインターネット初期（一九九〇年代前半）に、レコードに関するリサーチはかなりの手間を要したし非メインストリームな作品に関してはとりわけ大変だった。たとえば、あの頃あなたがパンクの7インチに入れ込んでいたとしたら、レコードを見つけるために『スラッシュ』、『フォースド・エクスポージャー』、『マキシマム・ロックンロール』といった各誌、そして地元のジンのページをしらみつぶしにあたったんじゃないだろうか。したがって、あなたはコレクションをレコード一枚、メール・オーダーひとつごとに徐々に発展させていったことになる。作品の価値を信じて賭ける、もしくはひょっこり掲載されたレコード評に反応する形で購入せざるを得なかった。今ではYouTubeにSoulseek、サブスク型の有料ストリーミング・サーヴィスを合わせれば何百万もの膨大な数のトラックを試聴することが可能だし、そこにはかつて耳にするのはまず不可能だった7インチ、12インチ、LP、78回転盤（SPレコード）すら含む、ヴァイナル盤をデジタル化した音源も含まれる。もちろん何もかも購入し聴くのは無理な話とはいえ、ほんの数十年前に較べ、指数的に言って今やぐんと多くの作品が入手可能になった。オンライン上のデジタル・ファイルのすさまじい量は、どれだけ多くのアナログ・レコードが世に出回っているかを明かしてみせたことになる。

現在では、たとえばあなたが朝目を覚まし、無名なパンク7インチについて知りたいとふと思い立ったら、『Killed By Death』コンピレーション二十作を十分でダウンロードできる。それら『KBD』コンピの中で気に入ったトラックがひとつあったとして、仮にそれをガソリンの〝Killer Man〟（フランスのEgg／一九七七）とすれば、あなたは即座にそのオリジナル（OG）プレスをDiscogsやPopsikeのようなサイトで調べることができる。そこでは、同7インチ初回盤の信頼できるセールス履歴も見つかる。というわけで、あなたに〝Killer Man〟のOGコピー一枚に四十五ドルから三百二十五ドルの間の金額のどれかを支払う気があれば、その日のうちにそのレコードは購入可能だ。インターネット前の時代に、このレコードを探し出すには名人ディガーの腕が必要だったはずだ。それも今や、ネットのプロバイダと契約している者なら誰にでも手が届くようになった。

カジュアルな音楽ファンにとって、一九九〇年代後期から二〇〇〇年代初期にかけて起きたヒップスター（※アレン・ギンズバーグも用いたビート世代に関連する俗語。現在は「流行に敏感でいきがる若者」的な意）向けの再発レーベルの台頭は、レコード・コレクターにとってインターネットがいかに胸躍る存在になり得るかの最初の徴候のひとつだった。〈ソウル・ジャズ〉（一九九二年設立）、〈ジャズマン〉（一九九八）、〈ストラット（Strut）〉（一九九九）、〈ヌメロ・グループ（Numero Group）〉（二〇〇二）、〈ナウーアゲイン〉（二〇〇二）、〈サブライム・フリーケンシーズ（Sublime Frequencies）〉（二〇〇三）、〈ミシシッピ・レコーズ（Mississippi Records）〉（二〇〇五）あたりは、インターネットによるレコードのアーカイヴ拡大の機に最初に乗じたレーベル群に含まれる。これらのレーベルはとんでもなく珍しい音楽、彼ら自身もオンラインの音楽ブログやP2Pのファイル・シェアリング・サイト、招待者のみ参加できるトレント・グループやメッセージ板を通じて初めて知ったケースもしばしばという音源をコンパイルし、再プレスしていった。こうしたレーベルによる再発は、それまで最も熱心でオールドスクールなディガーにしか手の届かなかったレコードの数々を広く流布させることになった。

ジャンル的に言えば、これらの再発はオンライン上の音楽界のより大きな多音性を反映していた。それは、ロック・ミュージックはもはやレコード宇宙の中心ではないことを告げる最初の大きな徴候のひとつだった。〈ソウル・ジャズ〉および〈ジャズマン〉はソウルとジャズの再発に特化していたし、〈ストラット〉は焦点をダンス&クラブ・レコードに当て、〈ヌメロ〉と〈ナウーアゲイン（Now-Again）〉はファンクとソウルに集中し、〈サブライム・フリーケンシーズ〉はワールド・ミュージックを掘り起こし、〈ミシシッピ〉はアメリカーナ作品を再発した。こうしたレーベルはロックをベビー・ブーム世代の誇りの座から引き離しただけではなく、彼ら自身の再発する非ロックな音楽ジャンルの常識的な人気／嗜好からも距離を置いている点を表示してみせた。たとえば、「スピリチュアル」ジャズのコンピレーションを最初に発売したのは〈ジャズマン〉だった。〈ストラット〉およびいくつかのレーベルは「ミュータント」あるいは「レフトフィールド」と称されるディスコおよびダンス・レコードをリリースした。〈ヌメロ〉は自社のソウル編集盤に「エキセントリック」のブランド名を冠した。〈サブライム・フリーケンシーズ〉と〈ミシシッピ〉はワールド・ミュージックおよびアメリカーナをDIYなジャケットにパッケージすることでクールさを強調し、風土に根ざした地方産音楽について回る堅苦しい印象とのコントラストを描いてみせた【註3】。総体的に捉えれば、これらのコンピレーションはインターネットで育ったレコード・コレクターがあらゆる音楽伝統のサブジャンルに興味を募らせつつあるのを示していた。このハイパーな専門化の生んだ副作用のひとつは、注目の焦点がその時代における名声を確立した古典作からあまり知られていない作品に推移したことだった。今では熱烈なソウル・ミュージック収集家でありながらアレサ・フランクリンやオーティス・レディングにこだわらない連中、あるいはボブ・ディランやジョニ・ミッチェルにほとんど関心のない、「アウトサイダー」シンガー・ソングライターのディープなファンに遭遇するのは珍しくない。すべてのジャンルのコレクターたちには、彼ら以前の世代にとってのすっかりおなじみな「古典作」よりもレアで世に知られていないレコードの方がしばしばもっと新鮮に感じられる。名声を確立済みのアーティストの作品ですら、昨今のコレクターは比較的知名度の低い作品の方を好みひいきにする、きめ細かな区別をつけるようになっている。例としては、ジョニ・ミッチェルであれば『ブルー』より『逃避行（Hejira）』を、ディランであれば『ブロンド・オン・ブロンド』より『ストリート・リーガル』を、アレサであれば〝リスペクト〟より〝フーズ・ズーミン・フー？〟を選ぶ、等々。クールなレコードに接する機会が増すにしたがい、「本物の熱狂的マニア」としての信頼度を獲得するのもますます大変になる。インターネットは更なる難解さを指向する知ったかぶりと新たな可能性に対するより真摯で深い探究心の双方を同時に鼓舞してきたことになる。

その過程において、インターネットおよびその再発カルチャーは新たなジャンル分類の数々と収集サブカルチャーの発展も促進していった。新たな素材には組織化のための新たなコンセプトが求められる。サブジャンルの新用語は偉ぶったもの（例：ヨット・ロック）から曖昧なもの（ランダム・ラップ）、バカげたもの（ボーナーズ）まで多岐にわたる。ヴァイナル収集専門のオンライン板（たとえばSoul Source UK、Waxidermy、Terminal Boredom）やフェイスブックの収集に関するグループ（Now Playingやその派生グループ等）の存在は人々が自身のレコードの趣味を洗練させ、音楽分類を新たな視点から眺めることを可能にした。六〇年代や七〇年代の音楽マニアであれば、ロックあるいはソウルといった具合にひとつかふたつの主要ジャンルをフォローしさえすれば「進んでいる」と思われたものだったが、現在では学ぶことのできるマイクロジャンルが何百とある。

インターネットはヴァイナルの復興をはぐくみ、その過程でヴァイナル文化を変えた。しかしそれと同時に、コレクターがレコードを大事にする理由の多くはレコードが人生のしがらみからの飛翔を可能にするからだ。レコードが再び霊的なオーラを放つようになったのは部分的に、レコードが我々に日常からの一時的な逃避をもたらすゆえだ。今の時代、ストリーミング・サーヴィスは我々の生活に空いたあらゆる毛穴に音楽を押し込もうとするが、ヴァイナルを聴く体験はそのすべてと一線を画している。ストリーミングや音源ファイルがデジタルな日常の凡庸な部分として機能すればするほど、レコードはますます極上な所有物という風に思えてくる【註4】。インターネットはヴァイナルに経済的価値を取り戻させたが、インターネット上の生活は多くの意味でレコード文化に反するものだ。事実、レコードを聴き収集する行為は、オンラインでは不可能な体験ゾーンの数々へのアクセスをもたらしてくれる。

一例として、デジタルのストリーミングとは違い、一枚のレコードはしっかり実体を伴うひとつの物体だというのがある。スポティファイのプレイリストを手に持つことはできない。またサブスク型音楽サーヴィスの場合、あなたは音楽コレクションを所有していることにはならない——コンテンツをレンタルしているのだ。月額のサブスク料金の支払いをストップする、もしくは悪質なサーバがダウンしたら、あなた自身の全音楽コレクションへのアクセス路は断たれてしまう。対してレコードの場合、あなたはひとつの音楽作品をトータルで手に入れることになるし、そこには大型のオリジナル・アートワーク、ライナーノーツ、写真、別刷りのインサート、ラベル、そしてレコード本体が一個のパッケージに収まっている。ストリーミング・サーヴィスを使用すると、聴き手はそのサーヴィスそのものの編成システム――スポティファイのプレイリストであれYouTubeの「自動再生」機能であれ――に頼るしかない。

対照的に、レコード・コレクションは好きなように編成・整理できる。何を含めるかはあなた次第だし、どのレコードもなにがしかの代償を支払って手に入れるものだけに、セレクション基準にも気を遣わなくてはならない。レコード・コレクションに較べ、オンライン上に存在する音楽データの無限の海原は差異化されない素材の大集積だ。それだけではなく、レコードの場合、何を耳にするかを決めるのはあなた自身になる。ヴァイナルを聴くのは能動的な体験だ――各種ストリーミング・サイトの自動再生機能はＲＩＹＬ（= recommended if you like ／あなたにおすすめ）系の新たな発見に繋がることもあるとはいえ、これらのプログラムの機能のほとんどをユーザー側はコントロールできない。オンライン・サーヴィスはレコード収集に備わっている対面型の、他者との社交づきあいの次元をカットしてしまった。友人とレコードを交換し合う、あるいはラジオ局のレコード評を読むのと比較してですら、大企業のアルゴリズム経由で音楽について学ぶのは血が通わず非人間的な、疎外感を抱く経験だ。

ヴァイナル収集行為は、どの音楽が重要かに関するあなた個人の趣味、思考、フィーリングをはぐくませてくれる。ツィッターを利用したことのある人なら誰でも、あれが議論にとってネガティヴかつ有害な場になり得るのはご存知だろう。対してオンラインの音楽カルチャーは、「ポプティミスティック（pop + optimistic）」傾向を一層強めている――すなわち、ファンも音楽ライターもこぞって、最も人気の高い音楽を最大の称賛および注目に値する音楽として喧伝するのがますます一般的になっている。その結果、現在メジャー・レーベルに所属し最高のセールスを誇るアーティストは褒めそやされがちで、それ以外は何もかも無視される傾向がある。オンライン上のポプティミズムとは対照的に、レコード収集の行為はコレクター側に自身のコレクションに何が含まれ何が含まれないかの決定権を委ねる。オンラインの音楽ジャーナリズムのスタンダードな価値基準とは異なる、あなた個人にとっての音楽の聖典を育てさせてくれる。かつ、最新潮流に乗り損ねないために、次から次に寄せてくる一過性の流行を次々乗りこなす必要性からも解放してくれる。それは別に、フューチャー、リアーナ、フランク・オーシャンらの出したレコードは素晴らしくない、と否定しようという意味ではない――単に、レコードはたった今生まれた新しいものでもなんでもなく、彼らのレコードには何百何千という先達がこれまでのヴァイナルのアーカイヴにひしめいている、ということだ。

音楽ライターのジータ・ダイヤルが最近発信し広く拡散されたツィートの中で、彼女はヴァイナルの持つまた別の魅力、オンライン上の監視から解放してくれる点を指摘している。

「ヴァイナルはネットワークに組み込まれていない。どのオンライン・サーヴィスも私の聴いてきた音楽歴を追跡できないし、広告を打つことも、私の聴体験を売り物にして稼ぐこともできない。私が聴いている音楽は何か、それを把握しているのは私自身だけ」【註5】

言い換えれば、レコード・プレイヤーは空隙のある、ブラック・ボックスな装置だということだ。ダイヤルの指摘したポイントを更に押し広げれば、ターンテーブルは大抵職場ではなく家庭に置いてあるものという点を思い出すのも役立つだろう。これはすなわちヴァイナル盤でレコードを聴く行為は、想像の中で外世界から一時的にエスケープさせてくれる数少ない音楽的体験のひとつだということだ。対照的に、デジタル・ミュージックは代わり映えのない毎日から気を逸らす対処メカニズムとして利用されるようになる一方だ――オフィス仕事の退屈さを紛らわせ、単調な肉体労働を耐え、長い通勤時間のきつさを緩和するために。ひまな時ですら、我々は他の様々な活動のBGMに音楽を流している。対して理想的なコンディションでヴァイナル盤を聴くことは、より神経を集中させた、解放的なリスニング体験をもたらしてくれる。一枚のレコードに集中するのは、そのリズムと音楽的なアイディアを内面化するということであり、言うまでもなくそれらは日常のリズムや発想とは対極的だ。レコードを吸収する贅沢があると、あなたは別の考え方や感じ方、そして異なる時間感覚の中に埋没することになる。ターンテーブルを前に「自分自身の部屋」を持つことで、現実から切り離され、可能性の世界に触れることができる。そのような部屋を手に入れるにはやはり余暇と自由に使える金とが必要とはいえ、それでもレンブラントの絵やシェイクスピアのファースト・フォリオを収集するのに較べればはるかに安上がりだ。しかも、掘り方を心得ていれば、リサイクルショップや質屋、インターネットの片隅に掘り出し物はまだ見つかる。

　一台のターンテーブルが提供する「リアル・ワールド」からの断絶は、ミュージシャンのポーリーン・オリヴェロスが「ディープなリスニング」と呼ぶものを実践する助けになる。オリヴェロスはディープなリスニングを「人間に可能な限り多くの自覚の次元および注意力の力学の中において、サウンドへの意識を高め拡張することを目標とする訓練」と定義している【註6】。ディープ・リスニングは時にエリート主義的に触れ回られることもあるものの、それは誰にでも開かれた体験だ。ヴァイナルは密で「ディープな」リスニングに入り込むための有効さを証明された手段のひとつに過ぎないし、絶対唯一の方法というわけではない【註7】。

　そしてMP3やFLACファイルの虚ろさとは対照的に、一枚のレコードとスリーヴには実体としての歴史が内在する。リリースされた瞬間から、一枚のレコードはその周囲環境を吸収し始める。ひとつひとつに過去の来歴が含まれていて、かっこよかったり、美しかったり、奇妙なこともある名残り――ジャケットに鉛筆やペンで書き込まれた註釈に落書き、スリーヴの中に残された恋文やポルノ――ということもあれば、もっとありきたりな消耗の痕跡――すり減り、歪み、セロテープで張り合わされた古くて裂けたジャケット――の形をとることもある。それらすべては一枚のレコードの前世、そしてかつての所有者の人生のしるしだ。

多くのレコードはヴィジュアル・アート作品としても収集価値をもつようになった。例をあげれば、デイヴィッド・ストーン・マーティンによるジャズ10インチ向けのミニマルなデザイン、ハーヴィーの神秘的で不気味なゴスペル・レコードの風景画、マルテ・レーリンクが〈フォンタナ〉向けに描いたジャズ人のポートレート、〈ブルーノート〉でリード・マイルスのおこなったモダニズムなフォルム、ウィルフレッド・リモニアスの描いた風変わりなダンスホール・レコード向けの漫画等はいずれもコレクター人気が高い。もちろん、そこにはジャン＝ミシェル・バスキア、アンディ・ウォーホル、アーニー・バーンズ、ジャスパー・ジョンズ、R.クラムのように、既に国際的に有名なアーティストの手がけたジャケットも含まれる。少し前にペドロ・ベル（パーラメント／ファンカデリック）、ヴォーン・オリヴァー（4ADの体現者）ら伝説的なジャケット・デザイナーの死に際してどっと寄せられた称賛の声も、際立って個性的なジャケット・デザインの重要さを証明するものだ。そう考えれば、ヴァイナルが社会歴史学者とアート収集家双方にとってますます興味深いものになっているのも不思議はない。たとえば、二〇一〇年にデューク大学のナシャー美術館は初の「コンテンポラリー・アートの歴史におけるヴァイナル・レコードの文化」を探る展覧会を開催した【註8】。こちらもヴァイナルがアートのオブジェとなり、オールドスクールなディガーが想像すらしなかったスタイリッシュな領域へと接近しつつあることのひとつの徴候だった。だがそれはまた、ヴァイナル・レコードのもつ実物としての魅力の証明でもあった――WAVファイルに捧げられた、これと同様の展覧会が開催される図は想像しにくい。

しかしレコードに埋め込まれた歴史は、素敵な思い出の品やアーティスティックな宝物の形で現れるとは限らない。レコードは音楽のもっと見苦しい面の主要ドキュメントにもなっている――たとえば、音楽の人種差別および性差別の歴史への関与がある。五〇年代および六〇年代のアルバム・ジャケットは、しばしば白人至上主義を拡張させることになった。彼らはそれをミスター・ボーンズの〝Hey, Mister Banjo〟（Palace／一九五X――本書では発表年が不明な場合はXを用いる）の黒塗りメイクのジャケットのように露骨にやったこともあれば、ライトニン・ホプキンスの『Lightnin' Hopkins Strums the Blues』（Score／一九五八）やジェイムズ・ブラウンの『Good, Good Twistin'』（King／一九六二）といったレコードのジャケットをそれとなく白塗りすることもあった。『Lightnin' Hopkins Strums the Blues』のジャケットはチェックのシャツを着た真っ白な手の持ち主がギターを「かき鳴らす」絵をフィーチャーしているし、『Good, Good Twistin'』は若作りな白人「ティーンエイジャー」ふたりが、おそらくソック・ホップ（※五〇年代を中心に人気を博した学校の体育館等で開催された学生ダンス・パーティ。床を保護するために革靴を脱ぎソックスで踊る習慣があった）で「ダンス」に興じる姿を描いている。そしてレコード収集における人種差別はもはや過去のものと我々が肝に銘じていても、ブラック・メタル（バーザムのLP）やハードコア（スクリュードライヴァーのLP）、アウトロー・カントリー（デイヴィッド・アラン・コーの『Underground Album』、D.A.C.／一九八二）といったジャンルにおいては今なおホワイト・パワーを称揚するレコードの市場が存在する。あるいは、ブラインド・フェイスの『スーパー・ジャイアンツ』（ポリドール／一九六九）やスコーピオンズの『狂熱の蠍団～ヴァージン・キラー』（RCA／一九七六）のオリジナル・ジャケットを考えてみて欲しい。これらの作品は思春期前の少女の変態趣味なヌード写真を使用している――その事実も、一部のコレクターにとっての魅力を損ないはしない。

　というわけで、上記したように我々が「その時々の歴史を体現するものとしてレコードは魅力的で興味深い」と述べるのは、何も歴史の良い面だけではなく、その悪しき醜い側面も体現する、という意味になる。そして多くの意味で、レコードはこれらの歴史がどう生き延びてきたかも明かしてくれる。いずれにせよ、このような歴史の感覚——個人的なものであれ公的なものであれ、鼓舞されるものであれ吐き気をもよおすものであれ——は、実体を伴わないストリームやダウンロード音源には内在しない。そうは言っても、X世代やミレニアル世代の中には、昔愛用していた外づけハードドライブにノスタルジーを抱く者がきっといるのだろうが。

ジャケットやラベルに見出すのと同様の歴史の感覚は、レコードの響き方にも感じられる。一九五〇年代から一九八〇年代にかけての主要音楽フォーマットであったゆえに、この時期に発表された主だったリリースの初回プレスはまずヴァイナル盤だった。ということは、当時の批評家やファンが最初に慣れ親しんだのはそれらのファースト・プレスだったということだし、そのサウンドがその作品に対する当初の反応の基盤を成していたことになる。ファースト・プレスは、制作、エンジニアリング、マスタリングにおける様々なアクシデントが重なって生まれた、いくつもの可能性のうちのひとつに過ぎない。だが初回プレスであるがゆえに、今やファースト・プレス盤は、そこに刻まれた音楽そのものに対する一般理解に対して法外な影響をもつことにもなっている。したがって、マイルス・デイヴィスの『カインド・オブ・ブルー』（コロムビア／一九五九）はなぜ、ほぼ間違いなく史上最も有名なジャズLPになったのかを理解したいと思ったら、同作の後年発売されたステレオ盤ではなく、発売当時に人々が耳にしたのは何だったかを知るために原盤の「6-eye」モノ・プレス盤を探し出すべきだ、ということになる（※「6個の目」は、同作オリジナル・モノ盤にはかつての〈コロムビア〉のロゴだった目玉マークがラベルに六つ印刷されていることに由来する俗称）。これは何もファースト・プレスがサウンドの面で常に最上だからではなく、特にこのサウンドに関しては歴史的な重要性がある、という意味でのことだ。事実、初期プレスのサウンドがお粗末ということもたまにある。シカゴの〈トラックス・レコーズ（Trax Records）〉が発表した記念碑的な初期ハウスの12インチ・レコードの数々は、リサイクルされた低品質ヴァイナルにプレスされたものだった。古典的なヒップホップ・アルバムの多くはAB各面に歌を詰め込み過ぎたせいで、薄っぺらい響きのトラック集になってしまっている。しかしそうした欠陥のあれこれも、そのレコードそのものが音楽史に名を記すことで特徴になっていった。

その一方で、数多くの偉大なレコードはヴァイナルが主要フォーマットだった時代に制作されただけに、特にターンテーブルでの再生を念頭にマスタリングされていた。純粋主義の音響マニアは各プレス間のちょっとした差にこだわり過ぎるとはいえ、他のプレスより響きの良いプレスは確かに存在する。何をもって「ホット・スタンパ」【註9】（※スタンパはヴァイナルの量産プレス工程で使用される金属の凸版の呼称。ホット・スタンパは劣化の低い若いスタンパを用いた高音質ヴァイナルの意）と呼ぶかは常に非常に主観的だとはいえ、特定のエンジニア、プレス工場、および音源として使用されたテープ次第で、個性的なサウンドをもつヴァリエーションが生み出されてきたことはこれまでも実際にあった。国によって、同じレコードでも音響も見た目もかなり異なるヴァージョンが発売されたケースはたまにあった。というわけで、音響マニアの原理主義者たちはしばしば音質について誇張されたもったいぶった物言いをするとはいえ【註10】、レコード収集を通じ、同じ音のレコーディング作品でも「A対B」という具合に数多くの組み合わせを比較することができるのは疑問の余地がない。対して、好きなレコードのお気に入りのヴァージョンをデジタル音源だけを通じて探し出すのはまず不可能だろう。

ほとんどのレコード・コレクターにとって、ストリーミングとダウンロードは実用機能程度の存在になっている。今やコレクターは、あるレコードを購入する価値があるか否かを見極めるために各種デジタル・サーヴィスを利用する。インターネット時代において、ストリーミングおよびMP3は、とある音楽作品のオリジナル・ヴァイナル・コピーを実際に買う前に試走させてくれる。インターネット以前ですら、レコード収集家は自身のコレクションに含まれたレコードを綺麗で状態の良いコピーと入れ替えることで「向上させて（minted up）」いた。いまや、この盤質向上のプロセスはコレクター本人がレコードの現物に手で触れる前の段階で、ストリーミングやダウンロードの時点から始まることもしばしばだ。今日のデジタル・ミュージックは一律な目的手段、いずれそのレコードの汚れなきヴァイナル・コピーを「ハード・ファイリング」（あるレコードをその人の永久コレクションに加えること）するために踏むステップを意味している。

人々が再びレコードに深くハマるようになっている、その理由の多くはざっと上記した通りだ。本書は自分もハマりたいと思っているあらゆる人にとってのガイド本だ。以下のページを通じて、我々は精密に地図を描き、読者諸氏をそこに広がる様々な領域へと案内していく――現代のレコード界はどんな風に機能しているかの分析、そして実用的な収集スキルの指導の双方を通じて。インターネットのおかげでレコード生活の表面をさらっと読み取るのがかつて以上に楽になったのは確かだが、一方で、更に深く掘り下げていくのもこれまで以上に困難になっている。スティーヴン・グレアムが書いたように、コレクターはやはりまだ「向こうから近づいてくるのを待つのではなく、アンダーグラウンドに向かっていく必要がある（中略）たとえその『向かっていく』行為が、通信販売業者に注文書を送ったりレコード・ショップに足を運ぶのではなく、今では主にウェブ検索やフェイスブックの『いいね』から成り立っているとしても」【註11】

私はインターネット時代に不可欠な手法やスキルのいくつかも検討するつもりだ――どのようにレコードを探し、見つけ出し、購入し、価値を見定め、二十一世紀においてレコードをどう理解すればいいかを。レコードの世界を回転させている様々なトレンドやサブカルチャー、マイクロジャンルの推移についても解説する。時に有用で、時に矛盾してもいる、しかしやはりいつでも笑わせてくれる、コレクター同士の様々な関わり合い方（あるいは関係を結びそこねてしまうこと）にまつわる誤解も取り除こうと思う。また、歴史的なトレンドとより一過性型なトレンドとの違いを見分ける方法も提案したい。本書を読み終えたあかつきには、誰もあなたのことをＷＯＬ（「writing on label」＝ラベルに書き込みあり、の略語）だのＤＮＡＰ（「does not affect play」＝盤面に軽いキズ等はあるが再生には問題なし）、ＲＶＧ（伝説的なジャズのレコーディング・エンジニア、ルディ・ヴァン・ゲルダーのイニシャル）といった謎めいた頭文字で翻弄して戸惑わせなくなるはずだ。オンライン通販やレコード店で泣きを見ないためのハウツーからクロスオーヴァーと七〇年代ソウルのサウンドの違い、eBayのスナイプ入札の設定の仕方からゴスペルとニューエイジの人気再燃をどう理解すればいいかまで、私がみなさんにすべてお教えします。

CHAPTER 1

レコード・ゲームの遊び方

本書の導入部でも強調したように、インターネットはレコード収集行為に革命をもたらした。おかげでアクセスを妨げていた旧来のバリアは取り除かれたものの、と同時に新たな障壁も生じることになった。ヴァイナルの重要さを再生させた一方で、インターネットはまた、レコード・ゲームの一角をリッチな連中が金にモノを言わせて運をつかむ非常にシビアな投機株式市場に変えた。ネットは手書きの「これを求む」リストや雑誌等に印刷された価格ガイドといったシンプルな世界に取って代わり、新たに複雑なシステムを据えた。新手のコレクター、そしてレコードにもっと深くハマりたいと思っている人々の双方にとって、世の中に何が存在するかを一覧するのにこれほど楽になった時代は初だ。だが、と同時に最上級のレベルでレコードを収集する行為はかつて以上に困難にもなった。この章は、現代におけるレコード収集の新たな経済的／文化的地勢図を書き広げていく。カロライナ・ソウルの非公開売り上げデータから引いたチャートを用いて、私は新たなレコード・ゲームの規則、ゲームに参戦しようとする人間にそれが提示するチャレンジ、そしてそうした困難を克服するための戦略を詳細していくつもりだ。

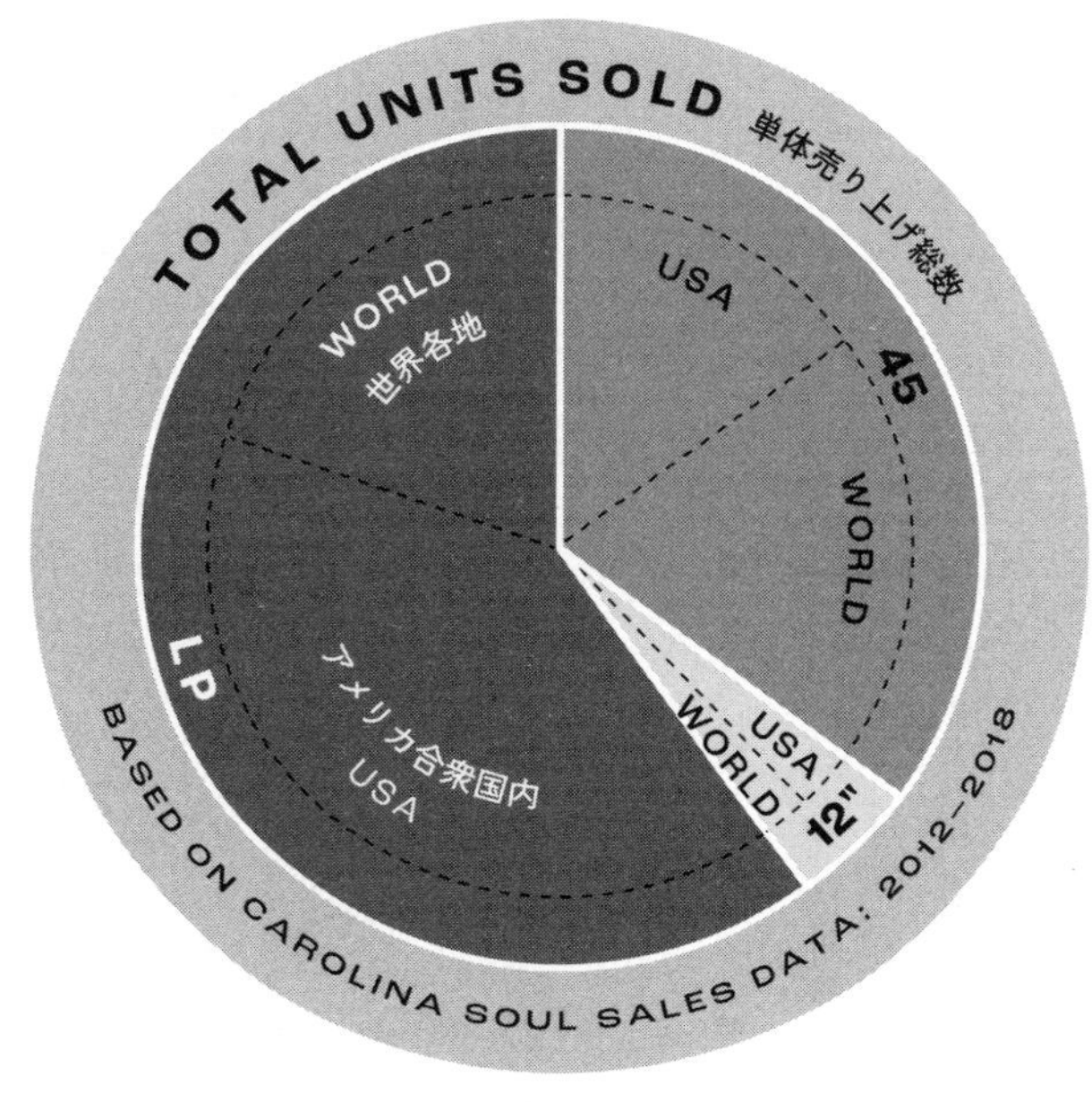

図版１　ヴァイナルの単体セールス　カロライナ・ソウルの2012-2018売り上げデータに基づく

価格上昇

レコード収集にインターネットが及ぼした紛れもないひとつの影響は、全般的な価格上昇だ。フリートウッド・マックの『噂（Rumours）』からレアなレックス・ハーリー作品まで、どんなヴァイナルもおそらく、たとえば一九九五年時の価格に較べたら上昇しているだろう。レコードはもはや音楽メディアの主要フォーマットではないが、にも関わらず新品および旧作ヴァイナル双方に対する関心は、確実に売り手市場を生み出した。レコードのアーカイヴを国際的な市場プールに解放したことで、eBayオークションはヴァイナルの富を1パーセント勢に上向きに再流通させ、それ以外の誰もは遠ざける傾向を帯びていった。それに伴い、この点はレアなレコードの収集をかつて以上に恵まれた者たちが競い合うゲームへとより近づけた。その結果、価格面でゲームから蹴落とされたと感じる連中も一部にはいるし、そもそもレコードの世界に入ってみようかと思っている人々もその意気をくじかれている。そこまで高価ではないレコードは標準的なコレクターにとって入手しやすくなったとはいえ、やはり全体的なレコード価格の上昇は、経済的にもっと余裕のある買い手を除くすべての人間を圧迫している。

最も深いレベルで言えば、この点はレコードがどこに「向

図版2　カロライナ・ソウルの全世界レコード売り上げデータ
（eBayでのセールス、2012年〜2018年）

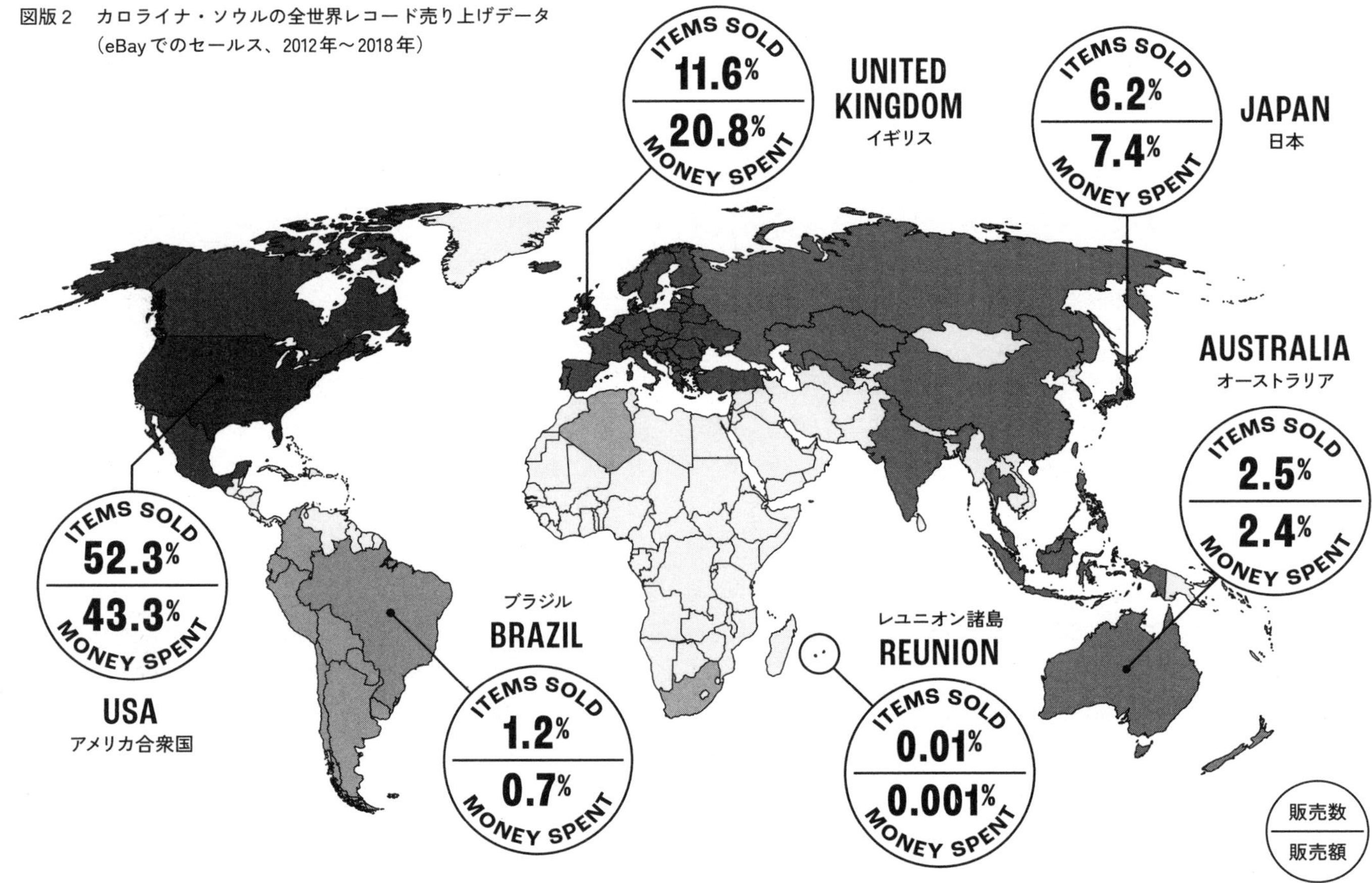

かっているか」に関する倫理的な疑問を投げかける——文字通り、そして象徴的な意味で、どこへ流れているのか。地元／自国の所有者からレコードを取りあげ、少数の富裕な国際的コレクターの手にゆだねるシステムは果たして公正と言えるのだろうか？　更に言えば、今や最も価値の高いレコードはアメリカ合衆国、イギリス、日本といった高所得な国に向かっており、アフリカや南アジア諸国に流れるのはごく僅かだ（図版2参照）。市場を通じて世界中に拡散させるよりは、ラジオ局や博物館、学校や大学がレコード・コレクションを丸ごと所蔵・保管できる方がいいのではないか？　しかしこれらの疑問は、すぐに効果を発する解決策なしに構造的な問題を指し示しているに過ぎない。その解決に要されるのはマーケット全体をあげての大規模な変化、いやおそらく資本主義の構造そのものすら変化する必要があるかもしれない。そうは言いつつ、状況は決して絶望的なものではない——レコード・ゲームは数々のレベルで機能するものであり、うちいくつかはかつてないほどエキサイティングになっている。だがゲームの規則を知らない場合、あなたは負けの憂き目をみる定めにある。そしてレコード・ゲームを上手にプレイできるようになる前に、まずその仕組みを理解しておく必要がある——以下に、そのメソッドのひとつを紹介しよう。

趣味

レコード・ゲームに関する知識は、ゲームでの成功、そしてその先に進むことの双方に不可欠な要素だ。一見ネガティヴなトレンドですら、上手に使えばアドバンテージになる。たとえばレアなレコードの価格が上昇した現在、必要なレコードを購入するために、自分の求めていないレコードを売ることができる。ヴァイナルの原野では価値あるレコードを掘り起こすことは今でもまだ可能であり、あなた個人のコレクションを拡張するために、投機ゲームに興じることは可能だ。それに必要なのはちょっとしたノウハウ、遠出も厭わない心持ち、そして手が埃で汚れても構わないというオープンさだけだ。

これは以下に述べていくテーマのほんの一例に過ぎないが——どれだけ金を積んでも趣味は買えない、ということ。最も高価なレコードが、すなわちベストなレコードというわけではないのだ。eBay売り上げ最高値のアグリゲーターであるPopsikeを見てもらえば、終了したレコード・オークションの数々を高価格順に整理して確認できる。このリストのトップを占める、最も法外な値札の付いたレコードの数々は美学的な観点から言えばごたまぜだ——中には素晴らしいものもあるし、まあそこそこというもの、そして積極的に苛立たされる作品も含まれるし、一方でこれといって音楽的な関心を引かない、それでも稀少な記念品ということもある（付表1参照）。

これと同じことはカロライナ・ソウルのトップ売り上げ作品の非公開リストにも当てはまる――価格の高さは美学面での価値を保証しない。たとえば、同社がノーザン・ソウルのヴァイナルのプロモ盤で記録した最高値のオークションの結果をふたつ較べてみよう。この結果からして、ラリー・クリントン（Larry Clinton）のレコードはセインツのレコードより約3．3倍良いということになるだろうか？ もちろんそんなはずはない。実際、私個人は〝I'll Let You Slide〟の滑るような優雅さの方がクリントンの〝She's Wanted〟での仕事に勝っていると思う。にも関わらずインターネットは――売り上げデータを記録保存し、整理し、一般に向けて公開することによって――多くの人間を、高値は秀逸な音楽的価値の証しであるとの誤解に誘い込んできた。なぜかと言えば、ぱっと見では価格リストは客観的なものとして、判断と評価という名の主観的な原野からの脱出口と映るからだ。

だがデータは我々を救ってはくれない。たとえば、上記の高価なノーザン・ソウルのシングルの例で言えば、どんなジャンルであれ、売り上げデータは少数の、全世界でも数百人しかいない富裕でニッチな聴き手の趣味を反映したものであることを忘れてはならない。価値判断に関してニュートラルな、一般人の声を表したものからはほど遠い、ということだ。購入データはある特定の階級に属する買い手の傾向および偏愛の対象を明かすに過ぎないことを思えば、あなた自身の判断力を維持するのは大切なことだ。データは、レコードを転売する際の道具として、あなた自身の趣味を磨くための砥石として、まだ聴いたことのない音楽を発見するために活用できる。だが、無条件にうやうやしく敬礼しなくてはならない、ちゃんと決まった古典作品リストなどというものは存在しない。レコードのデータは楽しいし有用とはいえ、自分の聖典を構築していく上での基準という意味で、それは『ローリング・ストーン』誌の編纂する「史上最高のアルバム５００枚」と同じくらいあてにならない。

言い換えれば、ビッグ・データなインターネット時代においては、経済的価値と美学的価値とは決して同義ではない点を肝に銘じよう、ということだ。一枚のレコードに関する重要な疑問の数々、たとえばその意味、影響力、歴史的な重要性という意味で、その価格は問題外になる。どこかで見つけた一ドルのレコードが素晴らしい内容ということもあるし、一方で多くの高額なレコードが退屈だったりもする。この点に関しては、それ以外の実に多くの様々な事柄と同様、マー

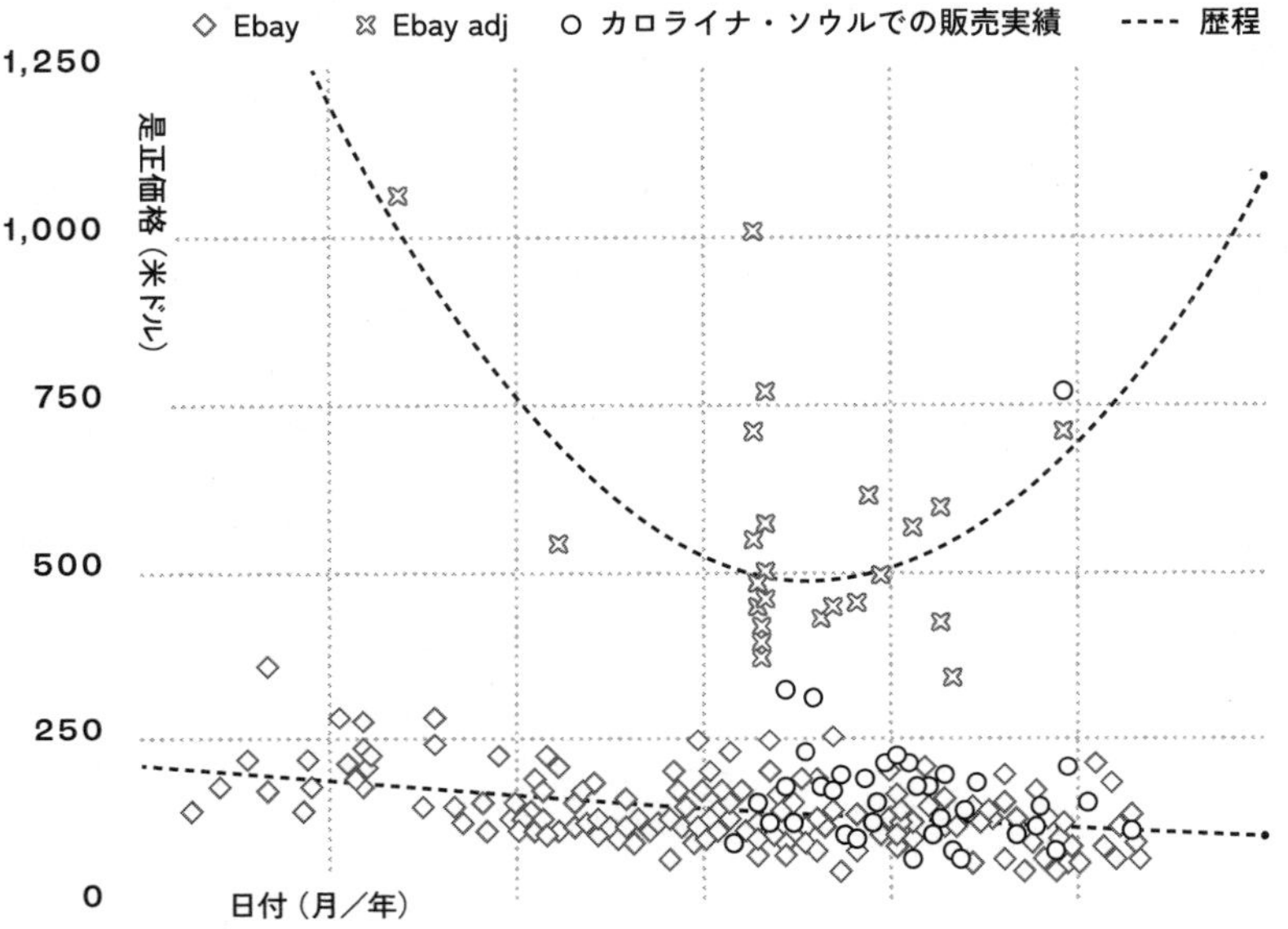

図版3　アン・セクストン（Anne Sexton）"You've Been Gone Too Long"

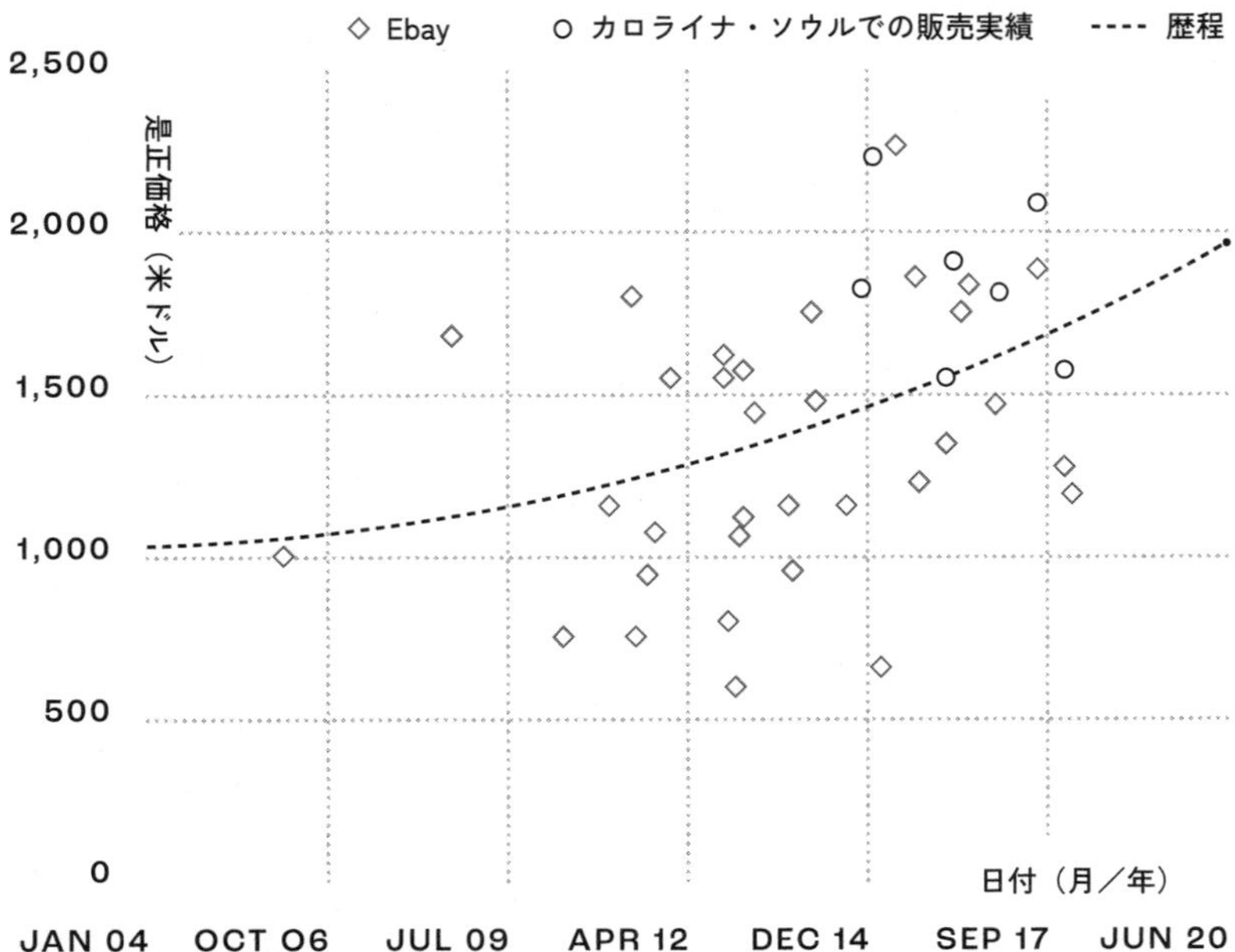

図版4　ユーラ・クーパー（Eula Cooper）"Let Our Love Grow Higher"

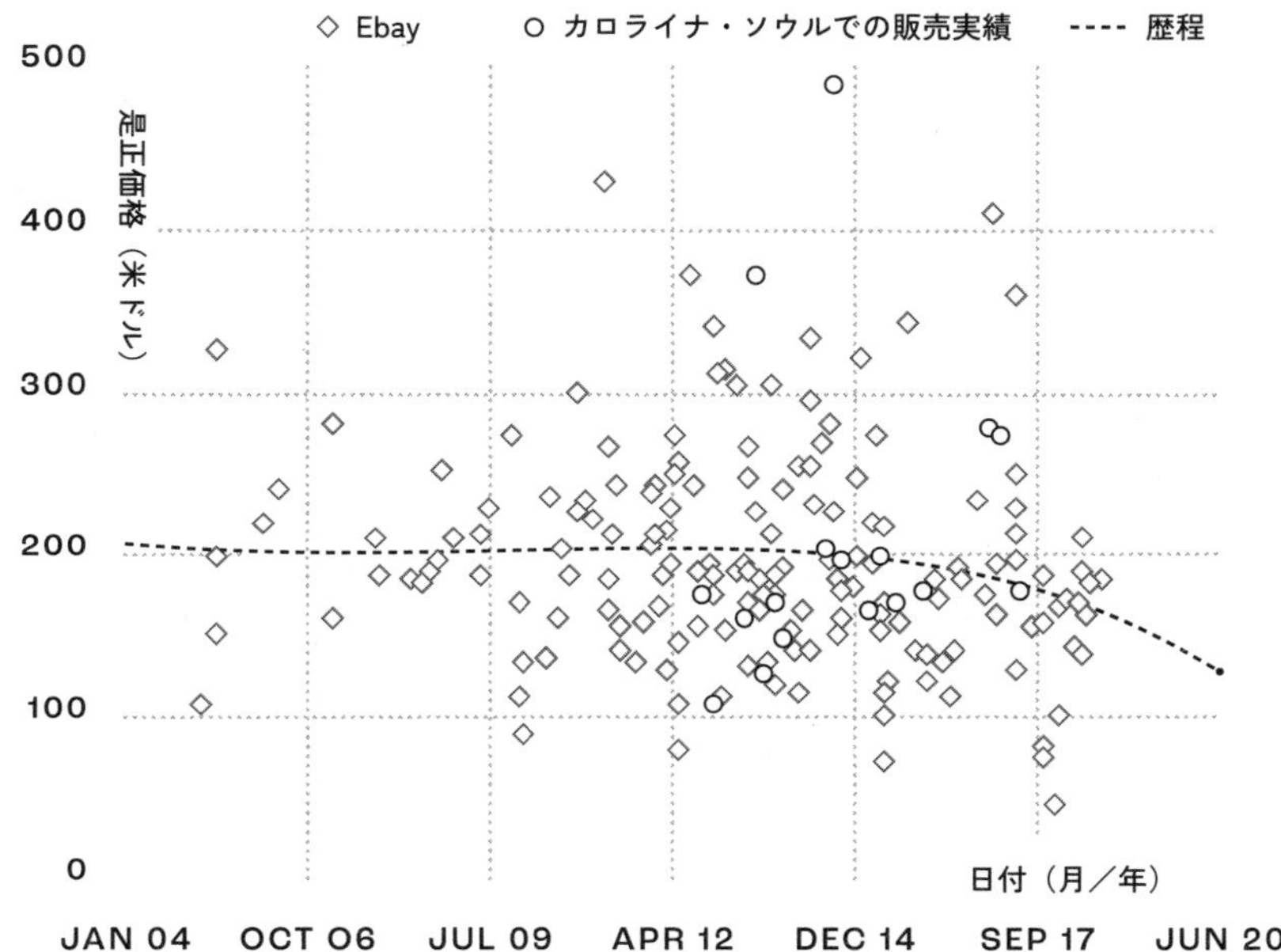

図版5　ザ・ハニー・ドリッパーズ（The Honey Drippers,）“Impeach the President”

ケットの「合理性」を鵜呑みにするわけにはいかない。インターネットがレコードを株式取引の場に放り込んだ現在、レコードはオランダのチューリップ貿易（※一七世紀に起きたチューリップ球根の価格高騰／暴落の騒動）に匹敵する、いくつもの不合理なフィーバーや高騰の対象になっている。

インターネットはまた、個々のレコードの値段を混乱させてもいる。すなわち、あなたの愛するレコードもその経済的価値が劇的に下降したり上昇するということだ。ひとつの例として、アン・セクストンの永遠のソウル名曲 "You've Been Gone Too Long" を見てみると、その三つのヴァージョンのうちのふたつは米ドルの価値が下がり続けている（図版3参照）。カロライナ・ソウルのデータ通であるネイト・スミスによれば、この理由は「二〇一三年の始めに、あのレコードの最も需要の大きい〈Impel〉ヴァージョンが多く見つかり、たった一ヶ月の間にeBayで十四枚も売れたことでマーケットがビビった。最も多く流通している〈Seventy Seven〉の黄色ラベルのプレスは更に大きく市場価値を落としていて、マイナス50パーセント。これは〇〇年代初頭から、誰もがあのコピーを絶え間なくeBayに送り込んできたせいだ」ということになる。その反応として、この市場評価に照らし合わせてアン・セクストンのシングルの価値を潜在意識の中で見直すことになる人間もいるだろう。もしかしたら、

〝You've Been Gone Too Long〟は以前思っていたよりも「一般的な」サウンドのレコードなのではないかと、数の多さをイコール質の低さと看做し始めるかもしれない。だが、アン・セクストンのレコードを聴く体験があなたのパーソナルな連想、思い、フィーリングといった複雑な幅を網羅するのに対し、そのレコードのeBayでの現状価格はただの数字に過ぎない。その逆の例として、ユーラ・クーパーの〝Let Our Love Grow Higher〟のように（図版4参照）レコードの価値が上昇することもあり、それを受けて以前その作品に対して下した評価を考え直し、他の連中が今や耳にしているらしき価値を必死になって聴き取ろうとするかもしれない。あるいは安定した価値を維持してきたレコード、たとえばザ・ハニー・ドリッパーズの〝Impeach the President〟の場合（図表5参照）は単純に、市場の変動を受けつけないゆえにこのレコードは古典なのだ、と思うかもしれない。しかし、マーケットは情報ソースのひとつに過ぎず、しかもその情報はせいぜい良くても狭く、欠陥があるという点は覚えておくべきだ。価格動向のチャートはレコードを転売する際には必須かつ便利なリサーチのツールだが、金の呼び声とレコードそのものから発する声とを混同する誘惑には打ち勝って欲しい。なぜなら、現実としては両者の語る言葉は別物だからだ。

本書導入部でも述べた通り、インターネットが押し広げたポピュラー・ミュージックの地平線という機会に最初に乗じたのが再発レーベルの数々だった。アメリカの〈ナウーアゲイン〉や〈ヌメロ・グループ〉、イギリスの〈ジャズマン〉、日本の〈Pヴァイン〉といったレーベルが、それまでマニアしか知らなかった、あるいは存在すら知られていないレコードを再発し始めた。図版6はそうした再発がオリジナル・プレスに及ぼした影響を探っている。ご覧のように、調査対象になったオリジナル盤の半数は再発後に価値をいくらか失い、一方残る半数は価値を上げた。別の言い方をすれば、再発が買い手にサイフの紐を締めさせるのかゆるめさせるのか、その影響は不明瞭ということだ。いずれにせよ、再発盤とオリジナル盤とが互いの存在を脅かすことなくマーケット内に共存できるのは明らからしい。

マーケット動向が普遍的なテイストを反映していると考えてはいけないのと同じように、こうした再発の動きがアンダーグラウンドの趣向を映し出すものだと思うべきではない。再発が謳う「古典」というものも、あまり真に受けないように。リスペクトされている再発レーベルは、確かに数多くのクールなレコードを一般に流通させた。だが彼らのカタログは、インディペンデントな音楽コミュニティやハードコアなディガーの願いを直接反映したものではない。ある作品が再発に至る道のりは、著作権、マスター・テープの状態、レー

図版6　オリジナル盤価格に再発が及ぼす影響

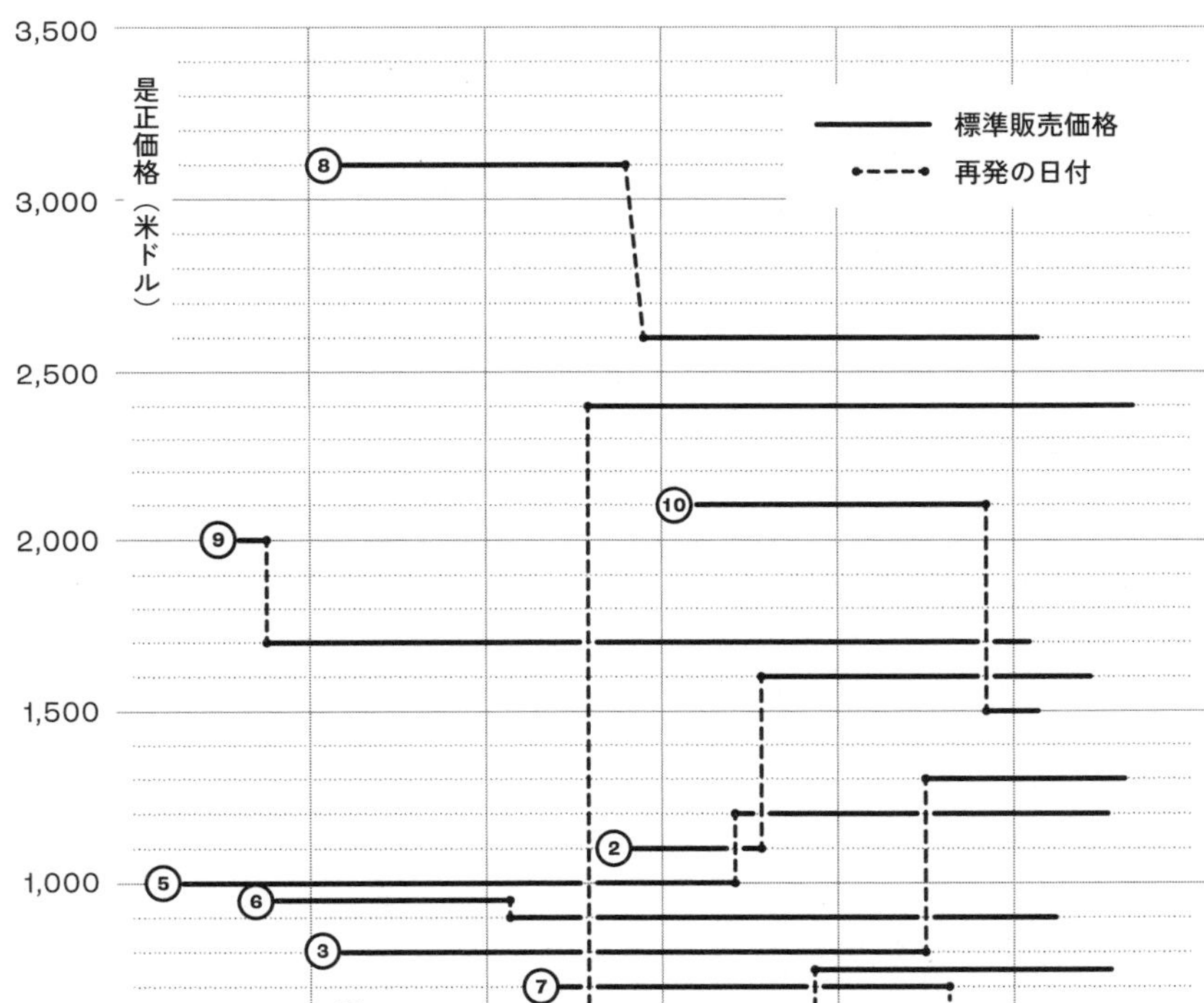

価値が上がった作品

① **Equatics "Doin It"** (no label)
リイシュー：Now-Again, 2010年2月
再プレス：2017年7月

② **M'Boom "Re:Percussion"** (Strata-East)
リイシュー：Think!, 2012年10月

③ **Stark Reality "Discovers Hoagy Carmichael's Music Shop"** (AJP)
リイシュー：Now-Again, 2015年5月

④ **Patterson Twins "Let Me Be Your Lover"** (Commercial)
リイシュー：Think!, 2013年9月

⑤ **Rhythm Machine "S/T"** (Lulu)
リイシュー：Now-Again, 2012年7月

価値が落ちた作品

⑥ **Milton Wright "Spaced"** (Alston)
リイシュー：Jazzman 2008年10月

⑦ **Edge Of Daybreak "Eyes Of Love"** (Bohannon's)
リイシュー：Numero Group, 2015年10月

⑧ **Brief Encounter "S/T"** (Seventy-Seven)
リイシュー：P-Vine, 2010年10月および Jazzman, 2011年1月

⑨ **Freddie Terrell's Soul Expedition** "S/T" (Lefevre Sound)
リイシュー：Jazzman, 2015年1月

⑩ **Tommy McGee "Positive-Negative"** (MTMG)
リイシュー：Numero Group, 2016年5月

ベルとアーティストの間で取り交わされた契約条件といった諸要素が重なって偶然起きた事故、というケースはよくある。音楽的な素晴らしさや歴史的な重要性が誉れ高い再発を自動的に確証するとは限らない一方で、再発レーベルにとってその契約を結ぶことが経済的に有意義だから、というだけの理由で標準以下のレコードが時に「失われた古典」としてシニカルに再発されることもある。

様々な趣味のコミュニティをどうさばくか

マーケット（再発マーケットも含む）に反してあなた自身のレコードの好みを確立するのに、ひとりで努力する必要はない。実際に顔を合わせるものからヴァーチャルまで世の中には多種多様なコミュニティが存在し、それぞれがヴァイナルを解釈し使うための独自のレコード聖典メソッドを備えている。そうしたコミュニティ生活に参加することは、マーケット価格を美的価値観として内面化したいと思う誘惑に打ち勝つのを助けてくれる。インターネットはめまいがするほど数多くの小規模なテイスト・カルチャー、マイクロジャンル、特定のサブジャンルに焦点を絞ったこだわりの連合体を生み出してきた。文化の高級化がもたらす均一効果にも関わらず、ローカルな音楽シーンはいまだに各地にちらばっている。他より規模の大きいもの、あるいはもっと興味深いものと様々だが、実質そのすべては価格システムの客観性に反旗をひるがえしている。こうしたコミュニティに関わることはあなたが学び、自身のテイストを明確化するのを助けてくれる。

「実生活」においては、地元のレコード・ストアを見つけ出し彼らの専門ジャンルを見極め、ニッチなクラブを探し当てて彼らの得意とする売りのサウンドを吸収しよう。カレッジ・ラジオやコミュニティ・ラジオ局にチューン・インし、あるいはヴォランティアとしてそこで働く手もある——これらは勉強の場だ。カロライナ・ソウルのあるノース・カロライナ州の三角地帯（ダーラム、ラレー、チャペル・ヒル）では、三つの街がそれぞれの地元機関で独自のやり方で音楽を切り分けている。四つの主要インディペンデント・ラジオ局——ＷＸＤＵ、ＷＸＹＣ、ＷＨＵＰ、ＷＫＮＣ——は違うタイプのＤＪを引き寄せていて、聴けばほぼ間違いなくどの局かすぐ察しがつく。いずれの局のサウンドも各自のヴァイナル・ライブラリーに大きく依っており、そのひとつひとつがあなたを異なるヴァイブに触れさせてくれる。同様に、三角地帯にあるレコード店もおのおのまったく違う面に焦点を絞っている。たとえば、ダーラムにあるカロライナ・ソウルの店頭に並ぶレコードは一九五〇年代から一九八〇年代にかけてのブラック・ポピュラー・ミュージックに偏っているが、近くの街カーボロにあるオール・デイ・レコーズはもっとコンテンポラリーなダンスおよびエレクトロニック・ミュージックのレコードに重点を置いている。ラレーにあるソリー・ステイト・レコーズはパンク、ハードコア、メタル専門店。地元レーベルである〈マージ〉と〈パラダイス・オブ・バチェラーズ〉は、それぞれ主にインディ・ロック、そしてよりすぐりのフォーク作品を発表している――したがって、異なる聖典作品およびレコード文化を備えている。音楽コミュニティを多く発見すれば発見するほど、あなたにとって何が大事な作品かを見定めるべく、生の素材から吸収していかざるを得なくなる。これらのコミュニティにオープンな姿勢と愛情と共に入っていけば、クールなレコードの新たな聴き方のお手本が色々と見つかるはずだ。そうしたクールなレコードを見つける助けになるだけではなく、人々と仲良くなり、彼らと知的な結びつきをもつのは本当に価値あることでもある。友人で形成されたコミュニティ内で、人々はいつだってレコードを売り買いし、プレゼントし合うものだ。

もしもあなたが内気なタイプで、ここで提案する社交的なやり取りすべてが億劫に思えるのであれば、もちろんオンライン上のレコード生活という手がある。ソーシャル・メディア（フェイスブック、ツィッター、インスタグラム）やオンライン上の掲示板（たとえばソウル音楽向けのSoul Source、パンク好き向けのTerminal Boredom）を活用するのもいいだろう――とはいえ後者は、近年ではその重要性がいくらか薄まりつつあるが。フェイスブックには招待者オンリーのグループと一般向けのグループ（Now Playing等）の二種類があり、そこでレコードをトレードしたり他のレコード・コレクターと交流することができる。レコードのインスタグラムも、新たな音楽を探求するための手段のひとつだ。他サイトに較べやや自慢気味な傾向が強いとはいえ、それでも実りの多いリサーチ用ツールであるのは間違いない。これらのグループに参加する人々の動機は様々で、かつてヒッピーたちが「breadheads」（※金＝dough＝パン種が目当てのがめつい資本主義者を指すスラング）と呼んだ輩にあっさり侵入を許す面もあるとはいえ、こうしたコミュニティは単にひと稼ぎするための手段としてではなく、音楽の中により多くを見出している人々の存在なしには成り立たない。とどのつまり、いくらレコード価格が高騰しても、大企業やファイナンス会社の生む法外なマージンに較べればレコードを売って得る利ざやはその足下にも及ばないのだから。

ネット上では、音楽に関する文章とラジオも細分化および多様化を迫られてきた。古いウェブサイト、たとえば『ピッチフォーク』や『ローリング・ストーン』は今でもたまに自分たちはシーンをすべて把握していると言わんばかりの博識な書きっぷりを呈するとはいえ、それより小規模な、ジャンルを専門化したサイトやインディペンデントなストリーミング・ラジオ局の方が新たな動向やトレンドを学ぶには良い情報ソースだ。あらゆる神話の謎を解く鍵を求めてメジャーな企業型ウェブサイトを眺めるよりも、自分や自分のいるコミュニティの関心と繋がっていると思えるサイトを見つけ出そう。たとえば、コンテンポラリーなダンス&エレクトロニック・ミュージックについてもっと深くディグりたいと思うなら、『Resdent Advisor』を閲覧し始めるといい。サイケや一匹狼、ぶっ飛んだカウンターカルチャー系音楽全般について知りたければ『Perfect Sound Forever』やWFMUのブログといったサイトのアーカイヴを探ってみるといい。ほぼあらゆるジャンルに関してニッチなオンライン・メディアが存在するし、まずはあちこち突ついてみてはどうだろう。YouTubeのウサギの穴にアリスのように落ちていって、アルゴリズムがはじき出した色んな音楽を試しに聴いてみるのもいい。そしてたぶん、何よりもまず、インディペンデントなオンラインのラジオを聴いてみて欲しい。プレイリストのないフォームなしの局、たとえばNTS（ロンドンおよび今やLAにも進出）、Red Light Radio（アムステルダム）、Intergalactic FM（ハーグ）、WFMU（ジャージー・シティ）等はヴァイナルを山ほどオンエアし二十四時間放送しているし、試しに聴いてみる気があれば、新人アーティストやサブジャンルを毎時間教えてもらえることだろう。特にNTSは全番組をアーカイヴに保存しているので、お宝の宝庫と言える（かつ、この局でカロライナ・ソウルは現時点で四年以上番組をもたせてもらっている）。

また、新たに発見した音楽コミュニティから一時的に休憩を取ろうと思った場合は、ためらいなくストリーミングやダウンロード界隈を探るのもいい。これらは音楽と関わる意味では楽しさに欠ける実用本位な手段とはいえ、代えがたい価値のあるリソースにもなり得る。なぜなら実際にレコードを買う前に試聴することができるからで、それは九〇年代後半ですら不可能な話だった。かつ、今やより多くの人間がレコードを掘っているということは、すなわち、より名の知れない、レアな、というかこれまで存在すら知られていなかったレコードが近年eBayやDiscogsにポッと出没するということでもある。これらのサイトが現在コレクター諸氏の直面する問題の多くに貢献している一方で、それを逆手にとって利点として活かすのは可能だ。カロライナ・ソウルのeBayリスト（あるいはFunkyou!でもPaperstaxのリストでもいい）をフォローし、レアで無名な古典的なヴァイナルを発見するのに、一枚のレコードにわざわざ一万ドルもはたける懐がある必要はない。多くの場合、これらの音源はSoulseek、スポティファイといったサイトに転がっているのが見つかる。最もレアとされるレコードですら、法外な額の現金を支払うまでもなく、試しに聴いてみる手段はいくらでもある。スポティファイやYouTubeのアルゴリズムはたちが悪いとはいえ、邪悪ではない（＝リスナーにとっては、の話。彼らがアーティストに支払う印税のお粗末さはまた別の話だ）。それらですら、レアで無名なヴァイナルを幅広く知るためのきっかけとして活用することができる。

今、ヴァイナルを買うということ

とはいえ、ダウンロードでの音源入手やストリーミングで聴くのではなく、自身のコレクションのために実際にレコードを購入するとなったら、知っておくべきスキルはいくつかある。オンライン上で、そして誰かを相手にレコードを買うのとでは異なる戦略が求められるので、以下にそれぞれ別個に、手始めに実店舗から書き記していこうと思う。レコード店に入ったら、まずはその店がDiscogsの売り上げデータを元にアイテムを価格設定しているかどうかを見極めよう。それは店が売っているレコードをDiscogsで検索し、価格を比較すればチェックできる。その店がオンライン価格を参考に値付けしているとしたら、美味しい話に出くわす率は低くなる――彼らの価格はオンラインのそれをコピーしている、もしくは高騰させているからだ。インターネットの市場価格を踏まえずに値段を付けている店の場合（その例は時間の経過に伴い稀になっているが）、過小評価された価値あるレコードが見つかる率は高まる。とはいえ気をつけて欲しい――たまに、それが逆効果になることもある。年配のレコード業者によっては、オンラインの世界ではとっくの昔に価値の下がった、あるいは完全に陥没したレコードですら何十年も昔の評価額にこだわることがあるからだ。いずれにせよ、ネット上での価格をよく把握しておけば、そのぶん店頭で得をすることになるだろう。

たとえその店がオンラインを元に売値を決めているとしても、そうした店もよく一枚一ドルのエサ箱や、店側があまり詳しくないジャンルのレコードを店内に抱えている。得な買い物を見つけるのに、これらは良い場所だ。もしかしたら、とある店のマネージャーはラップ、ファンク、ソウルには非常に詳しいかもしれないが、コンテンポラリーなクラシック音楽やニューエイジにはあまり明るくないかもしれない――だとしたら、その手のジャンルを店側が正確に値付けしていない可能性は高まる。逆に、ＬＰや45回転に詳しくても12インチには弱いということもあるだろう。いずれの場合も、もしも価格が高過ぎであれば強い立場から店側と価格交渉ができるし、逆に安過ぎなレコードの場合は、もちろん、値切りなどせずに黙ってそそくさと買ってしまえばいい。

つけ加えれば、一部のジャンルに関してオンラインのデータは他ジャンルに較べて脇が甘い。これもまた、レコード店の価格設定システムに盲点を作り出している。たとえば、あなたがドゥーワップとゴスペルのシングルのファンであれば、この手のレコードの店頭価格がややいい加減なものであることにすぐ気づくはずだ――DiscogsもPopsikeもこれらのジャンルについてあまり良い売り上げデータを誇っていない。どうしてかと言えば、ドゥーワップに関して言えば、厳密にデッド・ワックス（＝ランアウト。レコードのラベル部に近い無音部）のマーキングが施された特定のプレスにしか価値がないジャンルなので、収集家の多くはDiscogsでレコードを売る標準レベルの売り手の素人目ではその細かい違いは識別できないだろう、と信用していないからだ。ゴスペルのシングルの場合、レアなレコードの多くはもともとプレス数が非常に少ないため、信頼できる売買取引例のデータを積み上げるだけのオンライン上でのセールスが起きていない、ということになる。こうしたジャンルに関しては、聴いてみて良いなと思ったら買うのがいい。というのも、データの欠如ゆえにその美学的な価値も、あるいは長期的な意味での市場価値も反故になるからだ。もちろんこうした状況も、売り上げデータが計上され公開されるにつれ変化する。たとえば、つい最近までヴィンテージなジャズLPのセールス情報はなかなか見つからなかったが（このジャンルも特定のプレスが価格設定を大きく左右する）、これも今や楽に見つけられるようになっている。

もしもあなたがレア音源に直接触れたいと思ったら、レコード店を完全に迂回し、レコードを所有している私人を見つけ出すことも可能だ。そのための戦略はいくつもある。ダイレクト・メールのキャンペーンをかけ、葉書を送り、反応を待つ。古いレコードのラベルを頼りにいきなり電話をかけ、バンドのメンバー、プロデューサー、スタジオ所有者、音楽出版社のスタッフを見つけ出すのに運を賭けることもできる。ダイレクト・メールのオンライン版であるグーグル広告のサーチ・エンジン・オプティマイゼーション（ＳＥＯ）は、地域を限定してレコードを探すのに利用できる。特定のレーベルやジャンルと縁の深いエリアやシーンにまで遠出して、レコードをお持ちではないですかと家々を巡ることもできる。音楽シーンの存在した土地に看板を立て、ビラをまくこともできる。

そして、そうしたレコード買いの旅に出始めると、とある家、あるいはとあるスタジオへの訪問が次の目的地に繋がる

――インターネット時代であっても、口伝えの噂はいまだに価値あるリソースだ――ことはよくあるし、ということはレコードを買う相手を公正に、ちゃんと扱う必要がある。何よりも、これは彼らの所有するレコードに対して適正な金額を支払い、無知につけこみ利用しない、ということだ。それはまた、彼らに敬意と誉れの念をもって接するということだし、そうするのは言うまでもなく、買おうとしているレコードの存在すらあなたが知らなかった頃から、彼らはその音楽を作り、サポートしてきた人々であるケースが多いからだ。こうしたことを実践していなければ、あなたは資本主義を学ぶ歴史家たちが「略奪型の吸収」と呼び始めている行為に関与している可能性がある――辺境に押しやられ無視されていた人々を、彼らにとって害になるにも関わらず経済システムへと連れ出す、ということだ。レコード産業には、貧しい人々を騙し金を奪い取る、長い、汚れた歴史がある――とりわけ、非白人層――ことを思えば、そのようなシステムを長続きさせる行為はもってのほかだ。レコードの世界にも「資本主義の下では、倫理的な消費はあり得ない」のスローガンは当てはまるとはいえ、それはミエミエな搾取の言い訳にはならない。フェアな金額を支払うことと、えげつないほど安く買い叩くこととの間には、やはり差がある。

一方、レコードはどれもすべてとんでもなく価値のあるものだと思い込んでいる輩に出くわすことも確かにある。これは悲しいことに、見当違いだ――ほとんどのレコードは、オークションにかける価値はない（オークションに出せるレコードの良い目安のひとつとして、Discogs上で価格が四ドル以上で三十五人以上の探し手がいるもの、あるいは探し手の人数に関わらず八ドル以上の値が付いている作品、というのがある）。この手の楽観的な売り手を相手にする場合は、やんわりと、いくつかのレコードにはとにかくまったく価値がないんですよ、という点を気づかせるしかない。何百万枚とプレスされ、したがっていくらでも手に入るレコードもあるし、ほとんど聴き手のいない、「収集にふさわしくない」サウンドのレコードという場合もある。

一九九〇年代から二〇〇〇年代半ばにかけて、フリマ、骨董品店、レコード・フェア、遺産売却や民家のガレージ・セール等はヴァイナルを射止めるのに素晴らしい場所だった。だがレコードに回帰する人々が増加するにつれ、こうした場もあまり頼りにならなくなってきた。特に「ヒップスター」の暮らす都市部では、リサイクルショップはほぼ掘り尽くされている。あまり人の訪れないエリアではまだ幸運な出会いがあるかもしれないが、実際に人里離れたエリアそのものが減っている――どのコミュニティも、どれだけ遠隔地だったとしてもインターネットと郵便局は備えているわけで、地元の買い手相手ではなく、むしろグローバルなマーケットを対

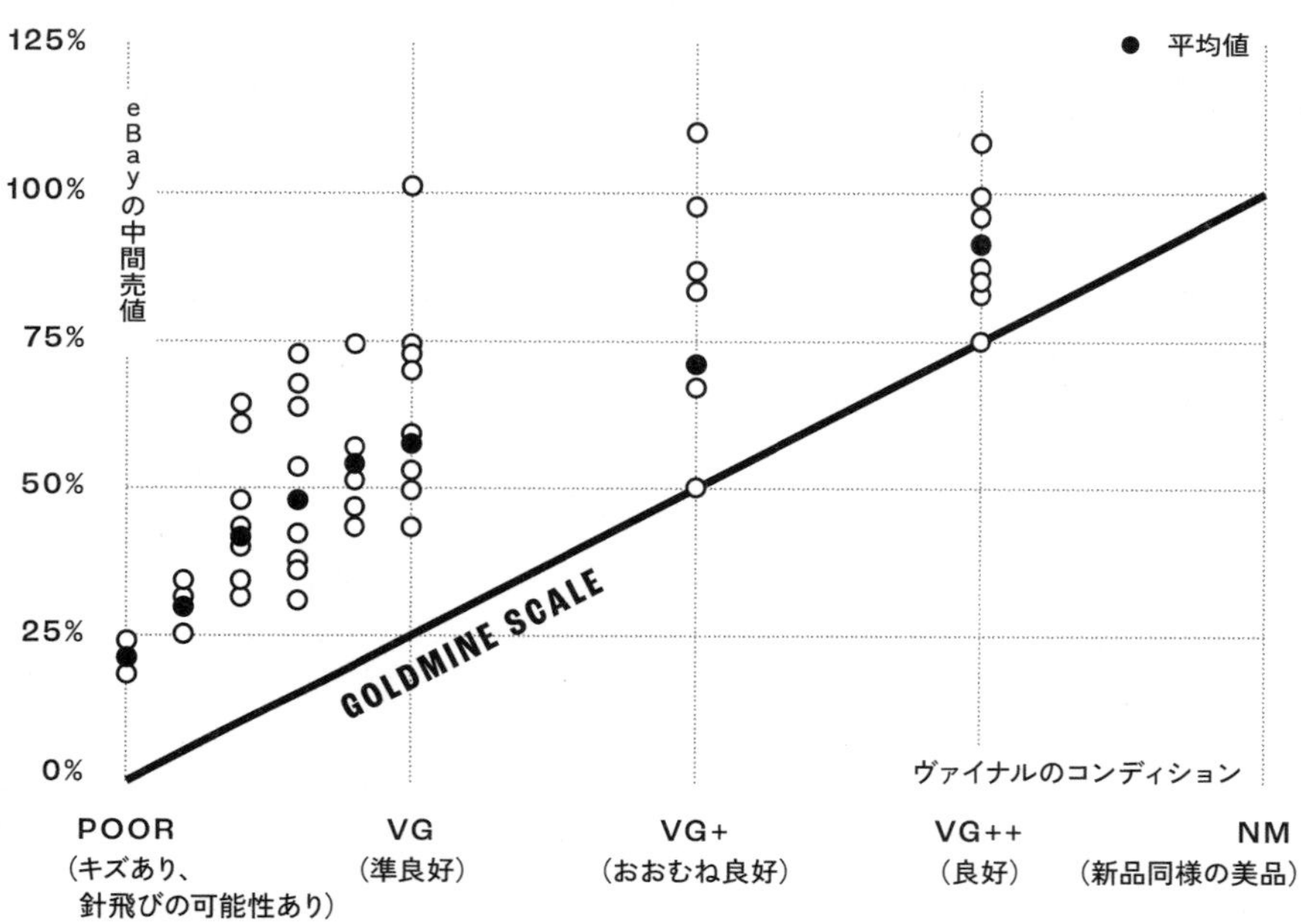

図版7 「ゴールドマイン」の評価基準VSカロライナ・ソウルの現時点での売り上げデータ

象に価格を決めることが可能だ。そうは言ってもこうしたローカルな地域で「キタ!」な発見はまだ起きるだろうし、それが起きる率はますますレアになり、たかが十年前と較べてももっと足腰を動かし探し回らなくてはならなくなった、という話に過ぎない。

レコードを査定する

続いて、レコードを買おうとする段になると、レコードの評価法を知る必要が出てくる——ヴァイナル本体の盤質コンディションを査定する方法だ。基本的な確認メソッドはさほど多くない。明るい光にかざしてみて、すりキズがないか。目の高さまでレコードを水平に掲げてみて、平らで歪みがないか。ヴァイナルが熱でダメージを受けたしるしである、変色またはツヤの衰えがないか。eBayで我々カロライナ・ソウルがおこなっているレコード・オークションのどれでもいい、試しにチェックしてもらえば、我々がレコードを視覚的に評価する「ゴールドマイン」方式(イギリスの「レコード・コレクター」方式とは異なる)を基本にレコードをグレード付けしているのが分かるはずだ。「ゴールドマイン」システムでは、レコードの等級はM(ミント/新品)からP(プア/キズあり)

にまで分類されているが、実際にMあるいはPを用いる者はほとんどいない。この二極の間には、NM（ニアミント／新品同様。たまにM－と呼ばれる）、VG＋＋（ヴェリー・グッド／良好＋＋）、VG＋、VG、VG－、G＋（グッド／好＋）、G、F（フェア／音に響くかもしれないキズあり）。レコード業者は長年にわたり、「ゴールドマイン」を基本とする経験則を用いてレコードの盤質が市場価格に及ぼす影響を見積もってきた。VG＋＋レコードの価値はNM盤の75パーセントの額に当たり、VG＋はその50パーセント、VGは25パーセント、そしてPの盤はほぼ価値ゼロ、という具合に。つまり盤質Gと格付けされたレコードはほとんどの場合、この規格に従えばNM盤価格の10パーセントに値する、と看做されることになる。

この方式は盤のコンディションを元に価値を割り出すのに便利なトリックではあるものの、カロライナ・ソウルによる数値の分析はまた別のストーリーを語る（図版7参照）。「ゴールドマイン」の価格データはインターネットの現行価格と連携していないことを考えれば、これはさほど驚くに値しないだろう。Popsike（十五ドル以上のオークション対象）とRoots Vinyl Guide（十五ドル以下のオークション対象）のアグリゲート・データを用いた結果、カロライナ・ソウルは「ゴールドマイン」経験則が人々にそう信じさせてきた以上に、買い手は格付けの低いレコードにも大金をはたくのに積極的だということを発見した。オンラインの買い手はVG＋＋と評価されたレコードをNMに匹敵するものとして扱っており、平均すると、彼らはNM評価額の九割以上の額をVG＋＋のヴァイナルに支払っている。G＋からVGにかけての評価帯にあるレコードでもNM価格の50～60パーセントに達するし、それもまた「ゴールドマイン」方式に則った予想価格よりはるかに高い。FおよびP評価のレコードに関するポイント・データの数は少ないとはいえ、概して言えば、買い手はグレードFのレコードにNM価格の30パーセントを支払うことを厭わないようだ。この点は、Fに評価されたレコードはそのすりキズや歪みのせいでしばしば聴くことすらできないこともあるのを思えば驚きだ。

したがって、あなたが売りを目指しているのなら、盤質の劣るレコードをリストに追加するのをもっと自信をもってやれることになる（きちんとした返品ポリシーを実践している、として）。逆に買い手である場合、話は少しややこしくなる。ひとつの意味では、他の連中に右へならえして、まったく音質の良くないコピーに大枚をはたくことをよく考えるべきだろう。しかしこの点はまた、あなたが所有するコピーの音質に満足できなかったとしても、おそらくそれに支払った金額に近い、あるいはそれ以上の金額を払って買おうとする人間は見つかるだろうという意味で安心材料にもなる。求められるレコードは、たとえ状態が悪いコピーであっても価値があるのだ。

eBayとDiscogsのリスティングの読み取り方を学ぶことは、レコードを買い、売るのに必須であるのは明らかだ。一九九〇年代に構築されたeBayはイライラさせられる古いプログラムで動くサイトで、オーバーホールが大いに求められている。求める情報すべてをここで入手するのは楽ではないかもしれないが、基本則はシンプルだ。良い売り手を見つけ、フォローするためにeBayを利用しよう。良い売り手には多くのポジティヴなフィードバックが寄せられるし、盤質評価も一定していて慎重、毎週多くのレコードをリストにアップし、VPIマシン（バキューム式レコード・クリーナー）を使ってレコードを清掃し、商品の保管および発送に関してもプロフェッショナルだ。彼らが毎週メーリング・リストを発行していたら、購読してみよう。彼らがソーシャル・メディアを使っていたら、フォローしよう。こうすれば、週ごとに次々変化していく彼らの目録についていける。

eBayでレコードを買おうとしているのにオークションで落札し損ねる状態が続くようであれば、eSnipeのような落札スナイパーを使おう。落札スナイパーというのは、オークションに先立ってあなたの最大落札価格を設定させてくれるオンライン・サーヴィスのことだ。落札スナイパーは、あるオークションが終了するギリギリ最後の時点で、その最大落札価格をビッドする。仮に誰かがオークションの動向をマニュアル式にチェックしながらその人の最大落札価格をビッドしようとしていたら、彼らがあなたの落札価格以上のビッドで対抗する前に、落札スナイパーは確実に、最後の最後に彼らをオークションから締め出すだろう。この手法を使うとマニュアルでビッドしている連中をギャフンと言わせられるのはもちろん、過熱したオークションについ巻き込まれ、予定以上のビッドをかけてしまうのも防いでくれる。

eBay以外の主要なオンラインでのレコード売買の場がDiscogsだ。eBayとは異なり、Discogsは時間制限のあるオークションを主催してはいない。むしろ、売り手が価格を決めたアイテムをリストにアップし、買い手が見つかるのを待つ仕組みだ。一九九〇年代に、自身の個人的なレコード・コレクションをオンラインに目録化しようと思い立ったエレクトロニック・ダンス・ミュージックのファンたちの手で始まったDiscogsは、以来大きなレコード販売プラットフォームに成長した。だが、同サイトはいまだに開設当時のX世代のカジュアルなヴァイブを留めている。結果、売り手の質はかなりまちまちだ、ということになる。真の意味でレアで際立った作品以外のすべてのレコードを買うのには良い場だ——だが非常に稀少なレコードに関しては、やはりeBayに軍配があがるだろう（とはいえ近年はDiscogsにも稀少盤が登場する例は増えている)。それでも、定番作品やそこそこレアなレコードであれば、Discogsでの方がもっと見つかりやすい。eBayオークションでは、価格がとんでもなく高騰することがよくある。

取引の場としてのDiscogsの実用性以上に大事なのは、その教育の場としての機能だったりする。同サイトが誇るディスコグラフィおよびプレス情報は、間違いもあるとはいえやはり貴重だ――レコード界のウィキペディアと言える。それはユーザーが作り出した、レコードとそれらのレコードを作った者に関するとんでもなく雑多な情報の混ざり合ったデータベースだ。かつ、そのマーケット価格統計機能によって、どのレコードの現行価格を推し量る上でもDiscogsは最も頼りになるツールでもある。ポコの『レジェンド』のジャケットをデザインしたのは誰だろう? Discogsを軽くサーチすれば『サタデー・ナイト・ライヴ』のコメディアン、フィル・ハートマンがジャケットを担当したのが分かる。キャプテン&テニールのキャプテンは〝愛ある限り〟の大ヒットの前にどんな仕事をしていたのか? Discogsをチェックすれば、彼のレア中のレアなサイケデリック・ドローンLP、本名ダリル・ドラゴン名義で(兄弟のデニスと)レコーディングした『Me and My Brother』(一九七一)が「ぶっ飛んだ」ジャズ・レーベル〈ESP-Disk/West〉から出ていたのが判明する。こうした豆知識はもちろんもっと重要な情報、たとえばアーサー・ラッセルの『Another Thought』のコラボレーター陣のリストといったインフォに関して、Discogsは必須な存在だ。

Discogsを使えば、誰がどの楽器をプレイし誰がいつどの作品をリリースしたか、またそのレコードのプレス歴やカヴァー・ヴァージョン、曲の尺に至る細かい必要情報をいくらでも見つけることができる。ほぼあらゆるレーベルに関して、そのカタログすべてを俯瞰し時系列に沿って整理できる。Discogsの登場以前、こうしたインフォをまとめるのに、人は『オール・ミュージック・ガイド』や数多くの重たいディスコグラフィ資料本といった各種ソースの情報を繋ぎ合わせる以外になかった。今や、それらはすべてひとつの情報センターに集約されている――その意味でレコード探索ツールとしてのDiscogsの価値は計り知れない。

中にはもっと特化したオンライン・ツールもある。〈インパルス!〉や〈ブルーノート〉、〈プレスティッジ〉といったレーベルが象徴する一九五〇年代および六〇年代のジャズLP群に関しては、各プレスに備わった特徴の違いが何千ドルもの価格差を生む。ということはジャズ・レコードに関する一見些細な着目点も、特に〈ブルーノート〉作品に関しては極めて重要ということになる。たとえば、以下の質問に対する回答如何で決定的な差異が生じる――「ランアウトにR

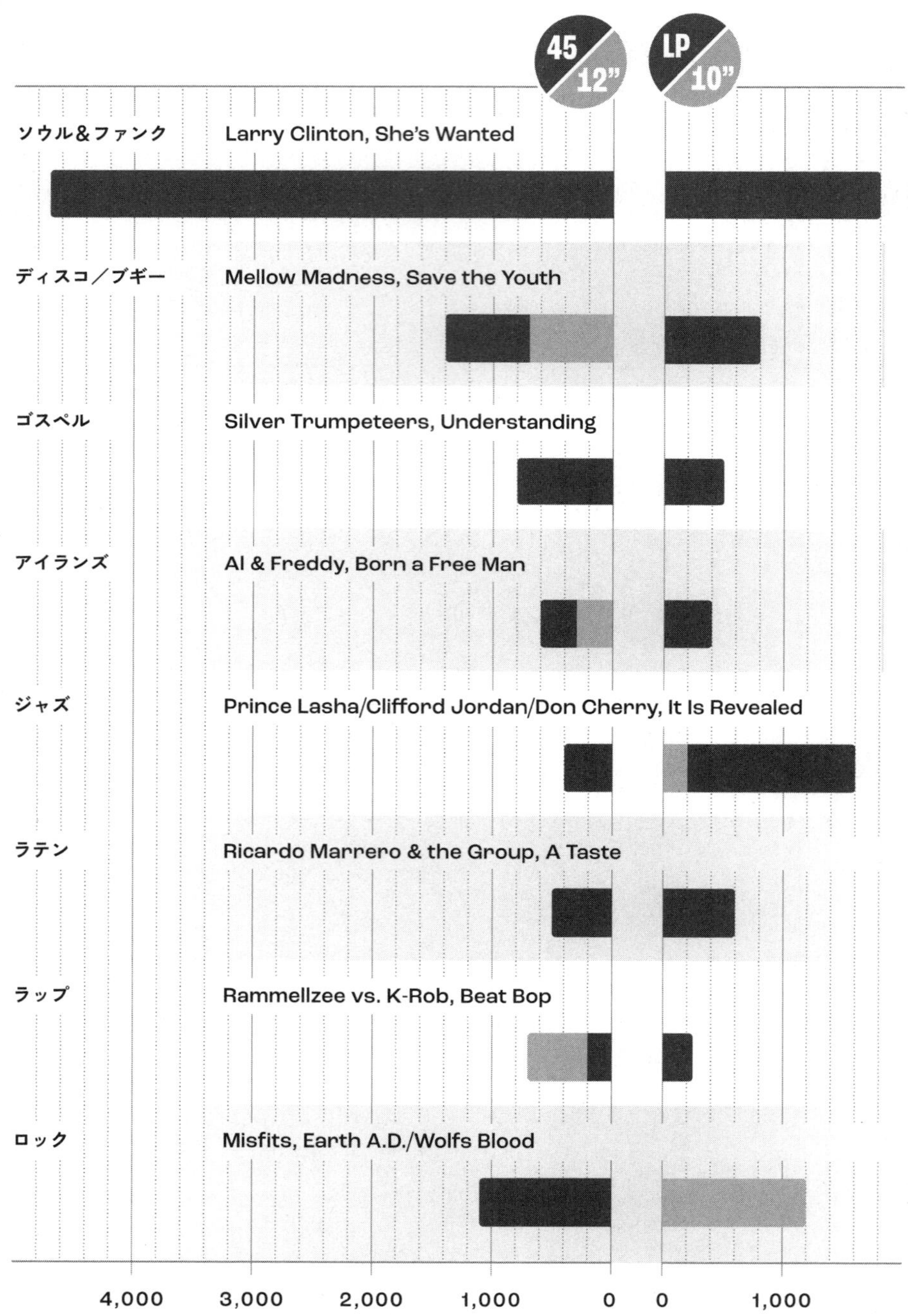

図版8　カロライナ・ソウルの売り上げトップ作品、フォーマット別

VGが刻印、もしくはエッチングされているか？」、「ランアウトに耳の絵文字が小さく刻まれているか？」、「そのレコードのふちは平らか？　ギザギザ模様がついているか、それともカット面が丸みを帯びたD型？」、「レコードのラベルに記載されたのはどの住所で、それは裏ジャケに記載されたものと同じか？」、「そのラベルにはディープ・グルーヴと呼ばれる、円形のくぼみはあるか？」。ロンドン発のブログ『London Jazz Collector』は、このような〈ブルーノート〉盤に関する奥義を詳しく解説してくれる。また、多数のレーベルに関しても『cVinyl』というサイトがレコードの様々な版のヴァリエーションを写真付きで幅広く紹介しているので、ここで〈A&M〉から〈ウェストバウンド〉に至る各種レーベルを比較できる。これらのサイトとDiscogsを併用すれば、かつてはかなりの専門家しか知らなかったスキルを身につけることができる。概して言えば、インターネットの台頭に伴い、古株レコード収集家が投げ込んでくる分かりにくい頭文字言葉やインサイダーにしか通用しない専門用語の数々にビビらされる必要がなくなった、ということになる。これらの特化した用語、いわば旧式なレコード・ゲームで使われてきたお役所型の隠語と言ってもいいだろうが、これらの言語はかつて部外者をはじき出す役目を果たしていた。だがそれらも今や、インターネットを使える、あるいは事情通な友人がいる者なら誰にでも、たやすく解読できるようになった。いずれにせよ、それも今では文脈を通じて察することができるということだし、門外漢の闖入を防ぐためにこうした用語を吐き散らす人間は時代遅れな輩に思える。

ジャンル／フォーマットの組み合わせ

レコード購入に関する眼識で役立つものに、ジャンルとフォーマットの間の結びつきを理解するというのもある（図版8参照）。アルバム一枚に匹敵するLP、12インチ・シングル、および45回転シングルはある種のジャンル・シーンにおいては中心を占めるが、他ジャンルにおいては部外者的な存在だ。たとえばソウルは45回転中心のジャンルだ。ノーザン、クロスオーヴァー、七〇年代、そしてモダンといった数々のソウルのスタイルが我が社の45回転トップ・セラーを占める。主に速いテンポのダンス・レコードであるこれらの45回転シングルはヨーロッパ中のＤＪシーンを沸き立たせ、コレクターが熱く追い求める対象になった。ヴィンテージなドゥーワップ、R&B、ブルース愛好家も45回転のフォーマットを好むが、その理由はまた別だ。一九四〇年代および一九五〇年代に生まれたこれらのスタイルはＬＰ全盛時代以前のものであり、したがってこのジャンルのコレクターがリリース当時に主流を占めていたフォーマットのレコードを求めるのは理にかなっている。対して、フォークとジャズはアルバム主眼のジャンルであり、ロックは双方のフォーマットで人気の傾向がある。ＬＰの尺の長さは、延長されたインスト部のブレイク、即興演奏、作品全体を支えるコンセプトの援用といった、これらのジャンルにおなじみな側面を可能にした。そして、12インチ・シングルに関するネイト・スミスの意見を引用すると「ラップのレコードで上位に来るのはＤＪ／スクラッチ向きのフォーマットである12インチで、その傾向はクラブＤＪの好むディスコ、ブギー、モダン・ソウル、エレクトロといった音楽スタイルのオリジナル盤にも当てはまる。カロライナ・ソウルの12インチ最高値売り上げリストを占めるのもこれらのジャンル」ということになる。

こうした主流を占めるフォーマット／ジャンルの組み合わせは、猟盤の際に頭に留めておいた方がいい。だが、これらの主だった組み合わせ以外にも地味なサブ潮流は存在する。たとえばビッグ・ダディー・ケーンの〝Raw〟(Cold Chillin'／一九八八) といった45回転ラップ・シングルは、同ジャンルでは12インチが圧倒的多数を占めるがゆえに、昨今ではかなり価値が上がっている。ラップ黄金期において45回転はマイナーなフォーマットだったわけで、逆にその希少価値が今やビッグな取引価格に結びついているわけだ。

フェティシズムには要注意

ヴァイナルの復活がもたらしたまた別の影響に、そのトレンドに乗じようとする新規参入組をいくつも生み出した、というのがある。例として、ヴァイナルに概して宿るオーラを頼みに、レコード定期購買サーヴィスは顧客に別に持っていなくてもいいレコードや関連商品を売りつけようとする。多くのコレクターが好む所有必須なレコード——高価なオリジナル・プレスかもしれないし、もっと手の届く後期プレスや再発、めったに見つからない音源を使ったアーカイヴ発売かもしれない——を売るのではなく、詐欺師たちはしばしばレコード店でもオンラインでも幅広く見つかるレコードをリパッケージして売ることがある。この手のオンライン上の定期購買サーヴィスはありふれた、比較的知名度の高いレコードを「デラックス」版 (大抵はカラー・ヴァイナルに過ぎない) と称してふっかけてくる。作品とは無関係でクサい様々なお飾り、たとえばカクテルのレシピやステンシルといったあれこれをつけ加えることで高額さを正当化し、彼らの売る商品そのもののトータルな意味での無意味さから目をくらまそうとする。ほとんどの場合、最も人気のあるレコード定期購買サーヴィスで一ヶ月に受け取るレコード一枚ぶんの額を費やせば、上記したメソッドを利用してもっと高品質なオリジナル盤を五、六枚は買えるはずだ。

この手のサーヴィスは、〈BMG〉や〈コロムビア〉の通信販売システム「ハウス・クラブ」の謳った「CD8枚をタダ同然でゲット」商法（※九〇年代にアメリカで人気があった会員制クラブ。実情はいわゆる送りつけ商法）の復活以下のものだ。レコード・クラブが提供する音楽の幅ははるかに狭く価格は割高で、権威あるオブジェとしてのレコードというお洒落な媒体そのものが放つ「魔法」を軸に買い手に向けてマーケティングをおこなっている。かつ、〈BMG〉や〈コロムビア〉のハウス・クラブとは異なり、あなたの入手するレコードを選ぶのはレコード・クラブ側だ。レコードをたしなむ楽しさの大部分は聴き手個人の趣味でコレクションを一から築き上げていくことにあるわけで、この「パーソナル・ショッパー（忙しい人のために買い物を代行したりアドバイスする職業）」方式はかなり機械的かつ熱意に欠けたものに思える。それだけではなくこうしたサーヴィスは、先述した実際に存在する、活気に満ちたテイスト文化と音楽コミュニティをないがしろにしている。友人や同胞（実社会およびオンラインの仲間）からレコードについてじかに学ぶのではなくこれらのサーヴィスを利用すると、顔の見えない大企業によって重要と決められたレコードが毎月一枚届けられるのを受動的に待つことになる。この商売モデルが主流になったとしたら、これらのサーヴィスを提供するウェブサイト上で見つかる類いの人工草の根運動型のやらせな「コミュニティ」の方がよしとされ、レコードを社会から更に引き離し、音楽ファンのコミュニティを解体していくだろう。私からのアドバイスは、音楽を発見していくプロセスをあなたとあなたのコミュニティの手からもぎ取るサーヴィスは避けましょう、になる。

このレコード定期購入商法は、ヴァイナルに対するフェティシズムというもっと大きなトレンドのほんの一例に過ぎない——それ自体に魔法のかかった崇拝のオブジェとして、レコードを儀式的に扱う風潮だ。この「魔法」が、その手のサーヴィスがたかが一枚のレコードに課す比較的高額な値段を保証している。このようなフェティシズムの影響下では、音楽そのものと音楽を聴く体験とは、魔法の物体を所有する行為の二の次になる。とあるレコードがいったんフェチの対象、コレクターは「聖杯」と呼ぶことが多いが、そうした魔法のオブジェになると、それを見つけ出し購入すること自体がその人間にとってそのレコードと結ぶ関係の終着点になってしまう。聖杯を買ったら、もちろんその写真をオンラインに投稿できるし、自宅の目につくところに飾って自慢し、実際に聴くこともできる。だがこの手の神聖なオブジェの魅力は、その九割が「所有すること」そのものにある。あるレコードを所有すると、特にそれがレアな「聖杯」である場合、人は必ずしもその作品との感情面でのパーソナルな関係性あるいは作品解釈を育てなくなる。そのレコードを所有していれば、そのコンテンツも受動的に会得したことになる。フェティッシュの対象になったレコードには、それをフェティッシュの座にまで持ち上げるのに関わってきたあらゆる人間の感受性や解釈がしみついている。こうしたヴァイナル・フェティシズムは、ＤＪ兼コレクターな連中の間に熱心なレコードの使用と努力とを掻き立てた意味で「ポジティヴだ」、とする者もいるが、私の見解は、フェチは人々が一枚のレコードに能動的に耳を傾け、その人独自の意見を形成し、レコードをクリエイティヴに利用することに歯止めを欠けてしまう、というものだ。

　ヴァイナル・フェティシズムを体現する究極の存在と言えば、シールド（未開封）・レコードの収集家だ。今から何十年も前のオリジナル発売の時点で、ＬＰや12インチはプレス工場で密閉ポリ包装された。シールド盤の収集家はそうした作品しか購入しない連中のことで、言い換えれば、彼らは絶対にレコードを再生しようとしない。音楽ファンが未開封レコードを買いたがる健全な理由には、経済的かつ音楽的なものがいくらでもある。何より、誰の手にも触れていないゆえに盤が綺麗で（それでも保管法次第で歪みが生じる可能性はあるが）、それだけ音質が素晴らしい可能性が高いというのがある。だが我々がここで俎上にあげているのは、レコード棚に保管しておくためだけに未開封レコードを購入する行為のことだ。これこそ魔法のオブジェとしてのヴァイナルの姿、その極致だ——要するに、それがもつ機能性と市場交換価格を越えたところで、ヴァイナルそのものに内在的な価値が存在するという信仰だ。図版9を見てもらえば、未開封レコードの中間価格はＮＭ盤より平均して23パーセント高いのがわかる。このデータを更にジャンルごとに分析していくと、ロックやブルースの古典的ＬＰのシールドがＮＭ盤価格の69パーセント増しになることもあるのに対し、古典とは言えないロックやブルース作品の未開封盤は15パーセント増しに過ぎない。これは、シールド盤の魔法の最大の信者が裕福な、主にロックとブルースのアルバムを購入するベビー・ブーム世代の白人層であることの強い証拠であり、ゆえにこのフェチはいつまでも続かないかもしれない。別の言い方をすれば、この70パーセント近い価格の跳ね上がりもまた、いずれ過去の話になるかもしれないということだ。

図版９　ロックおよびブルース未開封盤とＮＭ盤の価格比較

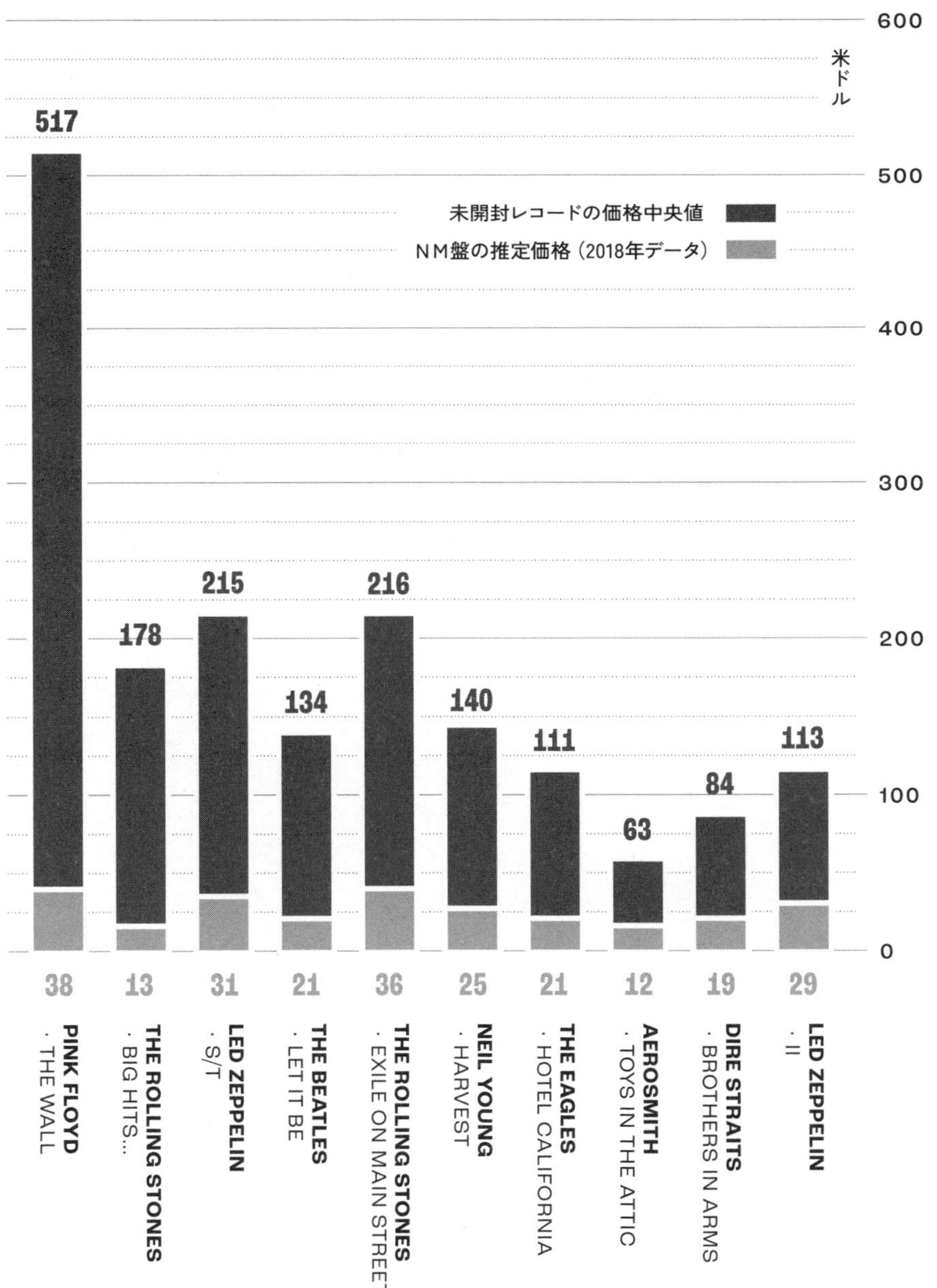

図表10　アメリカ合衆国内の
レコード売り上げ
（2012–2018年）

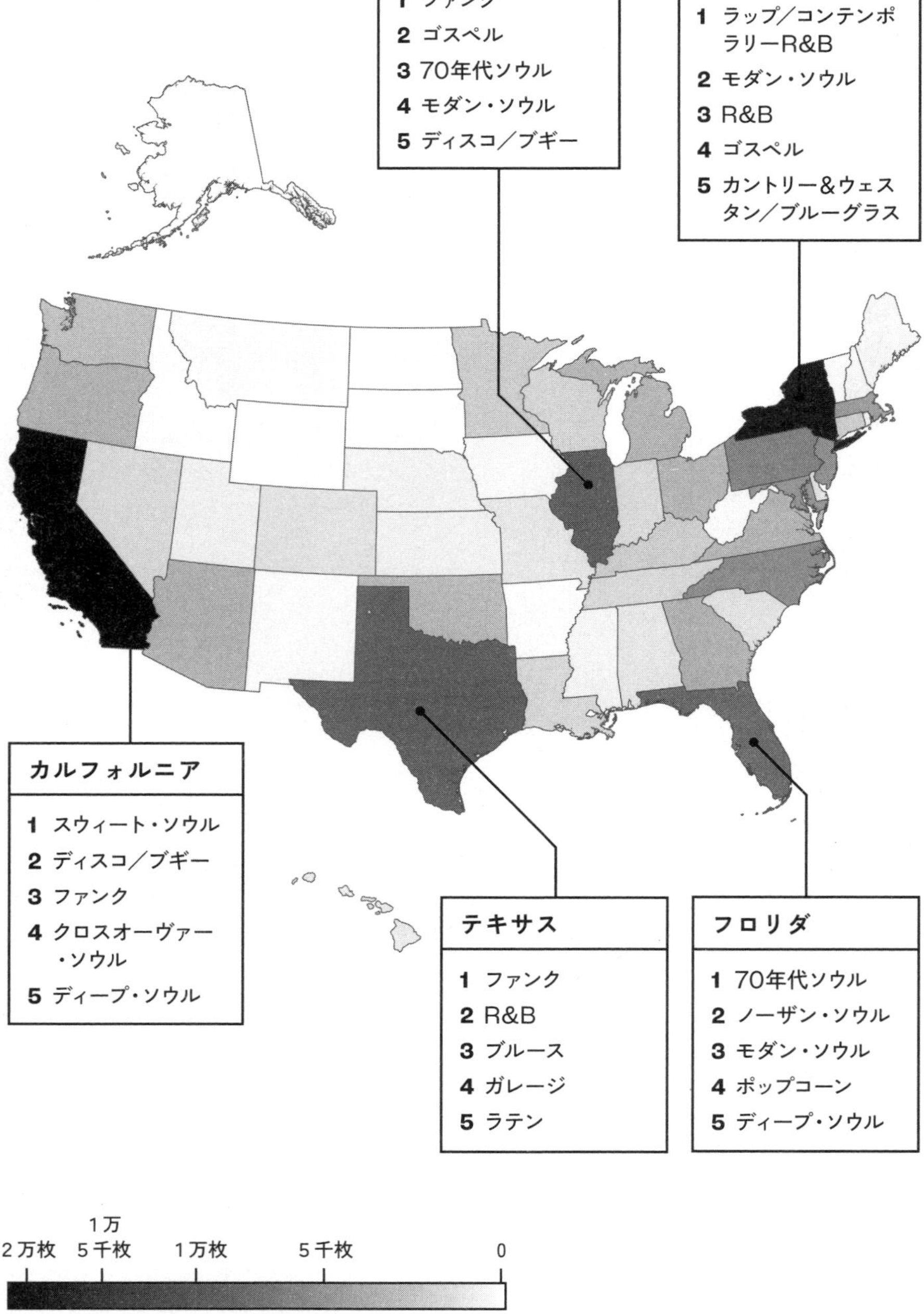

イリノイ

1 ファンク
2 ゴスペル
3 70年代ソウル
4 モダン・ソウル
5 ディスコ／ブギー

ニューヨーク

1 ラップ／コンテンポラリーR&B
2 モダン・ソウル
3 R&B
4 ゴスペル
5 カントリー&ウェスタン／ブルーグラス

カルフォルニア

1 スウィート・ソウル
2 ディスコ／ブギー
3 ファンク
4 クロスオーヴァー・ソウル
5 ディープ・ソウル

テキサス

1 ファンク
2 R&B
3 ブルース
4 ガレージ
5 ラテン

フロリダ

1 70年代ソウル
2 ノーザン・ソウル
3 モダン・ソウル
4 ポップコーン
5 ディープ・ソウル

■地域ごとの違いに宿る価値

この新たなレコード環境において、判断および価値に関する疑問を一般リスナーの手から取りあげ、その一方でマーケット、中間業者、ディーラーに信頼を置くという強い風潮が存在する。これらのインフルエンサーが影響力を更に強める中で、しかし上記したような様々な、通の意見に流されることなく自分独自のやり方を貫く手段も力を増した。ことヴァイナルに関して言えば、あなたはまだ自力でやれる——自分自身のテイストをはぐくみ、レコードを安く見つけ、草の根のレコード・コミュニティに参加できる。

既に述べたような大規模なトレンドの数々、そのひとつひとつの下には、エリアごとの違いや今も残るその土地ならではのローカルな知識や好みを指し示す小トレンドがいくつも隠れている点は、あなたを鼓舞してくれるはずだ。たとえばカロライナ・ソウルのデータは、長い伝統を誇るシーンが生き残っていることと新たにシーンが出現していること、その両方を示している。ニュー・ジャージーの買い手は全国平均よりはるかに多くドゥーワップの45回転を購入しているし、アーカンソーの連中はロカビリーのレコードをやたら偏重して買う。テキサスは他の四十九州に較べファンク購入率がぐんと高く、カリフォルニア人はスウィート・ソウルに相当ハマっている。音楽の歴史に関するちょっとした知識があれば、これらのトレンドにも納得がいくはずだ。なぜならこれらの州はそもそも、彼らがいまだ愛するジャンルの創造と耐久性にとって重要な役割を果たしたからだ。この点は音楽に連続性があることの証拠だ。また一方で、同じデータは意外な新トレンドが発展していることも告げている——ロード・アイランドはレゲエに、ノース・ダコタはパンクおよびポスト・パンクに、マサチューセッツはブラック・ゴスペルに熱くなっている、という具合に。

これと同じパターンは国際的にも現れる。ポップコーン・ソウルは、イギリスが発明したノーザン・ソウルおよびクロスオーヴァー・ソウルに対するベルギーからの回答に当たるジャンル——特定のアメリカ産45回転の再解釈に専門化したことで新たに形成された収集家のシーンだ。そう考えれば、ベルギー人がいまだにこのジャンルを偏って買いあさるのも不思議はない。カントリー、クラシック・ロック、オールディーズといったアメリカーナの定番およびUSの主流を占める音楽文化は、海外では当然のごとくあまり人気がない。近代においてもっとも個性的かつエキサイティングなリズムのいくつかを生み出してきた国であるブラジルは、やはり本能的に、マイアミ・ベースやエレクトロといった革新的なダンス伝統の大型消費国だ。だが、アメリカ国内の州別売り上げ

国別人気ジャンル（2012－2018年調べ）

の分析と同様、ここでもまた、もっと突っ込んだ研究を必要とする楽しくて興味をそそるパターンが各国にちらばっている――オランダのサーフ・レコード熱、フランスにおける辺鄙なレゲエダンスホール・レコード愛、オーストラリアでの人気の要因等はいずれも興味の尽きない謎だ。こうした点のすべては、音楽的な多様性と違いはいまだにそこら中に存在することの証しだ。

過去と現在

現行のレコードのトレンドには、長く続いてきた地方色豊かな伝統と新たに浮上してきた嗜好パターンとが混ざり合っている。どこで暮らしていても、レコードの買い手はこの一見矛盾するふたつの流れに左右されるようだ――過去の録音音源に対するノスタルジアと、今現在盛り上がっているトレンドに必死に追いつこうとするニーズのふたつに。前者の現象をもっとも的確に形容しているのが、音楽評論家サイモン・レイノルズが言うところの「レトロマニア」だろう【註1】。レイノルズによれば、我々のリスニング体験は過去の音楽フォーマットを再生させたいという懐古的な欲望に定義される。この点は、真の意味で新たな音楽が登場することの足を引っ張っている、というのが彼の意見だ。レトロマニアの呈する症状のひとつは、最新のフォーマットとしてのヴァイナルの再生だ、とレイノルズは示唆する。

ふたつめの傾向は、時に「ポプティィミズム」とも呼ばれるもので、これはおそらく音楽的な現在主義と言う方がふさわしいだろう。批判者も称揚者も共に、ポプティミズムをコンテンポラリーなポップ・ミュージックの政治的な解放の可能性に酔いしれることだと描写する。皮肉なことに、これ以前に起きた数多くの音楽ムーヴメントがそうであったように、ポプティミズムも過去の作品を美学面で時代遅れ、政治的に疑わしいとして双方の面で拒絶する。むしろ、ポプティミズム信奉者はポップ・ミュージックの快楽に溺れ、それを大衆主義と同等に位置づけている。

音楽ライターのほとんどは、これらの診断を相容れないものとして扱う。我々は現在を損ねるほど過去に執着している（レトロマニア勢）か、今生まれている音楽に没頭し過ぎてその音楽が持つ過去とのコネクションを理解できない（ポプティミズム派）か、そのふたつにひとつだ、と。しかし、これらふたつのセオリーは、相反するものとしてではなく、ひとつのコインの表／裏として理解した方が良いような気がする。

私の考えは、ふたつはどちらもインターネットによる音楽の脱文脈化および脱歴史性の症状ではないか、ということだ。

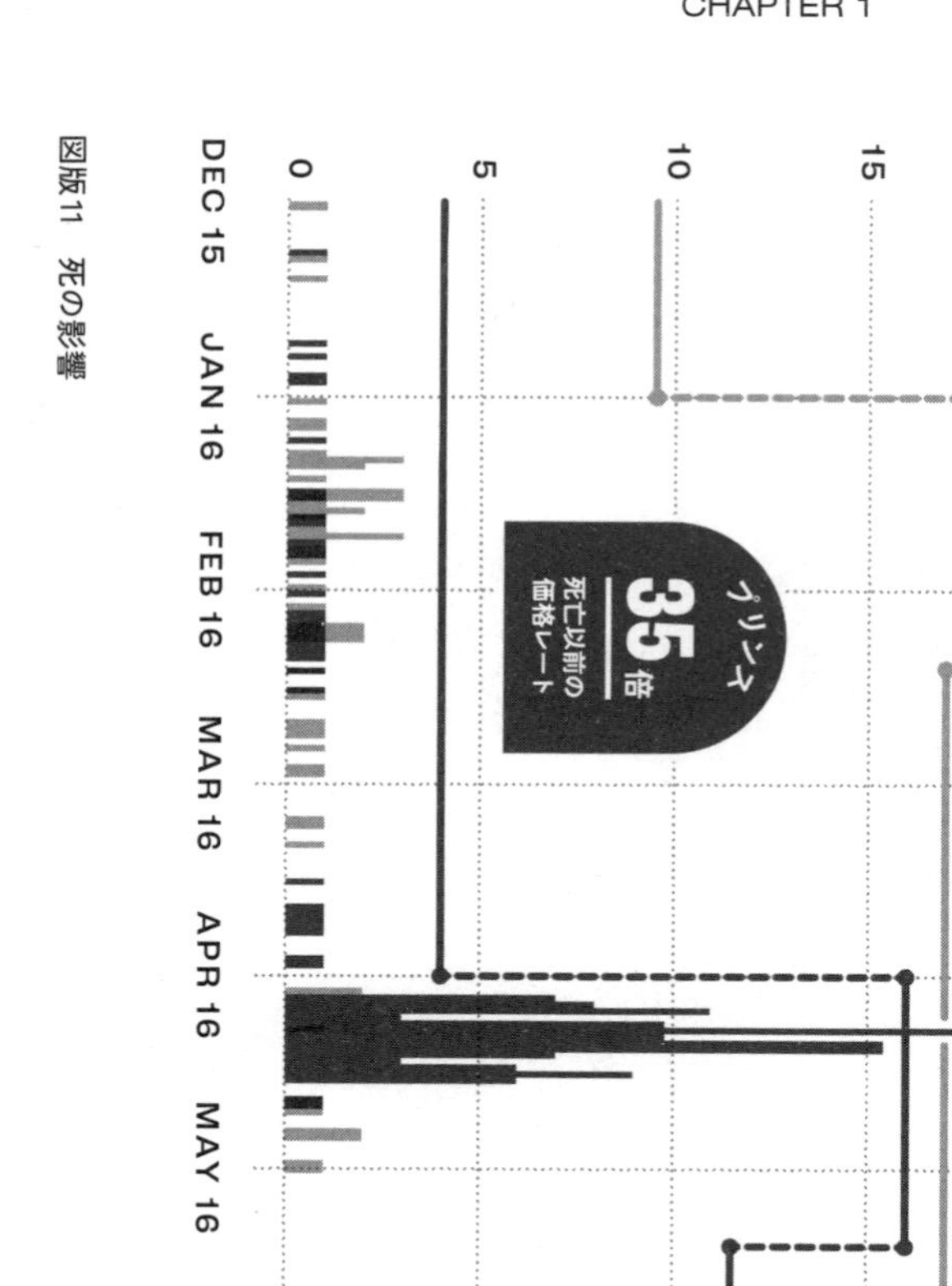

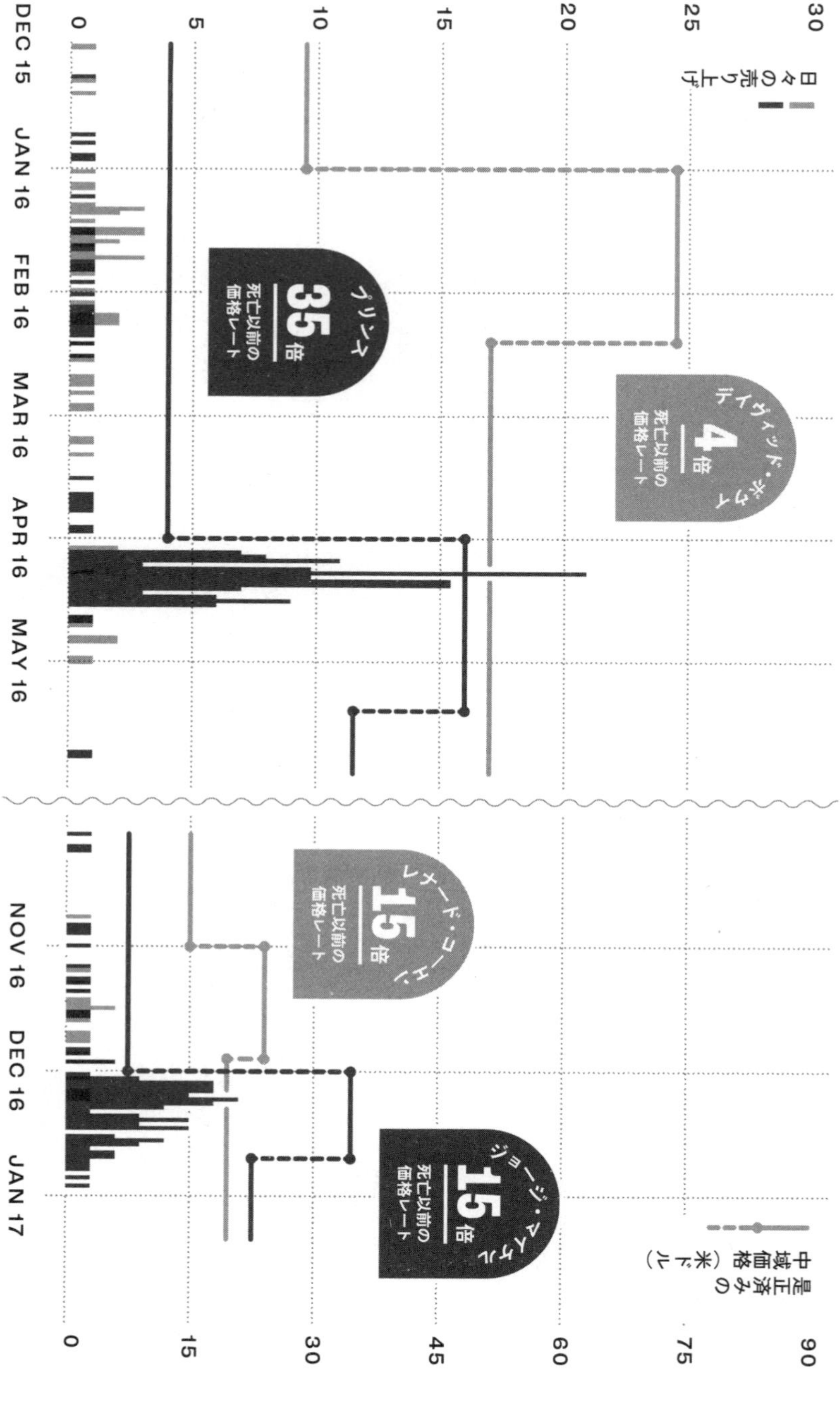

日々の売り上げ
是正済みの
中域価格（米ドル）
デヴィッド・ボウイ
4倍
死亡以前の価格レート
プリンス
35倍
死亡以前の価格レート
レナード・コーエン
15倍
死亡以前の価格レート
ジョージ・マイケル
15倍
死亡以前の価格レート
0 5 10 15 20 25 30
0 15 30 45 60 75 90
DEC 15
JAN 16
FEB 16
MAR 16
APR 16
MAY 16
NOV 16
DEC 16
JAN 17

図版11　死の影響

先に述べたように、インターネットはレコードに関する生の情報を得るのに便利だ――価格、ディスコグラフィ面での情報、トリビア、曲・アーティスト・アルバムの名前、それ以外の多種多様なあれこれ。しかしネットはこうしたデータを完全に混沌とした姿で、各データ・ポイント間の歴史的あるいは美学的な繋がりを一切なしに羅列している。結果、インターネットで育った標準的な音楽ファンは、彼らの親よりもレコードに関する情報に詳しいが、それらの作品を文脈化するのにはもっと苦労させられることになる。私の意見では、ノスタルジアと現在主義に共通しているのは、現在あるいは過去であれ、そこに関する幻想を優先するがゆえの音楽的な分析と文脈化の拒絶だ。ノスタルジアも現在主義も、とある時期とその時期に生まれたレコードを、それらについてじっくり考えることなくその個性を存分に楽しみ浸るために他から閉鎖し切り離している。

これらふたつの矛盾する対極をひとつにする今日的な現象が、我々が「死の効果」と呼ぶものだ。誰かアーティストが世を去ると、彼らのレコードに大きな需要が起きるのはよく知られている。二〇一六年に著名なアーティストの死去がいくつか続いた後、同僚が自宅買取で会いに行った売り手の誰もが、少し前に亡くなったデイヴィッド・ボウイ、グレン・フライ、モーリス・ホワイト、ファイフ、マール・ハガード、プリンス、レナード・コーエン、レオン・ラッセル、シャロン・ジョーンズ、ジョージ・マイケルらをフィーチャーしたレコードを別に脇に寄せていた感じだったという――彼らはそのアーティストの死によってこれらのレコードの価格はハネ上がるだろうと見込んでいたのだ。そうした連中の直観は、データに由来していた。「死後三週間から六週間にかけて」――とネイト・スミスは説明する――「マーケットに売り上げの頻度と価格双方で上昇が起きる」。ジョージ・マイケルの『フェイス』の価格は彼の死後約三倍になり、プリンスのレコードは彼が死ぬ以前の三十五倍ものレートで取引された。しかし、これらの死はアーティストの価値に小さな、しかし長く続く上昇要素をもたらすとはいえ、ほとんどのレコードは死の話題の輝きが衰えるにつれて再び死の以前の価格に戻っていくものだ。言い換えれば、これらはノスタルジアの現在主義的な一時発作ということになる。

あるアーティストの死に伴い生じる消費者欲求の波は、後ろ向きであると同時に現在を指向する反応だ――アーティストの死に際し、我々は彼らの作品が古典になることを思い描き、それらを深く考えずに聴くことができるようになると思う。だが長く続くトリビュートの一部というより、そうした集団幻想の短命さはそれもまたポプティミズムの一例であるのを証明している。チャートも「死の効果」の表面的な本質を物語るものだ。『パープル・レイン』と『フェイス』の値段が『ロウ』と『ソングス・オブ・ラヴ・アンド・ヘイト』のそれよりもはるかにアップしたのは、前者二作は既にもともよく知られた、アーティストが亡くなる以前に彼らのキャリアを定義した「決定打ヒット」だからだ。懐古主義者そしてポプティミズム信奉者として、我々は比較的知名度の低い作品を探究するより、優れた作品として既に評価の固まっているレコードをエンジョイすることを求める。

それでも、このふたつの動向の双方にも希望を感じさせる潮流は内在している。より洗練された、やるだけの価値がある収集およびリスニングの手法を築いていくために、両動向は互いに助け合い繋がり合うほかない。ポプティミズム信奉者の「現在を生きる我々こそが、今のニーズに即して過去をジャッジすべきだ」との言い分、そして美学的な快楽を彼らのリスニングの中心に据える姿勢は正しい。だがノスタルジックな連中が、昔のレコードのもつ長く続く重要性を強調するのも正解だ。我々は現在の放つ魅力を優先して過去を拒否すべきでも、また埃をかぶった過去の焼き直しをもって今の音楽を聴く行為から喜びを奪い去るべきでもない。むしろ、我々はレコードのアーカイヴに回帰して今聴くと楽しい音楽をそこで見つけ出し、と同時に歴史の産物としての今日の音楽に対する理解を深めていくべきだろう。

CHAPTER 2

収集のメソッドをはぐくむ

二〇一九年十月の現時点で、六百四十万枚のヴァイナル・レコードがDiscogsに記録されてきた。そこには二百七十万枚のLP、二百十万枚の45回転、百三十万枚の12インチが含まれる。Discogsは世界最大の音楽データベースとはいえ、そのリスティングがこれまで制作されてきたあらゆるレコードを逐一網羅することはあり得ない。だとしても、やはりこれらの数字は重くて億劫だ――いくら偏執狂的に聴きまくったとしても、リスナーの誰ひとり、六百四十万枚ものレコードを聴き倒すことはできない。仮にやり遂げた人間がいたとしても、それはおそらく悲惨な体験だろう――お気に入りのレコードを聴き返すこともできないし、最初の百万枚を聴く中で耳にした一枚のレコードの記憶も、続く五百万枚を聴くうちに洗い流されてしまうはずだ。

巷に存在する壮大な量のレコードのたくわえは心をくすぐる。そのアーカイヴを熟知すること、あるいはそんな熟知ぶりを達成したいという望みを、我々はどうにも諦めきれない。というわけで以下の文章では、現在我々が直面しているヴァイナル過剰の感覚に対する反応として発生した数々のメソッドを説明する。巨大なヴァイナルのアーカイヴを切り分けていくために、コレクターの選択した最も一般的な方法を以下に詳細していこうと思う。ただし、そのどれひとつとして盤石なスタンダード手法として捉えるべきではない。これから述べる通り、我々はそれらの手法の強みだけではなく弱点も記していく。どのメソッドにもそれぞれ、本質的な短所——その手法ならではの矛盾、妥協、盲点——が存在する。ともあれ、どんなコレクターも入手可能なレコードをすべて所有するのはもちろん、それらを全部聴くのはどだい不可能な話であり、ということは誰もが特化する必要がある。そうせざるを得ないとはいえ、特化は自ら取捨選択することを意味する——特定の数ジャンルをフォローしそれ以外を排除する、権能を付与するいくつかの発想や信念を受け入れる一方でそれらの対極を拒絶する、ということだ。こうした戦略なしには、レコードのアーカイヴは動機に欠ける、紙とプラスチックの巨大な集まりに過ぎない。というわけで、以下に記すのはあなたに最適なレコード・アーカイヴの掻き分け方を見つける助けになる、色々なメソッドの評定ということになる——または、ヴァイナルを楽しく、意味のある、活用できるものにするメソッドと言ってもいい。これらのメソッドは現代におけるレコード収集の五つの主要エリア——フォーマット、ディープさ、流通、使用法、ジャンル——に関わるものだ。

フォーマット：本物の信仰、背教、不可知論

まず、特定のジャンル、アーティスト、レーベルはいったん無視して、フォーマットとしてのヴァイナルとあなた自身との関係を決めるのは重要だ。ほとんどのコレクターはレコード掘りの初期段階ではこれを特定しない。だが時間が経つにつれ、どのコレクターもそれぞれ独自のヴァイナルにまつわる信仰システムを発展させていく。ごく自然に無意識のうちにそれをやっているがゆえに、彼らは自身にヴァイナルの「イデオロギー」があること、それがいかに彼らの収集行為に影響しているか理解することすらしなかったりする。したがって、ヴァイナルという媒体そのものに対する考えや感覚をもっとはっきりさせることができれば、コレクターとしての独自の道もより楽に開けていくことになる。私自身の経験から言えば、これまで三つの大きなイデオロギーに遭遇して

きた。本物の信仰が生む熱意、背教の苦さ（信仰の放棄）、そして不可知論の不審そうな探究だ。

本物の信仰

現在および過去のレコード収集行為には、ヴァイナルの神がかったパワーに対する心からの信仰の例がいくつも見受けられる。45回転を崇拝するノーザン・ソウルのシーンは今日に至るまで「信じ続けよう（Keep the Faith）」のモットーの下に続いてきたし、デイヴィッド・マンクーゾ（David Mancuso）が開催した伝説的なザ・ロフトのパーティの参加者は今なお、あの場でプレイされたレコードを宗教的な言葉で形容する。レアなレコードを「聖杯」と称する呼び方に備わったスピリチュアルな基調音については既に触れたが、ヴァイナルの魔法に対する信心は、ほぼ同じ盤質のNM盤と未開封盤との間に生じる大きな価格差の要因になっている。もしかしたら、音質に対するヴァイナル派音響マニアの執着にまつわる様々な科学的根拠の奥底には、最初のオリジナルの純粋さ、複製の大海原の中に漂うオリジナル盤に対する、当人は考えてもいない宗教的な欲望が潜んでいるとすら言えるのかもしれない。

本当の信者がれっきとした音楽フォーマットと看做すのはヴァイナルだけだ。この立ち位置に論理的な議論は歯が立たない。そうするためには信仰の飛躍が必要だし、そのポジションは一種の神学的第一理論として機能する。こうした信仰／崇拝がベースになっている立ち位置を分析するのは汚らわしい行為と映るかもしれないが、私からすると、ヴァイナル・フォーマットに対する絶対的な信心にはお薦めしたい部分だけではなく、いくつか欠点もあるように思える。

ポジティヴな面から言えば、絶対的な信心は一貫した、途絶えることのない焦点をレコードだけに絞ることになる。カセット、オープン・リール式テープ、CD、デジタル・ファイル、ストリーム等は視界から除外していい。この集中力をもってすれば、ヴァイナルだけのコレクションを構築するのに全身全霊を捧げられる。脇目もふらず、レコードを探すことだけにエネルギーを注げばいい。このアプローチには、混沌としたフォーマット群の中で録音音源を多種多様なグループに分類するのではなく、一体化した総体の一部としてレコードを扱わせてくれるシンプルさと境界性が備わっている。棚に並べて好きなように整理し、ギアを変えることなく連続して聴いていける、実体を伴うオブジェがもたらされる。ヴァイナルが王者だった時代に育った人々にとって、真の信仰を抱くことはそのコレクターに過去と現在の間の連続性を感じさせてくれる。かつ、すべてヴァイナルから成るコレクションの場合、全体を見渡す満足のいくメンタル・マップを形成し各部に詳しくなることで楽に楽しくヴァイナルを使えるゆえに、コレクションをぐっと活用しやすくもなる。

しかしこの姿勢にも確実に盲点はある。第一に、ヴァイナルは概して素晴らしく聞こえるメディアとはいえ、必ずしも毎回そうとは限らない。先にも触れたように、〈トラックス〉はアイコニックなシカゴ・ハウス曲のプレスに低品質なヴァイナルを使用したし、一部のレーベルはLP一枚に曲を詰め込み過ぎた結果、そのレコードは薄っぺらな響きになった。時には、ヴァイナル・プレスよりCDあるいはテープの方が音が良いこともある——これは特に私家版ニューエイジ作品といったジャンルに当てはまる話で、なぜならそれは、新しい音楽のほとんどにとってヴァイナルがフォーマットとして確実に撤退していった時期である一九八〇年代および九〇年代に盛り上がったジャンルだったからだ。同じ音源も、大抵はさんざんスクラッチされ、歪んだレコードよりピカピカのCDの方が音は良い。もうひとつ忘れるわけにいかないのは、多くの人間にとって最高のリスニング体験は車の運転中、あるいは歩きながらヘッドフォンで聴いている時に起きる点だ。一九五〇年代と六〇年代に車向けのダッシュボード搭載型ドーナツ盤プレイヤーを売ろうとして失敗したメーカーは多かったが、モバイル・リスニングにとってヴァイナルは根本的に惨敗なフォーマットだ。家での集中した深いリスニングを可能にするヴァイナルの価値は、異なるリスニングの文脈では明らかな弱点になる。試しにニューマークのポータブル・ターンテーブルでレコードを聴きながら散歩してみるといい——最も献身的なヴァイナル熱狂的支持者の信念すら揺らぐはずだ。

背教

だが、自らの失われた信仰に対する悩みはヴァイナル背教者には存在しない。背教、すなわち過去に抱いた信念の放棄は、レコード収集コミュニティの一部に定着している。オンラインあるいは地元の音楽コミュニティを少し探ってみれば、レコードに完全に背を向けた少数派の連中に出くわすはずだ。彼らのヴァイナル・フォーマットの拒絶反応は多くの場合、ヴァイナルのインターネットへの移行に対する反動として理解できる。ヴァイナルはアナログなフォーマットであるだけに、一部のラッダイト（技術革新反対者）はベストなレコードを手に入れるためにコンピュータ使用が必須になった時点で諦めてしまった。また他の連中は明らかに、かつては安く買えたレコードの値上がりにフラストレーションを感じるようになった。中には彼らが長年追求してきたホビーの世界に道楽半分で手を出す者や新入りがどっと流れ込んだことに憤慨する者もいて、彼らはそうした新参勢を遅れてレコード好きに転向した、高級化を推進する連中と看做す。彼らにしてみれば、ヴァイナルはその生をまっとうし、息絶えた――残ったのは苦い後味だけだ。

この見方にはインスピレーションを掻き立てるネガティヴさがある。取るに足りない再発、１８０グラム重量リプレス、その他もろもろの不要なヴァイナル関連マーチャン商品といったマジックを売りつけてくるマーケティングのハイプに対する、その頑とした抵抗ぶりは評価できる。こうした背教者がもっと安価なフォーマットに向かうのには現実的な魅力があるし、フォーマットはリスニング体験を左右するべきではないという彼らの主張には直観的な、ＤＩＹな魅力が備わっている。しかしヴァイナルに背を向けることは、ニヒリズムにもすり替わりやすい。誓いを立ててヴァイナルを完全に断ってしまうと、基本的にそれ以外のフォーマットでは見つからない数多くのレコーディング音源にさよならすることになる。安い値段で見つかるレコードはまだたくさんあるし、それ以外にも払った値段より高額で転売できるものは多い。このケースの場合、ヴァイナルに背を向けた人々は彼ら自身の抱く憤慨を信条として美化していることがよくある。この手のヴァイナル背教傾向は、すべてのトレンドと一過性のブームをきっぱり疑ってかかることを促す際に最も強力である一方、若く経験の浅いレコード・コレクターを見下してかかるようになった時点で最も弱々しい存在になる。

不可知論

というわけで、最後にヴァイナル不可知論主義の話をしよう。このアプローチは他にも数多くある重要なフォーマットのひとつとしてヴァイナルを扱う、困難で探究心を求められるアプローチだ。この点が示唆するように、本物の信者、あるいは背教者のそれよりも実際的なアプローチが求められる。このアプローチはとあるレコードの生む魔法を受け入れる余裕があるものの、それはヴァイナルというフォーマット全般には当てはまらない。言い換えれば、魔法はすべてのレコードにあらかじめ仕込まれているわけではなく、特定のレコーディング作品だけを聴く過程を通じてリスナーが発見する、ということだ。ヴァイナル不可知論者であれば、購入しキープするのはこうしたレコードに限定され、それらのレコードは永久保管の山に加わっていく。ヴァイナル不可知論者は一般的に、無条件に何もかもヴァイナルで手に入れる「必要」のある本物の信者に較べ、もっと幅広い理由からレコードを収集するものだ。美学的な喜びをもたらすレコードだけではなく、ヴァイナル不可知論者はその歴史的な重要性やセンチメンタルな価値、転売もしくは友人と交換するためにレコードを買うこともある。このアプローチにとって、ヴァイナルはすべてがそれに尽きる最終目標ではない。

この立ち位置にはいくつか利点がある——そのポジションをとるために、コレクターは思慮深く選択にうるさくなる必要がある。その立ち位置はヴァイナル・フォーマット全般に関する白黒はっきりした判断をくだすことなく、特定のレコードを特定の文脈において評価する。このアプローチを用いることは、それなりの欠点も伴う——コレクションは互換性のない複数のフォーマットにちらばるかもしれないし、ハードコアなヴァイナル専門シーンで起きるトレンドを見逃す、もしくは一定した収集フォーマットがないゆえの根無し草な感覚が常につきまとうこともあるかもしれない。

ディープさ：天職、目利き、ホビー主義

続いての問題は、収集行為に関してどれだけ深くヴァイナ

ルにハマる気があるか、という点だ。この疑問に対する回答は部分的に、打ち込みの度合いと恵まれた環境にいるかどうかにかかっている。レコード収集を自らの定めと捉える者もいれば名声のかかったゲームとして見る者もいるし、また他の連中はホビーとして扱う（対してカロライナ・ソウルで働く私と私の同僚たちにとってそれは職業だ）。これらの性向はレコードをそれぞれ徹底的に異なる方法で理解するので、その性向を抱えた者は異なるレコードを異なるメソッドで追いがちだ。そして我々がフォーマットに関する文章中で既に論じたこととは異なり、とある人間の打ち込み方のレベルはその人間の物質的な環境に大きく影響される。どれだけの自由時間と資金を注ぎ込めるかという基本的な懸念が、果たしてヴァイナル・ゲームにどこまで深く入り込んでいけるか、その限界を定めている。たとえば、借金を抱えていてひとつ以上の仕事をこなしている人間が、レアなソウル45回転の目利きになろうとするのはやはり無理な話だろう。仮になれたとしても、そのゴールを達成するのは富裕な投資家の息子や有名俳優がやるよりもはるかにタフになるはずだ。置かれた状況次第で、以下の三つのアプローチのうちのひとつは、あなたによりアクセスしやすいものになるかもしれない。

天職

天職とは運命だ。収益云々を抜きに、理想のためにやる仕事のことだ。真実と美の追求が動機になっているゆえに、それはもっとシニカルな人間の目には風変わりと映るかもしれない。ヴァイナル界において、ヴァイナルの呼び声に応じたタイプの連中を形容する際に我々は「ヘッズ（heads）」の用語を使う。一九六〇年代の名残りを感じさせるこのタームは、一部の収集サークルにおいては最上級の呼び名でもある。ヘッドとは本当の意味で物事に通じている人間を指す――単にどのレコードに価値があるかだけではなく、その人間はどのレコードに真の意味で美学的な価値があるかも知っている。ヘッドは深く掘り下げるし、多くの連中が聴いたことすらない数々のレコードに詳しい。ヘッドになるためには、その音楽の裏も表も知り尽くしている必要がある。どんな音の

作品か、その作品のどこが特別なのかについてはロクに語らず、ただトレンディなレコードの名をずらずら並べるだけでは役不足だ。ご想像通り、ヘッドになるのには時間がかかる。それが意味するのは多くのレコードを掘り、そして思慮深くレコードに耳を傾けることだ。ゆえに、若いヘッドの数はあまり多くない。かつ、敬称とは大抵そうであるように、これは望んだからといって自称できる類いのものでもない。ヴァイナルをよく知る連中の間で自らをヘッドだと触れ回ったら、狙ったのと正反対の効果が生じるのはまず間違いない。

ヘッドはハック（hack／雇われて仕事する者）の対極にある。彼らは好みのジャンルに没頭し、レアなレコードと名声を確立した古典作、その間に存在するあらゆるレコードを探っていく。彼らは自分の知るレコード、そして他人に知られているレコードだけでは決して満足しない。むしろ、彼らは自らのリスニング体験を永遠に改革していくのを課題にしている。自らの天職としてレコードと音楽にアプローチしていく者は、それを詩人ジョン・キーツが「魂を作っていく」と呼んだものを達成する手段として見ている――美学の生む戦慄を用いて自らに様々な実験を施し、この世界の中で言えることやできることは何かについての自身の理解を広げるために。レコード収集を天職として扱うことは、知られざるレコードを見つけ出し共有し、古い作品に新たな観点を生み出すということだ。このすべてを実践するには、レコードをリサーチし、実際に聴き、一緒に生きてみるという、手間のかかるプロセスに自らを捧げる覚悟が求められる。

以上の形容からも、誰もがレコード・ヘッドにはなれるわけではないこと、また、必ずしも誰もがヘッドになりたいと憧れる必要がないのは明らかだと思う。というか、ヘッドになりたいと望むことすらむずかしいのではないかと私には思える――なぜなら、それはむしろ他者の目の中で、長い時間をかけて「そうなっていく」何かに近いからだ。また、先に述べたように、レコードを探っていくヒマとお金があった方が、ヘッドになるのはもっと楽だ。一九六〇年代から持ち越されてきた概念だけに、ヘッド界の理想はまた、まあ驚くには値しないだろうが、性別に支配されたコンセプトでもある。女性もしくはトランスジェンダーのコレクターがヘッズと呼ばれることはめったにない。慎重に取り扱わないと、この用語はたちまちクリシェ――ローブを風になびかせ、高みから追従者に教えを垂れる年寄りの賢者像――に陥ってしまう。ゆえに、気をつけて欲しい。レコードのエキスパートに至る道のりは謙遜の思いと共に接するべきもので、あらゆる人々と音楽をシェアしたいというゴールを目指しつつ、教育は永遠に続くものという精神で臨むものだ。その思いが欠けていると、ヘッドへの道はあっという間に自分の魂は美しいと思い込んでいる連中——たとえば、コールド・サンの『Dark Shadows』を聴いたことがあるから、自分は現実世界には向かないほどディープだと考えるような人間——のエゴの旅になってしまう。

目利き

レコードを自らの天職と看做す者とは対照的に、レコードの目利き連中はジェイZがバスキアの絵画を買うようにレアなレコードを買っていく。ソースティン・ヴェブレンが「誇示的消費」と呼んだもの【註1】を実践し、他の連中が所持していないものを手に入れ、そのみせびらかしを通じて彼ら自身に「よくできました」の称号を贈るために。あるいはその代わりに、求める秘密のレコードをこっそり集め、それらを所有し世界中の他のコレクターの目から隠す、いわば非誇示的消費の行動として。いずれにせよ、目利き連中が希少価値の高い、知名度の低く、無名なレコードを好む主な理由はそれらが文化的資本のきらびやかなおもちゃとして彼らにもたらすステイタスゆえだ。

これだけが目利き道に伴うすべてであるというのはさすがに単純過ぎる。個々の目利きも他のリスナーと同様に志しと思慮深さを備えている可能性だってあるだろう。しかし概して言えば、このアプローチは我々が第一章で警告したレアなレコードの価格システムの内面化に依存している。ゆえに目利きの連中は再プレスを無視しもっと見つけるのが困難なオリジナルを優先しがちだし、一般的な作品より稀少作品を好み、当時もっと人気のあったものよりニッチなレコードとレーベルとを重視する傾向がある。レコードの目利きが彼らの形成する少人数の専門家サークルが尊重するテイストから逸脱するとしたら、それは美学的な発見だけではなく経済的な投機の気運に乗ってのことだ。視覚芸術と同様に、目利きは一般に知られるようになる前に次なる人気作品を利用しようとする。

こうしたアプローチのネガな面がはっきりしているように、目利き道は個人にとっての豊かさ・価値の上昇を約束する以上に何も提供しなさそうに思える。だが、レコードの目利きが稀少盤に注ぐ集中力は真に驚異的で、これまで存在を知られていなかった数多くのレコードを掘り返してきた。ということは彼らは間接的に、他の連中がこうしたレコードを発見し公衆とシェアする動機をもたらしてもいる。これはまた、デジタルに変換されたヴァイナル音源のリッピングがオンラインに出現し安い再発盤が登場することにも繋がる——時間が経つうちに、素晴らしいレアなレコードもたまにより手頃なフォーマットで一般レベルにまで滴り落ちてくる。カロライナ・ソウルもそうだが、目利きがFunkyou!、Craig Moere Records、Paperstax、John Manship Recordsやそれ以外の大規模なレコード販売業者の存在を支えている率は高い。目利きの行動がそのロジカルな終着点に達すると、それはレコード収集のもつ経験に基づいた可能性をえぐり取りただの空疎な名声ゲームに変えてしまうとはいえ、今日のヴァイナル経済の大きなエリアの活気にエネルギーを注ぐ存在であるのは否定しようがない。

ホビー主義

そして、より広範なヴァイナル人気のトレンドに乗ろうとする者がいる。彼らは趣味でヴァイナルをたしなむ連中だ。このタームにはアマチュア主義につきまとう若干の軽蔑が含まれていると感じる向きもいるかもしれないが、ここで私がこの言葉を用いるのは、ほとんどのレコード収集家はおそらく自らのことを今の時代のヴァイナル修道僧あるいはエリート主義の目利きというより、むしろレコードをホビーで集める趣味人と思っているからだ。そればかりか、収集行為をホビーとして扱うことには多くの利点がある。その姿勢は自己満足なシリアスさを回避させてくれるし、少なくともインディな音楽メディアやラジオ局、「大手の」小さなレコード・レーベルが定めるコンテンポラリーで重要なレコードおよびジャンルに耳を傾けるのに重点を置くことになる。一般的に、ホビー主義者は世の流れに追いつこうとする——レコードにハマり始めたばかりの人間はきっとそうだろうとあなたもお察しの通り、概して彼らは若い。ホビー主義者のテイストは比較的オープンなだけに、彼らはヘッズや目利き連中にたまにいるような、決まったパターンにまだ凝固してはいない。

ホビー主義者は再発作品およびそのジャンルの中で名声を確立した「大物」レコードを買いに走る傾向がある。Discogsや地元レコード店にまで網を張っている可能性があるが、eBayには手を伸ばしていない。レコードに深くハマり始めたばかりの音楽ファンである彼らは、当然のごとくレアなオリジナル・プレスの世界のことはよく知らない——知っていたとしても威嚇されて手を出せない気がしているかもしれない。たまに白髪頭の年配のレコード好きがこうしたホビー派を「初心者レベル」のコレクターと却下することがあるが、これは問題の把握の仕方としては間違っているように思える。四十歳になっても十八歳の時に聴いていたのとまったく同じレコードを聴いている人がいたとしたら（かつ、そのレコードに対する考え方がかつてと変わっていなかったら）、確かに「初心者レベル」という感じがするだろう。しかしいかなるコレクターも最初はホビーから始めるわけで、となればどのホビー派もいずれ彼らなりのヘッドや目利き——レコード収集のもっと深いポテンシャルに対してより専門家的な関係を備えた人間——になる潜在能力を秘めていることになる。我々すべてにとってホビー主義はレコードを集め始める際の気取りのない、情熱的な、音楽に対する心底からの愛情から発した方法だ。その若々しい熱意とその時々で人気のあるレコードに絞られたフォーカスは今後続いていく何かの開始地点であり、バカにする所以は一切ない。

流通：抱え込み、賭博、保存／キュレーション

コレクターとして決める必要のあるもうひとつの点に、どれだけがっつり自分の所有するレコードを流通させたいかがある。言い換えれば、あなた自身のレコード・コレクションを概念化するには色々な方法があるということだ。理論家ヴァルター・ベンヤミンに倣い、芸術作品を市場から救い出す手段【註2】と看做すだろうか？ それとも投資の対象、必要に応じ転売し利益を生む資産として扱う（今やコレクターの守護聖人であるベンヤミン自身これはたまにやっていた）？ 抱え込み、常に増加し決して減らないものとして扱う？ あるいは所有するヴァイナルにキュレーター的に、図書館が蔵書を、ミュージアムが所蔵する芸術品を扱うように接するだろうか？

抱え込み

レコードを抱え込むタイプは、お祭しの通り絶え間なくレコードを入手し、そのどれもめったに手放さない。私の職場仲間は自宅買取におもむき、生活空間がすべてレコードで埋め尽くされている場に何度か出くわしてきた。彼らはバーのカウンターのクッション部の下からビリヤード台の上、魚用の水槽の中から円筒状の材木やほうきの柄の束の上まで、様々な場所にしまってあったレコードを引っ張り出してきた。だが抱え込むタイプの中には、こうしたリアリティTVに出てきそうな典型的な「コレクター」像に当てはまらない人々もいる――彼らはコレクションを非酸性保護スリーヴで覆い、厳密にアルファベット順に分類し、きちんと棚に陳列している。しかし一見整然とはしていても、こうした整頓マニアも出くわしたあらゆるレコードにしがみついていたいという欲望を、もっと乱雑にため込むタイプと共有している。熱狂的な蔵書家と同様、レコードを抱え込むタイプの収集家にとってはどのレコードにもポテンシャルが備わっている。

抱え込みのポジな面ははっきりしている――何も失わずに済む。これまでに欲しいと思ったレコードは何もかも、発掘できたとしての話だが、いつでも聴くことができる。「もったいない」型コレクターは自分の趣味は将来大きく変化するかもしれないと考えていて、ゆえに少しでもコレクションを処分すると後になって聴く必要の出てくる何かを未来の自分の手から奪ってしまう、ということになる。抱え込み行為は、処分するレコードはどれもいつかまた聴きたくなるという恐怖心の上に成り立っている。映画『ハイ・フィデリティ』のレコード収集に関する描写は間違いだらけとはいえ、時間の経過に伴いレコード・コレクションがいかにオーナーの自伝的意味合いを帯びてくるものかという点だけは当たっている。ゆえに、もしもあなたが果敢に、もしくは無謀にも買ってきたレコードをすべてキープしようとすれば、棚に並ぶレコードは自己クロニクルの機能を持つようになる。二〇〇〇年代のガレージ・ロック・リヴァイヴァルに熱くハマったあの夏を忘れてしまいたい？　抱え込み型であれば、あなたのコレクションは忘れない。若いゴスだった頃の思春期を懐かしみたい？　コンプ派のコレクションであれば、バウハウス、ジョイ・ディヴィジョン、シスターズ・オブ・マーシーのLPはいつでもあなたを迎えてくれる。

何もかもとっておくことのネガな面は、本当に好きで最も聴きたいレコードが行方不明になってしまいかねないところだ。コレクションが大規模になり過ぎると、それは「うざく」、障害にさえなることもある。既に興味を失ったレコードを二十五枚もめくって、やっと今も好きな一枚のレコードにたどり着くのは面倒くさくもある。また、まだ若く経験の浅いコレクターだった頃に買ったレコードは必ずしも風化に耐えるものではない。グレン・グールドの『ゴルトベルク変奏曲』のように誰もが認める傑作、あるいはA.R.E.ウェポンズのセルフ・タイトル作のような疑問の余地のない駄作という場合を除き、最初に買うレコードは一過性の流行と古典の間に横たわる混沌としたグレー・ゾーンに位置している。ほとんどのレコードはきちんと評価するのに時間のかかるものだし、とある場面で魅力的に響いた作品がその後もずっと魅力を放つとは限らない。もったいないと抱え込まれたレコード・コレクションは、最悪の場合、雑草に覆われ肝心の花が見えなくなってしまった荒れ果てた庭を思わせる。

賭博

抱え込み型コレクターの対極の存在はレコード界では様々な呼び名で知られる――フリッパー、相場師、ギャンブラー。このアプローチには実際、ラス・ヴェガスで賭博に興じる連中との共通点がある――常に退屈し、新たなスリルを次々求めるタイプだ。レコード賭博師は自身の所有するヴァイナルを常時流動的な変化状態に置いている。彼らは利益を生むため、あるいはまだ聴いたことのない新たなサウンドに挑戦するために、手持ちの古いレコードを絶え間なくトレードし、売り、高く転売する。Discogs、eBay、フェイスブックの非公開トレーディング・グループの数々を活用し絶え間なくコレクションをマーケットに送り込むことで、自身のレコードを流通させ続ける。かつて夢中になったレコードを撹拌し聴き倒していく彼らは、今気に入っているレコードと軽く浮気するためなら以前愛したレコードをいつでもためらいなく脇に押しやる、ヴァイナル界における多情な面々だ。彼らのアテンション・スパンは短く、いったん消化・吸収したと思ったらそれらのレコードに飽きてしまう、もしくは純粋に賭けに出てみるプロセスそのものを楽しんでいる。理由はどうあれ、このアプローチをもってすれば、ある人間の所有するコレクションはまだ手に入れていないレコードと較べると見劣りすることになる。

この収集メソッドの主な魅力は、そこから常にもたらされる新奇なフィーリングから発している。こうすれば毎日新たなレコードを、持っていなかった作品を耳にし手にすることができる。片時も休まず新たなレーベル、ジャンル、アーティストについて学ぶことになる。数多くのレコードについての大雑把な知識を発見し、音楽のとり得る多種多様なフォルムをよく理解した気分になる。だがそれらのレコードのどれひとつとしてあまり長くつき合うことがないぶん、好事家に、プロの道楽家になるのもまた実にたやすい。広く浅く何かを得たとしても、深さは失われる。よほどの記憶力と解釈能力を備えていない限り一度所有していたレコードに関する多くの知識は忘れていくものだし、さっさと処分してしまった作品をちゃんと消化しないまま次の新たなレコードをひっきりなしに追いかけ回すことになるだろう。

保存／キュレーション

抱え込みと賭博の中間に位置する経路がキュレーションだ。あるいは「キュレーション」という言葉自体にムカッとくる人々のために、保存と呼んでもいい。先に使ったガーデニングの比喩を当てはめると、このアプローチはレコード・コレクションをあたかも手入れの行き届いた、きれいに刈り込まれた庭のように扱う。キュレートされたコレクションは、折に触れて枝葉が摘み取られることはあってもラディカルにごっそり入れ替えられることはめったにない。このやり方においてコレクションは徐々に育っていき、必須ではないレコードは長い時間の経過の間に取り除かれていく。キュレーターとしてのコレクターは自身のレコード・ライブラリーを慎重に構築していき、多くの場合、買った作品を丁寧にインデックス化する。Discogsのおかげでコレクションの管理ははるかに楽になった――キュレーター型コレクターの多くは、参照しやすくするために自身のコレクションをそっくりそのままDiscogsにアップしている。

「保存」というタームが示唆するように、キュレート型アプローチは保守的になりがちだ。ゆえにキュレーターが無尽蔵な資金を備えていない限り、新しいレコードは控えめな購入を通じゆっくり追加されていくことになる。賭博式、あるいは抱え込み式に基づくコレクションのように、その総体が劇的に増加したり変化することはあり得ない。それは安定した、地味な、正気なレコードの集め方だ。しかしまた、レコード収集家の多くはそもそもマニアックな連中なので、これもまた万人向けの方法ではない。

使用法：自己実験、音楽制作、批評

収集行為の目的は時が経つにつれ変化するものとはいえ、入手したレコードをどう活用するつもりかについて自らの考えをはっきりさせておくのは大切だ。持っているレコードで何をするのか考えたことがないと、コレクションを始めたこと自体を後悔する羽目になりかねない（特に、引っ越しの必要に迫られた場合）。レコード自体になんとなくかっこいい雰囲気がつきまとうだけに、あなたもそれで何をしたいかに関して曖昧なままヴァイナルを買い始めるかもしれない。しかし、レコードは使ってこそ意味が生まれる。部屋に積まれたレコードの山をどう作動させたいかを見極めるタイミングが早ければ早いほど、そこからもっと多くを得ることになる。

自己実験

最も本能的なレコードの使いみちは、パーソナルな使用だ。ほとんどの人間はムードを変えるその特性を求めてレコードを集める。音楽を聴く行為全般、とりわけレコードを聴くのは、しばしば変容体験をもたらす。レコードは思考やムードを変えるのに素晴らしい手段だ。落ち込んでいたら元気を出させてくれるし、気分がアガっている時には落ち着かせてくれる。自己満足に陥った際に気持ちをシャキッと奮い立たせてくれるレコードもあるし、怒りでいっぱいな心をなだめてくれるものもある。レコード・コレクションには多岐にわたる自己実験の筋道がある――それはあなたの考え方や感じ方を変容させる手だてをもたらしてくれる。多くの人間にとって、レコード・コレクションはドラッグの副作用なしの一種の薬局だ――自己発見および知的実験をおこなうための、セラピー効果のある探究型の手段の源と言える。調和のとれたレコード・コレクションを探っていくと、快楽、恐れ、カタルシス、メランコリー、喜び、それらすべての混ざり合った何かをもたらす音楽を発見することができる。

本書の最後の数章は、レコードのもたらすこの実験的効果の詳細を探っている。ともあれ、もしもあなたがこの本を読んでいるのなら、レコードはあなたの持つ世界に対する感覚を拡大してくれるものだという点にすぐ納得してもらえるはずだ。しかしそれに較べ、レコードのこの使いみちにも潜在的にネガな面がある点はあまりはっきりしていないように思える。ドラッグとは違い、オーヴァードーズや副作用はない。しかしうっかり間違えて利用すると、レコード収集は利己的で自己陶酔型な取り組みに変わってしまう。他の様々な物事と同様、自己実験に病みつきになると、人は外の世界に戻る道を失う。社会および公的生活に入っていく新たな道を見つけるためにレコードを活用するというより、私的なレコードの楽しみ方がむしろ外界を遮断する手段になってしまうことはあり得る。自己の啓発にかかりきりになっていると、何もかもひとりでやれる人間など存在しないという点を忘れがちになる。レコードのもたらす速効性と興奮ゆえに、自分自身の経験だけが重要だと考えたくなる誘惑には打ち勝つべきだ。レコードを用いての自己実験は、最も良い時には一個人の内面に関する唯我的な思索の域を超え、外の世界との新たな関係性という結果を作り出してくれる。

音楽制作

古いレコードの使いみちでもうひとつ大きいのが、新しい音楽を作り出す手段としての活用法だ。DJやリミキサーは自分の音楽を作るためにダイレクトに古いレコードを使う。

それ以外のミュージシャンもより間接的に、レコードをインスピレーション源あるいは技術的なガイダンスとして用いる。こうした利用の仕方は本質的に公けな在り方を指向する。結果、ミュージシャンはレコードに対してもっと実用的にアプローチをかけ、過去の音楽を現在に翻訳することになる。もちろんミュージシャンも自己実験のためにレコードを使うが、音楽作りを補佐するためのレコード利用にはまた別の力点が求められる。ラップのプロデューサーは一枚のレコードのごく一部だけ使って自らのトラックを作ることでよく知られる——たとえば冒頭の短いドラム・ブレイクやヴォーカル・サンプル等。そのプロセスにおいて、新しいものを作り出すためにひとつの作品は細かくぶつ切りにされる。これはディープなリスニングで自己実験をおこなう連中のやるような、レコードがスムーズに流れていくために長く、途切れなく耳を傾けることに重点を置いたリスニングの仕方とは抜本的に異なる。ラップのプロデューサーは利用できるビートゆえにレコードを大事にするし、したがって一枚のレコードに対して全体的なアプローチをかける必要はない。

他のミュージシャンはインスピレーションを求め、録音された過去に目を向ける。録音音源のアーカイヴにはお手本、注意した方がいい失敗例、伝統、伝統に対するカウンター等がたっぷり詰まっている。ミュージシャンが過去を探究すればするほど、彼らは現在における自分たち自身をはっきり定義できる。ミュージシャンがレコードを収集すると、彼らは自身の表現をおこなうための素材を見出すことになる。コレクションを通じ、避けたい音のトーンや使いたいと思うソロ(できれば作っていく過程でそこに独自の何かをつけ足していきつつ)、参考にしたい／したくない作詞面のアプローチ等々が見つかる。歴史的に言えば、レコード収集は過去に可能だったことと現在やれることとの比較——過去の作品で今も今日性のあるもの、もはやそのパワーが通用しなくなったもの双方を認識することによって現在に向けて音楽を作るために——をおこなうための手引きになる。フォークの流派にいるシンガーや演奏家は素材として古いレコードに頼っているし、複雑なジャズのテクニックを学ぶ学生はLPに合わせて演奏する。すべてのミュージシャンにとってレコードは彼らが生まれる前の音楽伝統に入っていくための手段ではあるが、と同時に、レコードにはその伝統から(時にラディカルに)離れていくための知識も含まれている。

折に触れ、インタヴューやエッセイの中でミュージシャンが過去のレコードを論じることもある。そうすることで彼らは現在の批評家やファンのために自らの音楽を文脈化している。とあるミュージシャンがお気に入りのヴァイナルを説明すると、その人がどんな風に自身の作品を作ったかを明かす視点がもたらされることはよくある。たとえば、ワイアーのフロントマンであるコリン・ニューマンがトッド・ラングレンの『魔法使いは真実のスター（A Wizard, A True Star）』（Bearsville／一九七三）に抱く尽きせぬ愛情を綴った文章を読むと、ワイアーの音楽に備わったプログレッシヴ・ロックの要素が突如シャープに見えてくる。また、もっと近年の音楽が直接的に、過去に発表された音楽についての会話をスタートさせることもある。デストロイヤーのLP『Streethawk』（Misra／二〇〇一）収録曲〝The Bad Arts〟をしっかり理解するためには、あの曲がジョイ・ディヴィジョンの〝ディスオーダー〟（『Unknown Pleasure』収録、ファクトリー／一九七九）のリライトであることを知っているのは不可欠だ。そしてキティ・ウェルズ（Kitty Wells）の〝It Wasn't God Who Made Honky-Tonk Angels〟（10インチ、デッカ／一九五二）からI・ロイの〝Straight to Prince Jazzbo's Head〟（7インチ、Upsetters／一九七五）、プシャ・Tの〝The Story of Adidon〟（レーベルなし／二〇一八）に至るまで、他の曲に対するアンサー・ソングとしてのレコードはこれまでもこれからも作られる。我々はたまにミュージシャンもレコード・コレクターであることを忘れてしまうのだ！　事実、誰かの作る音楽を把握するための鍵が、その人間の聴いてきた音楽の理解を通じてもたらされるケースはよくある。とはいえあるミュージシャンの音楽があつかましくも、あるいは知らず知らずのうちにレジェンドの作品との比較を呼び込むこともたまにある。こうしたレトリックとしてのレコードの使い方は、ファンにとってはやや微妙になる場合もある。ミュージシャン側が気をつけないと、彼らの作るレコードと彼らの崇拝の対象が生み出した古典作との間にしゃくに障る比較を展開しかねない。ジョン・コルトレーンが大好きだと語ることと自分はジョン・コルトレーンであると思い込むこと、ドリー・パートンの歌声が大好きなことと自分もあれくらい上手く歌えると考えること、その間の差はたまに紙一重だ。時に、昨今の音楽界の若手勢は過去のマエストロの業績をマントのようにまといたいのだろうかと思うこともある。だが、これらはミュージシャンのヴァイナル利用法の中では例外だ。多くの場合、優れたレコード・コレクションは活動中のプレイヤーやソングライターにとっての源泉だ——お手本であり、インスピレーションの源であり、彼らが自身の作品の中で答えを出すことのできるアイディアや歌詞の泉だ。

音楽批評

最後は、私が批評的な目的――レコードを解釈し、文脈化し、その人間がレコードについて知っていることや思うところを他者と共有するために――と呼ぶ、一部の人間のレコードの使い方だ。今あなたの読んでいる本も、そんな使い方の一例だ。このアプローチ法の産物には大衆音楽史、音楽ジャーナリズム、一般および学術的音楽書籍、ラジオ番組、専門的な音楽ライブラリーといったものが含まれる。こうした取り組みに携わる面々はすべて、他の人々がレコードについて考え感じることを建設的に組織立てようとしている。彼らは音楽を解釈し、その働き方を見極めようとする。特定のレコードもしくはジャンルの持つ意味とインパクトとをジャッジし、そうすることを通じてそれらを歴史的な文脈に置こうとする。その音楽の社会的側面に焦点を据える者も、様式面を重視する者もいるが、多くはそのふたつを組み合わせている。

上手くいくと、レコードのこの使い方は時に反知性主義的な音楽界に挑発的な疑問や議論の数々を注入することになる。実際はどうかと言えば、ほとんどのミュージシャンは批評家やＤＪのことはどうとも思っていない。しかしそれは、音楽に関する文章の大半とかなりの数のラジオ番組はやたらと気取っていて目的をきちんと達成していないゆえだ――それは別に、彼らがどこか知的過ぎるからではない。最も賢い音楽の批評的な利用は、あなたに音楽をもっとよく聴き込み、気づかなかった新たな音を見つけ、レコードをその歴史的な文脈すべてにおいて把握したいとの思いを鼓舞してくれる。このタイプの取り組みがほとんど世に知られずにいるのは、何もクリエイティヴで思慮深いライターやＤＪが不足しているわけではなく、学術界、大企業型メディア、時には大学ラジオ局においてすらあまねく広がった、門外漢を締め出そうとする門番行為ゆえだ。

ジャンル：原理主義と雑食主義

続く二章で詳細していくように、インターネットはレコード収集のテイスト文化を数多くの小さなシーンやサブジャンルに再分した。単にレコードを売るためのマーケティング策略に過ぎないとしてジャンルを無視する姿勢が近年人気を博しているとはいえ、私自身はジャンルの規則はインターネット時代も根強く残っていて、というかむしろ強まったとすら言えると思っている。インターネットによってジャンルという概念は時代遅れになったと感じている連中は、ストリーミングのデフォルトなリスニング・スタイル――脱文脈化、なんでもつまみ食いする気まぐれさ――が唯一可能な聴き方だと勘違いしているのではないだろうか。しかしストリーミングがジャンルを無効にしたというのは事実とほど遠い――スポティファイですら、プレイリストでジャンルのタグに大きく依存している。そしてテイスト文化の分裂とマイクロジャンルの数の爆発的増加は、レコード収集におけるジャンルの理解がこれまで以上に重要な課題になっていることを意味する。

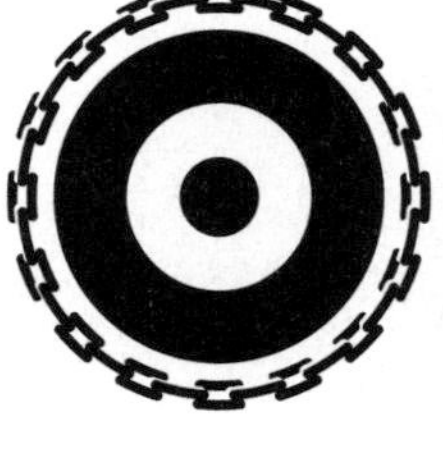

原理主義

この状況に対するアプローチのひとつを、私はジャンル原理主義と呼んでいる。名前からも察しがつくように、ジャンル原理主義者はひとつきりのジャンルに属するレコードを頑固に追い求める。このアプローチの利点のひとつは、それがめったに感じることのない把握とコントロールの感覚をコレクターにもたらす点だ。特定のジャンルあるいはサブジャンル、特定のレーベルやシーンだけに視界を狭めれば、あなたはコンプ人になれる。私の友人デイヴィッド・グリフィスはもう何年も、オハイオ州デイトンに買いつけの旅を重ねてきた。結果、彼はおそらく世界で最も徹底した、デイトンおよび周辺地域でリリースされたファンクとソウルの45回転コレクションを誇ることになっている。カロライナ・ソウルの設立者であるジェイソン・パールマッターはおそらく、今生きている人間の誰よりもカロライナ州産ソウル・レコードのレーベルおよび曲名を知っている人物だろう。もう廃刊になった雑誌『マキシマム・ロックンロール』は世界一徹底的なパンクのLPおよび7インチのレコード・コレクションをベイ・エリアのどこかに保管している。ノーザン・ソウルのファンは非常に明確に定義されたソウルのサブジャンルを収集するがゆえに包括的なアーカイヴを構築できる。また、レーベルによっては経営を停止するまでに魅力的な、所有欲を掻き立てるレコードをいくつか出しただけで終わるものもあり、そうした多くのレーベルの全カタログをコンプリートするのも可能だ。自身の興味の守備範囲をタイトに制御しひとつのジャンルだけを自らに許すと、ひとつの音楽サブカルチャーを俯瞰し、その隅々まで知ることができる。

しかし、このジャンル面での視野の狭さは高くつく。深い理解を得るぶん音楽理解の広さは狭まる――コンテンポラリーな音楽をシャットアウトするばかりか、たったひとつのジャンルに集中するべく過去の他ジャンルも遮断せざるを得ない。気をつけないとあまりに専門分野に特化してしまい、音楽界全体の動向から置き去りにされかねない。このアプローチは単調になる可能性があるばかりかジャンルのジグザグな相互交錯ぶりを見落とすのにも繋がる。たとえばブギー系ダンス・ミュージックの12インチだけにきつく的を絞っていると、このジャンルがミニマル・ウェイヴからポスト・パンクまで様々な他ジャンルとも被っている点を見逃しかねない。あるいは地方色の強い音楽とそれに関連するフォークロアに守備範囲を限定すると、それ以外の多くの音楽を退廃的な「アート音楽」として退けることにもなる。ファンクのブレイクやラップLPだけに固執していると過去の音楽にすっかり浸ってしまい、同時代のラップがどんなことをやっているか聴き逃しやすくなる。

雑食主義

その対極に、自らをジャンルで一切制限しないロマンチックなタイプの連中がいる。こうした雑食型の面々はいちどきに何でも集めたがり、たったひとつの研究対象に焦点を絞り込むことを拒絶する。この場合の欲求は可能な限り多くの種

類のレコードを試し、それらの間の結びつきを頭の中に描きたい、というものだ。この類いのコレクターはジャンル間の関係性を明確化したメンタル地図を自分なりに製図しレコード・アーカイヴのもつスケールおよび振れ幅を丸ごと吸収しようとする。

世界に存在するあらゆるレコードひとつひとつを聴くというのは、もちろん実質的に不可能な話だ。何もかも所有、あるいは聴くことのできる人間などいない。しかし何かを実現したいという欲求として、これは素晴らしい結果をもたらすことがある。レコードに対する雑食型アプローチが功を奏すると、普通はまず一緒に語られないレコードの間にある興味深く実りの多いコネクションが明らかになる。これら雑食型コレクターはその収集パターンにおいて、レコード界のフリー・フォームなＤＪということになる——まったく異なるレコードとジャンルの間に伸びた線を見つけ出し、新たな組み合わせを生み出している。このメソッドに備わった危険性は支離滅裂になる可能性だ——色んなものをあらゆるものと結びつけようとすると、どうしても時にスタイルの矛盾やミスマッチが生じる。

CHAPTER 3

コレクター向けジャンル
およびサブジャンル解説

第二章で述べた通り、音楽批評家の間では「ジャンルは終わった」と言うのが流行になっている。分類上のタームすべてをマーケティング用のギミックだとして却下しつつ、ジャンルというコンセプトは我々がもっと充実した、より冒険的なリスニング体験を得る妨げになっていると彼らは主張する。だがインターネットは音楽の分類法を変えた一方で、コンピュータのせいでジャンルの意義はなくなったと考えるのは間違いだ。そうではなくむしろ今の時代の音楽消費、とりわけレコード収集はサブジャンル、マイクロジャンル、ニッチ、小規模な専門的ムーヴメントに支配されているという方が近い。最も広範なジャンル——たとえばロック、ソウル、ジャズ、ダンス——はいくつものより細かで明確なカテゴリーに再分されている。全般的に言って、今のコレクターはかつての大まかなジャンルよりも確立されたジャンル内で正道から外れたものやそこから分離したものに興味がある——クラシックなロックよりパワー・ポップやドゥーム・メタルを、〈モータウン〉よりスウィート・ソウルやモダン・ソウルを、直球なジャズよりスピリチュアルやフリー・ジャズを、ディスコ（少なくともそのオーケストラを用いた形態）よりハウスとテクノを、という具合に。更に言えば、コレクターはひとつのジャンルしか当てはまらない作品よりジャンルをまたぐ異種交配作品に重きを置く。カロライナ・ソウルでは作品解説に複数サブジャンルを含むレコードのオークション数が増えている。近頃我が社がリストアップしたレコードから無作為に例を抜き出してみても、サイケ・ファンク、アイランズ・モダン・ソウル、エレクトロ・ベース・ラップ等がある。カテゴリーが絶え間なく変化していると、変化を混沌と呼ぶ人間が必ず出てくる。そしてレコードのジャンルは変容の過程を潜っている。追いつく必要のあるサブジャンルやジャンルの組み合わせが増えただけではなく、その意味は今なお発展中だ。どちらかと言えば、ジャンルに対して考える必要性をインターネットが再燃させた、ということだろう。

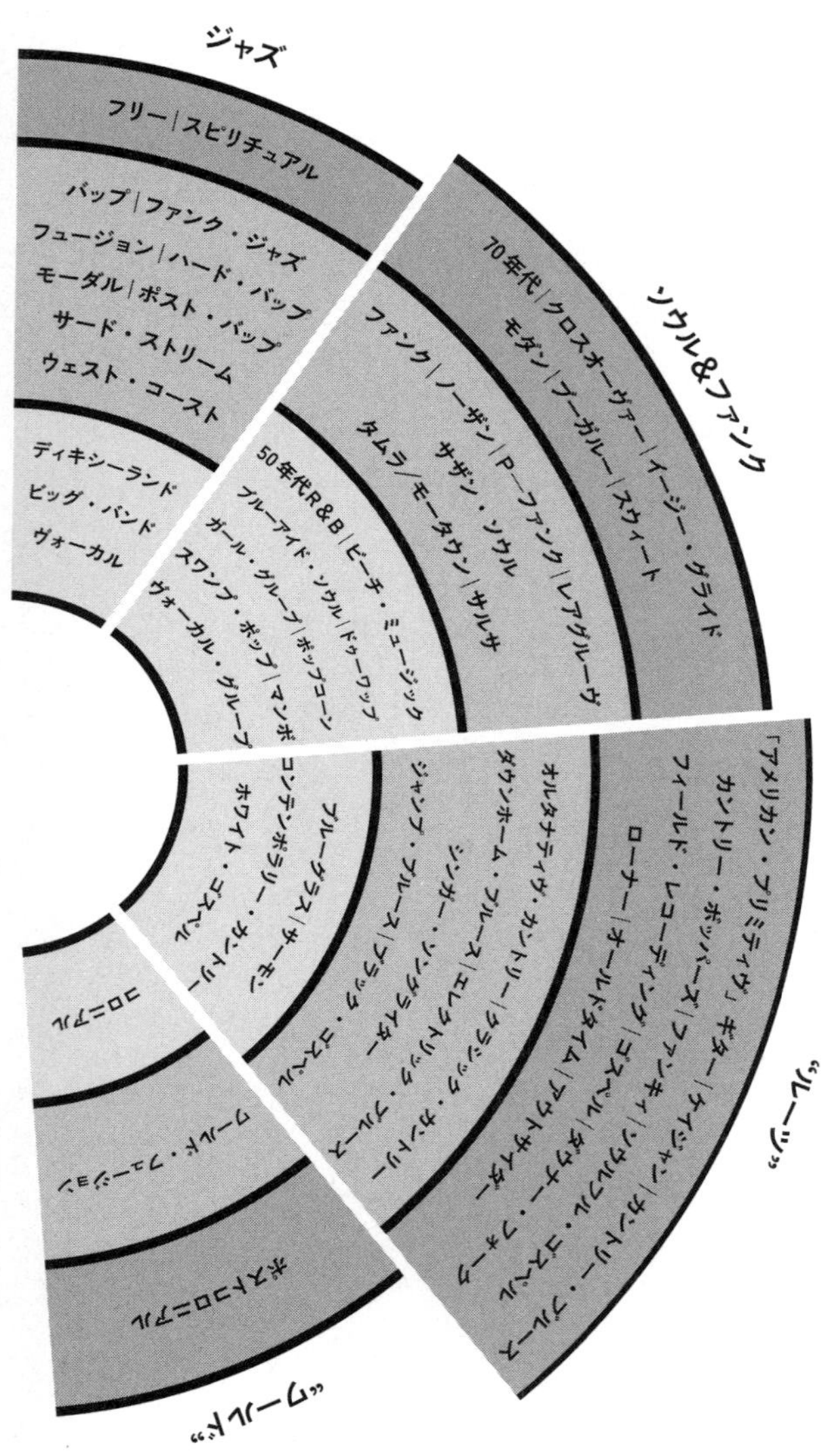
ジャズ
フリー|スピリチュアル
バップ|ファンク・ジャズ
フュージョン|ハード・バップ
モーダル|ポスト・バップ
サード・ストリーム
ウェスト・コースト
ディキシーランド
ビッグ・バンド
ヴォーカル
ソウル&ファンク
70年代|クロスオーヴァー|イージー・グライド
モダン|ブーガルー|スウィート
ファンク|ノーザン|P-ファンク|レアグルーヴ
サザン・ソウル
タムラ|モータウン|サルサ
50年代R&B|ビーチ・ミュージック
ブルーアイド・ソウル|ドゥーワップ
ガール・グループ|ポップコーン
スワンプ・ポップ|マンボ
ヴォーカル・グループ
“ルーツ”
「アメリカン・プリミティヴ」ギター|ケイジャン|カントリー・ブルース
カントリー・ポッパーズ|ファンキィ|ソウルフル・ゴスペル
フィールド・レコーディング|ゴスペル|ダウナー・フォーク
ローナー|オールドタイム|アウトサイダー
オルタナティヴ・カントリー|クラシック・カントリー
ダウンホーム・ブルース|エレクトリック・ブルース
シンガー・ソングライター
ジャンプ・ブルース|ブラック・ゴスペル
ブルーグラス|サーキット
コンテンポラリー・カントリー
ホワイト・ゴスペル
コロニアル
ワールド・フュージョン
ポストコロニアル
“ワールド”

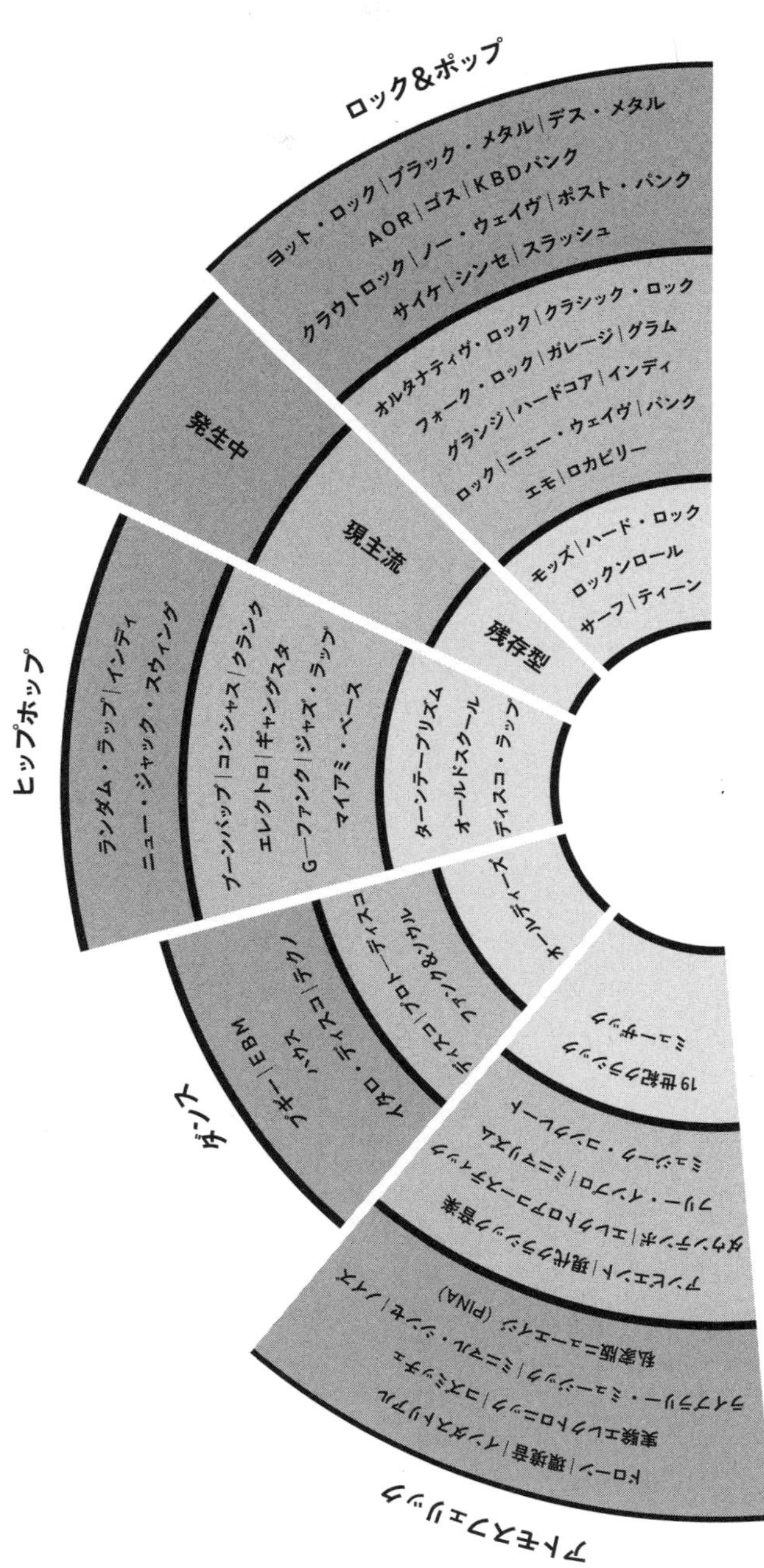

図版12　コレクター・ジャンルのトレンド

実際、ジャンルの放棄はリスナーを解放するよりむしろ縮小させる。第一に、ジャンルの放棄はレコードから歴史的な文脈を奪う。ジャンルはマーケティングに過ぎないと考えると、人々は録音音楽の歴史を通じジャンルを用いて音楽を分析してきた事実を無視することになる。したがって一枚のレコードに対する我々の理解はそのジャンルの歴史と内側で絡み合っているのだ。たとえば「ゴスペル」、「ジャズ」のもつ様々な意味に関する実用的なコンセプトのないままアメリカ合衆国におけるブラック・ミュージック史について書く図を想像してみて欲しい。とにかく不可能な話だ！　それが不可能なのは、音楽はジャンルの慣習に反応する形で作られ、聴かれるからだ。いずれにせよ、現代世界においてマーケティングの手に触れられていないコンセプトなど存在しない——かといってそれは何もかも「単なる」マーケティングに集約できる、という意味ではない。たとえば元素周期表は帝政期ロシアで発明されたが、化学におけるその便利さを否定する者はいないだろう。事実、ジャンルについて我々の抱くコンセプトはマーケティング云々を越えた、競合するいくつもの社会的勢力の生む波乱から発している。ジャンルあるいはサブジャンルの名称にすらこの点は表れている。歴史的な年代による区分（例：七〇年代ソウル）もあれば美学的な描写（ハーシュ・ノイズ）もあり、その音楽が聴き手に及ぼす効果に的を絞った名称（ロックステディ）もある。一方で地理に根づいた名称（ザムロック。ザンビア産ロックの簡略形）や人種やジェンダーで特定された問題のある名称（ブルーアイド・ソウル、ガール・グループ）、機能的な呼び名（スティールドラム、ターンテーブリズム）に比喩的なもの（スウィート・ソウル、ブラック・メタル）もある。

それだけではなく、ジャンルは音楽間の実際的な違いに境界線を引く。もしもそのコンセプトが存在しなかったら、音の面での明確な違い、たとえばチャーリー・パットンのカントリー・ブルースとローリー・シュピーゲル（Laurie Spiegel）のアルゴリズム型エレクトロニック・ミュージック、あるいはトニー・アレンのドラミングとジャワのガムラン音楽のそれとの違いを説明するためにコンセプトを発明する必要があるだろう。ひとつのジャンルの美学的原理の理解なしには、あるジャンルに属するどんなレコードの意味を理解するのも不可能になってくる。最後にもうひとつ、ジャンルのコンセプトはアーティスト、レコード、パフォーマンスに精神面での結びつきをもたらす、というのもある。ジャンルは引き算の形で誤用されることもあるとはいえ（前章で述べたジャンル原理主義の箇所を参照）多くの場合生産的だ。たとえば一九六〇年代後期にイギリスでノーザン・ソウルのコンセプトが発展する以前、それは認知できるサブジャンルとして存在していなかった。初期のノーザン・ソウルDJがアメリカのソウルを腑分けするために用いた判断基準――アップテンポな曲とイキのいい歌唱スタイルを含め、それ以外は除外する――はそれまでバラバラに存在していたレコードをリンクさせ、一貫性のあるコンセプチュアルなグループに分類した。コレクターとDJはクリエイティヴだ――彼らには音楽を新しい方法で組織し、レコードに新たな意味を与えるコンセプトを生み出すことができる。

だが、歴史の一部になったところで我々は初めてそのレコードを理解するだけに、コレクターの生む新たなコンセプトが後追いで形成されていくのは必然でもある。彼らはもはやコンテンポラリーではなく、ゆえに改めて文脈化しやすくなったレコードに意味を発明していく。一枚のレコードがリリースされたばかりの時点で、その作品の重要性を判断するのは不可能だ――それが時間の経過に耐えるか否かはジャッジできない。その時その時の勢いや熱にほだされると、長続きするトレンドか、それとも一過性のブームかを見分けるのはほとんど不可能になる。

その逆も本当だ。記録された歴史をはるか昔まで遡っていくと、あるジャンルのもつ最も主流な意味合いは動かしようのないものに思えてくる。別の言い方をすれば、すべてのレコードが同等に再利用と再解釈を受けつけるわけではないということだ。なぜそうなのかを説明するのに、文化研究のパイオニアであるレイモンド・ウィリアムスによるトレンドの現主流／残存／発生中、という概念は一考に値する【註1】。ウィリアムスによれば、現主流の文化トレンドは自然でノーマル、かつ真実みのある美しいものとして自らを主張する。これらの理想は大衆的イマジネーションを最も左右する力を備えている。レコードの場合、これは確立されたジャンルおよびサブジャンル――六〇年代のロックとソウル、〈ブルーノート〉のジャズ時代、等々に当たる。対して残存的なトレンドは、もはや大衆文化に即時の影響は及ぼさないものの、それでも大衆的想像力の中で強いシンボリックな役割を果たすものを指す。残存的なレコードのジャンルおよびサブジャンルには、現在我々がヴィンテージ、あるいはアンティークと呼び習わすものが含まれる：ドゥーワップ、戦前のカントリーとブルース、ディキシーランド・ジャズ等のことだ。先にも触れたように、こうした残存型レコードには既に確定したヒストリーが焼き込まれている――これらのレコードの新たな意味や利用法を想像するのは、現主流あるいは発生中のジャンルに対してそれをやるよりもむずかしい。そして発生中のトレンドは、まだ形成途中段階にあるものを指す。こうしたトレンドは、現主流あるいは残存型トレンドの正統性に挑戦を仕掛ける。レコードの例で言えば、私が新たなコレクター・ジャンルおよびマイクロジャンルと呼ぶものがそれに当たる――ランダム・ラップ、私家版ニューエイジ、スピリチュアル・ジャズ、そして様々なジャンルのハイブリッドといったカテゴリーのことだ。

以下に、私は八つの主要なジャンル・グループ――ソウル、「ワールド」、アトモスフェリック、ロック／ポップ、ラップ、ダンス、ジャズ、風土に根ざしたルーツ音楽――の話を、現在のコレクターにとっての興味・関心という観点から綴っていこうと思う。発生中のサブジャンルは何を示しているのか、そしてそれらがいかにより広い意味でのメイン・ジャンルの過去（現主流と残存型、古典とヴィンテージの双方）を我々が再考するのを強いることになっているか、そのどちらについても書き記すつもりだ。私がこうした、今勃興しつつあるジャンルの視点から書くのには理由がある――現在のニーズに過去を関連づけない場合、歴史は役立たずだからだ。ここでの議論の中心に現主流のジャンルおよびサブジャンルを据えるとしたら、我々は『ローリング・ストーン』や『ピッチフォーク』、ケン・バーンズの制作してきたPBS（アメリカの公共放送サーヴィス）産の音楽ドキュメンタリーが既に語ってきたことを蒸し返して終わる可能性が高い。言い換えれば、スタンダードな物語を語り直すことになる。逆に残存型のジャンルおよびサブジャンルを前面に押し出すと、骨董趣味な過去の崇拝、単に古いからというだけで古いレコードを重宝する物の考え方の中で自らを見失うだろう。現在の視点から過去を照射し、その上で再び現在に戻る形でレコード・ジャンルのストーリーを語っていくのは、レコードについて考える上でもっと積極的かつ創造的なアプローチだ。そのアプローチはレコード・アーカイヴをまだちゃんと定まっていない実験用ゾーンとして、未来に対して我々の抱く夢にマッチした、新しくまだ知られていない過去の音楽の筋を発見するための場として扱う。レコード収集がミレニアル世代、ズーマー世代、彼らの子供たちの成年期にまで残るとしたら、ヴァイナル文化は過去の中で迷っているわけにはいかない。ジャンルは活発に現在を形成する、生きている力として理解される必要がある。最高なコレクターは、何も過去の財宝の守り手とは限らない。彼らはレコードの新たな組み合わせを作り出し、レコードの間にコンセプチュアルな線を引いていく。コレクターがジャンルを作り直しサブジャンルを生み出す時、彼らは思考と実験に新たな地平線を切り開いている【*】。

＊本章のヘッダーに記載したサブジャンルについて：これらは徹底的に網羅したものではない。我が社のeBayオークションのリストから引っ張ってきた、昨今のレアなレコードの買い手がどんなものを求めているかを示す見本例になる。ここでの我々はよりカルトなサブジャンルのいくつかは含めず、いくらでも組み合わせが可能な多数のハイブリッド・ジャンルを省き、その根本にあるメインのジャンルに焦点を絞っている。

発生中

70年代
クロスオーヴァー
イージー・グライド
モダン
ブーガルー
スウィート

現主流

ファンク
ノーザン
P－ファンク
レアグルーヴ
サルサ
サザン・ソウル
タムラ／モータウン

残存型

50年代R＆B
ビーチ・ミュージック
ブルーアイド・ソウル
ドゥーワップ
ガール・グループ
ポップコーン
スワンプ・ポップ
マンボ
ヴォーカル・グループ

ソウル＆ファンク

ファンク、ソウル、R&B

六〇年代ソウル／七〇年代ソウル／ビーチ・ミュージック／ブルーアイド・ソウル／カントリー・ファンク／クロスオーヴァー・ソウル／ディープ・ソウル／ドゥーワップ／ファンク・ブレイク／ガール・グループ／ゴーゴー／グループ・ソウル／ジャズ・ファンク／モダン・ソウル／ニュー・ジャック・スウィング／ノーザン・ソウル／P－ファンク／ポップコーン／レアグルーヴ／サザン・ソウル／ステージ・バンド／ステッパーズ／スワンプ・ポップ／スウィート・ソウル／タムラ・モータウン／ヴォーカル・グループ

（アルファベット順）

ソウルとファンクのレコード、45回転はとりわけ、一九六〇年代から稀少価値があった。スタイル面での直接的な先輩に当たるR&Bとドゥーワップに至っては、一九五〇年代からマニアが捜し求めていた。これらのジャンルの起源はアメリカながら、その音楽はたちまち世界各地に広がり、その国々で異なるお国柄の文脈に翻訳されていった。一九五〇年代および六〇年代のジャマイカでは、アメリカ合衆国発のラジオ電波に乗って聞こえてきたR&Bとソウルのレコードを直接あるいは間接的に変容させたところからスカとロックステディが発生していった。そして一九六〇年代後半にはイギリス北部および中部のソウル音楽ファンが、彼らがクラブや自宅でかけるのを好んだアメリカ産ソウル45回転を形容するために「ノーザン・ソウル」というサブジャンルのタグを作り出した。ノーザン・ソウルは英国のモッズによる〈タムラ／モータウン〉サウンドの解釈であり、レアで知名度の低いレコードを求めるヒップスターな趣味、踊りやすいテンポ、そして（アメリカ人の耳には）やや甘ったるいヴォーカルが原動力になっていた。今日に至るまで、国際的なレコード市場においてノーザン・ソウルの45回転には他のサブジャンルをしのぐ高価格が付く。アメリカ産ソウル45回転の主要サブジャンルはイギリスのDJ、コレクター、ファンの手で大きく形成されたことになるし、これは皮肉だ。かつ、この影響は一九六〇年代産のレコードだけに留まらない。一九七〇年代に移行するにつれ、ノーザン・ソウルはより大きなサブヘッダーの傘下にクロスオーヴァー、七〇年代ソウル、モダン・ソウルを含むマイクロジャンルを生み出した。こうしたスタイルの45回転も、今なお高い収集価値を誇る。

だがアメリカのコレクターにとって、ソウルとファンクの主潮流はやはり〈タムラ／モータウン〉、〈アトランティック〉、〈スタックス〉といったアイコニックなレーベルに象徴される——ザ・シュープリームス、ジ・アイズレー・ブラザーズ、アレサ・フランクリン、オーティス・レディングらの所属レーベルだ。こうしたアーティストやレーベルはいまだにラジオで流れるし、『ローリング・ストーン』の選ぶベスト・アルバムのリストで言及される。ノーザン・ソウルのシーンとは対照的に、アメリカ人はソウルとファンクにもうちょっと歯ごたえのある、生々しいパワーを期待する。サザン、スウィート、そしてディープ（もっとも、このタームにしてもオリジナル盤の英国人コレクターであるデイヴ・ゴディンの発明なのだが）の各種ソウルおよびファンクのサブジャンル全般は、ノーザン、クロスオーヴァー、七〇年代、モダンといったソウルに対し比較的ドロっとした、洗練度の低いヴォーカルおよびレコーディングに傾きがちだ。しかしもちろん、イギリスとアメリカのソウル分類のカテゴリーの間にも深いオーヴァーラップ部はちゃんとある。このふたつが合わさることで、現時点での主流ジャンルが形成されている。分かりやすく言えば、一九六〇年代のソウル・サウンド（と一九七〇年代のファンク・サウンド）はいまだにコレクターの意識の大半を支配しているということだ。

すなわち、ソウルの原形に当たる一九五〇年代サウンドは残存的に作用していることになる。R&Bとドゥーワップは土台を形成したジャンルとして今も高く評価されるものの、これらのジャンルを積極的に買い求めるコレクターは年配の少数派に減りつつある。〈King〉、〈Federal〉、〈Checker〉、〈Chance〉および多数のもっと小規模なR&Bおよびドゥーワップのレーベルは確かにカロライナ・ソウルのおこなうR&B／ロック系45回転のオークションを毎回賑わすとはいえ、次世代コレクターもこれらのレーベルを尊重し、追いかけるかどうかには疑問の余地がある。原則として、あるサブジャンルの最盛期に行き着くために時間を逆行する必要が多ければ多いほど、そのカテゴリーに属するレコードは現代リスナーの耳を突破し純粋に「聴いて楽しい」音楽として響きにくくなる。したがって、ザ・フラミンゴスやザ・ファイヴ・キーズの45回転を歴史的な重要作としてリスペクトしやすくなった一方で、彼らの音楽に聴き手として浸るのはむずかしくなってもいる。

一九六〇年代のサブジャンルが現主流を成し、一九五〇年代のサブジャンルが伝統として我々にまとわりついているのだとしたら、今、どんな新たなソウルのグループ分けが発生しているのだろう？　まだ形成段階にあるトレンドということで、お察しの通りそれらはもっと異歯型で、あまりきっちり定義されていない。モダンおよび七〇年代ソウル・レコードはノーザン・ソウル第一波に飽きた連中にとっての有効な代替品として浮上した。六〇年代と七〇年代のスウィート・ソウル、すなわちラテン系カリフォルニア人の車カルチャーの定番サウンドは概してコレクター間で新たに人気を獲得している。そしてジェイムズ・ブラウン、ザ・ミーターズといったレジェンドから我々が連想する直球なファンクは、それよりもっとドラム・マシン、シンセ、ヴォコーダーに寄ったサブジャンルの数々――ブギー、エレクトロ、および様々なタイプのハイブリッドなサブジャンル群――に道を譲っている。現在発生中のソウルのサウンドは、一九七〇年代後期と八〇年代に、ソウルとファンクが以前より安く購入できるようになったドラム・マシン、シンセ、ヒップホップ、クラブ・ミュージックとぶつかった時期を中心に展開している。

ノーザン・ソウル

レアなソウルの45回転の世界においてノーザン・ソウルは一貫して最高値で売れてきたし、中には五桁の額で終了するオークションもある。カロライナ・ソウルの売り上げオールタイム・ベストの上位にはノーザン・ソウルのレコードが多くひしめいている。というわけで我々がここから議論を始めたいと思うのは、このジャンルが伝統的にレア・レコードの世界を駆り立ててきたからだ――その勢いの強さゆえに、発生中の他のシーンもすべてノーザン・ソウルを引き合いに自らを定義する傾向があるくらいだ。

先に述べたようにここでの「ノーザン」はアメリカ合衆国北部、たとえばメーン州で生まれたソウルではなく（とはいえ、メーン州沿岸地帯発のナイト・フィーヴァーにはエールを送る）、英国北部のソウル好きが収集し、それに合わせて踊り、オブセッションを抱いたレコードのことだ。ざっくり言えば、ノーザン・ソウルの聖典は知名度の低い、〈タムラ／モータウン〉的サウンドの作品から成り立っている。もっと粗くファンキィな作品に対して、ソウルのより元気の良いダンス指向な面を象徴する。ほとんどの人間がノーザンに思い浮かべるサウンドのイメージは、高速の「ストンパーズ」だ（彼らの表現を借りれば「スピード好き」が求めるのは「時速100マイル（＝時速約160キロ）」になる）。しかしノーザン・ソウルのクラブはザ・ダイナミクス（The Dynamics）の〝I'm a Lonely Man〟（Dyna）のようにあまり踊れない「ミッドペーサーズ」や、それ以上にスローテンポなジョイ・マーシャル（Joy Marshall）の〝Heartache Hurry On By〟（デッカ）といった「ビート・バラード」もプレイした。伝統的なノーザン・サウンドは六〇年代アメリカのラジオ向けソウルだが、重点はその中でもあまり知られていない作品に置かれている。

六〇年代のノーザン・ヘッズに好まれたヴォーカル・スタイルは、ソウル・ミュージックにもっとファンクとラフさを求める現代アメリカ人の耳には堅苦しく野暮ったく響く。だがノーザン・ソウル聖典の中には、別に六〇～七〇年代イギリスのモッズ・シーンをよく知らなくても楽しめる素晴らしいレコードが数多くある――「Keep the Faith」のワッペンも、ダンスのルーティンを覚えることも、ウィガン・カジノの思い出も必要ない。たとえばアイズレー・ブラザーズのあまり有名ではない45回転〝Why When Love Is Gone〟（タムラ／一九六七）のようなアップテンポ曲は、ジャンルを問わず確実にフロアを炎上させる。ロバート・タナー（Robert Tanner）の〝Sweet Memories〟（Megatone／一九七〇）はあまりにレアでイギリスで過去に何度もブートレグが作られてきたが、これはミッドテンポの圧倒的なトラックだ。タナーの秀逸なLP『New Sounds』（Turbo／一九七〇）にはもっと剝き出しなサウンドの、エモーション面で直裁なヴァージョンの〝Sweet Memories〟が収録されているが、これまた文句なしのクラシックだ。

更につけ足すと、ノーザン・ソウル聖典でもその中の地方色のヴァリエーションを細かくチェックしてみることは、このジャンルを考える際にたまに感じる一種威圧的な均一性を解きほぐすのに役立つ。たとえばカロライナ州人のホーン・セクションは荒っぽくスウィングする傾向が強く、その後ファンク・ホーンズとして知られるものに近い。こうした例はジ・アプリシエーションズ（Appreciations）の感動的な〝It's Better to Cry〟（Sport／一九六七）、モーゼズ・ディラード（Moses Dillard）の〝Pretty as a Picture〟（Mark V／一九六七）と〝I'll Pay the Price〟（Mark V／一九六六）にも聴いてとれる。対して、超レアなワシントンD.C.の〈Shrine〉レーベルはもっと〈タムラ〉流サウンドの一種として響く傾向がある。フィラデルフィアのノーザン・サウンドはお察しの通り、フレッド・ウェズリーが後に「蝶ネクタイつき」の優雅さと定義することになるフィリー・サウンドを予期させる。バッキング・トラックは〝ソウルトレインのテーマ〟ほどファンキィではないが、ザ・テンプトーンズ（The Temptones）の〝Girl I Love You〟（Arctic／一九六六。若き日の「D.Hohl」こと、ホール＆オーツのダリル・ホールをヴォーカルにフィーチャー）、ケニー・ギャンブル＆ザ・ロメオズ（Kenny Gamble & the Romeos）の〝Ain't It Baby〟（Arctic／一九六五）、フランキー・ビヴァリー・アンド・ザ・バトラーズ（Frankie Beverly and the Butlers）の〝Because of My Heart〟（Fairmount／一九六七）、ハニー・アンド・ザ・ビーズ（Honey and the Bees）の〝Together〟（Arctic／一九六九）といった45回転は、フィリーの生んだ七〇年代ソウル・レコードの前景／後景のダイナミクスを先駆けるものだ。そしてボルチモアでは、たとえば〈Ru-Jac〉のレアな45回転、サー・ジョーの〝Nobody Beats My Love〟に代表される、もっとラフかつリラックスしたホーン・アレンジおよびリード＆バッキング・ヴォーカルを聴くことができる。

ノーザン・ソウルのムーヴメントがレコード文化に与えたいまだ衰えない貢献は、コンセプチュアルなものだった。ノーザンのコレクターによるソウルのジャンルとサブジャンルへの再分は熱狂的だった。歴史的にノーザン・ソウルは我々が今日も用いているソウル音楽収集に関するサブジャンルの多く、たとえば（当然のごとく）ノーザン、スウィート、ディープ等を導入してみせた。ノーザン・シーンはその分類とレアなレコードに対する激しい熱意によって、他ジャンルにおける収集シーンの姿を（インターネット到来以前に）予期していた。これは覚えておくべき重要な点で、なぜかと言えば、最高値の付いた、最も大騒ぎされたノーザン・ソウルのレコードのいくつかは今や若い世代の耳にはまったくピンとこないからだ。ノーザン・シーンと共に育たなかった者にとって、その暗号を解読するのはむずかしかったりする。アメリカ人の若者の多くからすれば、はるか海の向こうで経験した黒人アメリカ文化の一時期に対してイギリスの白人が抱くノスタルジアは共感しにくい。しかしそれと共にこのシーンがレアなレコードに対して注いだ熱い興味が、文字通り／そして比喩的な意味での「ゴミ箱」から多くの宝石を救い出したこともまた、否定しようがない。

そして一九六〇年代後期から一九七〇年代初期にかけてのイギリスにおいてノーザン・ソウルはしばしば、抑圧的でコスモポリタンな英南部から切り離された北部人労働者階級が自らのアイデンティティを切り出す方法になっていた点は忘れるべきではないだろう。この意味で、ノーザン・ソウルは黒人アーティストの作ったアメリカ産ソウル・レコードを崇拝した動きだったとはいえ、それは（大半が）白人の労働者階級シーンによる自己主張のひとつの形でもあったと考えることができる。そのスピリットは非ソウル・グループによる最もよく知られるノーザン・ソウルのカヴァー二曲、マンチェスターのポスト・パンク・グループ：ザ・フォールの〝There's a Ghost in My House〟（オリジナルはR．ディーン・テイラー）とリーズ発のダンス・ポップ勢ソフト・セルの〝汚れなき愛〟（グロリア・ジョーンズ）にはっきり残っている。

クロスオーヴァー

一九七〇年代に、ノーザン・ソウルのシーンの中でもテンポとフィーリング面で少々変化を求めていた者にとって、クロスオーヴァーが課題のひとつになった。ロッド・ディアラヴが彼のファンジン『Voices of the Shadow』（一九九〇年代刊行）向けに書いた記事「クロスオーヴァー・ソウル」は、そのジャンルのサウンド要素の概要を「もっと豪華で、かつ多くの場合のデトロイト産の叩きつける〝四つ打ち〟ビートよりスローなもの」と定義している。たとえばリー・〝ショット〟・ウィリアムスの〝It Ain't Me No More〟（PM／一九七二）のようなクロスオーヴァー曲はダウンテンポのかつかつ踊れる程度のペースで、ストレートなストンプ（※ノーザン・ソウルのダンスの一種で足を床に激しく打ちつけるスタイル）よりもむしろストラットの気取ったステップを促すグルーヴが確実に存在している。その曲名からしても、クロスオーヴァーがしばしばヤングーホルト・アンリミテッドの〝Soulful Strut〟（ブランズウィック／一九六八）のピアノのラインとグルーヴ全般を組み込んでいるのはなるほど納得だし、ジ・アーチー・ベル・アンド・ザ・ドレルズの〝Tighten Up〟（アトランティック／一九六八）のギター・リフもえんえんと変奏されパクられてきた。またマット・ウィーンガーデン【註2】が思い出させてくれたように、タイローン・デイヴィス（Tyrone Davis）が六〇年代末に〈Dakar〉に残した45回転の数々も、クロスオーヴァー・サウンドの土台を成していたことは指摘しておくべきだろう。フライデー、サタデー&サンデー（Friday, Saturday, & Sunday）の〝There Must Be Something〟（一九七一）はクロスオーヴァーがミッドテンポに位置し、それと分かる六〇年代調の歌唱スタイルによりファンキィでもっとスウィングするグルーヴを組み合わせていた様を示す例だ。トニー・ドレイクの〝Suddenly〟(Brunswick／一九七〇)、マージー・ジョセフ(Margie Joseph)の〝One More Chance〟(スタックス／一九六九)、セレスト・ハーディ(Celeste Hardy)の〝You're Gone〟(Reynolds Records／一九七二)も同様の作風で、よりレイドバックしたホーンの流れがクロスオーヴァー曲の大半にアクセントをつけていることを示す。このジャンルにおけるレアなバンガーにはユナイテッド・サウンズの〝It's All Over (Baby)〟(United)とジャスト・アス(Just Us)の〝We've Got a Good Thing Going〟(Vincent／一九七三)等があり、いずれもオンライン市場に(ごくたまに)浮上すると何千ドルもの値段で売れる。

七〇年代

ソウルの45回転がクロスオーヴァーではなく「七〇年代」(もろに懐古型の名称だ!)と形容される場合、これはみずみずしいストリングスを用いたよりオーケストラ志向のサウンドを意味する。七〇年代ソウルの楽曲はクロスオーヴァー以上に優雅で、スムーズなヴァイブを目指す傾向がある。テンプレートを定めたのはア・ブラザーズ・ガイディング・ライト(A Brother's Guiding Light)の〝Getting Together〟(マーキュリー／一九七三)。この曲の優しく落ち着いた感覚、均整のとれた洗練されたヴォーカル歌唱、一貫して続く楽に頭を揺らせるリズムは、そのまますぐにフィリー・ソウルのメロウさへ姿を変えていくことになる。これ以外の優れた七〇年代ソウルの例をあげると、ヴァン・マッコイのプロデュースしたデイヴィッド・ラフィン(David Ruffin)のヒット曲〝Walk Away from Love〟(モータウン／一九七五)、コズミック・ディスコに移行する前のパトリック・アダムスの手になる時期尚早な、みずみずしくキッチュとすら言えるストリングスを楽しめるデイブレイク(Daybreak)の〝Everything Man〟、そしておそらく七〇年代グルーヴの「これぞ青写真」と言えるザ・スピナーズの〝It's a Shame〟(V.I.P.／一九七〇)あたりになる。

モダン

「モダン・ソウル」はノーザン・ソウル・シーンとアメリカ合衆国とでは意味が異なる。イギリスにおいて、モダンは歴史的および美学的コンセプト双方の面でより新しく(ゆえにモダン好きは〝newies nights：新しいものをかけるイベント〟を開催した)六〇年代サウンドを欠いた七〇年代のレコード群、ファンクとディスコに向かっていった音楽のことを指す。このイギリス版モダンは我々がクロスオーヴァーあるいは七〇年代と呼ぶレコードも含む傾向があるが、対して我々アメリカ合衆国の連中は「モダン」のタームをもっと八〇年代寄りの、とりわけヴォーカルに顕著なサウンドに向けることが多い。少し前に〈ヌメロ・グループ〉がこのタームの英国的な感覚を用いてスポティファイ向けのプレイリスト「Pocket Full of Money : The Numero Group Guide to Modern Soul」をまとめたことからも分かるように、これらのタームには概して両義性がまつわるのがうかがえる。しかし現時点のアメリカ合衆国での「モダン・ソウル」の使用は、普通は八〇年代ソウルを意味する。スペード・ブリゲード（Spade Brigade）の〝I'm Your Man〟（Select Sound Studio／一九八〇）、スプリット・デシジョン・バンド（Split Decision Band）の〝Watchin' Out〟（Network／一九七八）、ビレオ（Bileo）の〝You Can Win〟（M.T.U./Watts City／一九七九）の三枚はその好例だ。モダン・ソウルは時に「八〇年代」なリズム・トラック——もっと引き締まった、スウィングよりも跳ねるノリのグルーヴ——を導入することもある。シンセのベース・ラインで生楽器を代用することはよくあるが、ドラム・マシンとシンセのリード・ラインが生楽器と併用されるのを耳にすることもある。トニー・ラヴ（Tony Love）の〝We're Doing It Together〟（Ham-Sem／一九八〇）のように七〇年代ソウルのオーケストラ的要素がまだ残っていることもあるが、概してその使われ方はもっと機能的かつ表現力も抑えられており、実際のオーケストラ演奏者よりシンセ・ストリングスをフィーチャーする。サウンドはよりミニマルで豊潤さは薄れている。ヴォーカルのスタイルにしても、〈スタックス〉作品で耳にするような六〇年代サザン・ソウルの大半に較べ平坦で、メロドラマ調な面が少ない。たとえばカイヤ（Kaiya）の〝He's Scandalous〟（Sue／一九八三）は傷ついた思いと心痛とをモロに吐き出すのではなくむしろクールな超然さで表現する。また、バッキングにブギーを用いているものの、ポップコーンの〝A Song for You〟（Shanell／一九八三）はモダン・ソウルのヴォーカル・スタイルの様式的表現を示している。ゴスペルに感化された初期ソウル・ヴォーカルのより生々しいサウンドに、その濃度を下げて滑らかにする効果を適用した表現を象徴する曲だ。モダン・ソウルのヴォーカルはキャッチーかつ表現力に富むとはいえ、それは必ずしも、もっと古いディープでスウィートなサザン・ソウル曲はそういうものと聴き手が良くも悪くも考えがちな内面の苦痛や喜びの表現とは限らない。またこうしたレコードは、過去のソウル・レコードに較べもっとキャッチーかつバッキング・ハーモニーも多く利用している。モダンは八〇年代初期から中期にかけてラジオ向けソウル・サウンドの主流を占めたものであり、ゆえにカジュアルな聴き手ですら「それ」と識別できるはずだ。

ノース・カロライナ州フェイエットヴィル発の、とんでもなく価値の高い45回転、アイス（Ice）の〝Reality〟（自主リリース／一九八〇）はたまに間違ってブギー・レコードと分類されるが、私からすればこの作品は純然たるモダン・ソウルだ。〝Reality〟はすべて人間の手で演奏された楽器をフィーチャーし、手を加えられたファンキィなベースの跳ね、より様式化された滑らかで磨かれたクールなヴォーカル・スタイルを用いている。ヘンダーソン・アンド・ジョーンズ（Henderson and Jones）の〝I'm Gonna Getcha〟（Quality Blend／一九八二）も同様の曲だが、アイスより「大人っぽくセクシー」なヴォーカルとシンセもフィーチャーしている。ヘイロー（Halo）の〝Let Me Do It〟（Marshall／一九八一）はモダン・ソウル曲の多くに顕著なはじけるベースを使用している。これまたノース・カロライナのフェイエットヴィル発レコードであるコントロールの〝Your Love〟（Sounds Unlimited Productions／一九八八）はニュー・ジャック・スウィング全盛期だったモダンのジャンルに遅れて参入したトラックで、ドラム・マシンは使っているものの踊りやすいブギー曲としてはテンポがスロー過ぎる。この曲の美しいヴォーカルはクールで超然とした歌いぶりの下にパッションを秘めている。そのカスタム・メイドのジャケットもまた（LPとは逆に）12インチ・レコードではあまりお目にかからない類いのもので、実に最高だ。崇高さとバカらしさをミックスしたモノクロのイメージは、大き過ぎる帽子とサングラス姿のタウン・カーが夜の都会を疾走する姿を描く。そのジャケットは〝Your Love〟そのものと同様、モダン・ソウルのクールな、しかしかすかにバカげたヴァイブを捉えている。ノーザン・ソウルのマニアはマグナム（Magnum）の〝Tell Me Why〟（Silver Bullet）を「トゥー・ステッパー」（スローながらビートが引っ張る曲の意）と呼ぶだろうが、標準的なアメリカ人コレクターはこの曲を単に「スロー・ジャム」もしくはモダン・ソウルと呼ぶだろう――そのジャンルに共通するシンセ・ストリングスとそれとすぐに分かるヴォーカルの歌いぶりが備わっているからだ。バハマ発のフィフス・ディグリー（5th Degree）の〝You Got Me Hypnotized〟（Degree）は八〇年代向けにアップデートされたファンキィなバッキングこそ用いているものの、モダン・ソウルのヴォーカル様式の紛れもない見本だ（残念ながらコーラス部にスタジオでフランジ効果が施されているにも関わらず）。シンシナティ発のピュア・エッセンス（Pure Essence）の〝Wake Up〟（Mantra／一九七六）も楽曲部のよりファンキィな要素を弱めるべくフランジを若干用いており、総体的に言ってこの曲はモダン・ソウルにおける八〇年代サウンドの先駆けだった。チェーン・リアクションの〝Search for Tomorrow〟（Blue Wave／一九七九）はディスコ・グルーヴからモダン・ソウルの弾力性グルーヴへの過渡期を示すもので、これまた必殺曲であるマーシャル、ドノヴァン、ブルームフィールド（Marshall, Donovan,

Broomfield）の〝Since I Found My Baby〟（Augusta／一九七八）にも同じことが言える。

では、ソウルのサブジャンルの大黒柱であるファンク、サザン・ソウル、スウィート・ソウル、ディープ・ソウルはどうなのだろう？ どうやら「ファンク」は二〇〇〇年代になって勢いを復活させたらしい。

ファンク

〈ジャズマン〉は、地方別のファンク・コンピレーションの名高いシリーズを発表した——『Midwest Funk』（二〇〇三）、『Texas Funk』（二〇〇二）、『Carolina Funk』（二〇〇七／我がカロライナ・ソウルのジェイソン・パールマッター編纂）、そして『California Funk』（二〇一〇）。これらはアメリカ側ではイーゴンの主宰するレーベル、〈ナウーアゲイン〉からリリースされた。〈ストーンズ・スロー〉が発表した『The Funky 16 Corners』はカーリーン&ザ・グルーヴァーズ（Carleen & the Groovers）、カシミア・ステージ・バンド（Kashmere Stage Band）、リズム・マシン、ジェイムズ・リース（James Reese）らのホットな作品をフィーチャーしていた。これらのコンピは数人の個人アーティストのもっと小規模な再発とも被っており、ファンクに対する現在進行形の興味を更に深めることになった。〈ヌメロ〉は二〇〇三年に「ゴスペル・ファンク」のコンピ『Good God! A Gospel Funk Hymnal』を発表した。〈ライノ〉は『What It Is! Funky Soul and Rare Grooves 1967-1977』（二〇〇六）をリリースし、メジャー・レーベル〈アトランティック〉、〈アトコ〉、〈ワーナー・ブラザーズ〉のアーカイヴに保管されていたベストなファンキィ・トラックのいくつかを一作にまとめた。このコンピはアフロヘアにプラスチック製EPアダプターを重ねた黒人女性を描いた、うんざりさせられるイラストのジャケットに包まれていた。この面がおそらく、なぜストレートなファンクが今やかつてのようにホットなトピックではなくなったかの理由だろう——ファンクは活発なジャンルではなくひとつのステレオタイプに縮小されたということであり、そこには最も類型的な人種差別すれすれの「アフロ」図像の自由きままな使い方も含まれる。と同時にファンクに「重さ」とパワーを強調する男性主義的な面は現代の耳には重苦しく響く可能性もある。コレクターのシーン内でもファンク好きの多くが「タフ・ガイ」ヴァイブを放っている点はマイナスで、年若なコレクターはゲンナリしかねない。良くも悪くも、人々はファンクを文化的にも音楽的にもよく知られたものとして考える——カジュアルな聴き手はもう充分このジャンルは承知したと感じ、次の段階に移っている。結果、eBayのリスティング上はいまだに独自のジャンルとして売られているものの、ファンクは他のジャンルもいくつか組み合わさった修飾語句の形――カントリー・ファンク、ゴスペル・ファンク、ノーザン・ファンク等々――でリストに登場するケースもある。個々のファンク曲は今も問答無用に高値を呼ぶし（たとえば我らが地元ダーラム発のコミュニケーターズ・アンド・ザ・ブラック・エクスペリエンス・バンドが〈Tri-Oak〉から出した〝The Road〟等！）、このジャンルには筋金入りのコレクターが、特にLAに多く存在するとはいえ、今やファンクは二〇〇〇年代最初のディケイドに誇ったのと同レベルの文化的価値や熱さを呼び込んでいないように映る。最も価値の高いファンク45回転のうちの二枚、ウィリー・ライト（Willie Wright）によるカーティス・メイフィールドのカヴァー〝Right On for the Darkness〟（Hotel）とアンドリュー・ブラウン（Andrew Brown）の〝You Made Me Suffer〟（Brave／一九七三）がどちらもアップテンポでもファンク・ブレイクだらけでもない点は多くを語っている。これら二曲はむしろ、それぞれミッドテンポの瞑想的なファンクおよびブルース・ファンクだ。別の言い方をすれば、いずれも男性主義的ファンクの主流から逸脱していることになる。近頃私がもっとも興味をそそられるファンク・レコードはデローリス・イーリー（Deloris Ealy）の〝Deloris Is Back with Jerome and His Band〟（Big Vick Hammond）といった類いのものので、なぜならそれらは予期されるファンク・ブレイクのレコードにもうひとつ層を加えているからだ。意図的かそうでないかはともかく、このレコードはイーリーの別個のヴォーカルふたつを重ね合わせ、位相を抜き差ししながら互いにズレていく。聴き方の力点次第で、それをシェアされたひとつのヴォーカルとして、あるいはふたつの異なるヴォーカル・パフォーマンスとして聴くことができる。これは厚みのあるリスニング体験を生み出すもので、複数露出された写真を研究することのオーディオ版と言える。だが、先走るわけにはいかない――イーリーのこのレコードについては、第五章でじっくり論じる。

サザン・ソウル

メンフィス・ソウル（スタックス／ヴォルト、ハイ・レコーズ、ジュエル、ゴールドワックス）およびアラバマ州マッスル・ショールズから連想されるものとしてのサザン・ソウルは、その成功と一般大衆想像力への過剰露出ゆえにコレクター界隈では若干不遇をかこう。もっとカジュアルな聴き手にとってはオーティス・レディング、アレサ・フランクリン、アル・グリーンらこそがソウル・ミュージックであり、その可能性を定義し使い尽くしたことになる。これゆえサザン・ソウルのレコードは頻繁に収集され間違いなく古典と看做されているものの、と同時に当たり前の存在として扱われる。ピーター

•ギュラルニックの『スウィート・ソウル・ミュージック――リズム・アンド・ブルースと南部の自由への夢』【註3】はメインストリーム向けの聖典を固めた本で、彼は同書の中で最も名の知れたアーティストとレーベルこそがまたベストである、との含みのある論を一貫して展開している。〈モータウン〉の45回転におけるよりレアな〈タムラ〉勢と同様、サザン・ソウル収集家サークルの中では〈スタックス/ヴォルト〉産レコードでもより過小評価されている作品が最もエキサイティングとされる――たとえば、ジョニ・ウィルソン(Joni Wilson)のシングル〝(Let Hurt Put You in the) Loser's Seat〟/〝Flame, Flame, Flame〟(ヴォルト/一九七二)。この45回転はどうやらウィルソンが発表した唯一の音楽作品らしく、コレクターは彼女が何者かも素性すらもよく知らない。もしかしたら〈ヴォルト〉の最もレアなレコードかもしれないが、人々は確信を持てずにいる――あのレッド・〝ソウル・ディテクティヴ(ソウル探偵)〟・ケリーですら彼女の正体を突き止められないらしい! しかもこれは実質フィリー・レコードであって、もちろんメンフィスのレーベルから出た作品にも関わらず「サザン」ではない。このレコードは両面――ミッドテンポの〝Loser's Seat〟(これ自体、Pーファンク化する前にジョージ・クリントンのパーラメントが一九六七年に〈Revilot〉から発表した曲のリメイク)およびじわじわ盛り上がる〝Flame, Flame, Flame〟)――とも素晴らしく、最も有名で人気の高いソウル・ソングのほとんどとひけをとらない。

ディープ・ソウル

ディープ・ソウルは時に「サザン・ソウル」の同義語として使われるが、そうあるべきではない。「ディープ・ソウル」のタームはイギリスのデイヴ・ゴディンが作り出したもので、「ノーザン・ソウル」なるタームを最初に生み出したのも彼だ。ここでの修飾句「ディープ」は音響面や形而上的な面だけではなく、無名さも意味する――これらはイギリスのヒップスターが愛したダウナーなソウル曲、ポップではない「ディープ・ディグス(深く掘って見つけた音楽)」であり、それだけもっと見つけにくく当時ラジオで流れていたヒット曲に較べ非主流だった。やや混乱を招くことに、このタームはまた物悲しい、「深みのある」美学を指してもいた。その模範例がゴディンのお気に入りのLPのひとつ、ドリス・デュークの『I'm a Loser』(Canyon/一九七〇)だ。ゴディンが一九九〇年代に〈Kent〉向けに作ったコンピ『Dave Godin's Deep Soul Treasures』の数々は、このアメリカンな伝統の英国的な変化についてもっと知りたい人々にとって格好のスタート地点だ。

スウィート・ソウル

近年コレクターの間で再び関心が高まっているスウィート・ソウルは、他の多くに較べてより叙述的な名称（そのすべてを網羅してはいないかもしれないが）を持つ。それらのレコードはとどのつまり、シロップのように甘ったるいヴォーカルをフィーチャーしているのだから。LAの車文化との関連性ゆえに時に「ロウ・ライダー（ボディを低くしたカスタム改造車）」と呼ばれ、ロサンジェルスっ子のファンからは「オールディーズ」とも呼ばれるスウィート・ソウルのノスタルジアとの結びつきは否定できない。「oldies soul」もしくは「low-rider soul」をグーグル検索してみれば、理想化されたピンナップガールや意匠を凝らしたキズひとつないヴィンテージ・カー、一九七〇年代および八〇年代のLAのチカーノの生態を捉えたスナップ写真といったジャケットのコンピやミックス集に行き当たるはずだ。たとえば、「インプレッションズ」が作らなかったベストなインプレッションズの45回転」であるオハイオ州デイトン出身ヤング・モッズ（Young Mods）の〝I Can't Hurt You Back〟（Everblack／一九七〇）のYouTubeヴィデオは、象徴的なユーザー・コメントを多数フィーチャーしている。これらは懐古調な「日曜の晩にオールド・ベイタウンをクルージングしながら」や「週末にセントラル・アヴェニューを車で流す」から詩的な「このダウンローを聴きながら夜空の星を見上げる」、そしてほぼアナグラムに近い「S.E.L.A.（= South East Los Angeles）」まであらゆるものを含む。ザ・スコーピオン（The Scorpion）の〝Keep on Trying〟（SBP／ブギーのアーティスト、リロイ・〝エース〟・ミラーをフィーチャー）のようなトラックがそのサウンド――そぎ落とされたステディなバックビートとヘヴィなベース、ファルセット、傷心で落ち込んだリード・ヴォーカル――を定義づけている。ファンキィなホーンのイントロを備え、プロダクション面にサイケなタッチもあるものの、ソウル・シーカーズ（Soul Seekers）の〝Extrodinary（原表記ママ）Dream〟（Soul Head）は突き刺さるようなファルセットの典型的なリード・ヴォーカルが終始続く。ノース・カロライナ産のグループであるブリーフ・エンカウンター（Brief Encounter）の〝Where Will I Go?〟（制作当時は未発表）は、テンポを落としたエレガンスと精度の高いヴォーカルとで、聴き手を希望と絶望が紙一重の宙ぶらりんな状態にしてしまう。

この灯りを長らく保ち続けてきたのはLAのハードコアなファン連中とはいえ、ソウル収集家全般においてスウィート系のレコードに対する関心の高まりも続いている。もしかしたらそれは、ソウル好きも歳をとるにつれてクラブに足を運ぶより自宅でレコードを聴く率が高まっているからなのだろうか？　いずれにせよ、そのメロウなサウンドと実に感情に訴えるヴォーカルとは、大通りを車でクルージングするBGMにぴったりなのと同じくらいヘッドフォン・リスニングや皿洗いのリズム、携帯画面をスクロールしている時に流すのにも合う。加えて、インターネット・オークション効果によるレアなソウル・レコード価格が概してインフレ傾向な点も、再燃に拍車をかけているのはまず間違いない。高値の例を出すと、過去五年から十年で価格上昇が起きている――現在、人気の高いスウィート・ソウルの45回転はeBayで二千〜三千ドルの値が付くようになっていて、これはかつてない展開だ。

発生中
ポストコロニアル

現主流
ワールド・フュージョン

残存型
コロニアル

"ワールド"

〝ワールド〟

アフロビート／ボレロ／ボリウッド／ブーガルー
ボサ・ノヴァ／ブリティッシュ・フォーク／カリプソ
コンパス／コンフント／カンビア／ダンスホール
デスカルガ／デジ・ダンスホール／デジ・ルーツ／ダブ
ダブ・ポエトリー／エチオ・ジャズ
フィールド・レコーディング／フラメンコ／ハイライフ
アイランド／ジョンカヌー／ジュジュ／ラヴァーズ・ロック
マンボ／ムバカンガ／メント／メレンゲ／MPB
ノルテーニョ／ヌーヴェル・シャンソン・カッワーリー
ラーガ／ラガ／ライ／レゲエ／ロックステディ
ルーツ・サルサ／サンバ／スカ／ソカ／スーク／スプージ
スティール・ドラム／テハーノ／テックス－メックス
トロピカリア／ザムロック／ズーク

このタームを〝ワールド〟と括弧で括ったのは、それが名称およびコンセプトとして実に不適格なものだからだ。私がここで懐疑的にこのタームを用いるのは、これよりマシなコンセプトがまだ生まれていないからに過ぎない。ひとつにはあまりに不明瞭な気がするというのがあり、なぜならこの地球上で作られたレコードはすべて「世界の」レコードになるからだ。一方で、逆に限定的過ぎる感じもする――それは西側による植民地化政策および帝国主義による「西側とそれ以外」という分断特有な歴史の産物であり、ヨーロッパおよび北米諸国を中心に据え、類型的な「ワールド」はその向こうに存在する、の図式がある。新たな名称が登場するまで、我々はその不正確さも恩着せがましさもすべて承知の上で「ワールド」とつき合っていくしかない――だが、マンハッタン、あるいはセント・ジョンズ・ウッド（※ロンドン北西部のエリア。アビィ・ロード・スタジオがあることで有名）で作られたレコードも、「ワールド」ミュージックであるのに変わりがないことをお忘れなく。

ワールド・フュージョン

「ワールド」系レコードの収集で今なお主流を占めるジャンルは一九八〇年代および一九九〇年代初期に定着した――ポール・サイモンのワールド・ポップなLP『リズム・オブ・ザ・セインツ』と『グレイスランド』、〈プトマヨ(Putumayo)〉の出したホールフーズ・マーケット（※アメリカ発の自然食品やオーガニック・フード系のグルメ・スーパーマーケット・チェーン）対応のイージー・リスニングなワールド・ミュージック編集盤、ワールドビートの汎文化的フュージョン、ジョン・ハッセルの抱いた、ハイテクとグローバルな民族音楽伝統の融合を可能にする「第四世界」音楽の国際主義的な夢といったものの時代だ。これは非西洋音楽が西側に気ままに編入された時代だった。おおっぴらな人種差別と植民地時代の搾取を過去のものとした点を自ら誇りとし、このジャンルは地球規模の包摂性というイメージを打ち出した。音楽家の世界はハッピーなひとつの大家族であり、世界の音楽伝統すべては包容力あるフォルムの数々に交雑できる。ポール・サイモンとピーター・ゲイブリエルのレコードにフィーチャーされたアーティスト、レディスミス・ブラック・マンバーゾ(Ladysmith Black Mambazo)、ユッスー・ンドゥール、ヌスラット・ファテ・アリ・ハーン（Nusrat Fateh Ali Khan）らはしばしば西側世界における新たな広まりを獲得することになった。公衆意識の中で、このお気楽な「世界はひとつ型」のコスモポリタン主義はいまだに、ほとんどの人が頭に抱く「ワールド」が西側諸国の音楽ファンにもたらすものの概念の主流を占めている。

　この動向の自己前提は、それ以外の世界に対する西洋音楽のより親切でより優しい関係性だった。その基本には除外ではなく相手を含めることがあったし、違いよりむしろ類似点

——世界中の音楽はすべてジグソー・パズルのピースのごとくぴったり当てはめることができるという感覚——に立脚していた。多くの面で、これは当時の状況にとって説得力のある論だった。初期の民族音楽学系フィールド・レコーディングはあからさまに、あるいはさりげなく帝国主義者的プロジェクトと結びついていた。ここには原始主義やノスタルジア、フェティシズム、そして人類学者ジョハネス・ファビアンが「同時代性の拒絶」と呼んだもの【註4】、すなわち非西洋社会の生活を西洋の現代性より発達の遅れたものとして提示する考え方等と繋がった、非西洋音楽に対するあらゆる類いのうさん臭い枠組みが含まれていた。一方で、非西洋の土地の音楽と文化を提示し人気を博したものの多くは、それらが表現していると主張するカルチャーに対する関心の薄い、おおっぴらに人種差別的なカリカチュアと無知なロマン化を売りにしていた。

にもかかわらず別の何かが発生している。〈サヘル・サウンズ（Sahel Sounds）〉、〈オーサム・テープス・フロム・アフリカ（Awesome Tapes from Africa）〉、〈サブライム・フリーケンシーズ〉、〈ミシシッピ・レコーズ〉、〈ヤーラ・ヤーラ（Yaala Yaala）〉、〈オスティネート（Ostinato）〉といった比較的新しいレーベル群はワールド音楽収集を規定し直し、先ごろ出た本が「パンク・エスノグラフィ（パンクな民族誌学）」と呼ぶもの【註5】と関わっている。その一方で、フィールド・レコーディング、アンソロジー、過去に作られた数多くのアーカイヴ素材の再発に対する関心も復興してきた——〈スミソニアン・フォークウェイズ（Smithsonian Folkways）〉（グローバル・サウンド）〉、〈オコラ（Ocora）〉、〈リリコード（Lyrichord）〉、〈ノンサッチ〉、〈ラウンダー〉、〈ユネスコ（UNESCO）〉等。これらふたつの傾向は競合するというよりむしろ同じ精神性、一九八〇年代フュージョンによるすべて「ワールド」の一語で片づける安易さとあけすけな人種差別という過去の残滓の双方から決別したい、との欲求を共有しているようだ。「パンク」なワールド・ミュージックの新興レーベルの最も良い点は、音楽に何よりフォーカスを絞る傾向があるところだ。彼らが共有しようとするのは過去の民族音楽研究家のよりコンサバな耳からは抜け落ちていたかもしれない、もっと最近の実験的でポピュラーな、聴き手をまごつかせるレコーディング音源だ。と同時に、コレクターもこれまでとは異なるポイントを重視してフィールド・レコーディングに立ち返っている——音楽とその歴史的／政治的な文脈を理解するためだ。最良なコレクターは現在、「パンク」と伝統的なフィールド・レコーディングの双方にまず音楽として耳を傾ける。完全にエキゾチックな存在としてフェティッシュを抱くことも西洋ポップのギアを構成する歯車のひとつに縮小することもなく、それそのものの価値を聴いている。これはワールド・ミュージックのユートピアが出現しつつあるという意味ではない――音楽印税、薄っぺらな解説文、誤伝等は過去から現在まで続く問題だ。しかし、西洋音楽に注ぐのと同じリスペクトと情熱をもって、コレクターがこれまで以上に非西洋音楽をそれそのものとして扱い大事にすることに積極的になっている印象は確かに受ける。これは過去にはまず努力がなされなかったところだ。少なくとも、新手のコレクターは率先して彼ら自身の音楽的な自民族中心主義に真剣な（名ばかりで象徴的に留まらない）やり方で取り組んでいるようだし、それは希望のもてる徴候だ。しかしこの音楽の作り手自身が音楽の流通および労力の成果をコントロールする日が来るまで、「ワールド」ミュージックは西側からの歪曲と搾取から完全に解放されることはないだろう。

一九八〇年代に、トーキング・ヘッズ、ブライアン・イーノ、ポール・サイモン、ピーター・ゲイブリエルは学究肌な連中や思い上がったヤッピー向けに「知的なポップ」を作った。それぞれ見事な音楽を作ったものの、彼らはすべて、批評家の求めるままに話ができる「知識人」としての評判を大きくふくれ上がらせた。この名声は部分的に、彼らのおこなった非西洋音楽の盗用に由来していた。物議を醸すこともあったとはいえ、諸スタイルの「フュージョン」の成功ぶりはしばしば、これらのアーティストの洗練のしるしの証拠とされた。盗用それ自体が問題ではないものの（すべての音楽は再形成を通じて機能する：この時期の例としてザ・スリッツの〝Earthbeat〟、クラスの〝Berketex Bribe〟が思い浮かぶ）、こうした面々の認知のされ方には問題がある。かつても、そして今もなお、彼らがサンプリングしコラボレーションし、（時に）剽窃したアフリカンおよび「ワールド」音楽界の知名度の低いアーティストの作り出した原材料との関係性において、「作家」と看做されるのは彼らの側だ。イーノとデイヴィッド・バーンは当時受けた気取った取材を通じ彼らは非西洋音楽の特権的な翻訳者であるとの認識を煽ったし、それにより彼らの音楽を「賢い」ものと看做す、いくつかの決まり文句が確立していった。その間も、彼らはこの音楽から経済的にもアーティストとしても恩恵を受けていた。いつものごとく盗用の問題は主として権力と資源の分配に由来するものであり、美学的プロセスそのものが問題ではないのだ。

ポストコロニアル

ありがたいことに一九八〇年代的な、第一世界による「ワールド」ミュージック矯正の時代は勢いを弱めている。世界の統一とコスモポリタンな一体感というリベラルなヴィジョンの名の下に搾取が続くことを許した「ワン・ワールド主義」は古さを露呈してきた。八〇年代と九〇年代に「ワールド」ミュージックに興味のある西洋人のイメージとして主流を占めたのは、気取ったところのなさそうな雰囲気を醸す富裕な白人コスモポリタン層の、「エスニック・フェスティヴァル」で世界各地の文化伝統を美食家のごとく気だるそうに試食する者、だった。映画『ハイ・フィデリティ』に登場するティム・ロビンス演じるポニーテール頭の東洋びいきなワールド・ミュージック愛好家、あるいはデイヴィッド・バーンやロバート・パーマーといった富裕な国際的ミュージシャンが〈アイランド・レコーズ〉創設者クリス・ブラックウェルがバハマのナッソーに所有していたコンパス・ポイント・スタジオで地元サウンドを味見し、取り込んでいた図を思い浮かべてみて欲しい。よく知られるように、バーンは『ニューヨーク・タイムズ』紙向けに署名記事「私はワールド・ミュージックが嫌いだ」(一九九九)を執筆し、罪滅ぼししようとしたことがあった【註6】。その記事で彼は、今やおなじみになっている、自分以外の国/カルチャーの音楽にまつわる「出どころの信憑性」の神話(とどのつまり世界とは混ざり合った、多声型のグローバル空間なのである!)と「ワールド」なるカテゴリーに備わった十把一絡げな性質に対するリベラルな批評を展開し、「ワールド」のタームはまったく異なる様々な音楽を「ひとつの世界」なるカテゴリーに一緒くたに押し込むものだ、と正しく指摘した。これらの批評は間違っていないが、この文章の結末がどうだったかを覚えておくのは重要だ。信憑性に対するバーンの批評は、あらゆる音楽ジャンルが「アメリカ音楽市場の一角に割り込む」機会を平等に得るようになり、そうやってコロンビアのブロック(Bloque)のようなこれからのバンドが「(バーンの)人生を変えてくれる」、理想的なヴィジョンで締めくくられる。

バーンが一九九九年に「私はワールド・ミュージックが嫌いだ」を書いて以来、インターネットは伝統音楽、地方音楽、民族音楽のグローバルなフィールドを激しく混ぜ返してきた。新手の、もっと粋でインターネットに根ざしたレーベル勢の自己プレゼンによれば、かつてもったいぶった学究界のものだったフィールド・レコーディングと記録保存研究に彼らは革命をもたらしていることになる。いわく、世界各地のグレイトな音楽をあまりに狭い民俗学の領域およびその気取りから解放すべく彼らはこれをやっている、と。〈サブライム・フリーケンシーズ〉(「ワールド」ミュージック)や〈ファット・ポッサム〉(アメリカの地方固有の「ルーツ」ミュージック)といったレーベルは過去に、それらのレコードを文脈から「解放している」と主張したこともあった。解説文や資料的リサーチの代わりに我々が目にするのは、自意識過剰に実験的、あるいはひねくれたグラフィック・デザインとラディカルに脱文脈されたフォルムだ。固定した伝統からのこのような「解放」のイデオロギー上の手段は、前衛主義もしくは原始主義的になることもある——〈サブライム・フリーケンシーズ〉の一般戦略は時にあからさまに、彼らの作る諸国のラジオ放送コンピレーションはブライオン・ガイジンのおこなった「音楽的コラージュ」のカットアップ【註7】に立ち返るものだとの論を展開した。そして長い間、彼らは同じアプローチをリリース作のライナーノーツ（ヴィジュアルなアート・コラージュの形をとった）にも当てはめ、作品解説文やクレジット表記等を省くことで反情報主義効果をもたらしてきた。それは〈ミシシッピ・レコーズ〉発の、ゼロックス・コピー製のジン美学を模倣し脱文脈化されたミックステープも同様だ。あるいはアメリカ産ルーツ音楽の「原始主義的」な起源に重点を置き、初期黒人音楽の生々しさとシンプルさを求めてデルタ・ブルースSP盤にフェチを抱く連中、たとえば〈ファット・ポッサム〉等は、〈フォークウェイズ〉のためにスミソニアン博物館のおこなったフィールド・レコーディングにあるとされる学芸員調な滅菌効果に対する反撃として粗い生々しさを利用してきた。彼らも今やこうした振る舞いから足を洗ったとはいえ、〈ファット・ポッサム〉の『Not the Same Old Blues Crap』コンピレーション・シリーズは伝統的な清潔さを汚そうとした挙げ句、逆に収録された黒人アーティストをバカげた存在にしてしまった。これらのコンピのジャケットには立ちションするR. L. バーンサイド、派手な軍服に身を包み戦車の前で気まずそうにポーズをとるブルース・ミュージシャンの一団、「愛してるぜビッチ」とペンキで書かれた大型ゴミ収集箱の写真が含まれていた。利益目当てで「地方」音楽を発表する産業にとって、国家援助を受けて音源記録を保管した学術系民族誌学者たちは、以前カロライナ・ソウルで働いていたアリアン・アーダラン・クラークがグローバル・ミュージックの「霊安所」と呼んだものを象徴する存在だ。だが、伝統的なフォークロアのいわゆる「政治的な正しさ」に対するパンク系な連中の極端な反動のいくつかは、気が読めていない、残酷な行為という結果も生んできた。この一連の問題についてもっと突っ込んだ分析を知りたいという方がいたら、先述したマイケル・ヴィールとタミー・キムが編集した書籍『Punk Ethnography : Artists and Scholars listen to Sublime Frequencies』を一読することをお勧めする。

〈サブライム・フリーケンシーズ〉のようなレーベルが「ワールド」および地方音楽に対するメインストリームからの関心を募らせたのは間違いない。レコーディング・アーティストで、かつてカロライナ・ソウルで働いたこともあるジェイク・ゼラキーソズ・ファセルが語ってくれたところによれば、一九九〇年代の標準的なレコード購買層と伝統音楽や地方音楽を買う者との間の違いには今や劇的な変化が生じたという——「昔は、たとえばタートルズみたいなCD店に行くと、この手の音楽は店内でも一番手の届きにくい誰からもほったらかしのセクションに置いてあったものだった。それが今じゃ、僕たちの店、あるいはアザー・ミュージック（冥福を祈る）（※アザー・ミュージックはマンハッタンにあったインディ／アングラ音楽系のショップ。二〇一六年閉店）に行くと、この手の音楽は新たな輝きを得て店頭の目立つところに置かれている」。ファセルは、この変化の大きな部分を「ハリー・スミス効果」、すなわちスミスの編纂した『Anthology of American Folk Music』に負うものとしている。私個人の思い出としても、まあ、一部の読者にも確実に記憶がよみがえるだろうが、このボックス・セットのCD再発盤を一九九七年のクリスマス・プレゼントとしてもらったのは憶えている。この発売にまつわるハイプは巨大で、主流メディア・アウトレットの間ではすべての神話の扉を開けてくれる、ある種の伝統音楽の鍵という風にマーケティングされた。多くの人間があのボックスの初回リリース（※オリジナル・リリースは一九五二年、アナログ三枚組）こそ一九五〇年代後期〜一九六〇年代初期のフォーク・リヴァイヴァルを一気にスタートさせたと主張したし、グリール・マーカスは著書『Invisible Republic』を始めとする様々な場でその神秘的な特性を異様なまでに神話生成めいた書き方で売り込んだ。『The Nation』（※一八六五年創刊のアメリカで最も長く続く週刊誌）に至ってはこのボックスを「ギャングスタ・フォーク」と誇張して呼んだくらいだが、あれからずいぶん経った今も、私はこのフレーズの意味を理解しかねている。

『Anthology』が多くの人間（私自身も含む）にとってトラディショナルなアメリカ音楽とSP盤収集文化の入り口になったのは間違いないが、一方でそれを「これぞアメリカ伝統音楽のすべてを代弁し網羅した決定版」、「後のフォークおよびフォーク・ロックの発展を促した爆心地」であるとしたマーケティングぶりは、この分野にとって迷惑な話だった。第一に、そのような機能を果たせるひとつのレコード作品など存在しない——収録可能な録音音源が多過ぎて、この類いのプロジェクトでは選ばれた音源より落とされたものの方がはるかに数を上回ることになるのは常だ。ディック・スポッツウッドの『Folk Music in America』の方がより総合的かつ興味深い、とも言えるだろう。第二に、ハリー・スミスは非常にクセのある個性的な人物だった——彼は伝統的な民俗学者の流儀にのっとるより、むしろオカルト、ルネサンス期の魔術（magick）等々に軽く足を突っ込みながらフォーク・ミュージックと個人的な結びつきを作った。この点において、彼はもっと制度的に援助され組織された厳格な収集家のイメージをボヘミアン向けに刺激的に味つけする、一種の前〈サブライム・フリーケンシーズ〉的存在を象徴している（彼のレコードの多くは、アラン・ロマックスがアメリカ議会図書館向けに制作したレコードの目録およびバークリー大学英語科との関わりを通じて発見したものだ）。ロマックスースミスの関係性はある意味、ヴィールとキムが著作の中で描いた学術研究VSヒップスター主義の間に現在走っている緊張感の試走だった。かつ、ファセルが指摘するように、スミスはアメリカ伝統音楽の中心としてアパラチアン・ミュージックとデルタ・ブルースに焦点を当てる。このボックス・セットの中でも番外編的なソーシャル・ミュージックのディスクすらケイジャン音楽集であり、その点もまた真のアメリカ伝統音楽の代表例として南部性を中心に据えるこのセットの方向性に油を注いでいると言える。この焦点の置き方は必然的に、いくつかの地方一帯とその住人を除外することになった（たとえばアメリカ原住民の音楽は一切含まれていない）。

インディ系の「ワールド」および地方音楽コンピレーションが、より突っ込んだリサーチの潜在的なきっかけである点を指摘するのは重要だ――それは踏み石であって、着地点ではない。これらのコンピは収録音源を引っ張ってきた様々なカルチャーに対する理解をもたらしはしない。良くて、邪魔をせずにレコードそのものに語らせるのが関の山だ。こうしたコンピの数々をある国の代表として捉える危険性ははっきりしている。脱文脈化されたコンピレーションを、一国全体の状況と文化を語るものとして聴き手が扱わないのは大切なことだ。私の知り合いだった二〇〇〇年代のカレッジ・ラジオ局のDJのように、〈サブライム・フリーケンシーズ〉のコンピを彼らの「お気に入り」の地元のインド料理店やタイ料理店に持ち込み、店側の選んだBGMの代わりにこれらのCDを流してくれ、と頼むような真似はどうかしないで欲しい。部分的かつ限定された特電――すなわち、まずレコードそのものとして――と捉えれば、この手のコンピは更なる学習および文脈化の触媒と考えるのが最も妥当だろう。

音楽をどう代弁し伝えるかの問題以上に、もっと俗っぽい、公正な支払いに関する疑問は極めて重大に思える。伝統的なフィールド・レコーディングも新興レーベルも、収録アーティストに対する報酬とクレジット表記に関して常に抜かりがなかったわけではない。歌のリサイクルという伝統的な「フォークの口承プロセス」、そして無料でおこなうフィールド・レコーディングは、アーティストが食い物にされる先例を敷いた。というわけでまたも、善玉VS悪玉の争い以上に事情は玉虫色ということになる。レーベルと学術界の双方が、それぞれ固有のいかさまを備えている。

過去には曖昧なことをやっていた〈サブライム・フリーケ

ンシーズ〉や〈ミシシッピ・レコーズ〉のようなレーベルにしても、近年はもっときちんと調査をおこない、より良く文脈化された作品をリリースするようになってきた。ムーシューミ・ボウミク（Moushumi Bhowmik）とスカンタ・マジュマー（Sukanta Majumdar）の『The Travelling Archive—Folk Music from Bengal : Field Recordings from Bangladesh, India, and the Bengali Diaspora』（サブライム・フリーケンシーズ）、ネイサン・サルスバーグ（Nathan Salsburg）の『Root Hog or Die : 100 Songs, 100 Years—An Alan Lomax Centennial Tribute』（ミシシッピ・レコーズ）等だ。果たしてこれらのリリースが方向性の完全な変化を示すものかどうかはまだ分からない。より新しめのレーベル群、たとえば〈ミシシッピ・レコーズ〉と折りに触れコラボする形で始まったポートランドの〈サヘル・サウンズ〉は先人の失敗から教訓を学んだようだ。まず、彼らは所属アーティストによる音楽や映像プロジェクト、ムドゥ・モクターがおこなったプリンスの『パープル・レイン』サハラ版リメイク等に出資している。また、ことレーベルの初期リリースに関しては解説文が含まれていなかったとはいえ、作品の提示ぶりにおいてうぬぼれの度合いが比較的低いアプローチを常にとってきた。それだけではなく音楽に関して、聴き手を惑わせるような儀式、魔術、原始主義に一切頼らなかったところも新鮮だった。同レーベルのブレイク作である『Music From Saharan Cellphones』は収録音楽をコンテンポラリーなものとして扱う——「バーナー（使い捨て）」携帯のＳＩＭカードから集められたこれらの音楽群に、他レーベルの作品の多くにつきものな「同時代性の拒絶」（ジョハネス・ファビアン）は存在しない。『Music from Saharan Cellphones』に収められた作品の多くがシンセ、ドラム・マシン、オートチューンをフィーチャーしているが、それは新奇な趣向というよりむしろ、単純にパフォーマー側に利用可能だった楽器として使用されている。〈サヘル・サウンズ〉によって、バーンが不平を述べた対象＝異国情緒化および信憑性というおなじみのストーリーは払拭されるが、同レーベルは一九九九年にバーンの言及した国際人的なうぬぼれにも背を向けているようだ。〈サヘル・サウンズ〉のリリース作のポイントはその音楽をメインストリームに組み込むことではなく、西洋音楽との差異と類似点双方をその音楽の基準から、それそのものに語らせるところにある。〈サヘル・サウンズ〉のようなレーベルの素晴らしさは、独特で個性的なものとしてその音楽を敬意と配慮と共に扱った上で、その妨げにならないよう後方に引っ込むところにある。ママン・サニ・アブドゥレイ（Mamman Sani Abdoulaye）の『Unreleased Tapes 1981—1984』やイダセイン・ウォレット・モハメド（Idassane Wallet Mohamed）の『Issawat』で前面に据えられているのは音楽だ。パッケージのやり方も、その美学面とコンセプチュアルなパワーのすべてをもって一枚のレコードが自らを語れる下地を整える。レコード業界のワールド・ミュージック部門にはいまだに「我々」と「彼ら」との間に「(受け手の口に合わせる)矯正」が関わっており、収益を生む動機には搾取の可能性が自ずと組み込まれている――だが〈サヘル・サウンズ〉のようなレーベルの仕事は、資本主義者のでっちあげる「平等な機会」よりもむしろ、真の意味で対等にプレイできるグラウンドが各音楽間にいつか出現するかもしれないとの希望を与えてくれる。なぜなら、実はこの世界にはバランスを是正できる可能性を秘めたレコードがあふれているからだ。レコード収集界が世界中の音楽財宝を抱え込む新植民地時代的な行為以上の何かになるとしたら、我々は音楽そのものの美しさと批評的機能の双方に触れ合わなくてはならない。

そのためには、ヴァンパイア・ウィークエンドのプレッピーなハイライフ解釈、チューンヤーズの歌が描く白人の罪悪感および「白人中心性」に対するリベラルな苦悩と彼女のたしなむ「汎グローバルなリズミック・グルーヴ」やDJ文化との間の断絶、あるいはアニマル・コレクティヴのそれ、ギャング・ギャング・ダンスが〇〇年代半ばにやったヒップスター型のネオ部族主義を人々が率先して見透かそうとする意思が必要になるだろう。これらは良い徴候だが、我々の行く手はまだ長い。こうした政治的な配慮以上に、人々はまたそうした音楽はその原素材、インターネットを通じて楽に見つけ出すことのできるオリジナルに較べると二次元的であるのにも気づき始めている。ありがたいことに、世界がその人間にとっての「ファイン・アーツ修士課程」プロジェクトとなるインディ・ロック版の気取ったフュージョンは、日を追うごとに陳腐でくたびれたものに感じられるようになっている。

インターネット以前は、西側アーティストはあまり知られていないアーティストをもっと楽にパクることができ、しかもばれずに済んだ。ポール・サイモンの『グレイスランド』やリジー・メルシェー・デクルーの『ズールー・ロック』といったレコードのからくりは、南アフリカ産ポップ・ミュージックに明るくない者だけがその作品を衝撃的な発見と受け止めること、それに尽きた。しかし今や、著名な西洋産レコードとそれに影響を与えた、よりマイナーな非西洋作品とを結びつけるのははるかに楽になった。「リミックス・カルチャー」の倫理はさておき、この点は西洋ミュージシャンがその元ネタの足下に及ばないことが暴かれる瞬間という健全な効果をもたらしてきた。今や、ジム・ジャームッシュが『Ethiopiques』シリーズ中でも傑出したムラトゥ・アスタトゥケの驚異的なレコードの数々をビル・マレー主演の感傷的な「アート」映画（『ブロークン・フラワーズ』）のサントラに用いると、その音楽はジャームッシュの映画をより良くするのではなく、アスタトゥケの音楽と同じくらい映画の方も優れていたらどんなにいいだろう……との思いを観る者に抱かせるだけだ。ザ・ブラック・キーズのダン・オーアバックがボンビーノと共演すると、場違いに響くのはむしろ彼の方だ。あのレコードは概して、アメリカ人の関与なしにボンビーノの作品を聴きたいという気にさせる。これはポール・サイモン／ピーター・ゲイブリル／トーキング・ヘッズの「ワールド」の時代、第一世界のポップ・スターが翻訳者として我々を導き、「ワールド」ミュージックという見せ物の監督役を担った頃とは著しく対照的だ。いつの日か我々は仲介業者を一切必要としなくなることだろう。しかしその日が来るまでは、正しい方向に向けてささやかな数歩が踏み出されたという事実、そこに癒しを見出そうではないか。

アイランズ・ミュージック：特例

アイランズ・ミュージック、とりわけジャマイカ産の音楽は「ワールド」レコード収集の中でも特殊な例だ。アメリカ合衆国およびイギリスは、他の各国よりももっと継続的かつ多彩な関係をジャマイカン・ミュージックと結んできた。これは地理的な近さ、植民地主義の歴史、グローバルなポップ・フォルムとしての「レゲエ」に対するメジャー・レーベルの積極的な投資、そして老いたロック・ミュージシャンたちが抱く「自分のひからびたサウンドを多様化させたい」というどうやら底なしのニーズに関わっている。ジャマイカ産音楽に対する尽きせぬ商業的関心は、同国の音楽は他の植民地諸国に較べ「エスノロジカル」なパラダイムを早くに脱却したことを意味する。その結果、カジュアルな音楽ファンは長い間アイランズ・ミュージックの一部に楽にアクセス可能だった。それはボブ・マーリィの音楽かもしれないし（さすがにジャマイカでプレスされた原盤やレアな45回転や12インチを通じてではないかもしれないが）、〈アイランド・レコーズ〉の旧譜カタログ、あるいは〈トロージャン〉や〈スタジオ・ワン〉のボックス・セットや編集盤かもしれない。〈ソウル・ジャズ〉、〈プレッシャー・サウンズ〉、〈ブラッド・アンド・ファイア〉、〈ワッキーズ〉といったレーベルの再発作品も補足したその遍在性はジャマイカ産音楽をより主流なものにし、レアさに敏感なコレクターにとってややエキゾチックさに欠けるものにしている。私もこれまでに人々の気軽な「レゲエは世界中で愛されている」、「ちょっとダブが入っていればOK」といった物言いを聞かされてきたし、そこにはおなじみ過ぎるものに対する無関心さが感じられる。『サタデー・ナイト・ライヴ』のスケッチ「Ras Trent（Rasta to Rent＝借りてきたラスタ）」

で白人のレゲエ男がお笑いのネタにされたくらいだし、ギャグはその手の人間が観る者にどれだけおなじみかにかかっている。コーカシアン系で自分を名誉ジャマイカ人と思い込み、したがって日常生活で「リディム」や「ブレドリン（ブラザー／兄弟）」といった言葉を会話にちりばめていいと思ったり、大学ラジオ局の自分の番組中にダブの上にトースティングを重ねるような輩のことは、音楽好きなサークルにいる者なら誰もが、ひとりかふたり心当たりがあるだろう。

それだけではなくグローバル規模の露出はアイランド・ミュージックの脱政治化にも繋がり、それはルーツ・レゲエといった政治化したジャンルでとりわけ顕著だ。マーリィ・ビバレッジ・カンパニーの缶コーヒー「ワン・ドロップ・モカ・モカ」（今やアマゾンが買収したホールフーズ・マーケットで販売中）といった商品販売に利用されるブランドと化す前のボブ・マーリィは、ジンバブエのローデシアからの解放を支援する歌を書き、抑圧された者たちの革命に賛成だった。彼、そして多くのアイランズ・アーティストにとって、「バビロン」はリスナーの気に食わないあれやこれやを曖昧に意味する言葉ではない――むしろそれは、国家と企業による二重の帝国権力の象徴だ。ラスタファリアンとしてのマーリィのエチオピア人指導者ハイレ・セラシエ崇拝は間違いなく政治的に問題があるとはいえ、たとえば少し前に出たキース・リチャーズの自伝が主張するように、それはマリファナを吸いまくることのシニカルな正当化に過ぎないと却下されるべきではない。今やグレナダにもサンダルズのリゾート地（※カリブ海圏のカップル向けパッケージ・リゾート会社）があるとはいえ、レックス・ハーリィの素晴らしいルーツ・レゲエの45回転〝Dread in a PRA〟（Trex／一九七九）のように、一九七九年に人民革命軍が横暴な専制君主エリック・ゲイリーを倒した喜びとより公平なグレナダ人の未来を求めるユートピア的社会主義の希望に歌いかけるレコードの存在は忘れられるべきではない――とはいえこの試みは最終的に、ＣＩＡの介入、党内の熾烈な内部闘争、一九八三年にレーガンが認可したこの小さな島国国家へのアメリカ侵攻によって頓挫していくのだが。それはマーリィ作品とルーツ音楽の多くと同様、この文脈を踏まえて聴かれる必要のある歌だ。マリファナにフレンドリーでイージーゴーイングなパーティ音楽という西洋におけるイメージは、カリブ海諸島外での大衆消費を当て込んだマーケティング・キャンペーンと看做す必要がある。

ジャマイカ産音楽が早いうちにグローバル・ポップ・ミュージックに取り込まれたことが及ぼした影響にはもうひとつ、その中の諸ジャンルの歴史的考察に対する関心の欠如がある。安易に「レゲエ」と呼ばれるものの表面下にはもちろんスカとロックステディがあり（実質、これらはレゲエより先に生まれた）、ルーツ、ダブ、ラヴァーズ・ロック、ダンスホール、デジ・ダンスホール等が存在する。プリンス・バスターといった面々の鳴らしたスカはイギリス統治からの解放（一九六二年）を祝福する時期に始まったものであり、そのもっとテンポのゆるい、あまりストラットしない従兄弟であるロックステディは続いて一九六六年から一九六八年にかけて登場した。このサウンドをもっとも良く体現しているのはジャッキー・ミットゥーやザ・テクニークス、そしてやや後になるとはいえ圧倒的なジャンル集大成であるフィリス・ディロンの『One Life to Live』（一九七二）等になる——予想通り、それはスカよりも我々が一般的に「レゲエ」と呼ぶものにはるかに近い。現在我々が一九七〇年代レゲエと考えているもののほとんどはルーツ・レゲエであり、そのテンポはスカのスピードとロックステディの引きずるような足取りの中間に位置し、ラスタファリを公言し、かつ先述した左派的政治化を伴う。キング・タビーやリー・〝スクラッチ〟・ペリー、サイエンティスト、キース・ハドソンといったプロデューサーが既存のレゲエ・レコードB面のインスト・トラックのスピードやレベルをいじり始めた時、ダブがそれに続いた。ダンスホールはその名の通りダンスホール向けに速度を上げ、八〇年代が進むにしたがいよりラップの影響を受けたリズムを加えていった。変化は更に続いた。

その露出度ゆえに、コレクターは卓越した作品となじみの薄いレコード双方を狩り出すべくもっと努力が必要になる。これにより、レゲエをより包括的な「アイランズ」のジャンル名に置き換える健全な結果が生じた。「それ以外の」カリブ海諸島国家産のレコードは、ジャマイカのスタイルと連動している場合（例：レックス・ハーリィ）もあればそうでないこともあるが、近年人々の関心を集めている。トバゴのカリプソ・アーティストであるシャドウの『Together』（一九八四）といったレコードはモダンなソウル・ファンクであり、差し込みねじれるシンセが添えられている——ダンスフロア向けの音楽ながら、ダンスホールとほとんど共通点がない。バルバドス出身のブルー・リズム・コンボの『Magumba』（Merry Disc）には何百ドルもの値が付く。一部でファンク・バンドとしてマーケティングされているが（彼らは〝シャフト〟をカヴァーしたことがある）、〝Jesus〟のようなトラックの方が、そのしゃくりあげるロックステディ調なギターと政治的な祈りにより、コンテンポラリーな収集家にとってよりアピール度が高い。ライ・クーダーが七〇年代の作品でカヴァーしていてもおかしくないような曲だ。ジャーヴォ・ブラザーズ（Jarvo Brothers）のカリプソ〝Ziruma〟は、ロード・インヴェイダーのカリプソと同じくらいアメリカ産サーフ・ギターとも共通項がある。これはすなわち、完全に脱エスノグラフィ化したアイランズ・ミュージックの分野においては、人々は他と異なる「エキゾチック」な響きの作品を求めるのと同じくらい、それ以外のポップのスタイルと響き合う音楽を探してもいるということだ。非アメリカ人アーティストの手でラディカルに変貌したアメリカン・ポップのカヴァーに対する尽きせぬ関心、たとえばベリーズ出身のジーザス・アコスタ・アンド・ザ・プロフェッショナルズ（Jesus Acosta and the Professionals）によるオルガンとホーンが引っ張るジ・オージェイズの〝バック・スタバーズ〟、マイケル・ジャクソンの〝ビリー・ジーン〟を軽くブレーキを踏みつつ進む見事なミッドテンポ曲に変えたシャインヘッド、あるいはトリニダード出身のマイケル・ブースマンとチャーメイン・フォードがダンスフロア向けに更新したボビー・コールドウェルの〝風のシルエット〟等の放つ魅力も、このトレンドで説明がつく。これは、先述したようにアンビヴァレントな展開だ――自分たち以外を「他者」とみなす植民地主義のロジック（それは「ただの」ファンクに過ぎない、あるいは「すべてはポップ・ミュージック」という物言い）は免れているものの、と同時にそれは企業主導型グローバリゼイション向けの無頓着な音楽コンテンツ供給源としての、新たな平坦化のアプローチを各国独自のカルチャーに導入しかねない。

ジャマイカ産サウンドの中ですら、コレクターの関心は新たなエリアに芽生えている。アメリカ合衆国に非常に近いがゆえに深く掘るのも楽であり、彼らはジャマイカに旅し、地元でプレスされたヴァイナルやダブプレートを購入し、これらのレコードをアーティスト、プロデューサー、あるいはレーベル主から直接買い付けることも頻繁に起きる。しかし、オリジナルのジャマイカ産ヴァイナルは（ハウスのレコードと同様）必ずしもプレスが良いとは限らないし、しかもこうしたレコードは実際にさんざん使用されてきただけに、他ジャンルのヴァイナルに較べ状態がはるかに悪いことを考慮に入れれば、現地で買ったからといってより良いレコードの入手が保証されるわけではない。

別の選択肢としては、ダブのような、人気はあるもののカジュアルな音楽ファンからも過剰にシリアスな学究タイプからも誤解されている特定のサブジャンルに深入りするというのがある。私からすればダブの盤はひとつとして同じく聞こえないし、かといって大陸移動説の成果という風にも感じない。キース・ハドソンの『Playing It Cool and Playing It Right』（一九八一）のようなLPはダークで迫力のある、音楽評論家が「密室恐怖症めいた」の形容を使いたがるサウンドを備えている。対してキング・タビーがメロディカの名人オーガスタス・パブロとおこなった、古典的作品『ミーツ・ロッカーズ・アップタウン』（一九七六）等での仕事にはより空気感のある、広がりのあるサウンドが鳴っている。一方、キング・タビーの弟子サイエンティストはリズムに対してもっとオートメーション化されたアプローチを見せており、『Scientist Rids the World of the Evil Curse of the Vampires』（Greensleeves／一九八一）では生でトラッキングされた素材音源の痕跡はあまり残っていない。リー・ペリーはそのダブのキャリアにおいて音響地図の至るところに出没してきた。そしてフィリップ・フルウッド（Phillip Fullwood）の『Words in Dub』（一九七九）は、クリエイション・レベルの『Starship Africa』（一九八〇）とは似ても似つかない。積極的に耳を傾けようとする者には、数々の差異が待ち構えている。

ルーツとその向こう

コレクターはまた、国境を越えた魅力を獲得していく中でレゲエの主流派物語の文脈から見過ごされた、あるいは取り除かれた、よりハイブリッドなジャマイカ産ルーツ・レゲエ・サウンドも探究してきた。政治的、あるいは宗教的に耳ざわりで、ジャズ度が高くもっとサイケな、ハンド・ドラムを多用したルーツ・レゲエ・サウンドとラスタファリのイデオロギーの側面は、おそらく大衆向けクロスオーヴァーを目指すには音楽的にやや「アウト」だったのだろう。繋がりのあるミュージシャン、たとえばダダワーやカウント・オシー、セドリック・〝イム〟・ブルックスらの作ったレコードは秘教的かつアフロセントリックで、「スピリチュアル・ジャズ」に近い。ダダワー（Dadawah）の『Peace and Love : Wadadasow』（一九七四）、彼のサンズ・オブ・ネグス（Sons of Negus）の『Freedom Sound』（一九七四）、カウント・オシー・アンド・ザ・ミスティック・レヴェレイション・オブ・ラスタファリの『Grounation』（一九七三）、セドリック・〝イム〟・ブルックスの『The Light of Saba』（一九七四）といったLPは今や、より聖典扱いされているルーツ・レゲエのレコード群に反旗をひるがえすカウンター伝統の存在を象徴するようになっている。それに連動する形で、ルーツがジャンルとして人気のピークを迎えた七〇年代の後にルーツ・スタイルで制作されたレコードのいくつかも遅まきながら価値が上がっており、ルーツに取って代わった初期ダンスホールも大衆文化からコレクター文化へと推移している。一九八一年にアメリカのレーベル〈Kency〉向けに制作されたアクスマイツ（Aksumites）の〝Ark of the Covenant〟のような45回転は、リリース当時ほとんどのリスナーに見落とされたぶん、ブラック・アーク／ブラック・アート／リー・ペリーに明らかに影響されたザ・ウェイラーズのようなアクトと、ザ・コンゴスの中間に位置するサウンドとして今や新鮮に耳を打つようになっている（とはいえこの曲は一九七六年にコンゴスが発表した同タイトルの優れた曲とは別物だ）。

ダンスホール

コレクターの間ではダンスホールはハイパーに男性的なジャンルとの定評があり、これまでもさんざん同性愛嫌悪と女性嫌悪の非難を受けてきた。ブジュ・バントンの〝Boom Bye〟（一九九二）のようにあからさまにゲイをバッシングする歌は、以降同ジャンルの過去の罪の烙印と見られてきた。社会科学者キーオン・ウェストとノエル・M・カウウェルに至っては、ジャマイカにおけるダンスホールの熱い支持は、教育、宗教、社会経済的なステイタス以上に「レズビアンとゲイ男性に対する偏見」を強く指し示すものだと二〇一四年の記事で主張したほどだ。しかしひるがえって考えれば、世界の一般的な権力構造はハイパーに男性主義的でホモフォビック、女性嫌悪型だ——ここでこの面に触れるのは「西側」からすればジャマイカ固有と思える病的な何かをやり玉に上げるためではなく、ダンスホールのこの悪名高い性質にしてももっと音楽界全般に存在するリアルな問題であり、かつダンスホール・レコードがそれに尽きるわけでもない、という双方の点を指摘しているに過ぎない。この問題はジャンル内の一部のアーティストに関連づけられているとはいえ、ジャンル全体に当てはまるわけではないし、右翼の聖戦の士デローリス・タッカーがトゥパックを女性嫌悪者と呼び、ラップについての議論を終わらせたのとなんら変わりはない（※タッカーは米政治家／活動家でギャングスタ・ラップの歌詞を批判した）。とりわけ第一波ダンスホールはこれらの議論の下に葬られてきた。一例をあげるだけでもミシガン・アンド・スマイリーの『Rub-a-Dub Style』（一九七九）があり、これは金字塔的なレコードだ。また、おそらくダンスホールが登場した際の政治的文脈ゆえに、ダンスホール界の女性アーティストの多くの功績にスポットが当たるようになったのはごく最近の話だ。シスター・ナンシーの『One, Two』（Techniques／一九八二）、シスター・キャロルの『Liberation for Africa』（Serious Gold／一九八三）、シェリー・サンダーの『Small Horsewoman』（Witty／一九八六）はエッセンシャルであり、ランキング・アンのダブたっぷりな『A Slice of English Toast』（Ariwa／一九八二）も同様だ。

アトモスフェリック

発生中

ドローン
環境音
インダストリアル
実験エレクトロニック
コズミッチェ
ライブラリー・ミュージック
ミニマル・シンセ
ノイズ
私家版ニューエイジ（PINA）

現主流

アンビエント
現代クラシック音楽
ダウンテンポ
エレクトロアコースティック
フリー・インプロ
ミニマリズム
ミュジーク・コンクレート

残存型

19世紀クラシック
ミューザック

アトモスフェリック

アンビエント／ダウンテンポ／ドローン
エレクトロアコースティック／エンヴァイロメンタル
エクスペリメンタル・エレクトロニック／フリー・インプロ
インダストリアル／ライブラリー／コズミッチェ
ミニマリズム／ミニマル・シンセ／モダン・クラシカル
ミュジーク・コンクレート／ミューザック／ニューエイジ
一九世紀クラシカル／ノイズ／私家版ニューエイジ（PINA）

アトモスフェリックという言葉によって、私は主にサウンドの質感を扱い、リスナーの心の中に想像上の環境を作り出すレコード群を指している。アトモスフェリックな楽曲が伝統的なメロディやリズムをフィーチャーする場合それらは控えめに用いられてきたし、しばしばミックスの中でもボトムにサブリミナルに配置されている。別の言い方をすれば、この手の音楽が得てして作り出しがちなオープンで広漠な雰囲気（アトモスフェリックス）に対してメロディやリズムは二次的存在ということだ。

アトモスフェリックな音楽の主要フォルムを大きく定義し

てきたのは、ひとりの人物のレコードおよび自己言及型の批評――ブライアン・イーノのそれだ。彼の音楽および文章の数々はアンビエント・ミュージックのコンセプトを固め、今日におけるアトモスフェリック・ミュージックの理解にとってアンビエントは主要なサブジャンルになっている。彼の「アンビエント」レコードのシリーズ、彼の〈アイランド〉傘下レーベル〈オブスキュア・レコーズ〉が発表したギャヴィン・ブライアーズ、ハロルド・バッド、マイケル・ナイマンらのアトモスフェリックな音楽、そして彼がハルモニア、クラスター、デイヴィッド・ボウイ、ララージ、ジョン・ハッセルらとおこなったコラボレーションはアンビエント・ミュージック集成の大きな部分を構成している。イーノは『アンビエント1』向けのライナーノーツに彼自身のアンビエント・ミュージックの定義を寄せている――「アンビエント・ミュージックは特定のひとつを強制することなしに、聴く際の複数レベルの注意力を容認することが可能でなければならない：興味深いものであると同時に無視することも可能である必要がある」【註8】。これは、ひとりのミュージシャンの出した声明の中でも最も頻繁に引用されてきたもののひとつに違いない――何度も引用されてきたゆえに、広く容認された知識として多くの人間に受け入れられているほどだ。イーノのここでのアンビエント定義は多くの二〇世紀作曲家、主に「ミニマル主義者」――エリック・サティ、スティーヴ・ライヒ、フィリップ・グラス、ブライアーズ、ナイマン――の作品、そしてジョン・アダムスや他の多数の作家作品も含められるくらい広いものだ。そればかりか、この音楽を実在しないもの（「無視できる」存在）と興味深いものとの間に据えることで、彼はアンビエントにミューザックと一九世紀クラシック音楽の中間としてのステイタスを主張した。相反する価値をもつ妥協のフォルムとして、それは聴き手の絶対的な注意を要求せずにクラシック音楽のように真剣に受け止められることが可能だ。一方で、それはただ「単に」無視できるわけではないゆえにミューザックの域も越えている。理路整然とした、サイバネティックで構成者調のイーノの音楽ヴィジョンは、アトモスフェリックな音楽に対する我々の考え方を支配してきた。

　ミューザックおよび一九世紀クラシック音楽はアトモスフェリックなレコードの残存的ジャンルだ。個別のクラシック音楽レコードはとんでもない額でやり取りされるものの（レオニード・コーガン、あなたのことですよ！／※コーガンはウクライナ出身の名ヴァイオリニスト）、非常に専門化したコレクター以外は立ち入らない領域だ。そしてミューザックに関して言えば収集しようにもレコードそのものが存在しないし、いずれにせよあのサウンドにはマーケットが存在しない。言うまでもなく両者はかつて高尚VS低俗のカルチャー戦争で敵対陣営だったわけだが、今やどちらのフォルムも無数の広告、映画やテレビのスコア、月並みなコンピレーション盤へと互いに混ざり合い流れ込んでいて、そのあまりの多さにクラシック音楽レコードに対する一般大衆の関心はすっかり鈍らされることになった。ちなみにそれは、この領域の本物のエキスパートが目玉作品を見つけ、新参者がクラシック音楽の定番コレクションを安価にそろえる、そのどちらの余裕もまだあるということだ。

アトモスフェリック・ミュージック界で起こりつつあることは、イーノの定義と仕事とを越えた、地平線の拡張だ。彼のレコードおよび文章はアトモスフェリック・ミュージックの基礎としていまだエッセンシャルとはいえ、もはやその中心ではない。第一に、ドイツの「コズミッチェ」およびベルリン派のアーティスト――ハルモニア、クラスター（CおよびKの双方）、ノイ!、アシュ・ラ・テンペル、クラウス・シュルツェら、イーノが実に多くのインスピレーションを引き出した対象――の作品は近年正しくジャンルの前面に置かれるようになっている。第二に、非西洋圏、とりわけ日本――吉村弘のように穏やかな作品群と〈DD〉といったレーベルのハーシュな自主制作宅録サウンドの双方において――のような国々は、長く続く独自なアトモスフェリック音楽のシーンを誇ってきた。オランダ、イタリア、スカンジナヴィア各国も、イーノの聖典的なそれとは響きを異にする彼ら自身のヴァージョンのアンビエントを主張してきた。

私家版ニューエイジおよびライブラリー・ミュージック

地理的な境界線が広がったのに加え、私家版ニューエイジ(Private Issue New Age = PINA) およびライブラリー・ミュージックへの関心も目につく。一面で、人々は一定の距離を置いた、理論家としてのコンポーザーというイーノのヴァイブとはかなり異なる、ニューエイジに対するセラピー的もしくはスピリチュアルなアプローチを伴うアメリカおよびドイツ系ニューエイジの伝統にハマりつつある。この音楽はイーノ印のアンビエントに較べよりローファイで手作りになる傾向がある。かつ、イーノとは異なり、ニューエイジ・ミュージシャンの多くは近代エレクトロニック機材に対してもっと相反するアプローチをとってきた。イーノが楽器としてのスタジオというコンセプトを売り込んだのに対し、ニューエイジのミュージシャンがジャケットやJカード（ラベル）に「この音楽を作る上でシンセサイザーは一切使用されていません」と謳うのを目にするのは珍しくない（この点に関してはカロライナ・ソウルの同僚、ニューエイジ音楽の達人グラント・ビシャーの指摘に感謝する）。ハイテクにもっとフレンドリーなニューエイジ連中すら、一切干渉を受けずにマシンが自動生成プロセス――彼らは自らの音楽を人間的な自主性のしるしと共に方向づけたがる――でヒーリングおよび瞑想効果を生むのに任せるのは良しとしない。

その一方で、ライブラリー・ミュージックもイーノ派アンビエントのまた別のオルタナティヴとして浮上してきた。ニューエイジが特定のスピリチュアルな目的のためにアトモスフェリックな音楽を付託したのだしたら、ライブラリー・ミュージックはアトモスフェリックな音楽をダイレクトに経済目的に向けた。ライブラリー・レコードは明確にコマーシャル使用や映画スコアを目指して録音された、あるいはBBCといったテレビ局が制作したものだ。たとえば〈KPM〉や〈Sonoton〉といった英レーベルの雇われミュージシャンはセッション録音音源を次から次へと送り出し、それらはいずれテレビCMや番組、ラジオのジングル、映画（低予算のジャンル作品が多い）の制作会社にライセンスされていく。一般レコード店で販売されることはなかったし、とあるプロジェクトで未使用に終わると、それらの音源は誰も耳にせず終わった。運が良ければ音楽の「ライブラリー」にしまい込まれ、最悪の場合ゴミ箱送りになった。その結果、人々はライブラリー・ミュージック収集に熱心な関心を寄せるようになった――制作面に備わった産業的な本質にも関わらず、ライブラリー・ミュージックには素晴らしいものが多いからだ。アンビエントとは違い、こうした音楽はほぼ無視できる地味な存在を目指していない。その経済的な起源にふさわしく、露骨にムード――緊張であれリラックスであれ、恐れであれ快楽の雰囲気であれ――を発生させようとするアトモスフェリック音楽だ。

アンビエントとニューエイジに関してまず明らかな点は、それらが美学の伝統的な正当化要素のひとつ――実用的な使用からの芸術の解放、カントが言うところの「目的のない目的性」――を省いているところだ。それどころか、ライブラリー・ミュージックに備わった産業的な起源はブライアン・イーノの『アンビエント1』の機能的な副題、「空港向けの音楽」で強調されているかもしれない。それと同じことはしばしば特定の状況、たとえばヨガの隠退所、リラクゼーションのワークショップ、集会、自助ワークショップ、カルト的コミュニティの会合といった場での使用を目的に作られるニューエイジ音楽にも当てはまる。ニューエイジ音楽と、それより控えめな範囲でアンビエント音楽も、政治を抜きにしたパワーを聴き手に経験させてくれる。ヤング・サイエンティスト・アンド・プリシピテイションの音楽を流しながらおこなわれる催眠術のソフトなコントロールであれ、コンスタンス・デンビーが喧伝した音響ヒーリングの白魔術であれ、占星術の無害な性格判断であれ、ニューエイジはそれが現実世界にもたらす影響への責任なしに、パワーの存在を感じさせる。天空の地平および意識が変容した状態の中で、人は地上の生にまつわるもろもろを越えたように感じる。

もちろん、芸術の自律性なるものは極端な単純化に過ぎなかったし、具体的な現実というより概念上での理想であったとはいえ、おそらく歴史的に言えばリアルな理想だったのだろう——アンビエントとニューエイジは露骨に特定の効果を聴き手にもたらそうとしてきた。神秘的な発見と群衆コントロール/社会エンジニアリングとの間に引かれた線は、一種の下級なスピリチュアル版ミューザックとして公的な場に向けて作られた音楽によって、その境界線をぼかされてしまった。

私家版ニューエイジの意外な人気復活の中心にあるのは受動性だ。それが投げかけるのは反個人の、ポスト合理性のコズミックな音の世界だ。個は溶解し、動因も、主観も、自動詞もない世界がそれに取って代わる。曲のタイトルは人間の能動性が減少していくプロセスの外的な形容（〝Freewheel to Freedom〟/カール・マシューズ/Carl Matthews）や受動的な在り方（〝Brainless〟/ヤング・サイエンティスト）、あるいは物体の絵画的な描写（〝Crystal Waters〟/ムーラ/Moolah、〝Merry Forest〟/アリエル・カルマ/Ariel Kalma）だ。優れたニューエイジ曲には〝Space Walk〟と題されたものがひとつならずある——ここでの「宇宙遊歩」はコズミックな受動性の模範的経験だ。広大さがもたらすこのスローで方向感覚のない自由な浮遊感覚は、ジャンルの魅力と限界双方を象徴している。その魅力は、何かが自然に起きるのに任せるのを優先することで、決定を下す必要性と発展の欲求が一時停止することに由来する。概して言えば、私家版ニューエイジはリスナーの中にキーツが言うところの「否定的な能力」をはぐくむ——決断に対する非断定的な関係、判断と決意の一時保留状態の維持のことだ。だが仮に方向と能動性が完全に欠けたとしたら、解放をもたらすアトモスフェリックな音楽の宇宙的ヴィジョンは無目的さに陥りかねない。

多くのニューエイジ・アーティストがシャーマンを自認するのは、もちろんポピュラー音楽界では今に始まった話ではない。ミュージシャンは長きにわたりスピリチュアリティとオカルトとたわむれてきた。ある種のシャーマンとしてのミュージシャン像は彼らの職種にお決まりの比喩を当てはめるのを可能にし、一般人よりディープな、一種のダークな魔術師もしくは神秘的な幻視者のイメージを投影する。それによりミュージシャンも自身の作品の超自然的パワーを主張できるようになり、聖なる儀式や祝祭に用いられたとされる、音楽の儀式的起源に戻ろうとする。サイキックTVの「Thee

「Temple ov Psychick Youth」（※一九八一年に始まったケイオスマジック団体）、コズミッチェ・アーティストのドイター（Deuter）のラジニーシ信徒との関わり、ファーザー・ヨード（Father Yod）のソース・ファミリー（※ヨードはアメリカ人導師でサイケデリック・ロック・バンドのヤホワ13を率いた）は、いずれもこの文脈で頭に浮かんでくる。そこまで劇的ではないが、黒人ポピュラー音楽におけるキャリアがゴスペルから始まり、またその後にゴスペルが続くことはよくある。アリス・コルトレーンの音楽修錬はヴェダンティック・アシュラムの創設に結実した。リチャード&リンダ・トンプソンのスーフィ教への改宗、ヴァン・モリソンがサイエントロジーに軽くハマった等、例は色々ある。

　音楽の実践全般および一部の神秘主義が長い間秘密裏に共有されてきたのだとしたら、昨今のニューエイジ（および「スピリチュアル」ジャズ）の復活を我々の生きる今の時代特有のユニークなものにしているのは何だろう？　先述したように、ニューエイジはつい最近まで「真剣な」コレクターとヒップスターにとっていかがわしいジャンルであり、それはニューエイジから連想されるヒッピーのヤッピーへの転身と、イージー・リスニングとミューザックとの音響面での類似性ゆえだった。後期〈ウィンダム・ヒル〉や〈ナラダ〉、〈ロータス〉、〈ハイヤー・オクターヴ〉といったレーベルの発表した音楽は誰も前面に押し出してもらいたがらない面白みのない背景音楽めいた響きで、マーケティングと音楽双方に趣味の悪い東洋主義のクリシェを伴う。

　ニューエイジ復活を、同ジャンルが一九八〇年代にたどったそのダサく、政治的にうさん臭い展開からの脱出と看做すこともできるだろう。少し前までヤッピー系ニューエイジの存在はそれよりもっと興味深いレコード、カセット、CDを覆い隠してきたが、今やそうした作品もネット上で見つけシェアしやすくなった。ヤッピー系ニューエイジとは対照的に、私家版ニューエイジはアングラな商業ルートを通じマーケティング／流通されてきた。伝統的なレコード店販路に乗る代わりに、私家版カセットの多くはニッチなロケーションへ、健康食品店やヴィーガン・レストラン、水晶やタロットを売る店のサーキットに送り込まれた。この意味では、これまたオルタナティヴなネットワーク——黒人向け書店、黒人アートのワークショップ、コミューンやアシュラム、コーヒー・ショップ、文化センター——経由で流通したスピリチュアル・ジャズに通じるものがある。その結果、発売時に作品を受け取った聴き手の層もニッチなそれに留まった。したがってそれらの再発には流通の遅れに伴う新鮮さが備わる。〈ウィンダム・ヒル〉のカセットと言えば思い浮かぶ音に較べるとこの手の作品は啓示のごとく響くし、ジョージ・ウィンストンよりもアンビエントやコズミッチェ、「スペース」ロックのなじみのあるスタンダード作に近いこともしばしばだ。先述した、ニューエイジについて回ったスティグマが消えた効果と相まって、この点が現在のニューエイジ復興に大きく関与している。

だが遅れてきた再発効果とスティグマ消滅の影響だけがすべてではない。これらの作品はオリジナルの価格上昇を促し、ニューエイジのジャンル全般に対する関心を更に活性化させた。音楽そのものが現在の我々に語りかけてこず、我々の心と頭に重要な同時代的効果をもたらさない限り、どれだけハイプが盛り上げてもいったん死んだジャンルが生き返ることはない。

もしかしたらそれは、今は流れていく音楽——並行して起こる音楽的プロセスと技術的な手段を通じての自然の模倣としての「フロー」——が再びふさわしくなった時代なのかもしれない。ゆえにデイヴィッド・トゥープのアンビエント音楽に関する著作のタイトルも『Haunted Weather』や『Ocean of Sound（音の海）』になるし、漸次的な類いのスピリチュアル化とテクノロジーの歓楽、ランドスケープや天候、星々の神秘的な影響が生み出される。そこここにあっと息を呑む瞬間もあるものの、この手の音楽は概して、乱暴な変化をタブーとして禁じる——ねっとりした糖蜜のようにペースの遅い展開、もしくは円環型の反復のプロセス（氷河のように遅々としたそれ独自の展開のフォルム、および反復を通じて生じる違いに宿る喜び）が好まれる。それは自然に備わった幅広いサウンドすべてを表現するものではないが、むしろ田園的あるいはユートピア調なヴァージョンの自然であり、より穏やかな響きを素材に用いナチュラルさを様式的に模倣する傾向が強く、自然の非情で苛酷なサウンドは取り除かれている。

ロックとポップ

オルタナティヴ・ロック／AOR／アート・ロック／ブラック・メタル／バブルガム／チーズケーキ／コメディ／デス・メタル／ドゥーム・メタル／ガレージ／グラム／ゴス／グラインドコア／グランジ／エモ／エキゾチカ／フォーク・ロック／フリークビート／ファズ／ヘア・メタル／ハードコア／ハード・ロック／ホットロッド／インディ・ロック／KBDパンク／クラウトロック／ラウンジ／モッズ／ニュー・ウェイヴ／ノヴェルティ／ノー・ウェイヴ

パワー・ポップ／ポスト・パンク／パワーヴァイオレンス
プログレ／サイケ／ラジオ・スポット／ロカビリー
ショッカビリー／ソフト・ロック／サウンドトラック
スポークン・ワード／ストーナー・メタル
ストリート・パンク／サンシャイン・ポップ／サーフ
スワンプ・ロック／シンセ・パンク／ティーン
スラッシュ／ヨット・ロック（イージー・グライド）

主流派ロックの伝統は、一九六〇年代のクラシック・ロックから七〇年代のハード・ロックと前メタル、七〇年代後期

発生中

ヨット・ロック
ブラック・メタル
デス・メタル
AOR
ゴス
KBDパンク
クラウトロック
ノー・ウェイヴ
ポスト・パンク
サイケ
シンセ
スラッシュ

現主流

オルタナティヴ・ロック
クラシック・ロック
フォーク・ロック
ガレージ
グラム
グランジ
ハードコア
インディ
ロック
ニュー・ウェイヴ
パンク
エモ
ロカビリー

残存型

モッズ
ハード・ロック
ロックンロール
サーフ
ティーン

ロック&ポップ

～八〇年代初期のパンクとニュー・ウェイヴ、八〇年代のオルタナティヴ・ロック、そして九〇年代のインディ・ロックにまでわたる。ザ・ビートルズからペイヴメントまで、ギター・ロックは批評的想像力の中で誇り高い位置を占めてきた。『ローリング・ストーン』、『スピン』、『ザ・ヴィレッジ・ヴォイス』、そして今では『ピッチフォーク』やもっと小規模な各種音楽サイトにおいてですら、ロックはいまだに過度の注目を集めている。結果、聖典ジャンルや古典アルバムの数々、「このディケイドのベスト１００１枚」や「史上最高の１００１枚」といった無数のリストの肥やしとなる作品は本書で我々が論じる他のジャンルより概して確立されている。ザ・ビートルズ、ボブ・ディラン、ザ・ローリング・ストーンズ、ザ・フー、ニール・ヤング、レッド・ツェッペリン、デイヴィッド・ボウイ、ザ・ラモーンズ、ザ・クラッシュ、R.E.M.、U2、メタリカ、ペイヴメント、レディオヘッド――これらのレコードとそのスタイルに一致する数多の作品が、今ややややくたびれた感のあるロックの聖典を形成している。ベビー・ブーマーやX世代、カレッジ・ラジオを聴いてきたインディ好きな手合いですら、ギター・ロックが大好きなのだ！（ちなみに筆者自身もロック・ファンであり、フェイヴァリットのアーティストはいまだにボブ・ディランだ）。そしてロック古典の著名な聖典作品、今やパンクやオルタナ、インディ・ロックの一部も含むそうしたレコードは、破格の値段ということはめったにないもののオンライン市場で安定した高値で売ることが可能だ。

ロックにおける残存的ジャンルと言えば、お察しの通り、その起源に位置するもの――ブルースとR&Bから派生した（というより盗んだ、と言う者もいるが）一九五〇年代および一九六〇年代初期のアクト、リトル・リチャードやバディ・ホリー、ジーン・ヴィンセント、エルヴィス・プレスリー、ジェリー・リー・ルイスらの音楽が該当する。ロカビリーおよび初期ロック・アンド・ロールはジャンルの歴史的記述に大きく立ちはだかる存在だが、今日作られているロックにはごく仲介された形で、抽象的な影響しか及ぼしていない。この時代の個別の楽曲が、いまだに活気を放つ存在として突出することもたまにある――バディ・ホリーの〝テル・ミー・ハウ〟は、ヴェルヴェット・アンダーグラウンドのサウンドの青写真として我々に衝撃を与えるパワーをまだ備えている。また、当時あまり評価されなかった存在、たとえばボビー・フラー等が、オールディーズ専門のラジオで聴き飽きてしまった世代より現在の我々の耳にもっと新鮮かつ刺激的に響くこともある。だが多くの場合、我々は五〇年代のロックを同ジャンルの歴史的および美学的変化をたどるための、固定された比較ポイントとして扱っている。

これを背景として、コレクターはロックのモノリスをニッチなジャンルやブティック系ムーヴメントの数々に切り分けてきた。再コンセプト化であると同時にブランディングのし直しでもあるこの試みはおそらく、全ジャンルにもっとアクセスしやすくなった時代において、ロックを再び今日的にするための手段として理解することが可能だろう。ローファイ、ストーナー、シンセ・パンク、シューゲイズ、ドリームポップ、ノー・ウェイヴ、サイケ、ゴス、ガレージといった具合に特化されマイクロジャンルにまで掘り尽くされたことで、ロックは両親あるいは祖父母世代のデフォルトな音楽としての「ロック主義」な関連性を脱ぎ捨ててみせた。多くの者にとって今やこのジャンルの風変わりな、あるいは奇妙な方向に外れた作品を集めることの方が、シリアル・ナンバーの若い『ホワイト・アルバム』やブッチャー・ジャケット版『イエスタデイ・アンド・トゥデイ』の「ファースト・ステイト」（※回収されジャケットを変更された同作のオリジナル出荷時状態のままのレア盤）を探し出すよりはるかに刺激的なのだ。このロックのプチ再開発は、自分は単に親の音楽趣味を再現しているに過ぎないのではないか、というエディプス・コンプレックス型の恐れを抱く者にもっともらしい否認権も与えてくれる。それはかつてとは重点も、核となるサウンドも、聖典作品も異なるロックだ。

二〇〇〇年代初期に「ロック主義者（rockist）」と「ポップ肯定派（poptimists）」の間で繰り広げられた過熱論争の結果、誰も生き残らなかった。「ロック主義」とは、ロック・ミュージックを他ジャンルよりもっとシリアスでフォーマットとして革新的で、知的な面でもより重みがあるものと看做すイデオロギーのことである、と分析した論考には説得力があった。評論家のその指摘は的を射ていると納得するには、ヒッピー／あるいはベビー・ブーム世代の父親の下で育ち、『ローリング・ストーン』か『スピン』を読み、『MTVニュース』を観たことがあれば充分だった。対して「ポップ肯定主義」――トップ40入りしたヒット曲を真剣で高度な批評眼の対象に格上げすること――を讃えた者たちは、ロック主義者の用いたメソッドと政治的な仮定を乗っ取り、それらをポップに当てはめたに過ぎなかった。さもなくば彼らはお気楽に、あたかも巨大なマーケティング・チームを抱える大企業型音楽産業とセレブリティのシステムは「一般の人々」と大企業の送り出す音楽プロダクトとの間に一切介入しないかのごとく、ポピュラーであることはすなわち「ポピュリスト（大衆主義）」であると思い込み始めた。その成果は完全に批評性に欠けた何か、企業型音楽を掛け値なしにそのまま受け入れようとする積極性だった。多くの面でこの論争は、近代文学研究内で起きた高級カルチャー（モダニスト）と低級カルチャー（大衆文化）の間に横たわる分断をめぐる論争の再演だったわけだが、ただしここではロック、ジャズ、他ジャンルから引っ張ってきた名ばかりの飛び地（たとえばクラフトワーク、カエターノ・ヴェローゾ、パブリック・エネミー）が（それ独自のアカデミックな装置を備えた）ハイ・カルチャーの立場を占め、トップ40入りしたポップスがロウ・カルチャーを代表していた。このような論を展開した批評家連中は、高級／低級カルチャー間の区別はもはや重要ではないことに気づくのが遅かった。

ばかげた机上論に過ぎなかったかもしれないこの議論の唯一ポジティヴな成果、それは双方の立ち位置の弱みを暴いたことだった――ロックとコンテンポラリー・ポップ、そのどちらか一方だけ誉め讃えるのは大きな致命的なミスのように思える。クラシック・ロックとその直な派生作をアナログで聴いているだけの者も、あるいは『ピッチフォーク』の推薦する「ベスト・ニュー・ミュージック」作を購入しているだけの者も、各自の地平線を拡張する必要がある。

今日の本物のヘッズ（分かっている者）は、ロック主義とポップ肯定主義それぞれの批評を内面化した上でその先に進んでいる。レコード収集の行為は、このポピュラーなメディア物語の双方に対する解毒剤であることが証明されてきた――レコード・コレクションを自分自身で一から築いていくと、誰かがくだらないたわ言を言っているのがすぐ分かるようになる。ロック・ジャンルの例で言えば、一部のコレクターは人気メディアに敷かれた「主流」から逸脱している。今日のレコード・コレクターは、古典的なロック聖典に対して正真正銘の愛情を注ぐより、むしろ無頓着な敬意を払う。これは古典的なロック・アーティストに本来的に備わった価値云々ではなく、新参者にとって、古典アクトは世代的な、エディプス・コンプレックス的とすら言える大荷物を抱えてやって来る存在だからだ。いわゆる「ロックの神々」のまずまずよく知られた同期生の方が、今ではコレクターにとって神々以上に興味深い存在だ。たとえばザ・フレーミング・グルーヴィーズ、ザ・バーズ、ジュディー・シル、フリーらの方が、ローリング・ストーンズやビートルズ、ジョニ・ミッチェル、レッド・ツェッペリンといったベビー・ブーム世代のロックの達人以上の魅力を放つ。今やこれら古い神々に対するヘッズのそこそこ見苦しくない唯一のアプローチは、全作品をコンプリートした知識、レノン－マッカートニーや『血の轍』への月並みな興味の段階をはるかに越えた深く通な知識を誇ることにある。

もうひとつの収集トレンドは、サブジャンルに（金銭・心理面の双方で）自己投資し、主流を占めるロックのモードから外れるというものだ。それらのいくつか、ガレージ、KBDパンク、Dービート、〝アート・パンク〟、エクストリーム・メタル、コズミッチェ、サイケ等は以下に詳述する。この、「マイナーな」ロック音楽への投資は論理的であると同時に過剰矯正でもある——二〇世紀の音楽ジャンルの中で、ロックほどメインストリームなメディアの手で厳しく守られ監視されてきたものはないからだ。大抵の人間は日常的な場面で、非常に人気の高いロック関連の話題を他ジャンルよりはるかに多く耳にしてきた。たとえばインディ・ロックに対する今なお続く投資は、二〇世紀的想像力に対してロックのふるった覇権の余波として捉えない限り不可解に映る。ロックの全般的な過剰露出ゆえに、ロック史の中でもあまり知られていない小道は、自身の好みの視野を少しだけ広げたいと願う者の多くにアピールする。ロック・レコードを実際に収集し始めると、確立された聖典作品群だけでは網羅し切れない範囲がいかに多いかすぐ気づくことになる。

理想を言えば、メジャーとマイナーなロック・レコードの双方、そしてその間に存在するあれこれを吸収する時間の余裕はあるはずだ。それをやれば、より大きなシステムとしてメジャー作とマイナー作がどう相互に関わりあっているかのイメージを組み立てられるだろう。しかし今対応が迫られる物事は他にもあるわけで、拡大し続ける音楽のアーカイヴを聴く時間は限られている。そこでコレクターにとっての一種の優先制度として、ロック収集家の多くは無名作品を無名なゆえにフェチの対象とする、あるいは有名作品をフォローするかの一方を選ぶ。大きな問題を避けて通っているのが残念だとはいえ、どちらの収集衝動も理解はできる。おそらく本当の意味での突破口はメジャー／マイナーの思考回路そのものを排除することだろうが、我々はまだそこに至っていない。最近やっと日の目を浴びた後追いすべき過去の作品は実に多く、それらを吸収するのに我々は長い時間を費やすことだろう。再発レーベルも知られざる作品を再び世に送り直しているとはいえ、再発権を有するからと言ってその作品を文脈に当てはめるのに適したレーベルとは限らないだけに、そうした再発も音楽ヒストリー再構築のほんの序の口に過ぎない。かつ、物の見方は時間をかけて発展していくものだ。人々は『リボルバー』について五十年以上語り続けてきたが、ヘッズの中にはその同期作品である『Morgen』（※アメリカのサイケデリック・バンド、モーゲンが一九六九年に発表した唯一のアルバム）をまだ聴いたことのない者もいる。13thフロアー・エレヴェイターズの最初の二枚のように名の知れたレコードですら、ロック・ミュージック好きの一部はまだ聴いたことがないという意味で過小評価されているし、概して言えばそうした作品はビートルズに匹敵する、あるいはしのぐ内容と看做されてはいない。しかし当時の人気および影響力という論拠は、必ずしも現在における重要性を考える際の決定要因ではない。一般的な想像力に対する一九六〇年代の支配がゆるんできた今、たとえば、ビートルズに異議を唱えエレヴェイターズの方を支持する――もしくは両者を音楽的に対等だと考える――のは突飛な考えではなくなっている。

ガレージ・ロック

他のフォルムに較べもっと現実的で入りやすいDIYなヴィジョンを長い間提供してきたガレージ・ロックは、今や非常に収集価値が高くなっている。Popsikeでガレージをサーチしてみれば、ザ・ソニックス、フライ・バイ・ナイツ（Fly-Bi-Nites）、ザ・サヴェージズ、ザ・ライジング・ストーム、ムーヴィング・ステアケーシズ（Moving Staircases）らのレコードに高値の検索結果が出るはずだ。親のガレージで演奏するティーンエイジャーのバンドならどれでもレコードを作れるし、大型スタジオで録音された作品と同じくらい、あるいはもっと良い響きになることもある。ローファイな自家製サウンド、そして単純なコードとしきたりを好むがゆえに、このジャンルはロックの大仰さにウンザリした連中にアピールする。レニー・ケイが編纂したコンピレーション『ナゲッツ』の最も重要な発想は、彼が言う「パンク」は誰にでも可能で、ニューヨークあるいはロンドンに暮らす連中だけのものではないという点にあった。主に45回転のジャンルであるガレージの魅力はその即時性／密接性にある。「あなたとちっとも変わらない」人々によって作られ、作るのにあまり手間も金もかかっていない――『サージェント・ペパー』の磨き込まれた気取りぶりより、剝き出しで奇妙な地方色の強い表現に近い感じだ。ガレージはコレクターの心の中に、飾りやスタジオのトリック、あるいはエゴで膨れ上がった壮大さの錯覚で台無しにされていないロックの「本質」の図を維持させてくれる。だがそれと同じ理由から、ガレージは退屈にもなる。自身のクリシェと化し単調になってしまうのだ。ロックの最初にあった魅力のひとつ、その荒削りな根本にまでとことん引き算するガレージのアプローチは、長い目で見ると枯渇していく融通のきかないものだったことが判明した。同じことはパンク第一波のレコードの多くにも言えることで、今聴いても活力を感じる音源はラモーンズの最初のLP数枚、オイ！パンクの最良の個別曲（コックニー・リジェクツの〝バッド・マン〟）といったほんのひと握りだ。

パンク

二〇二〇年においてどのレコードがパンクか／パンクでないかを定義することに私はまったく興味がない。だがパンクとハードコアの最も興味深いコレクターの大半は、ザ・セックス・ピストルズやクラッシュと言った大騒ぎされるパンク第一波は勢いを失ったとの感覚で見解が一致するのは明らかなようだ。トラップやドリルに対する「オールドスクール」なラップ、あるいはモダンなシンガー・ソングライターに対する通俗的なバラードの作用の仕方に似て、今も生きているインスピレーション源というより、既に終わりを告げたものの記念碑として機能している。ガレージと同様、スピードを上げた五〇年代ロックだった初期パンクは、ファッションの表象としての利用はあまねく広まったものの音楽的にはあっという間に退屈になった。今やより荒削りなジーン・ヴィンセント、もしくはラジオに受け入れられる以前のニュー・ウェイヴに過ぎないものとして神話性を失ったこの「ロックの古典」化したパンクからの逃走は、数々のルートを通じて起こった。ルートのひとつは初期パンクの掟破りでホームメイドなコンテンツを更に掘り下げることだ。レアで知名度の低いパンク45回転を集めたコンピレーション・シリーズ『Killed by Death』はコレクター独自のサブジャンルを切って落とした。より高価なオークションに出品されるパンク盤の一部に今や「KBD」のタグが見受けられるくらいだ。これらのコンピレーションにはヒルサイド・ストラングラーやサン・オブ・サムといった連続殺人犯、ナチス、異常性愛、自殺についての歌が次々登場する。ランダム・ラップと同様、シーン中心部の外で作られたレコードであり、この場合で言えばニューヨークとロンドンを除くあらゆるエリアがそれに当たる。これらはダービー・クラッシュ（※ジャームスのシンガー）やデッド・ボーイズにより一部の者たちが今も神聖視する、小汚く若く生意気で、反商業主義で死に取り憑かれたのと同じ類いのパンクを担うレコード群だ。ファンにとって「KBD」はいまだにストリートにもっと近いパンクらしく、したがって「もっとリアル」ということになる。それ以外の連中は今よりピュアだった初期ハードコアやストリート・パンクの攻撃性と迫力に倍掛けし、ディスチャージと彼らに影響されたDービート勢の威嚇的なサウンドを探っていった。

アヴァンギャルド・パンク

ロック・レコードにまだ興味がある者にとっての別の脇道は、もっと政治面で抜け目のないバンド、前駆的な美学は前駆的なポリティクスであるという前衛の概念に忠実であろうとした連中に焦点を合わせることだった。DIYなパンク文化のほとんどは二〇世紀前半のアヴァンギャルドとモダニズムの系統を引いている。前衛勢と同様、パンクおよびハードコア・バンドは音楽が政治実践のひとつの形態になり得ると信じていた。前衛運動と同じく、パンク・シーンも妥協型の政治中道路線を退け、自由志向の左派および暴力に取り憑かれた報復主義の極点に向かった。そのどちらも当時のニュー・メディアにおける実験に依存し、自身の芸術作品に文脈を添えそれを深めるべく様々なマニフェストを制作した。パンク第二世代はとりわけ、彼らのDIYな「メステティクス」（※messtheticsはスクリッティ・ポリッティのグリーン・ガートサイドの造語。一部のポスト・パンク・サウンドの意図的に「壊れた／ぐらぐらした」美学の意）を共産主義およびアナキストの社会介入に結びつけた。たとえばクラス（Crass）の『Stations of the Crass』（Crass／一九七九）や『Penis Envy』（Crass／一九八一）、ポップ・グループの『Y』（レーダー／一九七九）、「リジー・ボーデンの映画より、〝社会民主主義者〟の歌」の副題がついたローラ・ロジックとアート＆ランゲージによる映画『Born in Flames』の主題歌（ラフ・トレード／一九八〇）（※『Born in Flames』はフェミニスト革命を描いた映画）、オー・ペアーズ（Au Pairs）の『Playing with a Different Sex』（Human／一九八一）、そしてスクリッティ・ポリッティの初期45回転群『Is and Ought in the Western World』（St. Pancras／一九七八）や『Hegemony』（ラフ・トレード／一九七九）といったレコードはすべて、搾取、ジェンダー、階級、人種間不平等といった問題をテーマにしていた。しかし彼らは、パンク初期およびハードコア第一波バンドのもっと怒りに満ちた表現に較べあまり直接的ではない、もっと「アートのダメージに影響された」やり方でそれをやってみせた。ハードコアなサウンドからの逸脱だったとはいえ、これらの音楽はリベラルなヤッピー向けでもなかった。政治を除外あるいは矮小化したために多くの批判を浴びたトーキング・ヘッズやブロンディ——たとえばトーキング・ヘッズの〝ライフ・デュアリング・ウォータイム〟（7インチ、サイアー／一九七九）のキャンプで表層的な模倣——のようなUSニュー・ウェイヴ勢の多くに、同じことは当てはまらない。サイモン・レイノルズの『ポストパンク・ジェネレーション 1978—1984』のセクションのいくつかは（同書内の、ABCといったニュー・ロマンティックス勢に対するレイノルズの非常に英国人的な執着はさておき）、美学的な実験を通じて後期モダニストが繰り広げた政治的関与の実験の数々を知るのに格好のガイド役だ。

アート・パンク

しかし時間の経過に最も耐えてきたのは様式レベルでの革新に何より重きを置いたバンド、ゆるく「アート・パンク」と呼び習わされているものにシンセサイザーや非ロック系の楽器、作曲面の実験、リズム面での新たなアイディアを注入した連中だ。私はこの題目の下に、もっと一般的にはポスト・パンク、ミニマル・ウェイヴ、EBM（エレクトロニック・ボディ・ミュージック）、インダストリアル、NDW（ノイエ・ドイチェ・ヴェレ）等の呼称で呼ばれるレコードの多くも含める。こうしたグループによるレコードは抽象的かつ歌詞も極めて暗号化されているため、ダイレクトに政治を参照することはめったにない。それでも彼らのレコードがオルタナなサウンドの世界をまるごとひとつ作り出す限り、それを政治的な功績と見ることは可能だろう。個々の不正に焦点を当てるより、むしろこれらのレコードでも最良なものは不正を生み出す世界全般をそっくりそのまま拒否する姿勢を表している。そうしたレコードは、その迫力にも、表現の深さにもコンセプチュアルな創造性にも太刀打ちできない世界に対する非難/あざけりとして屹立している。このカテゴリーの顕著な例には、キャバレー・ヴォルテールの『The Crackdown』(ヴァージン/一九八三)、ローラ・ロジックの『Pedigree Charm』(ラフ・トレード/一九八二)、ディーヴォの『頽廃的美学論』(ワーナー・ブラザーズ/一九七八)、ペル・ウブの初期45回転の数々、ザ・レインコーツの『ザ・レインコーツ』および『オディシェイプ』(ラフ・トレード/一九七九&一九八一)、スーサイドの最初のアルバム二枚、ディス・ヒートの『Deceit』(ラフ・トレード/一九八一)、スロッビング・グリッスルの『20ジャズ・ファンク・グレイツ』(インダストリアル/一九七九)、コイルの『Horse Rotorvator』(Force & Form/一九八六)、そしてD.A.F.とワイアーの初期レコード数枚がある。ここにノー・ウェイヴ作品も含めたいとそそられる者は一部にいるだろうが、あのムーヴメントはあまりに限定的かつニューヨークのアート界仲間としか繋がっていない感があるゆえ、適していない。その前に起きたフルクサスと同様、ノー・ウェイヴは実はこの世界をモロに拒絶するレコードを生み出さなかった(例外はいくつかある:マーズの〝Helen Forsdale〟は盛り上がる曲だ)。むしろ彼らはしばしば、小さなアート・シーンにつきものの自己満足した体制維持を自らのシーンでも繰り返していた。

エクストリーム・メタル

「エクストリーム」なメタルのファンは、それをシリアスな音楽と承認する手段として同ジャンルの起源は初期パンクにあると言いたがるものだが、多くの人間にとってその論はやはり無理がある。先述した「アート・パンク」なレコード例の革新性と比較すると、ブラックおよびデス・メタルの多くはマンガ調に響く。中には労働者階級の出自、たとえばフロリダ発のデス・メタル(スレイヤーやモービッド・エンジェル)のそれをパンクと結びつけるべくもてはやす向きもあるが、この意見にしても限りがある。そう、一部のデス・メタルは確かに生々しかった。それにまあ、誰だってたまに気持ちのいいブラストビートを浴びたくなることはあるだろう?しかしデス・メタルのベストな作品ですら、しばらく聴いていると単調になってくるものだ。

とはいえ、ブラック・メタルはそれ以上に受け入れづらい。ファン自身は否定するものの、このジャンルに彼らが感じる魅惑の大半はいまだにその「ダークな」成り立ちの諸要素をロマン化するところから発している――教会焼き討ち、自殺、スカンジナヴィアの近い過去に起きた殺人事件の数々。ブラック・メタルのアーティストがよく死体メイクを施した姿で登場する点も、ブラック・メタルはヤバいもの好きなコーカサス系中年男性のはけ口になっているのではないかとの疑念を払拭する妨げになっている。メイヘム、バソリー、エンペラーといったグループのバッキング・トラックに感情面では共鳴できるかもしれないが、ブラック・メタルのヴォーカルの多くが声をふり絞って描こうとするオカルトな暗さは大抵、哀感ではなく大げさで場違いな感傷を生む。ブラック・メタルはよく、映画『スパイナル・タップ』の領域にもろに陥るのだ。この点に同ジャンルのネオ・ファシストおよび白人至上主義傾向が合わさると、わざわざ苦労して良い作品をその中から見つけ出そうとする価値がどうにも失せてしまう。ライターのキム・ケリーや少数派の左派ミュージシャンおよびファンはエクストリーム・メタルをもっと開かれた、政治的な後退度の低いジャンルにしようと健闘しているとはいえ、これはやはり試練の多い難関のように思える。すべてのメタルがナパーム・デスのファースト『Scum』（イアーエイク／一九八七）のジャケットの精神を体現していたら、事態ははるかに良くなることだろう。だが現状は、人種差別的でファシストな内容ではないかを確認すべく同ジャンルのレコードを逐一グーグルで検索しなくてはならないわけで、これは何かが決定的に間違っている。それでも興味がある方は、以下のサイトをチェックすることから始めてみて欲しい。

https://www.metal-archives.com

サイケ

メタルのレコードが激しい怒りを吐き出し晴らす機会をもたらすとしたら、サイケデリックなレコードはそうした社会的に条件づけされた怒りの消散を約束してくれる。サイケグラウンド・グループの〝Traffic〟（『Psychedelic and Underground Music』収録、Lupus／一九七一）やマッド・リヴァーの〝Amphetamine Gazelle〟（同名アルバム収録、キャピトル／一九六八）といった曲、そして13thフロアー・エレヴェイターズの全カタログは、我々を捕まえている日常というものの握力をゆるめることを目指す。それと同じことは、コールド・サン、モーゲン（Morgen）、第一期ラインナップ時代のピンク・フロイド、トラード・グラース&スターナ（Träd, Gräs Och Stenar）と関連バンド、ザ・チョコレート・ウォッチバンド（The Chocolate Watchband）、デイブレイク、ブレッド・ラヴ・

アンド・ドリームス（Bread, Love and Dreams）、リラティヴリー・クリーン・リヴァーズ（Relatively Clean Rivers）、ザ・CAクインテット（C.A. Quintet）を始めとする多くのグループのスペイシーな古典作品にも言える。こうした作品は聴き手の中にディオニソス祭儀的な精神空間を作り出すことを目指しており、そこで聴き手は忘我の境地に至り、社会から受けた条件づけのプログラムから自らを解き放つことができる。しかしニューエイジとは異なり、ベストなサイケ・レコードは迫力に満ち、攻撃的なことすらある。ポイントは聴き手をなだめ眠りにつかせるより、日常的な存在は表層に過ぎないという気づきに向けて彼らを活気づかせるところにある――別の言い方をすれば、日常にかかったヴェールを引き裂き、その恐怖と不条理は錯覚だと暴くことが重要だ。しかしサイケ・レコードは、聴き手自身が完結させ、体現する必要のある超越を垣間みさせてくれる。人はコズミックな絶対性と自身との交わりをその逆、優越感のもったいぶりに転じさせるべきではない。そうすることはその音楽本来の普遍主義なフォルムと内容に反することになる。ベストなサイケ・レコードは世界と新たな関わりをもてるゾーンへの進入路をもたらしてくれるものであって、自分は一般庶民より上にいる、とのおごった立ち位置を確保するための裏道に使用されるべきではない。この音楽は普段は遮断されている想像力と結びつきへのアクセスを供与するもので、体制維持を崇高なものに高める手段ではないのだ。

クラウトロック

ドイツの実験音楽は、サイケデリックであれエレクトロニックであれアンビエントであれ、もっと常軌を逸したサウンドにクラシック・ロック好きの多くが足を踏み入れるためのゲートウェイ的存在を象徴する。たとえばマニュエル・ゲッチングの仕事ひとつをとっても、上記の三つのサウンドはすべて網羅されている。クラフトワークの始まりは『Tone Float』を発表したロック・バンド：オーガニゼイションで、そこから彼らはエレクトロニックなルネサンスを工作していった。ポポル・ヴーはムーグ・シンセサイザーの研究プロジェクトとしてスタートした。スザンヌ・ドーセット（Suzanne Doucet）の仕事はクラウトロックとニューエイジを橋渡しするもので、それはドイターやブレインチケット（Brainticket）のジョエル・ヴァンドゥルーゲンブレック（Joel Vandroogenbroeck）も同様だ。アングロ＝アメリカンなロックの伝統に対し、いわゆる「コズミッチェ」あるいは「モータリック」と呼ばれる音楽の魅力はそのハイブリッドな音楽的感性に由来している。彼らはロックの構造を引っ張ってきてそれを非ロックなシンセやロボティックなビートで囲むか

（たとえばカンでのヤキ・リーヴェツァイトのドラミング）、ロックをまったく別物に作り替える（ポポル・ヴーのロマンチックなサントラ群、あるいは完全にエレクトロニックなクラフトワークやアシュ・ラ・テンペル作品等）。数多くのジャンルのきざはし——ロック（カン）、ダンス（ノイ！、クラフトワーク）、ネオ・クラシカル（クラスター、ポポル・ヴー）——に立つ音楽でありつつも、どれかひとつだけに完全にコミットすることはない。それくらい柔軟だからこそ、ドイツの実験音楽は他の様々なジャンルに足を突っ込んでみたいと思うコレクターにとっての合鍵的存在になった。評価の定まった功績としてではなく、推移しているジャンルと捉えるのがベストだろう。それは不連続な歴史の過程が到達した終点というより、音楽の可能性と未来の方向性のアーカイヴとして最も良く機能する——その強みは常に、ロックを破壊することなしにその限界を押し広げられる能力にあったのだから。しかしこのプロセスを完遂させる形で、クラウトロックはテクノやニューエイジやアンビエントといった、後の音楽の発展にも影響した。この意味でクラウトおよびコズミッチェは、同様にポップ・ミュージックの各界と様々なエレクトロニック・ミュージック群とを繋いでみせた「イタロ」に似ている。

　ドイツ産なだけに、十代向けのそれであれその後のエッジーでもっとハードな発展であれ、英米のサイケ・ロック以上に哲学的な厳密さを差し出す音楽という感じがする。多くの主流派ロック・ファンの耳をたちどころに捉える興味深い音楽であるばかりか、ホークウィンドのような英国産サイケ・バンドには欠ける前衛知性主義な雰囲気も併せ持っているのだ。たとえばクラウス・シュルツェの『Irrlicht』には、「Musik ist Asthetisierte Frequenz（音楽は美学化された周波数である）」と題されたグラフ図的な解説が挿入されている。そのライナーノーツは意識的に形成された伝統的な音楽とより「unheimlich（不気味）」な地下世界ノイズとに分けられた、音楽史のふたつの異なる流れの融合である『Irrlicht』を理論的に記していく。図表は「frequenz（最も一般的な状態にあるサウンド）」から始まり、シュルツェ本人のそれとおぼしき「bewusstsein（意識）」で終わり、そこからこのレコードを作るのに彼が使用したテープ・ループ設備の「produktion（生産）」へ続いていく。このような理論的な自己分析に、同時代のアメリカあるいはイギリスのサイケ・レコードで出くわすことはまず考えられない。同作が学究的な人文学者タイプとドラッグ度の高いサイケ音楽の「ヘッズ」、その双方にとって強い魅力を放つのにはこの点がある。

発生中

ランダム・ラップ
インディ
ニュー・ジャック・スウィング

現主流

ブーンバップ
コンシャス
クランク
エレクトロ
ギャングスタ
G—ファンク
ジャズ・ラップ
マイアミ・ベース

残存型

ターンテーブリズム
オールドスクール
ディスコ・ラップ

ヒップホップ

ヒップホップ

バックパック／ベース／ブーンバップ／バウンス
チョップト&スクリュード／コンシャス／ディスコ／ドリル
ダブ／イースト・コースト／エレクトロ／G-ファンク
グライム／ヒップ-ハウス／ホラーコア／ヒューストン
インディ／ジャズ／メンフィス／ランダム／サザン
トラップ／トリップホップ／ターンテーブリズム
ウェスト・コースト

本章で論じるジャンルの中で最も若い（一九七〇年代半ばにブロンクスで誕生）とはいえ、ヒップホップもいくつかのサブジャンルに分裂していくだけの歳月を経てきた。歴史の重みの中で、これらサブジャンルもそれぞれ異なる運命を経てきた。フレッシュでまだ発生段階と感じるものもあれば、むしろ瀕死の博物館所蔵品のように思えるものもある。コンテンポラリーなラジオ局が流すラップは、一部のサブジャンルに大きく偏る一方で、それ以外は無視している。

　一九八〇年代末と九〇年代に発表され最も高い批評と商業的な成功を収めたレコードは、レコード収集家にとってのラップの聖典になった。この時代のサブジャンル――G－ファンク、ギャングスタ、ブーンバップ、インディ、そして「サザン」ラップもある程度まで含める――がコレクターのテイストに占める割合は非常に大きく、ゆえにこれらのサブジャンルが支配した時期を「ヒップホップのゴールデン・エイジ」（ざっくり一九八七年から一九九三年）、「シルヴァー・エイジ」（ざっくり一九九三年から一九九七年）と呼ぶ人間は多い。ラップ好きを自称する者なら誰でも、これらの時代の画期的なレコード――エリックB．&ラキムの『フォロー・ザ・リーダー』（UNI／一九八八）と『ペイド・イン・フル』（4th & Broadway／一九八七）、パブリック・エネミーの『イット・テイクス・ア・ネイション・オブ・ミリオンズ・トゥ・ホールド・アス・バック』（デフ・ジャム／一九八八）、ドクター・ドレーの『ザ・クロニック』（インタースコープ／一九九二）、スヌープの『ドギースタイル』（デス・ロウ／一九九三）、ウータン・クランの『エンター・ザ・ウータン（36チェンバーズ）』（RCA／一九九三）等々――の名をすらすら言えるはずだ。これはラキム、ナズ、ノトーリアスB．I．G．といったニューヨーク勢がジャンルのリリック面での複雑さを芸術の域にまで高め、かつボム・スクワッド、ドクター・ドレー、ハヴォック、レザ（RZA）のようなプロデューサー陣がファンキィなインストもしくはエレクトロニック・ミュージックとしてですら独立して成り立つ強力なバッキング・トラックを作り出した、そんな時期だった。一九九〇年代を支配したのはニューヨークとカリフォルニアで、それ以外の土地――アトランタ（アウトキャスト）、メンフィス（スリー・6・マフィア）、クリーヴランド（ボーン・サグスン・ハーモニー）、湾岸沿いのヴァージニア州（ミッシー・エリオット、ティンバランド）――が含まれることはごくたまにしか起きなかった。

この状況の中で、ヒップホップはディスコをサンプリングし童謡調のライムを手本にした、一九七〇年代および八〇年代のオールドスクールなスタイルを誇るヒップホップの開拓者に別れを告げた。事実、一九八〇年代後期と九〇年代のラッパーが自らの曲の中でこうしたパイオニアの名を持ち出せば持ち出すほど、それらの曲はグランドマスター・フラッシュやメリー・メル、クール・モー・ディーといった連中が引いた実際の音響の青写真からは解離していった。ディスコ・ラップ、時にシンプルにオールドスクールと呼ばれるものは、ヒップホップ・レコードの中では残存的な時代を象徴する――今も収集価値はあるものの、昨今のラッパーの誰ひとりとしてそのスタイルに真剣に回帰しようと思わないだろう。ディスコ・ラップはその後に続いたものすべてのルーツとして神聖化されたとはいえ、そのほとんどは現在の耳には確実にダサく、時代がかった、単純過ぎなものと響く。

これらの動向以外の側面へ関心を伸ばそうとする収集家は、「ランダム・ラップ」およびニューヨーク・シティとロサンジェルス外の地方のヒップホップ・シーンに目を向けた。以下の項目で詳述するように、ランダム・ラップはゴールデン・エイジおよびシルヴァー・エイジに低予算で自主制作されたもののブレイクに至らなかった12インチ盤、EP、LPを網羅するジャンルだ。ランダム・ラップのレコードを聴いていると、一九九〇年代のメジャーなヒップホップ・レーベル――〈デフ・ジャム〉、〈トミー・ボーイ〉、〈プライオリティ〉、〈デス・ロウ〉――以外の場でどんなことが起きていたかを垣間みることができる。スタイル面から言えば、ランダム・ラップは我々の抱く一九八〇年代および九〇年代のラップ聖典の感覚をかき乱す――同ジャンルの様々な方向性が寄せ集まった状態を表すからだ。これらのレコードの中にははるかに時代の先を行っていて、今日のトラップとドリルを予見していたものもある。もっと名前を確立したレコードのサウンドに似た従兄弟のような作品もあるし、一方でごちゃごちゃしてはいるが、踏み込まれていなかった音響の小道に分け入っておこなわれた魅力的な実験の数々もある。

ランダム・ラップを掘り起こす行為に加え、コレクターはヒューストン、メンフィス、アトランタといった都市の周辺にちらばるシーンももっと深くディグり始めた。なぜかと言えば、著名な古典やランダム系の無名作を生み出したのに加え、これらの都市には純粋に地元ファンだけを対象に音楽を流通させた、活発なテープ／CD／ヴァイナルのシーンが存在していたからだ。結果、これらのシーンから出てきたものは可能な限り何もかも聴きたいというコレクターの関心が高まることになり、シーンを記録した書籍『Houston Rap Tapes』【註9】が登場し、DJスクリューといった面々が伝説的存在に高められ、メンフィスのトミー・ライト三世を始め様々なラッパーの発見にも繋がっていった。

ランダム・ラップ

我々はオールドスクールなラップの発明者に対し空世辞を言うとはいえ、今日のラップ・ラジオ局の流す音楽に彼らの音響の青写真はほとんど残っていない。ディスコやファンクのブレイクのサンプリングも、初期のラッパーの一部が辛抱強くつき合った合唱調な童謡めいたフロー（″バスケットボールが自分の一番好きなスポーツ……″／※カーティス・ブロウの″バスケットボール″のリリック）もない。オールドスクールなレコード群が先鞭をつけなかった限り今日のグローバルなラップ産業も存在しなかったであろうというのは事実として、ラップが新たなスタイルを求め古いスタイルを次々脱ぎ捨てていくフォーマットであるのも本当だ。オールドスクール時代の最良な歌のひとつ、トレチャラス・スリー（Treacherous Three）の〝The New Rap Language〟（12インチ、Enjoy／一九八〇）ですら、『メアリー・ポピンズ』から引っ張ってきた合唱型の子供向けの歌をベースにしている。その状況に戻ることはもちろんあり得ないし、同じことは最良のディスコ・ラップ、たとえばマニュジョシ（Manujothi）の貴重な一枚〝Shake Your Body〟（45回転、Manujothi／一九八〇）にも言える。さすがに現ラップ・チャートを占めることはないものの、ラップのゴールデン・エイジは今やレコード・コレクターの意識を支配している。ゴールデンとそれに続いたシルヴァー・エイジはプロダクションとライミング双方の洗練においてめざましい飛躍を見せつけた。それでもやはり、今日のトラップとドリルとは際立って対照的に、ゴールデン・エイジを駆り立てたのはサンプリングとリリシズムに置かれた重点だった。

オールドスクール、ゴールデン／シルヴァー・エイジに続いて登場した時代を説明するタームははるかに曖昧だ――「ブロンズ・エイジ」と「マンブル・ラップ」のコンセプトは、何かを説明するというよりぼかしている。これは部分的にはいわゆるシルヴァー・エイジが終わった頃、二〇世紀末あたりにヒップホップが実に多方面に枝分かれしたためでもある。地理的に言えば中西部、南部、大西洋岸中部諸州が沿岸部（NYCおよびLA）のライヴァルとして浮上し、国際的なラップ・シーンの数々も出現した。スタイル面で言えば、より商業的なフォーマットからバックパック、インディ、エクスペリメンタル・ラップが派生していった。

これらの大きなカテゴリーの範疇において、レコード収集家はいわゆる「ランダム・ラップ」の12インチ盤に興味を抱くようになった。大まかに言えばゴールデン・エイジと被るランダム・ラップの「ランダムさ」には、様々な価値観が混じり合う。「それってすごくランダム（とりとめがない）だね」のフレーズのように、ランダムは主流／ポピュラーの逆とも、地理的な珍しさ（＝NYCでもLAでもない）とも、サウンド面で「奇妙」という意味とも取れる。時にその三つすべてを指すこともある。ランダムのレコードは〈デフ・ジャム〉、〈コロムビア〉といったメジャー・レーベルから発表されなかった。むしろ、それらは小規模なアウトレットから私家版としてプレスされ、時には収益を得ることすら念頭に置かない「酔狂な」レコードと考えられてもおかしくないほど僅かな枚数しかプレスされないこともあった。

ランダムは美学、地理、そして経済のカテゴリーとして一度に機能する。出来の良いランダム・ラップの12インチがメインストリーム時代の「失われた」古典のように響くことはままあるが、それは当時の主力だった標準的な作品に対する美学的な反応に過ぎないというケースもよくある。サンズ・

オブ・サムの〝Charisma〟（12インチ、Workshop／一九九三）のようなランダム・ラップ曲は、そのコーラス部とタイトルに一九八七年の〝Let the Rhythm Hit 'Em〟（12インチ、MCA／一九九〇）のラキムのラインをサンプリングし処理したものを使っている。これにより、この曲はラキムの伝説的なフローを新たな曲の別個の一部に変えている。比較的見つけやすいサンプリング音源であるのに加え、他のラップ・レコードを切り刻むことにはラキムを一種のバッキング・ヴォーカルに変える美学的効果も備わっている。ヒップホップ・カルチャーの〝This Is How It Should Be Done〟（『Waste Not Want Not』収録、Perfection／一九九〇）はパブリック・エネミーのビートをサンプリングするのではなく、フレイヴァー・フラヴの「イェー、ボーイ！」のかけ声だけをスティーヴ・ミラー・バンドの〝Fly Like an Eagle〟（同名アルバム収録、キャピトル／一九七六）に乗せる。ということは「ランダム」のタグから派生したもののひとつは、ブーンバップで連想するファンクやジャズのブレイクではなく、ランダムがむしろ主な素材として直近のラップ・ヒストリーにひねりをかけていた点に由来することになる。ゴールデン・エイジの音響的なフォルムは、しばしばランダム・ラップのコンテンツになる。そして経済面で言えば、こうした12インチやLPの多くは限られた枚数しかプレスされず、車のトランクから直販され、友人や親類、場合によってはひと握りのラジオ局の手に渡るだけのものだった。ゆえに、こうした作品が稀少であるのは驚くに値しない――彼らにはA&Rを担当してくれる大手レーベルの後ろ立てがなかったのだ。ということは地理的に言ってこれらの作品は、当時の全国規模な主流のラップ・シーンにおいてまだ地盤を確立していなかった地域から出て来た率が高かったことになる。デラウェア、ニューアーク、ニュー・ジャージー、ウィンストン―セーラム、ノース・カロライナ、そして今やよく知られるヒューストン、アトランタ、メンフィスすらそこに含まれる。大手レーベルとの契約を取りつけられる場所がニューヨーク・シティとロサンジェルスだけだった時期に、もっと周縁的なエリアにいたランダム・ラップのアーティストは自分たちの手でことを起こし、自らレコードをプレスしていた。

したがって「ランダム」と称されるためには、そのトラックは音響的に、経済的に、そして／もしくは地理的に当時の主流からずれている、あるいはその三つのどれかが組み合わさったものである必要がある。状況を更にややこしくしているのが、コレクターにとって魅力的なタグがどれもそうであるように、「ランダム」でもなんでもないレコードにまでそのタームが当てはめられてきたところだ。実際これは、とあるサブジャンルが熱い対象になると必ずと言っていいほど販売リスティング上で起きる——だまされやすい買い手を釣ろうとして、あまり几帳面ではないディーラーは「ランダム」といったタグをそのジャンルに属さないレコードにくっつけるのだ。

ランダム・ラップが象徴するのはパラレルな歴史の起源でも、忘れられたままの方が無難だった低品質な失敗作群でもない。ランダムは、著名なラップのハイライト勢、ウータン、ラキム、ナズ、ビギーといった連中の世界との対話として考えるのがベストだろう。ランダムは多くを意味するとはいえ、「切り離されたもの」という意味はない——それは常にラップの一般文化と連結してきた。たとえばしわがれ声の、マッド・ライオンっぽいラッパーのディーンスタ（Deansta）はドラッギーでタイム感のねじれたダンスホール味のランダム・ラップ12インチ〝Put Your Hands in the Air〟（IZM／一九九四）で「ビッグな声援をメソッド・マン、ウータン・クランズ（原文ママ）に」送る。ディーンスタとウータンはニューヨークの同じシーンにいたわけで、ということは前者の「ランダムさ」は他の諸要素だけではなく流通面での偶然に負うところも大きかったことになる。もっとメインストリームな連中ですら、その美学的価値はセールスと釣り合わない。ノトーリアスB．I．G．的な存在の背後にはクール・G・ラップが、ナズ的な存在の背後にはAZやOCといった連中が必ずやいる。クロスオーヴァーな成功はタイミング、流通、ネットワーキングが重なったところに訪れる——大手レーベルのシステムや大衆人気にしても、他の何もかもと同じくらいランダムなのだから。したがって我々は、メインストリームへと突破を果たしたのはどれだったか、という後から振り返る感覚でラップのフィールド全体の視界を曇らされるのを避けるべきだろう。ダ・マッド・クリーク（Da Madd Klique）の〝Come wit It〟（12インチ、Black House Entertainment／一九九七）やヒップ・シティ・スウィンガーズ（Hip City Swingers）の〝I'm The Man〟（12インチ、B－Brothers Platinum／一九九二）、ロータウン（Lo-Twon）の〝Wicked Leaf〟（同名アルバム収録、Player City／一九九五）といったトラックは、シーンにおけるランダム・ラップの居場所を確保した。優れたヴァイナル再発レーベル〈Dope Folks〉による再プレスをざっと眺めてみるだけでも、懐疑派を納得させるのには充分だろう。

お察しの通り、ランダム・ラップの録音音源はこの時代のメジャー・レーベル産ラップよりローファイである傾向が強く、メジャーに所属していたウータンのRZAやモブ・ディープのハヴォックらが当時作った比較的荒削りな作品と較べても音質は低い。こじゃれたスタジオやプロデューサー、ミキサーに費やせる金が足りなかったのだ。一九九〇年代のローファイなインディ・ロック・ミュージシャン、たとえばガイデッド・バイ・ヴォイセズやセバドー、スモッグが4トラック・レコーダーで録られた音楽の「作家（auteur）」と称されるのに対し、ランダム・ラッパーのローファイ・サウンドの使用が同じようにもてはやされたことはない。振り返ると、ローファイとランダム・ラップのプロダクション面での類似性はカール・マルクスの信条が具体化したものとして理解するのが良さそうだ――「彼らは自らの音楽を作ったが、その制作環境は彼ら自身の選んだものではなかった」（※マルクスの一八五二年の著書『ルイ・ボナパルトのブリュメール18日』の一節のもじり）。彼らは完全に思うままに音楽を作り出した天才でも、お世辞にも理想的とは言いがたいスタジオとクズのようなテープ・マシンの犠牲者でもなかった。

ランダム・ラップのレコードで使われた地方語が、同じ時期のもっと主流な音源で耳にするそれと違うことはよくある。たとえばヒューストン産のラップ・レコードやテープにはヒューストン特有の言い回しが多い、という具合に。こうなる理由のひとつはもちろん地理的状況とはいえ、音楽における地方語は様式化された表現の一部であり、人々が「実際に」どうしゃべるかを反映したドキュメントではない点は憶えておく必要がある。すなわちラップとは表現であって、「ブラック・アメリカのCNN」――それが事実のそのままの提示、経験に基づいた真実を直接映したものという意味であれば――ではないということだ。ヒューストンのスラングはストリートを反映する一方で、他のレコードから聞こえるスラングの使われ方も反映している。ランダム・ラップに響く地方ごとの言語面でのヴァリエーションは刺激的で魅了されるが、これらのレコードに備わった即時性はまた、彼らの言語の使い方は美学的な選択というより社会学的なそれであるとの考え方に聴き手を導きかねない。

ダンス

残存型

オールディーズ

現主流

ディスコ
プロト─ディスコ
ファンク&ソウル

発生中

ブギー
EBM
ハウス
イタロ・ディスコ
テクノ

ダンス

アシッド・ハウス／バレアリック／ボルチモア・クラブ
ベース／ブギー／ブレイクビート／シカゴ・ハウス
コズミック・ディスコ／ディープ・ハウス
デトロイト・テクノ／ディスコ／ドラムン・ベース
EBM／エレクトロ／ユーロ・ディスコ／ユーロ・ハウス
フリースタイル／フットワーク／ガバ／ゲットーテック
ハッピー・ハードコア／ハードコア／ハイエナジー
ハウス／イタロ／ジャングル／ミュータント・ディスコ
ニュー・ビート／サイ・トランス／シンセ・ポップ
テクノ／UKガラージ

ダンス・ミュージックの収集は他ジャンル以上に音楽制作と関連している。多くのジャンルとは異なり、ダンス・レコードの買い手はしばしば生のDJセットやミックス、新たなレコードのサンプル音源といった目的でレコードを「使用」する。この事実ゆえに、ダンス・レコードは他のジャンルにはない形で公衆の意見という試験に合格しなくてはならない——DJはどのレコードがクラウドを揺らすかに敏感である必要がある。察するにダンス・レコードの価値はこうしたテストに常にさらされるがゆえに、ダンス・ミュージック界の収集トレンドや一時的な流行はたぶん他のどのジャンル以上にターンオーヴァーのペースが速い。すなわち、今現実にクラブでプレイされているものと収集界で人気のレコードとの間にしばしば断絶が生じるということだ。もっかのところ、レコード・コレクター諸氏および広い意味での音楽ファンは、クラブで起きていることから何十年も遅れをとっている。

シンセサイザーはダンス音楽収集の中の大きな分断線を象徴する。二〇〇〇年代に、ダンス収集家はディスコ――〈サルソウル・レコーズ〉やラリー・レヴァン、デイヴィッド・マンクーゾ、トム・モールトンら――とハロルド・メルヴィン・アンド・ザ・ブルーノーツの〝Bad Luck〟のスムーズなフィラデルフィア産ソウル・ファンクに結晶した原ディスコとに再投資した。ティム・ローレンスの素晴らしい著書『Love Saves the Day』(二〇〇三)【註10】は、X世代とまだ若かったミレニアル世代向けに一九七〇年代アメリカのダンス・ミュージックの物語を語り直した。これは多くの場合、バンドやオーケストラによって「有機的に」演奏された音楽だった。ラリー・レヴァンや彼の仲間は12インチ盤のミックスを長く伸ばしビート・マッチするためにターンテーブルを利用したとはいえ、音楽そのものは、当時まだELPのようなプログレ・グループのおもちゃだった高価なシンセサイザーをフィーチャーしないことが多かった。と同時に、おそらく変わり種だとされたディスコ・レコード、ダンスに否定的なパンクといったジャンルと親近性を共有していた多くの作品群は「ミュータント・ディスコ」あるいは「非ディスコなディスコ」と分類され始めた。こうしたことが起きていたのとほぼ同じ頃、人々はプロデューサーのパトリック・アダムスのシンセ重視な「コズミック・ディスコ」と彼が手がけたクラウド・ワン、ユニヴァーサル・ロボット・バンド、サインといったグループの作品を再発見し出した。人々はまた、やたらシンセ好きなイタリアン・ディスコ、短く言えば「イタロ」の世界にも手を染めていった。しかしエレクトロニック・ダンス・ミュージックはやはり、ヒップスターなレコード収集の主流からはいまだ遠い感があった。

とはいえ程なくして、レコード収集家もシンセを重用した一九八〇年代および九〇年代初期のアンダーグラウンドなダンス・ミュージックの魅力にハマることになった――何よりブギー、ハウス、テクノだ。これらのジャンルも、それ以外のアメリカの根本的な音楽ムーヴメントの数々と同様、黒人によるカウンターカルチャー的音楽として始まった。その結果、ヒップな白人層すらこれらのジャンルおよびサブジャンルのレコードを真剣に捉え、時間とマネーを費やして収集し始めるまでに時間がかかった。ディスコやブギー、イタロやハウス、テクノに関して何も知らなくても事情通でイケてるカレッジ・ラジオ局DJとして通用した時代＝一九九〇年代後半と二〇〇〇年代初期を憶えているくらい、私は年寄りだ。

しかしそうした状況は今や、良い意味でも悪い意味でも――ザ・ブラック・マドンナ（黒い聖母）名義で活動する人気の高い白人テクノ・アーティストもいる――一変した（※ブラック・マドンナは「人種問題に無神経」の批判を受け入れ、二〇二〇年にザ・ブレスド・マドンナに名義変更した）。シンセを使った黒人主導なダンス音楽ジャンルの収集価値は高まってきたし、遂に（一部の）主流派音楽ライターや（一部の）ヒップスター、いまだにインディ・ロックの栄光の日々にしがみついている連中からですら「重要な」作品と看做されるようになりつつある。近頃では、愛嬌たっぷりに美しいイタロ・シンセ作品やいかめしくミニマルなシンセ系ダンス・レコードの方がオーケストラ系ディスコより人気が高い。ダンスのDJやコレクターも一九七〇年代のニューヨーク・シティ以上に一九八〇年代および九〇年代のデトロイト、シカゴ、ベルリンからインスピレーションを引いている。かつて未来主義的だった一九八〇年代や九〇年代のダンス・ミュージックは、今や人々に自分たち自身の未来を夢見させている。もちろんシカゴ・ハウスとデトロイト・テクノは、ザ・ウェアハウスやミュージック・ボックス、ミュージック・インスティテュートといったクラブに通い初期の時点でガチなファンだった、大半を黒人が占めたオーディエンス層にとっては秘密でもなんでもない。しかしハウスとテクノが若者文化の中心だった当時にそうしたクラブに行く体験のなかった者にとって、その音楽は遅れてインパクトを及ぼす。一九九〇年代のレイヴやクラブから登場した数多くのニッチなダンス系サブジャンル――ガバ、ハッピー・ハードコア、ニュー・ビート、ドラムン・ベース、UKガラージ等々――にリヴァイヴァルと再評価の波が訪れるか否かは、時間が答えを出してくれるだろう。少し前にニューヨークのボイラー・ルームがいつも通りのセットにガバを含めたことがあったように、ヒップスターがこの手の領域に軽く足を突っ込んでいる徴候は既に現れている。

お察しの通り、一九六〇年代およびそれ以前のR&B、ソウル、ティーン向けダンス・ミュージックは現在のダンス音楽収集家にとって完全に残存ジャンルの領域に収まっている。もしDJがこの手のレコードをプレイしたとしたら、彼らは意図的にレトロなノリでそれをやっている――「オールディーズ」愛好家に限定されたオーディエンス向け、あるいは結婚披露宴パーティで万人受けする音楽として。アイズレー・ブラザーズの〝ツイスト・アンド・シャウト〟やウィルソン・ピケットの〝ムスタング・サリー〟といった曲はずいぶん前にダンス好きにとって今日性を失っており、今では純粋にリスペクトされる古典の領域に移っている。

ブギー、ブギー・ファンク、モダン・ソウル

ブギーは、一九七九年頃に大衆の信用を失ったディスコというタームのその後の発展を意味する。一九八〇年代向けにアップデートされたディスコ・ダンス・レコードと見ることも可能だろう。シンセとドラム・マシンを増やしたそのサウンドは、その踊りやすさおよびディスコのグルーヴとビートを強化した点でモダン・ソウルと一線を画している。モダン・ソウルもブギーもマイケル・ジャクソンをインスピレーション源にしていた。彼の曲は非常によく知られているので、こんな風に考えると理解しやすいかもしれない——〝今夜はドント・ストップ〟はブギー・レコード、対してスローな曲〝マン・イン・ザ・ミラー〟はモダン・ソウル、と。L．S．ムーヴメント・バンドの〝Move Everything You Got〟(45回転、LA/Veg／一九八一)のようなレコードは単純で機械的な手拍子、繰り返されるシンセの隆起、そして現在ブギーをやっているダムーファンクも誇らしく感じるであろう大胆なステップ・ダウンのリズムを備えた、純然たるブギー・ファンクだ。もちろんモダン・ソウルとブギーを一曲の中にまとめることも可能で、たとえばカーティス・ヘアストン(Curtis Hairston)の〝I Want You (All Tonight)〟(12インチ、Pretty Pearl／一九八三)はヴォーカルのプロダクションおよび装飾的なピアノにモダン・ソウルらしい八〇年代サウンドを用いるものの、リズム面——処理されたベースのグルーヴ、ドラム・パッドの効果音——とシンセのソロは完全にブギーだ。ザップの〝More Bounce to the Ounce〟(12インチ、ワーナー・ブラザーズ／一九八〇)とデイトン(Dayton)の〝We Can't Miss〟(『Hot Funk』収録、リバティ／一九八二)はブギー・ファンクだが、ラップのファンは振り返ってあれらをGーファンクに分類するかもしれない。事実、ブギーのレコード——例外もあるが普通はヴォコーダーをフィーチャーしたもの——はワールド・クラス・レッキン・クルーのようなエレクトロ・ブギー・ラップの根本的な影響源であり、ドクター・ドレー経由でGーファンクのラップ時代に直接繋がっていった。どのミックスを聴くか次第とはいえ、〝カリフォルニア・ラヴ〟ひとつとってもクリーア(Kleeer)の〝Intimate Connection〟(同名アルバム収録、アトランティック／一九八四)、ロニー・ハドソンの〝West Coast Poplock〟(12インチ、Street People／一九八二)、ザップの〝Dance Floor〟(『Zapp II』収録、ワーナー・ブラザーズ／一九八二)のブギーのサンプリングを耳にすることができる。二〇〇〇年代に起きたブギー・サウンドの復活は時に「セーター・ファンク」とも呼ばれるが、その名称の由来であるサン・フランシ

スコでおこなわれたパーティ自体、ロサンジェルスのパーティ「ファンクモスフィア」のブギーのセットにインスパイアされていた。アンドリュー・モーガンの〈Peoples Potential Unlimited〉や〈City of Dreams〉といったアメリカのレーベル、そしてイギリスの〈Barely Breaking Even〉やそれ以外の多くのレーベルからの再発が、コレクターの心の中にブギーの火が絶えないよう支えてきた。

ディスコとイタロ

ベビー・ブーム世代の白人の多くはディスコを嫌悪した。一九七九年に旧コミスキー・パーク（※シカゴにあった野球場）で開催されたイヴェント「ディスコ撲滅の夜」が示したディスコに対する人種差別的で同性愛嫌悪な嘲りは、白人のロック主義者のダンス・ミュージックへの抵抗姿勢のシンボルとしてよく知られることになった。一九八〇年代初期の最良のパンク、ハードコア、メタル・バンドすらディスコに向けられたこの憤りを共有していた。その結果、一九八二年までに、ポピュラー文化における「ディスコ」はマスプロ生産されたクズ音楽におとしめられた。だがそれはディスコ美学の死を意味したわけではない。現実のダンス・シーンおよびその音楽的形態は、アメリカでは総称的な「クラブ」、ヨーロッパでは「ブギー」の名の下に形を変え生き続けた。いずれにせよ、それ以来批評面で方向転換が起きてきた。ティム・ローレンスの『Love Saves the Day』の中では、ディスコ音楽とディスコのライフスタイル双方のユートピア的な可能性が強調された。ローレンスはディスコの中にオープンで愛に満ちた、超越型のコミュナルな美学経験の探究に関心をもつシーンを見出している。と同時に一九九〇年代末から二〇〇〇年代初頭にかけて、私の世代の歳下のコレクターはベビー・ブーム世代あるいはハードコア・パンク勢の抱いた既成概念に捕われることなくディスコに再び引き寄せられていった。この時期に担当していたラジオ番組でフレイクスの〝Sugar Frosted Lover〟をかけたことがあるが、後で父親から電話がかかってきて「ディスコ・ソングをこんなに気に入るとは思わなかった」とびっくりなコメントをもらったのを憶えている。明らかに時代は変わっていた。再発レーベル〈ディスコ・ストラット〉や再興された〈ZEレコーズ〉が人気を博すようになり、ロック志向なヒップスター連中がダンス・ミュージック好きであることをクールに感じられるように「レフトフィールド」や「ミュータント」ディスコのタグも生まれた。ぎこちない複合名称の「ダンス・パンク」なるものも巷に流布した。イタロのインスト曲で、もっとプロフェッショナルな響きの、クラフトワークやハウスおよびエレクトロ・ファンクに近いものは再びホットなレコードになった——

ドクターズ・キャット（Doctor's Cat）の〝Feel The Drive〟（12インチ、Il Discotto／一九八三）、チャーリー（Charlie）の〝Spacer Woman〟（12インチ、Mr. Disc Organization／一九八三）、プルトン・アンド・ヒューマノイズ（Pluton and Humanoids）の〝World Invaders〟（12インチ、V.S.／一九八一）等の作品だ。二〇〇四年には、オランダのDJのI－Fがサイバネティック・ブロードキャスティング・システム（CBS）というインターネット・ラジオ局をスタートさせた。イタロに重点を置いた番組に加え、彼らは近年発見した知られざるイタロ12インチの掘り出し物トップ100のリストも発表した。I－Fのごもっともな指摘通りCBSはイタロ専門ではなく様々な音楽をプレイしてきたとはいえ、同リストはI－Fの編纂したコンピ『Mixed up in the Hague』と並びイタロ・リヴァイヴァルの大きなはずみになった。

ダンスやエレクトロニック・ミュージックがカレッジ・ラジオ局のプレイリストやオンライン・ラジオのストリームの定番となった今となっては、物事が変化したのがごく最近だったことを忘れてしまいやすい。十五年前は、まだアンダーグラウンドおよびインディ・ロックが王の座にいた。最初からダンス・ミュージック好きという連中ももちろんいたとはいえ、たとえば〈DFA〉レーベルが便乗したダンスとエレクトロニックのカレッジ・ラジオへの統合が起きたのは、ポピュラー音楽史の中では後になってからだった。二〇〇〇年代初期に、ダンス・ミュージックは踊らないコレクターにとって熱いジャンルになった。アーサー・ラッセル作品の再発、〈DFA〉所属アーティストによるダンス古典の臆面ない模倣、ケルンの〈コンパクト〉やベルリンの〈ベーシック・チャンネル〉が放つ「ミニマル・テクノ」のヴァイブが相まって、新参者のラジオ好きなキッズもインディ・ロック以外の音楽を聴いてOKになった。突如として、ジョルジオ・モロダーは再びヒーローと崇められるようになった。

この動向にはイタロ・インスト曲の大流行も含まれていた。しかし八〇年代のイタリアで人気の出がちな「イタロ」トラックは安っぽくポップな感傷ベタベタの歌詞とヴォーカルをフィーチャーしたもの、たとえばライアン・パリス（Ryan Paris）のヒット曲〝Dolce Vita〟（12インチ、Discomagic／一九八三）やピノ・ダンジオ（Pino D'Angiò）の気恥ずかしいディスコ・ラップ〝Ma Quale Idea〟（7インチ、Rifi／一九八〇）だった。発表当時に人気だったイタロは、愛嬌たっぷりにクサくセックス過剰だったことになる。一九九〇年代末から二〇〇〇年代初期にかけてアメリカのヒップスターが耳を傾けていたのはこの手の音楽ではなかった。「ミュータント」、「レフトフィールド」、そして何より「スペース」の単語群が、MTVの『120ミニッツ』と『スピン』から乳離れしつつあったアメリカのヒップスターにとって二〇〇〇年代のイタロを安全なものにする修飾語句になった。

イタロが生まれたきっかけは、アーティスティックな霊感ばかりではなくヴァイナルの希少性の結果でもあった。アメリカ産ディスコ・レコードは一九七〇年代末のイタリアになかなか入ってこなかった。本場のサウンドとの接触がブロックされたこともあり、一部の起業家精神旺盛なイタリアのミュージシャンは試しに自分たちの手でダンス曲を作ることにした。イタロはディスコ音楽におけるシンセ使用を広めた。たとえばドクターズ・キャッツの〝Feel the Drive〟では、もっと統制されアルペジオの効いたラインに対してあたたかなエレクトロニクス、シンセの波、ソロがプレイされる。イタロとは人の顔をしたエレクトロニクスであり、冷静なところは一切ない。その真正さを云々するより、イタロのことはサイバネティクスとモダン・テクノロジーに対する遊び心ある反応の表れ、と捉えるのが良いだろう。トラックの中の女性ヴォーカル、あたたかなエレクトロニクス、そしてより「モータリック」なリズムはそれぞれ分離したシステムとして関わり合い、互いを引き立たせはするものの融合してはいない。最良のイタロ曲はそうしたあたたかみのあるヒューマンな要素を機械的にループするシンセ・リズムに組み合わせる。これはたとえば、ヴォコーダーと人間の声がデュエットするミスター・フラジオ（Mr. Flagio）の〝Take a Chance on Me〟（12インチ、Squish／一九八三）にも当てはまるだろう。イタロは人間の楽しみの手段としてマシンを使える世界、もしくは少なくとも欲望の創造と延長とに機械を利用できる世界を象徴する。イタロによるディスコの中心部へのシンセの導入ぶりはとんでもなく遊び心に満ちたものだった。イタリアの未来派に対して「機械」が提示した速度、暴力、冷酷な非人間性のもったいぶった真面目さに続くのではなく、イタロのシンセとヴォコーダーはユーモア感覚を備えたハイテクの可能性をもたらすように思える。近代主義期にマリネッティと前ファシストな未来派勢を生み出した国において、この展開はかなりほっとさせられるものだったに違いない！

ハウスとテクノ

一九九〇年代後期から二〇〇〇年代初期にかけてのイタロおよび「ミュータント」ディスコの復興は、現在も続くハウスとテクノに対する関心の再浮上に筋道をつけた。一九八〇年代のシカゴ・ハウスとデトロイト・テクノはどちらも、早くからシンセ文化を取り入れていたヨーロッパをインスピレーション源にしていた。シカゴ・ハウスのシーンはクラフトワークの〝ナンバーズ〟やマニュエル・ゲッチングの『E2-E4』（Inteam GmbH／一九八四）といったドイツ産音楽をリズム面の手本とし、デトロイトのテクノ・シーンも速やかにそれに続いた。と同時にハウスとテクノのDJはイタロの12インチ盤、たとえばカノ（Kano）の〝Holly Dolly〟（Emergency／一九八〇）やドクターーズ・キャッツの〝Feel the Drive〟、ア・ナンバー・オブ・ネームス（A Number of Names）の〝Sharevari〟（Capriccio／一九八一）、クライン&MBO（Klein & MBO）の〝Dirty Talk〟（Zanza／一九八二）、アレクサンダー・ロボトニックの〝Problemes D'Amour〟（Fuzz Dance／一九八三）、シモネッティ／ピニャテッリ／モランテ（Simonetti/Pignatelli/Morante）の〝Tenebre〟（Cinevox／一九八二）、エレクトリック・ワーカーズ（Lectric Workers）の〝Robot Is Systematic〟（Discomagic／一九八二）、カプリコーン（Capricorn）の〝I Need Love〟（Delirium／一九八二）等に細かく注意を払っていた。一例をあげれば、D．F．・アンド・パム（D.F. and Pam）の〝On The Beat〟（World／一九八三）のようなイタロ・レコード——ファンク／ソウル系ヴォーカルにダサさすれすれのシンセ、ドラム・パッド、機械的なギター・ラインをブレンドしている——は振り返って考えればハウスのトラックに非常に近い。

デトロイト・テクノのパイオニアのひとりであるデリック・メイは、シカゴからデトロイトに最初にイタロ・レコードを持ち込んだのは自分だったと主張する。その名称が示唆するように、テクノはイタロあるいはハウスに較べるとよりトランスヒューマニズムな企てであり、しばしばミュージシャンと音楽テクノロジーとのサイバネティックな融合を目指した。サイボトロンのLP『Enter』（Fantasy／一九八三）のジャケットはサイボーグの理想を代弁している。リアルに描き込まれた走者が抽象的な緑色のコンピュータ画面と溶け合う様を描いたその絵は、走者のイメージを細かなサイバー・パターンへ「デジタイズ」してみせる。ホアン・アトキンスによるモデル500の〝Testing 1-2〟（12インチ、Metroplex／一九八六）のようなレコードは切り刻まれパンされたヴォーカル・サンプルとしたたかに打ちつけるシンセのラインを伴うもので、ダンスフロアとよりヘッドフォン・リスニング向けな精神空間の間に居心地悪そうに存在している。イタロに較べテクノのサウンドはもっとなめらかに統合されたものであり、そこでは人間的で自然な響きをもつものは何もかも、人間の歌声すらプロセスされる。概して言えばシカゴ・ハウスとデトロイト・テクノはあまり装飾的ではなく、イタロと較べてすら更にミニマルだ。リズム・イズ・リズム（Rhythim Is Rhythim）の〝Strings of Life〟（12インチ、Transmat／一九八七）は別として、人々が七〇年代ダンス・ミュージックから連想するオーケストラの派手やかさはその混合体の中から差し引かれている。結果、より無駄なく合理化されたサウンドが生まれた——かつ、そのおかげで新手のミュージシャンもそのサウンドを模倣しやすくなった。

ダンス・レコード通のザック・リチャードソンが私に話してくれたように、現在ハウスとテクノが放つ魅力の一部は、両ジャンルの第一波、シカゴとデトロイトの古典的なヴァージョンが歴史的に過去のものであるかららしい。したがって、特定の都市の歴史上のとある時期に非常に極地化されたこれらのシーンを、コンプ型コレクターはすべて収集することができる。もはやレコードを作り出していないこれらのシーンを後発コレクターがフェティッシュの対象化することは、リチャードソンが言うところの「初期のブラックさ」にしがみつくための方法になり得る。ハウスのコレクターにとっては、〈トラックス〉や〈DJインターナショナル〉といったシカゴのレーベルからリリースされた、所有し理解するのが必須な、明確な区切りを備えた一群のレコードが存在する。同じことはテクノにも当てはまり、そうしたレーベルには〈Transmat〉、〈Metroplex〉、〈Underground Resistance〉、ベルリンの〈Tresor〉、その他いくつかの名が含まれる。コンテンポラリーなハウスとテクノの作り手にとって、青写真はこれらのレコード、レーベル、そしてシーンによって完成されたことになる。かつ、音響がミニマルでマシンに由来する音楽なだけに、とんでもない量の技術および音楽面での訓練を積まなくても、ハウスとテクノの音楽的な青写真は新参者でもかなり楽にフォローできる。それゆえハウスとテクノのもっと新手なアーティストは時に、彼らの作品はおなじみの「エルヴィス効果」を再現している、との主張を呼び込むことにもなる——より大きなプラットフォームを使って白人アーティストが過去の革新的なブラック・ミュージックを模倣する、というあれだ。

しかし、過去の作品の新解釈と新世代DJによる新たな使い方の双方を通じ、この音楽になぜ再び火がついたかは理解しやすくもある。近いところでは〈L.I.E.S.〉、〈Russian Torrent Versions〉、〈L.A. Club Resource〉といったホットなレーベルがそのサウンドの人気を広めると共にダークな縁取りを添えていたが、その勢い(と影響力)もやや失われてきたように思える。セオ・パリッシュの〈Sound Signature〉にオマー-Sの〈FXHE〉、そしてそれ以外の数多くのレーベルは活気のあるダンス・ミュージックを今も継続させ発表し続けている。

だがカロライナ・ソウル社員(かつ優れたDJ)のケイティー・オニールが指摘したように、ダンス・ミュージック・レコードのシーンは「あまりにニッチになっていて、時々何が『重要』で何がそうじゃないのか見分けがつきにくくなる」。『レジデント・アドバイザー』のトップ1000DJチャートにざっと目を通すかNTSに軽く耳を傾けるだけでも、コンテンポラリーなダンス・ミュージックの国際的なスコープ、そしてマイクロジャンルや小規模レーベルが日々登場する状況に伴うレコードの増殖ぶりは明らかだ。もしもクラブに行くのは苦手で、それでもダンス・ミュージックに興味があるのであれば、ボイラー・ルームのライヴDJセットをチェックすることも可能だ。しかし毎日何かしら新しいことをやっているボイラー・ルームにしても、ダンス・ミュージック・シーンの全貌をカヴァーしているというフリはしていないし、それはどだい無理な話なのだ。

発生中

フリー
スピリチュアル

現主流

バップ
ファンク・ジャズ
フュージョン
ハード・バップ
モーダル
ポスト・バップ
サード・ストリーム
ウェスト・コースト

残存型

ディキシーランド
ビッグ・バンド
ヴォーカル

ジャズ

ジャズ

アシッド／ビッグ・バンド／バップ／ディキシーランド
エチオ／フリー／ファンク／フュージョン／ハード・バップ
モーダル／ポストーバップ／ソウル／スピリチュアル
サード・ストリーム／ウェスト・コースト

ジャズはアメリカ神話に不可欠な存在だけに、おなじみの言い習わしがいくつもまとわりついてきた。中でもおそらく最も有名なふたつ、うちひとつはジェラルド・アーリー（※エッセイスト／文化批評家）の憲法とジャズと野球はアメリカ文化の生み出した最も美しいものであるとの偏った主張で、したがって「今から二千年後にアメリカについて唯一記憶されている三つのものがそれである」ということになる。ふたつめは、もっとシンプルな「ジャズはアメリカのクラシック音楽である」だ。この第二の声明は、最初に挙げたアーリーの主張——ジャズは独立戦争が政治で成し遂げたことを音楽でおこなう、典型的にアメリカンなフォルムだ——の「証拠」として理解するのがベストだろう。人類の自由への次なる一歩という、アメリカの選ばれし地位を裏づけるものである、と。

ほとんどのクリシェと同様、これらの定番な物言いに含まれる真実はごく僅かで、ねじ曲げられた部分が多い。説明する以上に話を分かりにくくしている。ジャズは数多くの歴史的瞬間を迎えてきたし、その間に社会的な役割も美学的な形態も変化した。これと言った、たったひとつの「ジャズ」は存在しない――ジェリー・ロール・モートンからマターナ・ロバーツ、そしてその両者の間にある何もかもに一貫して途切れることなく続いてきた、「アメリカらしさ」という運命の赤い糸は存在しないのだ。ジャズのサブジャンルと歴史上の時代区分の間には数多くの連続性があるとはいえ、ジャズの歴史は活動、サウンド、目的における実に多くの分岐点も含むため、その名前だけですべてを網羅することは無理だ。「アメリカのクラシック音楽」なる解読記号では、まずもって太刀打ちできない。しかも、ジャズをアメリカ魂の揺るぎない表現のごとく扱うことでその根本的なブラックネスは消去され、ゆえにジャズを架空の普遍的なアメリカ美学なるものの口当たりの良い表現へと変えてしまう。

ジャズ・レコードについて今考える時、ほとんどの人間が思い浮かべるのは一九五〇年代および六〇年代の〈ブルーノート〉や〈プレスティッジ〉といったレーベルの黄金時代のことで、そこには〈インパルス!〉や〈アトランティック〉、〈リヴァーサイド〉、〈ニュー・ジャズ〉も含まれる。これらのレーベルの所属アーティスト――マイルス・デイヴィス、ジョン・コルトレーン、リー・モーガン、バド・パウエル、アート・ブレイキー、デクスター・ゴードン、ハンク・モブレー、チャールズ・ミンガス等――は我々の考えるところのモダン・ジャズを定義した。チャーリー・パーカーの混沌としたビバップとより均整のとれたデューク・エリントンの作曲面での天才性、その双方に続いて登場したこれらのレーベル発のレコードとアーティストが主流を作り出した。今に至るまで人々はこうしたレコードに最も高い額を支払うし、独特なエッチングがデッド・ワックスに施されたものやレッテル部にディープ・グルーヴが押された、特定のコピーが高い人気を誇ることもしばしばだ。カロライナ・ソウルのそれも含め、eBayのどの高額レコード・オークションでもこれらのレコードが多数を占める。『カインド・オブ・ブルー』のモーダルなクールさから『アセンション』の原スピリチュアル・ジャズ的な咆哮まで、以降続いたすべてのジャズの基本的なパターンをこの時代に見てとることができる。

当然数多くの古い伝統を組み入れてはいるものの、〈ブルーノート〉と〈プレスティッジ〉の時代はそれ以前のビッグ・バンド、ディキシーランド、ヴォーカル・ジャズを時代遅れなものにした。ジーン・クルーパ、シドニー・ベシェ、チャーリー・クリスチャン、ビリー・ホリデイらもレジェンドとして然るべく収集されているとはいえ、彼らに関連したジャンルは現在の世界にとってかすかな今日性しかもたない。彼らの音楽はしばしばSP盤や10インチで発表され、それらもいまだに収集価値が高いとはいえ、彼らが取り組んでいたジャズのスタイルの原理主義的信奉者はほんのひと握りであるのが分かるだろう。多くの面で、それらは今やその骨董的な古めかしさゆえにありがたがられている。この意味では、こうしたスタイルの作品の10インチ向けにデイヴィッド・ストーン・マーティンが〈Norgran〉、〈Clef〉、〈マーキュリー〉、〈ヴァーヴ〉、〈プログレッシヴ〉といったレーベルでデザインしたジャケットも、音楽そのものと同様ということになる——我々の現在生きる世界からあまりにかけ離れているにも関わらずではなく、かけ離れているからこそ部分的に美しく思える。

今日のジャズ収集家にとって発生中のサブジャンルはフリーおよびスピリチュアル・ジャズだ。この二ジャンルは一九七〇年代に最盛期を迎え、先述した〈ブルーノート〉／〈プレスティッジ〉／〈インパルス!〉系の支配的伝統からの分派を象徴している。フリー・ジャズのアーティストはモダン・ジャズの伝統に潜在的に備わっていたワイルドで無調な即興の傾向を俎上に上げ、その面を激化させた。対してスピリチュアル・ジャズのミュージシャンは伝統のより瞑想的で穏やかな側面を取りあげ、前面に押し出した。重視したポイントは異なるが、いずれの動向も自身の音楽作りの中心に黒人国家主義と黒人としての自覚を取り入れていた。たとえばホレス・タプスコットやハキ・R．マドゥブティといったアーティストが自らの音楽活動を明確に政治化させた一方で、アリス・コルトレーンやファラオ・サンダースはそれを明確にスピリチュアル化させた——しかし彼らはすべて、アメリカにおける、更には世界全体における黒人生活の意味の再解釈に全力を捧げることでは共通していた。フリー・ジャズに関しては既に多くのページが割かれてきたので、以下の文章ではスピリチュアル・ジャズに焦点を絞ろう。フリー・ジャズ論議をもっと求める向きの読者諸氏は以下の箇所をスキップし、本書最終章で扱うセシル・テイラーの『Unit Structures』に関する文章に直行いただきたい。

スピリチュアル・ジャズ

「スピリチュアル・ジャズ」はインターネット・コレクターのジャンルの典型例で、それは実際にこれらのレコードが作られていた一九七〇年代にまずめったに耳にすることのないタームだったからだ。ジェラルド・ショートが編纂した『Spiritual Jazz : Esoteric, Modal, and Deep Jazz』第一弾が〈ジャズマン〉から登場したのは二〇〇八年だったが、この用語はそれ以前にごくたまにしか使われなかった（※日本では90年代から用いられてきた）。対してヴァレリー・ウィルマーの書いた画期的な一冊『As Serious as Your Life : The Story of the New Jazz』（一九七七）【註11】の中では、取りあげられたアーティストの多くは現在多かれ少なかれ何らかの形で「スピリチュアル」ジャズのミュージシャンと看做されているもののこのタームは一切見当たらない。どこかしらオールマイティなフレーズでもあり、そこにはかつてモーダル、ソウル、フリー、ファンキィと形容されたジャズも頻繁に含まれる。ほとんどの人間は、「ジャズのメサイア」ことジョン・コルトレーンが後期におこなった前衛の実験の数々（彼のアルバート・アイラーに対する新たな関心、ファラオ・サンダースとのコラボレーション等）、たとえば『アセンション』（インパルス！／一九六六）に響く即興や一九六七年の彼の没後に発表されたライヴ盤やレコードのいくつかがスピリチュアル・ジャズの始まりだったということで意見が一致する。アルバート・アイラーの救世主的な主張「トレーンは聖父、ファラオは聖子、そして私は聖霊である」にはっきり表れているように、「スピリットの音楽」としてのジャズという発想は時にアーティスト自身によって広められることがあった。

　しかしスピリチュアル・ジャズなる用語は美学的な区分を意味する言葉としていくぶん曖昧なだけではなく、激しさを増した政治自由化を一九六〇年代から持ち越してきた音楽であった事実を曲げてもいる。アーチー・シェップの『アッティカ・ブルース』のようなＬＰの数々、そしてある意味マックス・ローチのアビー・リンカーンも参加した『We Insist!』まで含めてその通低音をたどると、一九七〇年代初期における黒人の民族自決を求める革命的な欲求を理解することなしに「スピリチュアル」なジャズは解釈し得ないのが分かる。サン・ラーのレーベル〈サターン〉の足跡を踏まえ、このムーヴメントの重要レーベル――〈ストラタ（Strata）〉（デトロイト、一九六九年創設）、〈ストラターイースト（Strata-East）〉（ニューヨーク、一九七一年）、〈ブラック・ジャズ（Black Jazz）〉（ロサンジェルス、一九七一）、〈トライブ（Tribe）〉（デトロイト、一九七二）、〈ブラック・ファイア（Black Fire）〉（ワシントンD．C．、一九七五）――は当時メジャーなジャズ・レーベルによる搾取に飽き飽きしていた黒人ミュージシャンの手で起ち上げられた。それより小規模な、フィラデルフィア発の〈Dogtown〉、〈Vagabond King〉やワシントンD．C．発のロイド・マクニールの〈ASHA〉と〈Baobab〉、アンドリュー・ホワイトの〈Andrew's Music〉といったレーベルもこのサブジャンルに大きく貢献した。また、フリー／スピリチュアル系レーベルには所得に余裕のあるジャズ好きな白人が始めたものもいくつかあった――〈ESPーディスク〉と〈インディアン・ナビゲーション（Indian Navigation）〉はいずれも白人弁護士がスタートさせたし、〈ニンバス（Nimbus）〉はプロのギャンブラーだったトム・オールバックが運営していた。この時点のスピリチュアル・ジャズにとっては自決主義とパトロン経由とがふたつの回路だったようだ。ジ・アート・アンサンブル・オブ・シカゴは第三のルートをとった意味で例外的だ――彼らはフランスに移り、ヨーロッパのレーベル〈BYG〉と〈Actuel〉からアルバムを発表していった。

このサブジャンルが提示する次の疑問は、では、それ以前のジャズは「非スピリチュアル」だったのか？　という点だ。スピリチュアルな純粋さ・深みと非商業的音楽との同一視は、その名称が示唆するほど自動的には成り立たない。コンテンポラリーなノイズ・シーンをぶらついたことのある者なら誰でも、前衛的な反商業主義さえあれば美学的な価値が保証されるわけではないのは承知している。加えて、今や非常に収集価値の高くなったスピリチュアル・ジャズはそれでもなおスピリチュアルだろうか？　その名称はこの音楽の政治的／社会的な衝動をぼかし、高尚で形而上学的な要素と関連づけたばかりか、それ以前のジャズとの連続性も弱めてしまった。現状では、たとえば「コズミック」、そしてアフロフューチャリズムのように、「スピリチュアル」のタームは特有の使われ方からもっと散漫で一般的なそれへと脱皮してきている。

スピリチュアルの重要アーティストの多くは、新たな形の集団的経験への参加者としてきっかけを摑んだ。シカゴのアソシエーション・フォー・ジ・アドヴァンスメント・オブ・クリエイティヴ・ミュージシャンズ（AACM）はアート・アンサンブル・オブ・シカゴやフィル・コーラン、アンソニー・ブラクストンらを育成した。ホレス・タプスコットの率いたロサンジェルスのパンーアフリカン・ピープルズ・ムーヴメントはバンド兼教育センターであり、その拠点はワッツ地区のユニオン・オブ・ゴッズ・ミュージシャンズ・アンド・アーティスツ・アセンション（UGMAA）内にあった。コルトレーンの死後、アリス・コルトレーンはスワミニ・トゥリヤサンギータナンダ（Swamini Turiyasangitananda）に改名しサンタ・モニカでサイ・アナンタム・アシュラムを始め、主に自らの門人のために音楽を制作した。これらは自身の音楽制作、意義、流通をコントロールすることを試みた小さな集団の際立った例、そのほんの一部に過ぎない。多くの意味で、「スピリチュアル」ジャズは実は政治性の強い黒人芸術運動（Black Arts Movement）の音楽的派生物だったわけだが、この運動で最も注目を集めたのは作家の方だった（そんなBAM系作家にしても、アミリ・バラカ／リロイ・ジョーンズとハキ・R. マドゥブティ（Haki R. Madhubuti）の二名はジャズLPも制作し、バラカに至っては六〇年代後期にジャズ・レーベル〈Jihad〉を運営したのだが）。

近年アリス・コルトレーンに注がれる関心は、ジャズ収集家の趣味の歓迎すべき変化を物語るものだ。RVGが刻印された〈ブルーノート〉や〈プレスティッジ〉、〈インパルス！〉、〈リヴァーサイド〉といった名門レーベル作品のオールドスクールな市場も活況を呈し続ける一方で、「スピリチュアル」に対する関心は、そうした主流作品の支配から世代的および美学的な離脱が起きていることを示している。たかが十年前ですら、多くの「シリアスな」ジャズ愛好家の前でアリス・コルトレーンの名を持ち出すと疑いの視線を浴び、妻に勝るジョン・コルトレーンの音楽の素晴らしさについて説教を垂れられたものだった。この、性差別的な「アリス・コルトレーンの小野洋子化」はがっかりさせられるものだったとはいえ、それはつい最近までどれだけ多くのジャズ・ファンがフィーリングとイマジネーションよりも純粋にテクニカルなミュージシャンとしての腕前を尊重していたかも象徴していた。アリス・コルトレーンの音楽の大半は「アウト」なジャズですら風変わりな楽器編成を特徴とし、シンセサイザーと非西洋楽器（シタール、ツィター、ジャンベ）の双方を用いた。それればかりか、『ワールド・ギャラクシー』といったLPや『トゥーリヤ・シングス（Turiya Sings）』のようなテープは時にニューエイジの域に近づいた。先述したように、アリス・コルトレーン後期の音楽の多くは明確に、限られた数のアシュラム門人向けに作られたものだった——古い世代のジャズ・ファンはそこまで細かい限定リリースを追えるほどインターネットに詳しい者ばかりではなかったし、それらの音源は多くの人間の耳に触れられないままになっていた。全般的に言ってアリス・コルトレーンのサウンドは直球のジャズに較べもっと自由浮遊型で質感に富んだものであり、したがって、アルバート・アイラーやセシル・テイラー、ミルフォード・グレイヴス系のハードに打ちつける六〇年代末期のアトーナルなフリー・ジャズからのスピリチュアル・ジャズの旅立ちを象徴している。このソフトさは時に、頭がくらくらするほど強烈で自由な無調性を打ち出したシリアスな黒人男性アーティストの時代において弱々しさと勘違いされた。今やスピリチュアル・ジャズとして知られる音楽は、オールドスクールな伝統主義者からも強硬なフリー・ジャズ実験主義者からも長い間誤解されてきた。追いつくのに時間はかなりかかったものの、コレクターもようやく理解に至っている。

スピリチュアルは現在、五〇年代あるいは六〇年代のバップとファスト・バップの黄金時代に必ずしも結びつきを感じられない、かといってフリー・ジャズが容赦なく突き詰めた音楽の外縁部にも飽きた／あるいはビビっている、そんなコレクターにアピールする。我々はチルできる時間が本当に必要な時代に生きている――フリー・ジャズの革新者を聴くのにはそれにふさわしい精神状態が求められるし、時にその音楽は日常生活の中でいくらでも出くわす重たい不協和音を一層増強するように思える。それに較べると、ブルート・フォース（Brute Force）の〝Doubt〟（同名アルバム収録、Embryo／一九七〇）のようなトラックは『ツイン・ピークス』のテーマ曲を予期させるだけではなく、恐ろしさを一時停止状態にしたまま不気味なムードとイージー・リスニングの中間に位置している。イドリス・アッカムーア・アンド・ザ・ピラミッズ（Idris Ackamoor & The Pyramids）のLP『Birth / Speed / Merging』（Pyramid／一九七六）のタイトル曲――当時なら「アフロセントリック」と呼ばれていたであろう楽器編成をメインに据えている――もそれと同様の、バラバラなポリリズムと心を落ち着かせるフルートとの対比を作り出す。概して言えばこの点、崇高な恐れの烈しさを美しさの外殻で包み込むことが「スピリチュアル・ジャズ」の最も得意とするところのようだ。ホールマーク社製のカードめいた判で押した愛情表現よりも、むしろ政治的およびコズミックな恐怖が張り巡らされた世界における能動的な愛情の葛藤を表現する――『Birth / Speed / Merging』のライナーノーツにあるように「彼らは音楽に火を点けるためにプレイし、肉体をブチ破って霊魂を表に出すためにプレイする」のだ。これがスピリチュアルな修錬だとしたら、それは霊魂を生きていて「ブチ破る」勢力と看做す能動的かつ肉体的なものであり、受動的なそれではない。アリス・コルトレーンの音楽の、いわゆる最もチルだとされるものですら、やはりダイナミックで探究心にあふれている。我々が今後も「スピリチュアル・ジャズ」のタグにしがみつくとしたら、それは時に「スピリチュアル」につきまとうより受動的なニュアンスではなく、この「フリーな」ジャズから継承されたパワーに満ちた感覚においてであるべきだろう。執拗なチェロ、激しいドラム、火を吹くサックスを伴うジュリアス・ヘンフィル（Julius Hemphill）の〝Dogon A.D.〟（同名アルバム収録、Mbali／一九七二）のようなトラックの突き進む推進力に受け身なところは一切ない。また、セシル・マクビー（Cecil McBee）の〝Agnez (with Respect to Roy Haynes)〟（『Music from the Source』収録、ENJA／一九七八）のような曲は「スピリチュアル・ジャズ」の受動と能動のフォルムの関係性をほぼ図解に近い形で提示する――冒頭は渦を巻くような心地好いチャイムをフィーチャーし、メロディックで飾り気のないピアノとフルートが添えられている。この当時のコンテンポラリー・クラシック作品を聴いているわけではなく、ラディカルに違うものがやってきそうだと感じさせるものはマクビーが弓で弾くベースの存在以外にない。このイントロはスピリチュアル・ジャズの「瞑想的」な側面を代弁するが、三分四十五秒の段階でこの曲は炸裂する——誰かがワン、ツー、スリー、フォーのカウントを打ち、それと共にバンドは一気に覚醒する。曲はテンポを上げもっとノイジーになっていき、サキソフォン奏者チコ・フリーマンの音の瀑布、マクビーの疾走感あふれるベース・ライン、コンガのヘヴィな乱打が圧倒していく。これはもうひとつのスピリチュアル・ジャズの顔、能動的な意味での、エネルギッシュな即興プロセスを通じスピリットの表現を見出していくバンドのフォルムだ。ダラー・ブランド（Dollar Brand）の〝Jabulani-Easter Joy〟（『African Space Program』収録、ENJA／一九七四）のような曲に響く歓喜は、宗教的な行進の一体感を構成する音楽パーツを強引に分離させ、個々の楽器のもつ喜びに満ちた「声」を引き出す。それは霊的な一体化（spiritual unity）が生まれるのではなく、人々によって作り出される様を明らかにする。

もっと穏やかなカーン・ジャマルの〝The Known Unknown〟（『Infinity』収録、Jam'Brio／一九八四）のような曲ですら、中心を占めるのはジャマルのヴィブラフォンではあるものの、催眠効果をもたらすのではなくむしろ知覚を研ぎ澄ましてくれる。アンビエントのパイオニアであるハロルド・バッドとコラボレーションしたこともあったマリオン・ブラウンは、テーマとフォルムにおいてぎりぎりニューエイジ寄りなジャズを制作した——しかし彼の曲は明確に区分された音楽階層の間で起こるダイナミックな相互作用も特徴としていた。ブラザー・アー（Brother Ahh）の『Sound Awareness』（ストラタ―イースト／一九七二）は主にスペイシーな雰囲気を醸す作品だが、タイトルが示唆する通り、その音世界を共に創造するべくリスナーの積極的な参加を呼びかける。ザ・ブラック・アーティスツ・グループの〝Something to Play On〟（『In Paris, Aries』収録、BAG／一九七三）は金属材やそこらで見つけてきた打楽器を用いてリズムの不協和音を作り出す——それは最良なフリー・ジャズと同様に、「スピリチュアル」のタグが示唆するイメージ以上に活気に満ちていて、攻撃的ですらある。

それだけではなく〈ストラタ―イースト〉や〈ブラック・ジャズ〉、〈トライブ〉発の音楽は、ファンキィで直球なコンポジションから質感に満ち自由浮遊型でアンビエントやニューエイジの音に接近したアトモスフェリックなものまで、非常に幅広い。これゆえに、「スピリチュアル」はジャズの伝統に対する共有された全般的アプローチ、そして教会、国家、企業の巨大制度の外側に黒人コミュニティの新たな形態を築こうという共通した欲求の顕われと見るべきだろう。〈ストラタ―イースト〉作品を例にとると、マックス・ローチのドラム集団：ウン・ブーム（M'Boom）のアルバム

『Re : Percussion』（一九七三）はパーカッション奏者を八人フィーチャーしアフリカン・リズムおよび楽器を探究した。それはザ・ディセンダンツ・オブ・マイク・アンド・フィービー（The Descendants of Mike and Phoebe）のアルバム『A Spirit Speaks』（一九七四）の概してスウィング調で回帰型なソウル・ジャズ・サウンドとはほとんど繋がりがない。ジ・アンサンブル・アル−サラーム（Ensemble Al-Salaam）のようなグループはたとえば〝Peace〟（『The Sojourner』収録／一九七四）でファンキィさとテクスチャーとの違いを使い分けてみせる。リロイ・シールズの弾くメロディアスなフェンダー・ベースが目玉のこの曲はジャコ・パストリアスのトーンに近いものを作り出しており、フレッド・クワク・クローリーの飛翔するソプラノ・サックス、ベアトリス・パーカーが時おり挟むフリー・スタイルなヴォーカルも見せ場になっている。

評者トム・ジュレックは〈トライブ〉所属のコレクティヴは音楽的ジャンルに対して「手当たり次第、何でもありなアプローチ」を実践したと主張してきたものの【註12】、このデトロイト発レーベルの音のパラメータは明快だ。概して〈ストラタ−イースト〉作品よりヘヴィかつもっとすっきりプロデュースされており、ハロルド・マッキニー（Harold McKinney）の『Voices and Rhythms of the Creative Profile』（一九七四）やマーカス・ベルグレイヴ（Marcus Belgrave）の『Gemini II』（一九七四）といったレコードはミニ・ムーグとシンセサイザーを大々的に使用している。〈トライブ〉の中核アーティストは全般的によりスペイシー、かつより多層的なサウンドとスタジオ・エフェクトを指向する。この点は〈ストラタ−イースト〉の比較的ストレートな音処理とは対照的だ。ダグ・ハモンド（Doug Hammond）とデイヴィッド・デュラー（David Durrah）による黒人独立独行のアンセム〝Wake Up Brothers〟（『Reflection in the Sea of Nurnen』収録／一九七五）は〈ストラタ−イースト〉から出ていてもおかしくない曲だが、一聴したところ直球なグルーヴの下にすら、デュラーがさりげなく混ぜ込んだディストーションのかかったシンセが振動している。〈ストラタ−イースト〉発のレコードだったとしたら、このようなプロダクションの底流音を耳にすることはまずないだろう。

一九五〇年代および六〇年代のジャズが「アメリカのクラシック音楽」として高級文化の伝統に組み込まれてきた一方で、「スピリチュアル・ジャズ」のカテゴリーに含まれるレコード群はそんな風にして名声の中に葬られることにいまだ抵抗を続けている。「黒人のクラシック音楽」なるタームは概してジャズにしっくりこないものだったとはいえ（このタームはヨーロッパのマエストロたちの美学と一緒くたにすることでジャズ固有の美学を否定している）、我々が現在「スピリチュアル」と呼ぶ一九七〇年代および八〇年代のジャズは特にアメリカ的でもなければクラシック音楽調でもない。ブラック・ナショナリズムが起点になっていることを鑑みれば、スピリチュアルはある意味カウンター・アメリカンなジャンルと捉えることが可能だし、あるいは少なくとも、アメリカの掲げた「万人のための自由と正義」（※合衆国への忠誠の誓いの一節）の理想に恥じない行動をアメリカが遂に実践することを求めるジャンルと考えられる。そして、アメリカ人によって作られた音楽のすべてと同様、その歴史的なスタート地点および美学的な影響の多くはアメリカ国外からやって来ている。クラシック音楽という面に関して言えば——クラシックは現代生活において非常に今日性に欠けるものになっているだけに、ジャズとの比較はクラシックにとっての恩恵に他ならない。すべてのサブジャンルの中で、スピリチュアル・ジャズほど欧州高級文化との関連がもたらす威信を必要としていないジャンルはない——音楽そのものが、いまなお雄弁に物語っているからだ。

ルーツ

オルタナティヴ・カントリー
「アメリカン・プリミティヴ」ギター／ブラック・ゴスペル
ブルーグラス／ケイジャン／カントリー&ウェスタン
カントリー&ウェスタン・ボッパー
クラシック・カントリー／コンテンポラリー・カントリー
カントリー・ブルース／カントリー・ボッパーズ
ダウナー・フォーク／ダウンホーム・ブルース
エレクトリック・ブルース／フィドル

フィールド・レコーディング
ファンキィ〜ソウルフル・ゴスペル／ジャンプ・ブルース
ローナー・フォーク／オールド・タイム
アウトロー・カントリー／アウトサイダー
セイクリッド・スティール・ゴスペル／サーモン
ソロ・ギター／SSW（シンガー・ソングライター）
トラッド・ゴスペル／ウェスタン・スウィング
クリスチャン（Xian）・フォーク／ザディコ

ここで私が用いる「ルーツ」は、モダンな大衆文化よりも

“ルーツ”

残存型

ブルーグラス
コンテンポラリー・カントリー
サーモン
ホワイト・ゴスペル

現主流

オルタナティヴ・カントリー
クラシック・カントリー
ダウンホーム・ブルース
エレクトリック・ブルース
シンガー・ソングライター
ジャンプ・ブルース
ブラック・ゴスペル

発生中

「アメリカン・プリミティヴ」ギター
ケイジャン
カントリー・ブルース
カントリー・ボッパーズ
ファンキィ
ソウルフル・ゴスペル
フィールド・レコーディング
ゴスペル
ダウナー・フォーク
ローナー
オールドタイム
アウトサイダー

様々な地方の習俗にその起源を持つアメリカの音楽という意味だ。この見出しの下に我々はゴスペル、ブルース、フォークの各ジャンルおよびそれらの中で発展した数多くのサブジャンルを含める。しかし話を進める前にまず、ルーツは「ワールド」と同じくらい不完全な記述子であると述べておくのは重要だろう。一般的なならわしでは、「ルーツ」はどの音楽が真の意味でアメリカンと言えるか、あるいはそうでないかを見極めるために使われてきた。たとえばこの言葉は北米原住民の音楽を無視し、除外するために使われてきた。ルーツ音楽の聖典と看做されるものは、植民地主義の探険（スペイン、オランダ、イギリス、フランス）、アフリカ奴隷貿易、隣国メキシコおよびカナダとの関係、純正なアメリカ民俗文化として取り入れられた自家製伝統の数々の産物である、アメリカの地方音楽に備わった多国的でグローバルな源泉の影響を極力抑えがちだ。私にはルーツ音楽の源泉に備わった広さと深さとを正当に評価することはできないだろう。なぜならもっと古い、非白人による「アメリカーナ」の記録アーカイヴはまばらにしか存在せず、ルーツ音楽のもっと深いルーツを収集することは不可能、もしくは多くのレコード・コレクターにとって面白みに欠けるからだ。しかも、これらのレコードをきちんと歴史的文脈に当てはめてみせたポピュラー音楽の歴史談は（学究的な面からこの点を探った秀逸な歴史書は数多く存在するものの）ごく僅かだ。

だがフォーク、ブルース、ゴスペルのサブジャンルに関する的を絞った議論に移る前に、まず〈スミソニアン・フォークウェイズ〉、〈アフーリー・レコーズ〉、〈ダストートゥーデジタル〉発の非白人による、非「アメリカーナ」なルーツ・ミュージックにスポットを当てたカタログに潜ってみることをお薦めする。また、〈ライト・イン・ジ・アティック〉の発表した素晴らしいボックス・セット『Native North America』（二〇一六）は同レーベルが呼ぶところの「多様な北米アボリジナル・コミュニティ」によるこれまで知られてこなかった二〇世紀音楽の重要な概観をまとめた内容であり、こちらもチェックしてみていただきたい。もっとおなじみで人気のある、コレクター間における「ルーツ」という言葉の使い方および定義に触れる前にこう書くのは、レコード収集家の間で目立つトレンドにしても、この世の中に流布するすべて、あるいはまだ探られていないものすべてを網羅していないという点を明記しておくためだ。

ゴスペル

中古ショップで見かける標準的なゴスペル合唱団のレコードは、おそらくあなたの興味をそそらないだろう。そうしたレコードの大半はメンバー全員白人の合唱団が古いスタンダード曲を没個性なスタイルで歌う内容で、どのレコードもほとんど大差がない。この手のゴスペルのハードコアな収集家は、仮に存在したとしてもごく僅かだ。人々は長い間、こうした類いのレコードがゴスペルのすべてだと思い込んできた。腹蔵ない熱い信仰心を回避しつつ、ほとんどのレコード・コレクターはこのジャンルはスタイル面で一元的だと思ってきた。もちろんコレクターも宗教的なシンガーの何人か、たとえば驚異的なシスター・ロゼッタ・サープのようなアーティストを申し訳程度に敬ってはきたが、つい最近までゴスペル・レコードは他ジャンルに注がれてきたほどの注目を浴びたことがなかった。

巷のゴスペル・ヴァイナルの大半を占めるのは魅力に欠けるレコードなだけに、このジャンル全体を疑ってかかってもおそらく許される。だが、どのジャンルにおいても、ほとんどのレコードはクズであるという事実は変わらない――となればゴスペルに関しても、ただ単に各種の目印を読み解きさえできればいい、ということになる。そのためには、霊歌およびゴスペルに対するベビー・ブーム世代によるカウンターカルチャー系のアプローチを忘れ去る必要がある。一九六〇年代／七〇年代チルドレンの多くにとってゴスペル音楽は忌まわしい存在だった。カウンターカルチャーは概して、自らの親の世代のキリスト教信仰を抑圧的で規律と社会支配にあまりに重点を置いた存在と看做し、そこには実際の愛といたわりと一体感の実践が欠けていると感じていた。この世代の中にはおそらく、数多くのソウル・シンガー――サム・クック（チャーチ・オブ・クライスト派の聖職者の息子）とザ・ソウル・スターラーズ、アレサ・フランクリン（巡回布教者の娘）、ペンテコスタ派のリトル・リチャード等々――の出発点としてのゴスペルに対する不承不承のリスペクトの念もあっただろう。だが、多くの場合はせいぜいそこまで止まりだった。黒人のそれであれ白人のそれであれ、ヒッピーはゴスペル・ジャンルに深入りすることにほとんど興味がなかった。新たに政治化した若者にとっては仏教、ヒンドゥー教、ニューエイジ、新興宗教、無神論、無関心、それらすべての方がもっと魅力的な存在だったし、多くの者がその姿勢をヤッピー時代、それ以降も持ち越していった。また、ゴスペル・レコードにオープンに接していた少数派にしても、そこに含まれる「ソウル（霊魂）」を大雑把な括りで讃えつつ、音楽に込められた実際のメッセージからは距離を置いていた。

昔ながらのこうした姿勢のせいで、現在起きているゴスペル・レコードに対する関心の復活はいくつかの点に左右される。第一に、ベビー・ブーマーはそれより歳下のコレクターに座を譲りつつあり、そうした若者層は必ずしも過去に較べて宗教心が強いわけではないにせよ、ゴスペルのキリスト教信仰に備わったレトリックや常套句に対するアレルギーの度合いは低かった。こうしたレコードが今の時代から遠くなればなるほど、その音楽の中身に刻印されたスティグマも忘れやすくなる。かつてコレクターに与えた文脈面での悪しき度合いも薄まり、ゆえに聴き手も、過去に較べそれらのレコードを音楽そのものとしてもっと気楽に聴けるようになる。これと同様の過程は、ハウスであれニューエイジであれ、他ジャンルでも起きてきた。しかしゴスペルの場合、不名誉挽回のプロセスはとりわけ急激だった――その音楽から政治的な意味合いが剝ぎ取られた一方で、美学的な観点から言えば、最良なゴスペル・レコードは昔も今も変わらず素晴らしいものだった。比較として例を挙げると、モダン・ソウルの最大のコレクターの大半は、それらのレコードが当時ラジオのトップ40番組をにぎわしていたのを耳にするには若過ぎる連中だ。しかしモダン・ソウルの復活がテイスト面でのタブー破りに由来するのに対し、ゴスペルの浮上はスピリチュアルな内容に対して人々の抱く暗黙のタブーが破られたところにかかっている。

第二に、ゴスペル収集家の時間的なフォーカスの幅も広がった。ベビー・ブーム世代の批評家は、自らの限られたゴスペル理解のために一九五〇年代を起爆点として扱った。彼らが一九五〇年代を議論の中心に据えたのにはいくつか理由がある。まず、それは彼ら自身の子供時代に当たるディケイドであり、ゆえに最も親しみのある時代だったこと。もうひとつは、多くのベビー・ブーマーが最も愛情を感じ大事にするソウル・ミュージシャン、彼らがゴスペル合唱団や聖歌の領域で経験を積んでいた時代だった点だ。一九五〇年代という変遷期に、サム・クックのような面々はゴスペルとソウルを橋渡しする歌をレコーディングし、そうすることによってより広く愛され、もっと人気の高い世俗的なキャリアへの道筋をつけていった。興味深いゴスペル・レコードを見つけるために、若手コレクターは一九五〇年代を物事の中心に置くのをやめる必要があった。第二次大戦以前の霊歌SP盤にまで遡った者もいれば、収集のコマを一九六〇年代、七〇年代、八〇年代に進め、伝統的なゴスペルからブギー、モダン、ファンキィ、更にはフリー・ジャズへと迂回した非正統派ゴスペルへの興味を育てた者もいた。

ソウル・スターラーズやザ・ディキシー・ハミングバーズ、初期のザ・ステイプル・シンガーズらによる一九五〇年代ゴスペルが今なお多くの人間にとってのゴスペル・サウンドの真髄だとしたら、コレクターの関心は主にその世代以降に登場したゴスペル・バンドに注がれてきた。自分たちで曲を書いていたこれら地味なバンド群は、日曜礼拝と同じくらい商業ラジオからも影響されていた。たとえばザ・クラーク

・シスターズは「ペプシには与えられるものがたくさんある(Pepsi Has a Lot to Give)」のCMジングルを〝Jesus Has a Lot to Give〟（同名アルバム収録、Bilesse／一九七三）に書き換え、シャーリー・エイブルはマーヴィン・ゲイとタミー・ウィネットの〝You're All I Need to Survive〟を〝God's All I Need〟(『His Last Testimony』収録、Joy Partnership LTD.／一九八一）へと変えた。彼らの多くはアル・グリーンの世俗曲〝Love and Happiness〟のリフを神聖な場で歌った。R&Bとソウルの誕生をゴスペル音楽の世俗化として理解できるとすれば、では一九五〇年代以降のゴスペルをソウルとファンクの再神聖化と捉えることも可能だろう。もちろん、この神聖と冒瀆の間で交わされる二方向のやり取りはアメリカ音楽史を通じ絶え間なく起きてきた。しかしポスト一九五〇年代のゴスペルにおいて、音響的な創意のバランスは――少なくともレコード音源上は――反転し、伝統的なバッキングから離れ世俗音楽のフォルムへ振れていった。一九五〇年代以降のゴスペル・バンド勢はチャールズ・ウェスレー（※一八世紀のメソジスト指導者。数多くの賛美歌を記した）の古い格言、「すべての最も素晴らしい曲を悪魔に持っていかれるわけにはいかない」を真剣に捉えたのだ。

　ということは、新たにゴスペル収集を始めた者が最も意外に感じるのはそこで見つかるスタイルの多様性かもしれない。ゴスペルのヴァイナルは温和なニューエイジからザ・シンギング・トルネードズ（The Singing Tornadoes）の〝Walking on the Sea of Galilee〟（『In That Great Gettin' Up Morning』収録、Expression／一九八四）のスローなファンク、ザ・ビブリカル・ジャクソンズ・ファミリー（The Biblical Jacksons Family）の〝Hell (The Lake of Fire)〟（『Jesus Is Coming Again-Soon...Unexpectedly!!』収録）の恐ろしげな私家版前衛サウンドまで幅広い。シンギング・トルネードズの曲はインストで、海の水音のフィールド・レコーディング、メロウに響くヴィブラフォン、極めて繊細なタッチで刻まれるリズムの上を滑走しつつ、そこにソフトなエレクトリック・ギターが註釈を添えていく曲だ。曲名にふさわしくこのトラックは神秘、奇跡、愛に重点を置いており、聴き手の中に穏やかな大海の感覚を作り出す。それはシャーリー・マードックの〝The Beauty of It All〟と同様に断固として新約聖書的なムードの曲で、一方ビブリカル・ジャクソンズ・ファミリーのトラックは旧約の『エレミヤ書』からそのまま引っ張ってきた神の怒りを吐き出す。ビブリカル・ジャクソンズが地獄行きに違いないと信じるあらゆる人間に対する献辞のスポークン・ワードで幕を開けるこの曲は、そこからひたすら攻撃性を増していく。男女の声が穴の底から赦しを乞う悲鳴を上げ、地獄を免れるための警告をわめき立て、アドリブ演奏の混沌とした曲展開をギター・ソロのランダムなほとばしりが支配する。この曲もドロシー・ノーウッド（Dorothy Norwood）の〝Time Is Winding Up〟（『Jesus Is the Answer』収録、Atlanta International／一九八二）のように、新型ゴスペル伝統の別の側面――世界の終わりが間近に迫っていることに対して感じる、独善的で、ほとんど傲慢とすら言える妙な喜び――を象徴する。ビブリカル・ジャクソンズのフリー・ジャズの騒々しいわめきであれノーウッドの受動的攻撃性を備えたディスコ・ファンクであれ、こうした曲はよりハードに詰め寄る音楽的形態を取る傾向がある。このふたつの傾向の中間に位置するのがクリーヴランド発のコリンシアン・シンガーズ（Corinthian Singers）の〝Why (It's a Shame)〟（45回転、Bounty／一九八三）で、このトラックは二部に分けることができる――はずむような、心を摑まずにいられない愛らしいインストと、薬物中毒を冷酷に批判する歌詞のふたつに。一九五〇年代以後のゴスペルにおいては、神を讃えるために、ファンキィなセイクリッド・スティール（チェスター・ルイスの〝Wade in the Water〟、Eternal Gold）からソウル・リベレーションの〝Who Are You〟（同名アルバム収録、Rainbow Sound／一九八二）のモダン・ソウルまで、ポピュラーなスタイルすべてが試されてきた。だがこの点が、かつて活気のあった音楽スタイルを遅ればせながら取り込むことでダメにしがちなクリスチャン・ロックの傾向を思わせるとしても、心配はご無用だ――これらのレコードは元ネタになった世俗音楽と同等、もしくはそれをしのいでいる。そればかりか、これらのレコードは参考にしたポップ・レコードと同時期に作られたものでもあった。また、ゴスペルがアメリカ限定の音楽ではないことは、マイク・マクゴニガル（Mike McGonigal）が自身のレーベル〈Social Music〉から発表したジャマイカ産ゴスペルのコンピレーション三作を始め、数多くの国際的な事例が示す通りだ。

テネシーの〈Champ Records〉のようなレーベルは、伝統を脱したゴスペル・レコードがいかに美しくファンキィになり得るかを明かしている（その傘下レーベル〈Skyland〉は白人ゴスペル寄り）。〈Champ〉はエンジニアのジム・スタントン（彼はサウス・カロライナ州ウェスト・コロンビアのユナイテッド・サウンズとザ・ブラック・エキゾティックスをプロデュースしたこともある）が始めたレーベルだ。オハイオ州コロンバスの福音伝唱者マリア・スコットが〝I've Got a God That Is Real〟（同名アルバム収録、Champ／一九八二）で聴かせるヴォーカルは、〈スタックス〉のどの曲ともひけをとらない――この曲のギター・サウンドで参照されているステイプル・シンガーズの楽曲も含めて。聴く者を信仰の主観的立場に置くこの曲は、崇拝に伴い訪れる人知を越える平和を彼らが完全に理解するのを助けてくれる。

ファンキィ・ソウルとソウルフル・ゴスペル

この系統においては、〈HSE〉、〈Gospel Roots〉、〈Su-Ann〉といったインディペンデント・レーベルが〈Champ〉を激しく追い上げた。ラレーからは、ジェイムズ・サンダースの『A Witness for God』(HSE/一九八〇) 収録曲、〝It's Gonna Be Hard, but We're Gonna Make It〟や〝Come on Up My Glory〟がヘヴィ・ファンクとスウィート・ソウルの折衷のフォルムを見出している。このようなポスト・トラディショナルなゴスペルは、キリスト教信仰における普遍的な愛のスピリチュアルな柔和さと罪や世界の「堕落ぶり」に対するもっと厳しく鋭い批判、そのふたつの間にある緊張状態を見事に表現してみせた。これらのレコードは変わらぬ愛に満ちたキリスト(ヨハネによる福音書および福音書全般) と剣を手にしたキリスト(『黙示録』) との間でダンスする。サンダースの手にかかるとこのような音楽作りのフォーミュラは甘さへと傾き、悪戦苦闘する世界の「荒々しさ」とその激しく揺れるファンクも醸し出されるものの、それらをヴォーカルの全体的に甘い癒しの響きが埋め合わせている。ザ・ステイプルズ・ジュニア・シンガーズのLP『When Do We Get Paid』(Brenda/一九七五) のようなレコードも草を刈る鋤と人を斬る剣との間で同様の音響的折衷をおこなっており、粗さはリズム・セクションに、甘さはヴォーカル部に任されている。しかし、サンダースやステイプルズ・ジュニア・シンガーズほどこのようなあからさまな矛盾を齟齬なくスムーズに解決しているレコードはあまりない(先述したビブリカル・ジャクソンズ・ファミリーとシンギング・トルネードズの両極端が示しているように)。

シカゴ発の信仰の行商人T.L.バレットの二枚のアルバム、『Like a Ship (without a sail)』(Mt. Zion Gospel Productions/一九七一) と『Do Not Pass Me By』(Gospel Roots/一九七六) はヒップスターの間で人気を博した。このステイタスの理由は、〈ライト・イン・ジ・アティック〉による優れた再発と、『ライフ・オブ・パブロ』に収録された半分まではマシな楽曲でカニエ・ウェストが用いた〝Father I Spread My Hands〟のサンプリングの双方に遡れる。〝ジーザス・ウォークス〟でジ・ACRクワイアをサンプリングネタに利用したことのあったウェストは、彼の得意としたソウル音源をスピード・アップさせたサンプリングが人々に飽きられたのにしたがい、(ヌメロ・グループ発のコンピ、エイフェックス・ツイン、ダフト・パンク、そしてほんの少しだけ知名度の低い音源ソースに加え) ポスト・トラディショナルなゴスペルの豊かな水源へもっと頻繁に立ち返るようになった。ジャスト・ブレイズがドレイクの〝ロード・ノウズ〟(二〇一二) に使用したアンドリュー・ブラウンの圧倒的な曲〝Lord, Lord〟(一九七四) のサンプリングも、それと同じ、近年のサンプリング界で出番が回ってきたゴスペル利用の一例だ——古いフォルムが吸い尽くされるにしたがい、より耳新しい、より無名なコンテンツが求められる。この利用の仕方はもちろん、高額なサンプリング使用許可料を払えるカニエやドレイクのようにスーパー・リッチなアーティストにしかできないことであり、ゆえに例外的な話だ。

小規模レーベルによるリリース群やスタイル・ウッテンのメンフィス発の〈Designer〉のような完全に「ゴスペル」とは言い切れないレーベルから出たゴスペル・レコードの下には、本当の意味でプライヴェートなゴスペル・リリースも存在する。これらは虚栄心たっぷりなレーベル名を掲げたもの、実際のレーベルが存在しないもの、あるいはレーベル名すら記載されていない自主制作盤だ。巷には私家版ゴスペルの45回転とLPがごまんと存在する——ここにはザ・センセーショナル・インターンズ（The Sensational Interns）、センセーショナル・トランペッツ（Sensational Trumpets）、センセーショナル・ハイライツ（Sensational Highlights）、ザ・クアドラレイアーズ（The Quadralaires）、ザ・ヴィジョナリーズ、ザ・ジオネアーズ（The Zionaires）といったグループが含まれる。ということは、リイシュー可能な良質なレコードはまだいくらでもあるわけで、その点は指摘しておいて損はない。たとえこれらの作品すべてを製造できるだけの数のアナログ・プレス工場があったとしても（実際はそれだけの数の工場は存在しないが）、諸レーベルがそれで利益を上げるのは無理だろう。すなわち、現在我々が体験している再発作品の大波にしても、それは音楽をリイシューできるだけの財政的ポジションにいる人々の嗜好およびレコード発掘能力が生み出しているものであり、何もこの世界から優れた、未発見のまま／あるいはあまり知られていないレコードが消えつつあるわけではないということだ。とどのつまり、我々が生きているのはストローター・ブラザーズ（The Straughter Brothers）のLP『I Love Gospel Music』（Holy Cross）や〝Jesus Is My All In All〟といった古典的名曲の多くがいまだ再発されていない、そんな世界なのだから！（ちなみに、同じことは多くのジャンルに存在する数少ないカセット・テープやCD作品についても言えるので、あなたも押し入れのどこかにしまい込んだまま忘れていた九〇年代のマキシ・シングルを引っ張り出してみてください！）

ディスコ／ブギー／モダン・ソウル・ゴスペル

ディスコ、ブギー、そしてモダン・ソウル系のゴスペル・レコードは、クラブ界と宗教界は一般に敵対し合う存在と見られているだけに、とりわけ興味深い一群だ。先述したソウル・リベレーションと並び、ザ・スピリット・オブ・ラヴの〝The Power of Your Love〟（Birthright／一九七八）は両者が共存できることを示している。実際、七〇年代後半のガンガン踊れるディスコ・サウンドの中にありながら、「ディスコでパーティするだけの行為」の限界に対する声明で歌詞が始まるこの曲は、世俗的なダンス音楽の内なる批評と解釈することもできる。悪名高いほど現代的だったジューバート・シンガーズの曲〝Stand on the Word〟（Next Plateau／一九八五）——著名なDJラリー・レヴァンと関わりがあったか否かは別として——はニューヨークのアンダーグラウンドなクラブでヒットを記録し、その味気ない歌詞もグルーヴの邪魔にはならなかった。ザ・ハンター・シスターズの〝Beatitudes〟（収録アルバム『Precious Moments』）はスローで重たいグルーヴに乗ってよろめき、穏やかなヴォーカルがソウルフルに繰り返す「山上の説教」の真面目さをシンセ的なギター・エフェクトで相殺している。

一九七〇年代と八〇年代のゴスペルについて言われることは色々あるが、ベビー・ブーム世代のゴスペル排斥姿勢がゆるまったことのもうひとつの効果はコレクター向けの消費対象として古いR&B、ロック、ロカビリーを開け放ったところにあった。モダンなコレクターはやや傍流な、当時の〈スペシャルティ・レコーズ〉系の主流から外れた音源マテリアルにとりわけ関心を示してきた。こうした作品は、白人のペンテコステ派説教師だった〝ブラザー〟・クロード・エリーが一九五〇年代と六〇年代に大手レーベル〈King〉（R&Bで知られる）に残したレコードからルシール・ジョードン・トリオの私家版作品『Rough, Tough in Jesus' Name』（Jordon）やブラザー・ウィリアム・アンド・ザ・セインツの『Hold Your Head Up High』（Su-Ann）といった知名度の低いものまで、多岐にわたる。どちらも五〇年代ロックのもっとラフでエネルギッシュな面に回帰するもので、ジョードンはシスター・ロゼッタ・サープと共振するのと同じくらいチャック・ベリーにもチャネリングし、ブラザー・ウィリアムはバディ・ホリー調なガレージ・ロックの身のこなしを〝Sweet Lord of Lords〟のゴスペル・ハーモニーに取り入れている。総じて言えば、ゴスペル・レコードはもはや真に信仰に厚い者だけを出どころとするものではなくなっている。現在のその流行の本質は、察するに音楽／イデオロギー面双方にあるのではないだろうか。音楽的に言うとゴスペルは、既に高い収集価値を誇るソウル、ファンク、ブギーのサウンドのヴァリエーション、そのまだ搾り尽くされていないアーカイヴを提供する。イデオロギー面で言えば、ゴスペルのレコードで表現されるスピリチュアリティはもはや、往年の保守的な教会の慣習から生まれた音楽から連想される抑圧的なイメージに汚されてはいない。

ブルース

イライジャ・ウォルドは著書『Escaping the Delta』の中でロバート・ジョンソンおよび「カントリー・ブルース」全般にまつわる様々な神話を解体したが、彼のようにまやかしを暴こうとする連中の懸命な努力にも関わらず、アメリカのレコード・ジャンルの中でブルースほど歴史的な幻想に包まれてきたものは他にない。たとえばロバート・ジョンソンで言えば、特定のSP盤トランスファーに聞こえる表面上のパチパチいうノイズですら、我々が彼の音楽に対して抱く感覚に深く浸透するようになった。ブルース収集家の中にはレコードの特徴／詳細そのものにあまりに大きく重点を置いたために、それらのレコードを生み出した世界についての思考一切をなおざりにしてしまった者もいる。残されたのはレコードだけであり、それらは今なお我々のために想像上の世界を築き上げるパワーを放つがゆえに、あらゆる類いの神話を付与しやすい。ブルースのレコードは我々が抱くミシシッピ・デルタの概念と脳裏に描くイメージの代役を果たすようになったし、そこには田舎の黒人の貧困と苦しい生活ぶりにまつわる陳腐なクリシェが伴い、十字路で出会った悪魔との取引云々のファンタジーも混ざる。個々のパフォーマンスに特有の録音技術のきめ／手触りの周辺にいくつもの妄想の世界が丸ごと発生してきた。

言うまでもなく、メンフィスは上述したものに近い「名だたる」音楽史を誇る地であり、それはブルースを切って落としたとも言えるW. C. ハンディの一九一二年のスマッシュ・ヒット〝Memphis Blues〟から始まり、〈サン〉、〈スタックス〉、アーデント・スタジオを経て一九八〇年代と九〇年代の影響力の強いラップおよびガレージ・ロック・シーンにまで至る。メンフィスは現実の地であるのと同じくらい、数々のレコードによって作られた創作物でもある——ビール・ストリートやグレイスランドを実際に訪れてみて、失望させられる人もいるかもしれない。音楽の中のメンフィスに太刀打ちできる、実在の場所は存在しないのだ。レーベルの〈ハイ・ウォーター・レコーディング・カンパニー〉が出現したのも、この文脈からだった。それはメンフィス産アーティストのみを扱うメンフィスのブルース・レーベルだった。一九七九年にスタートし一九八〇年代初めに最も活発だった〈ハイ・ウォーター〉は、音楽学者デイヴィッド・エヴァンス博士によって、彼の雇用主であるメンフィス州立大学の援助を受けて起ち上げられた。これは表面上、カントリー・ブルース神話を反転させたかのように映る——国立芸術基金から援助金をもらい、白人民俗音楽学者が運営するレーベルというのは〝Hellhound on My Trail〟の領域からはとんでもなく隔たりがあるように思える。おそらく今ではR．L．バーンサイドとジュニア・キンブルーの作品で最も良く知られるだろうが、同レーベルは元々45回転オンリーの会社として始まった。それぞれのジャケットを飾るのは主役アーティストのモノクロ写真で、バンドと曲名が記載され、固有のカタログ品番の隣に〈ハイ・ウォーター〉のロゴが添えられた。そのロゴは「水かさの高い」洪水に半分浸かった家の屋根の上でアコースティック・ギターを弾く、一般がイメージする「ブルースマン」像をあしらったものだった。ミシシッピ河上流に位置するメンフィスにとって、洪水はおなじみの存在だ。このロゴはおそらくまた、一九二七年のミシシッピ大洪水を後世に残すべくチャーリー・パットンの歌ったブルースの礎的なSP盤〝High Water Everywhere〟を参照してもいる。アカデミックな起源にも関わらず、同レーベルはそのグラフィック・デザインを通じ、図像学に南部的な空間を刻印する一連の作品をプロデュースしようと試みた。これは、エヴァンスが将来的な収集価値を意識してやったことだった――制作されたそれぞれのレコードのスリーヴには通しのカタログ番号が押され、統一性はありつつ、それでも手作り味のタイポグラフィとレイアウトは維持していた。

それらの45回転自体はモダン・ブルースの折衷的な音響「空間」を伝えるものだ。エレクトリック・ブルースでありながら、それでも「南部の田舎風」（エヴァンス本人の言葉）だった。ビッグ・スターが細心の注意を払って『#1レコード』と『レディオ・シティ』の二枚を制作したスタジオ、ジョン・フライが創設したアーデントで吹き込まれたジェシー・メイ・ヘンフィルの〝Jessie's Boogie〟を例にとると、これはほぼ、アラン・ロマックスのフィールド・レコーディングから採られたと言ってもおかしくない響きだ（裏面の〝Standing in My Doorway Crying〟も同様）。しかしヘンフィルの声を拾ったマイクロフォンはかつてのそれより明らかに感度が良く、彼女のエレクトリック・ギターのリフとタンバリンが一方に、対してヴォーカルはもう一方にという具合に音響面できちんと分離している。結果、カントリー・ブルース曲の形態をさりげなく新しいプロダクションの器に入れて提示した、と言うべきものが生まれている。それ以外の〈ハイ・ウォーター〉産45回転もそうだが、それがもたらす効果はカントリー・ブルースの南部ゴシック化から神秘性を取り除くこと、そして同ジャンルの一般的な曲作りの技およびパフォーマンス伝統を継続していくためのひとつの方法という点だった。そのプロダクション――過去のカントリー・ブルースと、映画『ゴースト・ワールド』で笑いものにされた架空のバンド・ブルースハマーの類いの、もっとひどく一般化されたエレクトリック・ブルースの中間――は、ブルースに現代的な居場所を切り出した。ノスタルジックな過去の音でもなければ最悪なエレクトリック・ブルースによる拙劣なパロディでもなく、このサウンドは一九七〇年代後半から八〇年代初期にかけてのメンフィスを象徴していた。〈ハイ・ウォーター〉作品で聴くことのできる「田舎風」エレクトリック・ブルースのサウンド・プロダクションは、都会と田舎との、根無し草な移動性と地元に根を張ることとの間で起きる妥協を示唆する。このポータブルな、もっと幅広い大衆層に届くように作られたルーツ・サウンドは、やがて〈ファット・ポッサム〉のようなレーベルに利用されていった。R．L．バーンサイドやジュニア・キンブルーといった〈ハイ・ウォーター〉所属アーティストをエキゾチックな存在としてマーケティングした〈ファット・ポッサム〉のやり口は、クロスオーヴァー人気を目論む卑怯な試み（例：バーンサイドのLPへのキッド・ロックのゲスト参加）を象徴している。カントリー・ブルースの南部に投影されてきた古く陳腐な神秘性から自らを解放する過程で、〈ハイ・ウォーター〉の美学は皮肉なことに、白人による新たな搾取の波に門戸を開けたことになる。

アウトサイダー、私家版、ローナー

アウトサイダーのタグは、アーウィン・チュシッドが著書『Songs in the Key of Z : Outsider Music の巨大なる宇宙』（二〇〇〇）および本に連動した同名コンピレーションにこの視覚芸術発の用語を拝借したことで、レコードの世界にも到来した。「アウトサイダー」は、ギャラリー、美術館、パトロン、ディーラー、アカデミックな芸術史研究学部等々の確立されたチャンネルを通さずに作られたアート・ブリュット（生のアート）の創作物を指すおなじみの言葉だ。

芸術界と音楽界双方で、「アウトサイダー」のタームは二重の誘意力を放つ。なぜかと言えば、このタームは美学的なそれではなく社会学的用語として始まったからだ。ある芸術作品を「アウトサイダー」と呼ぶことはその作者もまた部外者であるのを暗示しているし（「アート・ブリュット」も、生々しさ・荒さに重点を置いている意味で大差はない）、作者の埒外なアイデンティティと状況を対比として用いることで、正統でフォーマルな作品を何より第一に据えることになる。したがって、「アウトサイダー」アートの反体制性はその概念自体に組み込まれていることになる――アウトサイダー芸術／音楽がスタイル、テーマ、制作意図（社会的状況は言うまでもない）において極めて幅広いものである点は関係ない。アウトサイダー芸術は、アーティスト側の意図が純真無垢であることをあらかじめ想定している。

これが音楽の領域にまで持ち越されると、「アウトサイダー」と「ローナー（孤独を好む者）」音楽の論議は更に混濁の度合いを増す。実際の音楽現象を指すには問題があるにも関わらず、そのタームはアウトサイダー性を讃え擁護する。一部には確かに「アウトサイダー」／もしくは「ローナー」のタグがふさわしいレコードも存在するし、それはそうした作品が大手レーベルのシステム以外の場で、しばしば私家版として制作され、真の意味で「ぶっ飛んだ」レーベルやパッケージ、音楽を誇るからだ。

おそらくペラのPR文の中では目を引くキャッチーな言葉なのだろうが、最悪の場合このタームはアイデンティティのフェチ化——よくあるのは、ダニエル・ジョンストン、ウェズリー・ウィリス、ワイルド・マン・フィッシャー、ムーンドッグといった精神疾患をわずらう人々のケース——に参与し、エキゾチックな存在として扱うことでそうしたアーティストを更に周縁存在に押しやってしまう。今の時代、アウトサイダーは一九六〇年代における「フリーク」の呼称がそうであったように一種の「見下しつつの誉め言葉」として機能しており、アウトサイダーの作品に対する本心からの評価・理解と、何であれそのアウトサイダーなアーティストが既に人間個人として抱えている疎外感を避けがたく悪化させることと、そのふたつの上空をうろうろしている。ダニエル・ジョンストンの"Monkey in a Zoo"（カセット、『Songs of Pain』収録／一九八〇）、後にヴィック・チェスナットもカヴァーしたこの歌は、彼の「擁護者たち」の多く以上にこの問題を見事に寓話化している。一九九〇年代および二〇〇〇年代のアウトサイダー／『Songs in the Key of Z』系フェティシズムの受け入れは、そうしたアーティストおよび彼らの曲のナイーヴさ（素朴さ／純真さ）に焦点を当てていた意味で、振り返るとそれ自体がとんでもなくナイーヴ（世間知らず／世慣れない）だったと映る。それはあたかも、これらのミュージシャンの本当の違いを理解するための唯一の枠組みは彼らをエキゾチックな存在に仕立てる以外ないと言わんばかりだったし、そこでは音楽に備わった奇妙さ、もしくは哀感は偶然の産物——ミュージシャン当人が自らの意思で生んだものではなく——であると強調された。それどころか、そのアウトサイダー／ローナーの枠組みは「意図せぬ」天才、もしくは憐れみの対象となる人物伝を発見するだけに終わった。しかしそれは音楽としての、あるいはもしかしたら「本物の」アートと同等にパワフルかそれに勝るかもしれない何かとしての、フォーマルな発見ではなかった。

この文脈において、「擁護者」や「発見者」にはその言葉通り、リベラルな白人層の救済者コンプレックスじみた匂いが漂うし、残念ながらロニー・ホリーやアブナー・ジェイといった「アウトサイダー」な黒人アーティストのコンテンポラリーなレコードについての論議にもこれらの言葉はついて回った。音楽業界および音楽ファンは、どうやらいまだにエキゾチシズムと憐憫の間をおっかなびっくり行き来しているらしい。アウトサイダー・アート運動は時に、社会科学者が呼ぶところの「略奪型の吸収」、すなわち経済的なパワー構造の圏外につまはじきにされてきた「部外者」がその内部に呼び込まれるものの、ただしそれは彼らにとって不利な条件において、という状況に気まずくなるほど近づく。悪質なレコード契約、いかがわしく不適切なマーケティング、おおっぴらな搾取は、現代の「アウトサイダー」レコードのゲームの中でも起こる。美学面から言えば、この問題の解決法はその音楽を人物伝としてではなく第一にフォーマルに、それそのものとして扱うことだ。経済的な問題の解決法は単純な話だろう——人々はアーティストに対しフェアに代金を支払う必要がある。

「アウトサイダー」のタームがもっと露骨にやっているのと同じことを、「ローナー・フォーク」と「アメリカン・プリミティヴ」の名称はもう少々さりげない形でやっている。それらのパフォーマーの社会的な周縁性に重点を置く。「ローナー・フォーク」も「アメリカン・プリミティヴ」も、「ローナー・フォーク」は私家版の、一九六〇年代および七〇年代にヒットを摑み損ねた知る人ぞ知る面々のことで、おそらく〈ドラッグ・シティ〉(例：ビル・フェイ『Time of the Last Persecution』、ゲイリー・ヒギンズ『Red Hash』)や〈Shadoks〉(J. W. ファークワー『The Formal Female』)、〈ヌメロ〉(シックスス・ステーション『Deep Night』)といったレーベルからの再発作を通じて最もおなじみだろう。「ローナー」なるタームは「アウトサイダー」と同様、かなりポピュラーな、よく知られたジャンル内で活動していた彼らアーティストの例外性に受け手の注意を喚起させようとする。「ローナー・フォーク」のフレーズに含まれる「ローナー(孤独者)」の言葉は、伝統性、モノクロな遠い過去、バッキング・サウンドではなく自分の内なる声に耳を澄ませ歌う者のイメージ等々との連想が浮かぶ領域、要するにフォークロアをセクシーにするためのものではないか？　という疑念も湧く。「ローナー」はしばしば、重度の幻覚系ドラッグ使用、商業的な失敗作や知られざるレコード、そしてメンタル面での病いの発症とも結びつけられる。こうした作品のテープはいつも「幻の」と称され、そのアーティストは常に「無名な」存在だ。しかしその手のマーケティング上のギミックをめくると、その下には本物の傑作と本当の意味で興味深い人物がいくつか潜んでいる。知られざるレコードの多くは知られないままでいるのがふさわしいとはいえ、かと言ってそれは聴くに値するレコードはすべて既に聴かれてしまった、という意味ではない。仮に聴かれてきたとしても、そうした作品、そしてその作品の過去／分野との関わりに関する我々の理解はまだ比較的浅い。ただし、このタームにも若干の変形が起きてきたことは言い添えておくべきだろう。これらのタームは、今ではおそらくそれほどでもないが、一時期よく知られていた面々を呼ぶのにも使われるようになっている——例を挙げればデイヴィッド・アックルズ、パールズ・ビフォア・スワインら、そして最盛期にはビッグな存在だったティム・ハーディン、フレッド・ニールすら含まれる。

それほど有名ではない「アウトサイダー」あるいは「ローナー」アーティストを発見するには、もっと知名度の高いアーティストの周辺にいた連中を探れば済む、というケースはままある。たとえばボブ・ディランの「脇役」プレイヤーやコラボ人脈だけでも、ロン・エリオットの『The Candlestickmaker』、ハッピー&アーティー・トラウム(Happy & Artie Traum)の『Double-Back』、カレン・ドールトンの『In My Own Time』、ブルース・ラングホーン(Bruce Langhorne)の『The Hired Hand』、ピート・ドレイク(Pete Drake)の『Forever』、スティーヴ・ダグラス(Steve Douglas)の『Rainbow Suite』、ジム・ディッキンソン(Jim Dickinson)の『Dixie Fried』といったレコードに行き着く。あるいはザ・バンドの側から探りを入れ、彼らのプロデューサーであるジョン・サイモンの『John Simon's Album』他に達することも可能だ。アナログだった過去の時代には、これらのプレイヤーを相互参照するのにもっと時間がかかったし、彼らのレコードをすべて見つけ出すのはほぼ不可能に近かった。だが今や、それらの作品すべてを購入することも、その大半を無料でストリーミングすることもできる。非常に影響力の強いひとりのアーティストの旧譜群の表面を引っ掻いてみることは、今やDiscogsのおかげですさまじく楽になった。それよりもうひとつ深い層を掘ってみれば、あなたはきっと色々な類いの興味深いレコードとの繋がりを発見することだろう。

同じことはフォーク・ロック/シンガー・ソングライターの系統が生んだどの「スター」にも当てはまる。『ローレル・キャニオン』のシーンひとつとっても、ジョニ・ミッチェルが〈アサイラム〉からリリースしたLP群を越えた先にはジュディー・シルの『Judee Sill』と『Heart Food』が見えてくる。ザ・バーズやグラム・パーソンズに目をやれば、それらよりも優れたジーン・クラークの『White Light』やテリー・メルチャーの『Terry Melcher』といった作品に出くわす。Discogs上のニール・ヤングのエントリーを探索すれば、ジャック・ニッチェの厭世的ながらも息を呑まされる『Three-Piece Suite』、ダグ・カーショウの音楽等、様々な作品が見つかる。グリニッジ・ヴィレッジ圏では、フレッド・ニールにハマってみれば彼のパートナーだったヴィンス・

マーティンにすぐ行き当たるだろうし、彼の書いた〝Snow Shadows〟はこれまで書かれてきた歌の中で最も素晴らしいもののひとつだ。これと同じことはどのジャンルについても言える。アース・ウィンド・アンド・ファイアを探ればザ・ファラオスが、ジ・オハイオ・プレイヤーズに目を向ければロバート・ウォードが見つかる、といった具合に枚挙にいとまがない。とはいえ、これはマイナーな存在の誰もがメジャーなアーティストより優れているという意味ではない――ディランの仲間だったデイヴィッド・ブルーやボブ・ニューワースのキャリアがその証拠だ。だが、過去のレコードのフィールドはレガシー音楽系メディアによる聖典構築制度が認めるよりもはるかに深いものであり、新たなアーカイヴには新たな解釈が必要になってくる。

「ローナー」が最も効果を発する時、それは何かを美学的に意味する――落ち込み気味なヴァイブスがあたたかみのある低音質で録音され、型にはまることなく、音楽／歌詞の革新的なアイディアを伝えるに足るだけの技能でもって演奏される。ということは、それは単に奇妙なわけでもなく、「フリーク・フォーク」や「アシッド・フォーク」――音楽ジャンルのふりをしている、ライフスタイルを示す記号――でもない、しかしフォークおよびシンガー・ソングライターのすっかりおなじみな因習の数々に挑み、それらを越えていこうとする何かだということになる。パトリック・ルンドボルイの『The Acid Archives：Underground Sounds 1965-1982』のような本は現在我々が「ローナー」あるいは「アウトサイダー」に分類するレコードを多く取り上げているが、そこには直球のフォークやハード・ロック、チャビー・チェッカーのサイケ便乗作、ザ・ソニックスやザ・サヴェージズらのものにガレージ・ロックなレコードも含まれる。それは明らかに、有名な「ナース・ウィズ・ウーンドのリスト」（※同バンドの一九七九年発表のデビュー作に挿入された彼らが影響を受けたアーティストのリスト。前衛他の奇妙な音楽を求める者に参考にされた）や「パスゾーン」が『スラッシャー』誌向けに作ったハードコア・パンクのリストと同じ、インターネット以前に制作されたリストだ。ともあれ、何をもってローナーとするかの基準は人それぞれということになる――境界線は確かにあるがその解釈はオープンで、有意義とはいえ堅固ではない。人によっては本当にプライヴェートな自主プレス盤しかそこに数えない者もいる。一方で、ローナーの聖典の幅をもっと広く捉え、メジャー・レーベルから発表されたもののコケたいわゆる「失敗作」や惜しくも名声を逃した作品、上述したようなあまり知られていないアーティストまで含める者もいる。バート・ヤンシュとジャクソンC．フランクの作品は確実に第二カテゴリーに入るが、彼らの録音音源の質は比較的高く完全に無名な存在ではないゆえに、ジャンルの一部と看做されないこともある。「アウトサイダー」や「サイケ・フォーク」のパワーとは、新たなフォルムの幻滅や失望を別の方向へと導き、退屈した郊外白人中流階級のクリシェの域を越えた、それ以上の何かに変えることのできるその能力らしい。

だがよく考えずに使うと、「ローナー」と「アウトサイダー」は時に反抗的な白人を意味する記号にもなる。この時代の黒人ミュージシャンによるフォーク音楽――ジェリー・ムーアの『Life Is a Constant Journey Home』やテリー・キャリアーの『Occasional Rain』のような作品――はしばしばカウントされずに終わる。

その魅力は、あの時代を直接経験したことがない世代のコレクターにとって、一九六〇年代の威光は薄い点に根ざしているようだ。私の両親は一九六〇年代チルドレンだったが、私より歳下のコレクターの友人たちはそれより更にひと世代離れている。一九六〇年代はもはや、たとえばベビー・ブーム世代の「我らの過去」に対する自尊心が最高潮に達していた一九八〇年代の頃のように、ノスタルジアで覆い尽くされていないのだ。その結果、あの頃の音楽も体験し得ない時代を象徴するものとしてではなく、むしろ一連の内的関係を伴うれっきとした作品群として、ひとつのシステムとして評価されることになる。一様な全体像として捉えられてきたあの時代の「理想主義」に対するロマンは、個別のレーベル、シーン、アーティスト、アーティスト同士の内的関係から成り立つネットワークへの積極的な関与に取って代わられている。一九六〇年代の具体的な政治的葛藤の数々は置き去りにされたが、この時期のもっと無名なレコードに寄せられる関心は尽きない。

ローナーとアウトサイダーの最良なレコードは手作りでプライヴェートな一九六〇年代を、深く私的な経験としてのそれを喚起する――マスメディアがあの時代の公式な「記憶」として大雑把に報じるものの下に潜む、もっと真実に満ちた何かのことだ。ある時代の典型的な表現にそぐわない本当の意味でローナーなレコードの奇妙さは、それゆえに隠されていた私的な歴史の開陳のごとくアピールする。F・J・マクマホンの『The Spirit of the Golden Juice』(Accent／一九六九)のようなレコードに残された自身の経験についての特異で個人的な表現は、過去に起きた社会運動に対する新たな見方を聴く者に想像させてくれる。一九六〇年代レベルの大規模な集団行動が阻止されているように思える時代において、いまだに強く訴えてくるのはその音楽的な想像力であり、個人的な神話の言語で濾過され表現された公的な出来事だ。たとえばこのアルバムの徴兵制に関する歌(〝Five Years Kansas Blues〟)ですら、マクマホンはその問題に対し、いち被徴募者としての彼固有のパーソナルな視点からアプローチをかけている。

内面を探っていくための起点として、ラヴ・ソングは愛情や友情の平凡なディテールを用いる。ということは、ひとりぼっちのローナーやアウトサイダーは、おなじみなコンテンツをひとつの風変わりな視点へと還元していくことを意味する。彼らは歌い手自身の日常経験の中に形而上学的な深遠さを見出しがちだ。このジャンル内の個々のレコードの最も良いものは、現在において我々が夢に思い描き想像しても許される、とある時代の一般的な時代精神の中にあった素朴で個人的な側面を捉えてみせる。この点は、アウトサイダーのような音楽ジャンルを後から遅れて経験することの魅力であり危険でもある——それは、もはや今日の時代には適していないものの音楽としては今なお生き生きしたものに響く、過去のイデオロギーや生き様をその最も魅惑的な姿で保存できるジャンルだからだ。今日、シーンを追う者にとってニューエイジのカセットが放つ魅力、そして占星術、ヨガ、タロット、水晶、新興宗教に対する関心が復活しているのも、これと同じ理由のように思える。

CHAPTER 4

レコード収集の政治学

当事者も部外者も、レコード収集家とは風変わりな生き物であるという点で意見が一致する。しかし、彼らのこの風変わりさの解釈の仕方は違う――コレクターが自身を愛すべき孤独好きな連中と看做しがちなのに対し、部外者は彼らのことを無目的なルーザーと見ることが多い。誰もがそうであるように、レコード収集家も自分のやることをロマンチックに捉えがちで、ゆえに自らを無関心な世界から見捨てられた音楽の宝を救おうとする、現代における反逆者的存在として表現することはよくある。多くのレコード収集家は本物のアウトサイダーであること、そこに疑問の余地はない――私もこれまでに、45回転で埋まった水槽、LPの山の合間を縫って歩き回るヤギといった逸話はさんざん耳にしてきたし、コレクター諸氏の奇妙なライフスタイルは先刻承知だ。だが変わり者なコレクターの誰もが「名も無き天才」なのだろうか? コメディアン（でレコード・コレクター）のグレッグ・ターキントン（芸名ニール・ハンバーガー、TV／ビデオ・シリーズ『On Cinema at the Cinema』でおなじみ）がそう思っていないのは間違いない。実際、レコード市カルチャーの実に暗黒郷めいた描写の中で、彼は逆の立場をとっている――「女性はひとりもいない――ただこの、マジな問題とマジな課題をいくつも抱えた、悲しい、悲しい連中だけがひしめいている。僕の見方は間違っているかもしれないが、彼らはどうもアートそのものよりも過去の遺品とオブジェの方に興味があるらしい。ある意味、完全にポイントを見落としている、というか」【註1】。しかしこの捉え方も、あるいはロマン化した見方も、真実の全体像を見せてはくれない。現代のレコード収集行為の中では、矛盾し合う傾向が作用する。レコード収集は「これ」とひとつに集約できない物事であり、そのフィールドでは後退型から前進型、反動的なものからラディカルなものまで、いくつもの勢力が競合している。それは天国でも地獄でもない、しかしそのふたつが混ざり合ったものだ。

これらの傾向を見分けるのに必要なのは、レコード収集の「政治学」の感覚だ。ここで用いる「政治」は、政党政治のそれではなく、権力がいかに分配され行使されるかという意味においてのそれだ。レコード収集の場合、権力を分析すると以下のような質問が生じる：収集活動を奨励されるのは誰で、逆に収集活動に水を差されるのは誰か？　誰がレコードの世界で権威を誇っていて、その根拠は何か？　その世界の権力構造はアーティスト、レコード、そして音楽ジャンル全体の用いられ方と解釈をどのように形作っているか？　こうした意味で政治を検討してみない限り、我々にはレコード収集がこれまでたどってきた道のりと今後向かう先を理解できないだろう。

レコード収集行為にまつわる競合する諸勢力およびカルチャーの私流の分析を始める前に、まずレコード収集における最も顕著なイデオロギーの前提に対処しておこう。これは、レコード収集行為はノンポリであって、音楽は政治から離れ純粋にイマジネーションだけの世界への逃避をもたらすものである、という考え方だ。私からすれば、この見方は甘い考え方だ――それそのものが一種政治的な見解だ。第一に、何かをノンポリと呼ぶのは保守的な政治声明だ――とある題目から政治を取り除くべきだとの論の立ち位置を他者に対してとっている。第二に、音楽は言うまでもなく聴き手に逃避をもたらすとはいえ、その逃避のニーズの起源は政治的だ。純粋なイマジネーションなどというものは存在しない。一枚のレコードがもたらす解放と逃避の感覚ですら、それは政治制度からの逃避という感覚だ。レコードの収集およびリスニングは、現実世界を締め出す魔法陣を形成してはくれない。むしろ、レコードの世界を現実世界の一部として認識する方が良いだろう。この世界に存在する様々な集団の中にはその「ノンポリ性」を繰り返すものもあれば、民主的な方向、あるいはエリート主義な方向へ世界を向けていくものもある。だが、レコードが社会の生む遺物であり、コミュニティの中で共有されない限り意味をもたない存在である限り、レコード収集のノンポリな形態というものもあり得ない。また、すべての音楽が社会的な衝動を契機に作られ、それをリアルな／あるいは想像上の公衆とシェアしたいとの欲望から発する限り、音楽を政治的に中立と考えることはできない。レコードそのものに備わったこの次元を無視することは、美学的な観点からですら、レコードの理解の度合いを弱めることになる。

レコードは政治と無関係である、とのこのしつこく続く信念は、モダンなインターネットとソーシャル・メディアに育まれ増幅されてきた。先にも論じたように、インターネットは我々が売り買いできるレコードの量を大いに増やしたが、一方で議論のチャンネルを狭めてもきた。インターネットはレコードの世界を個人的な関わりに欠けた百貨店として提示する——諸サイトを通じてレコードを買うと、商品が家に届く。誰とも話す必要はない。それにより、収集とリスニングは孤独な、他から切り離された、本質的に自己本位な活動になる。となれば、その人間が一枚のレコードと結ぶ関係こそこの世に存在する唯一の関係だ、との錯覚にも陥りやすくなる——すなわち、そのレコードはその人の個人的な楽しみのためだけに作られたものである、より大きな社会的プロセスの一部として生まれたものではない、と。人々は昔ほど音楽を他人とシェアしなくなったし、音楽を気にかけているのは自分だけだと想像しがちにもなる。レコードを購入しそれに耳を傾ける体験がまるごと、誰かと面と向き合っての音楽論議や社交関係を取り去ってきたインターネットに仲介されている。今やコミュニティに取って代わったのは、消費者間の一連の無愛想なやり取り——「買う」、「売る」、「好き」、「嫌い」等々だ。単純で省略型なそれらのフレーズによって、説得力があり、議論を醸し、思考する、関係性に基づく音楽ファン文化の側面は弱体化した。入り組んだ社会的プロセスが今では、フラットに「良い」「悪い」で判断する消費者と消費者向けグッズとの関係に凝縮されている。これはほとんどの消費者グッズ、たとえば掃除機やキーボード等——上手く機能するか／しないかだけの商品——に関しては問題なしだろうが、レコードは複雑な文化作品であり、それに見合うだけの価値分析が必要になってくる。

そうした存在なだけに、インターネットはレコード生活の中で人種、階級、ジェンダーが果たしている役割を覆い隠すマシンになってきた。だが、それらは見えにくくなるだけで、消去されはしない。最もパワフルで尊敬されているレコード収集家が白人に著しく偏っている事実は否定できない。同様に、最も価値のあるレコードの大半は黒人によって作られた、もしくは黒人から決定的なインスピレーションを受けて作られたものである事実も否定できない。富裕な人々は他の誰よりも楽に素晴らしいレコード・コレクションを築くことが可能で、実際に素晴らしいコレクションを誇っているのも明白な事実だ。最後にもうひとつ、レコード収集家の大半が男性であることは誰でも知っている。これらの事実のどれひとつ、特に大きく物議を醸すものではない。だが、いざ実際にこうした点について話し合う場面になると、古株のコレクター勢はこれらの要素がどれだけ収集家の世界を形作っているかを認めるのにぐっと及び腰になる。たとえどうすれば変化をもたらせるのかはまだよく分かっていないとしても、彼らより下の世代のコレクターの方が、これらの現実と取っ組み合う率ははるかに高い。

本章は、オンラインのレコード文化の政治学を腑分けしていく――それが象徴する現状維持ぶりと、これからの世代のコレクターの間で沸き上りつつあるカウンター動向の双方を分析する。類に漏れず、人種、階級、ジェンダーはレコードの世界でも複雑に絡み合っているとはいえ、以下の文章ではその三つすべてにそれぞれのセクションを設けている。なぜかと言えば、それらは相互に関わり合っているものの、各カテゴリーはそれ独自のパワーと固有の起源を備えているからだ。レコードの世界における人種、階級、ジェンダーの構造は、絡まり合っているが同一ではない。まず人種からスタートし、続いて階級を扱い、そしてこの章をジェンダーについての文章で締めくくろうと思う。

人種

コレクター人口は、彼らの収集するレコードに較べると人種面ではるかに多様性に欠ける。ロック・レコードの多くを作ってきたのは白人ミュージシャンとはいえ、ロックが現在とっている形態は黒人のR&Bおよびブルースのアーティストからの強力な影響なしには存在しなかったはずだ。最も高値で取引されてきたジャズ・レコードは、圧倒的に黒人アーティストの作品で占められている。シカゴ・ハウスとデトロイト・テクノのシーンは、大多数が黒人のオーディエンス向けにレコードを作った黒人アーティストで成り立っていた。ラップ、「ワールド」、そして典型的に「白人の」ジャンルであるオールド・タイムやカントリー、フォークですら、非白人アーティストの貢献の上に築かれてきた。にも関わらず、自らをレコード通と看做す人々となると、私の印象では非白人層が足りない。その結果、白人は――文字通り、収集されたレコードという形で――主に非白人ミュージシャンによって作られた録音音源の遺産を不釣り合いなほど多く所有していることになる。

かと言ってこれは、どのジャンルも非白人コレクターの率があまり高くないという意味ではないし（例：アイランズおよびラップ）、非西洋圏の国々にこの問題に対する効果的な対抗モデルは打ち出せないだろう、という意味でもない。純粋に、レコードの形をとる文化的資本は金のない者の手から離れ、金のある者へと流れていく傾向がある――その点を指摘するに過ぎない。

非白人アーティストの作ったレコードを白人が評価すること自体は問題ではない。その代わり、すなわち白人は「白人の」レコードしか聴かない世界というのは、白人至上主義の表れのひとつに他ならないだろう。しかし、それ以上に不安になるのは、黒人が作ったレコードを白人が所有しそれらに興味を寄せても、それが黒人の暮らしの政治に対する白人の関心とは呼応していないところだ。本当の意味での人種平等を擁護することなしに、黒色あるいは褐色の肌をもつ人々の作り出した音楽に関する高レベルなセンスをはぐくむのは可能であり、事実多くの人間がそれを実践している。たとえば、アメリカにおける人種に基づくフェティシズム、異国趣味、そして名ばかりの平等主義の長い歴史からは、非白人の手になる文化生産物に対して感じる魅力が白人至上主義の政治的／経済的な表出と相容れるものであるのが見て取れる。その古典的な歴史事例が白人によるミンストレル・ショウ（※白人が黒人に扮して黒人や黒人生活を茶化した大衆演芸）だ。今日で言えば、ラップ・ミュージックに変わらぬ愛情を注ぐからと言って、それは黒人に対する愛情の保証にはならない。

受け入れる行為のすべても、あらゆる人間を平等に含むものではない。最近出版された「略奪型の包摂」のコンセプトに関する書籍、トレッシー・マクミラン・コッタム【註2／教育関連】とキーアンガーヤマッタ・テイラー【註3／不動産関連】による二冊は、第二次世界大戦終結以来、黒人がいかに不平等にアメリカの諸機関に組み込まれてきたかを明らかにした。彼らは「含められ」はするものの、それは白人以上の経済および社会的犠牲を払った上でのことだ。アメリカにおけるレコード収集で言えば、黒人によるレコードはほとんどのジャンルでその聖典を占めており、それらは最高値を呼ぶ、最も影響のある作品になる傾向が強い。こうして、黒人文化はレコード収集の主流に包摂されたことになる。レコード収集家の大半の思考とイマジネーションの中心を占めるのは黒人文化である、とも言えるだろうが、これらのレコードから最も大きな利潤を上げ、ゆえにそれらのレコードの歴史と意義を定義するのに最も大きな権威をふるう人々は、黒人ではない。

最も広範なレコード・コレクションを誇る者が、しばしば所有する音楽の事実上のエキスパートとして扱われるのは事実だ。この結果、非白人の作った音楽に対する好みや評価が、大半を白人層が占めるレコード所有者の意見に支配される状況が生じた。この状況が非白人音楽の歴史と記憶のコントロールを非白人の側からもぎ取ることを意味する限り、明らかに問題がある。たとえば、フロリダのファンク・シーンの歴史とその意義について語る権限は、そのシーンが生んだレコードを最も数多く見つけ出し、購入できた人間の手に自動的に委ねられるべきではない。あるいは、現在テクノ・ミュージックが再び盛り上がっているからといって、白人アーティストは自分たちには同ジャンルを高級化し一九八〇年代の米中西部の黒人から発したそのルーツを消去できると考えるべきではないし、またその点を指摘された際に「逆差別」を主張するべきでもない。我々の経済システムにおいて、所有権はもちろん労働者階級や社会主流から取り残された者から離れ、金銭面で有利な者へと流れていく。だが、レコードについて発言しその意味を定義する権利まで、それと共に流れていくべきではない――そもそも社会から取り残された、労働者階級の人々から発した音楽であれば尚更そうなのは言うまでもない。

それだけではなく、インターネットがレコードを脱テリトリー化させた現在、たとえばの話、一九六〇年代のミシシッピ産レコードの最大のコレクターはウィーンあるいはクラコウで暮らしている、ということもあり得る。だが、仮に彼らがそれらのレコードの「サウンド」を完全にマスターしていたとしても、そのサウンドを生み出した歴史的／文化的な背景文脈まで理解するにはそのための研究に一生を捧げる必要があるだろう。インターネットがレコードをその産地の文脈から引き離し、それらを「純粋に」音楽ピースの数々として脱文脈化したために、コレクターはこうした研究への取り組みを期待されも鼓舞されもしなくなったのはデジタル時代のあいにくな副産物だ。関心はほぼ、それら過去の遺品そのものだけに集中している。

さて、先に述べたように、非白人音楽に対する白人の関心そのものは問題ではない。問題は、非白人の作ったレコードのストーリーと意義とを、白人が大半を占めるコレクターが支配している点だ。人種的不均衡の現実についてもっとよく学んできた新手のコレクター連中は、レコードをより思慮深く公平に収集するべく努力している。これらの若手収集家もやはりしばしば白人特権層の出身とはいえ、彼らは得てしてその特権を隠したりそんなものは存在しないというふりをするのではなく、自分たちの恵まれた立場を認めている。このフラットな土壌は、人種的に異なる背景をもつミュージシャンとコレクターの間の本物のコラボレーションを可能にする。若いコレクターはまた、レコードを所有しているからと言って、イコールそのレコードに刻まれた音楽と文化表現まで所有することにはならない点を悟っている傾向がある。障害者運動の掲げた民主化を目指すスローガン（および今や、我々の時代の主要な公民権運動のどれもが適用している）――「私たちのことを私たち抜きに決めるな（nothing about us without us）」は、ここでも足がかりを与えてくれる。レコード収集家の人種問題意識における本当の変化は、どうやら間近に迫っているようだ。

だが、意識高揚だけでは人種的な閉め出しとヴァイナルの再差別そのものに歯止めをかけることはできない。レコード価格が劇的に上昇し続け、人種別の賃金格差が存続する限り、ヴァイナルはやはりそれにしたがって再分配され続けるだろう——それらのレコードを作った人々の手から遠く離れて。相互的な支援とリスペクト、コラボレーション、正直さとは、収集行為にあまねく広がる人種的な不均衡と不平等とに取り組むための最初の一歩だ。

最良の状況下では、想像力は差異に橋を架けて繋ぎ、種々の人種的分断の間に共感と共通の認識を生み出すことができる。レコードはもちろん、様々な層の人々を結びつけひとつにするための非常に強力な手段になり得る。しかし、使いみちはそれだけではない。レコード・コミュニティの住人である我々は、感情移入と音楽を通じての結びつきの図を頭に思い描くだけでは、本当の人種および経済における公正さの代わりにはならない点を自身にリマインドする必要がある。後者は真に人類平等な富と権力の共有から生まれるものであり、それはレコード経済においてまだ標準化されていない。

階級

レコード収集界内で、ソーシャル・メディアは主にその人間のコレクターとしての階級地位を発信するための道具になってきた。インスタグラムとフェイスブックのおかげである人間の消費行動をその人の個性の表現へと変えるのは楽になった。これらのサイトは文章よりヴィジュアルを好むがゆえに、単純にレコードを写した画像の数々が、それらのレコードのもつ性質に関するもっと突っ込んだ議論に取って代わっていった。レコードを扱うインスタグラム上では、高価なレコードには本来的な価値があるとされ、「お宝（treasures）」、「宝石（gems）」、「聖杯（grails）」とディスプレーされる。新しい、まだ聴かれたことのなかった音楽的な発見を皆と共有する場としてではなく、レコードのインスタグラムはよく、誰もが「著名な古典」のイメージを羅列し、自身が収集家サークルのエリート層に属することを証明するための場のように思える。つまり、オンライン上のレコード・コミュニティもソースタイン・ヴェブレンが遠い昔に「誇示型の消費」と名付けたもの——展示と名声の獲得を目的としたアイテムの購入——を熟知している。事実、レコードにまつわる議論や論争をレコードそのものの画像に置き換えたことで、ソーシャル・メディアはその手の見せびらかし型消費を過去よりもはるかにやりやすくした。心をときめかせるレコードの数々を展示することは悪いことでも何でもない。とはいえ問題は、そのようなディスプレーがレコード生活の主たる社会的表現になってしまう時に発生する。友人との間でおこなう分析や討論、共有がオンライン上の「良い」／「良くない」の投票システムに媒介されると、実に多くの時間と金を費やし追いかけているヴァイナルについて、レコード・コレクターに新たに言うべきことは何もないかのように思えてくる。

レコードとのこの虚ろで空っぽな関係はある人間が自分は第一にレコードの「消費者」だと思うところから生じる。この視点を取ると、所有するヴァイナル商品を再生し、展示することを通じてでしかアイデンティティを表現できなくなる。所有するレコードが所有者そのものを表すとしたら、自らの存在証明、収集の世界で無視できない存在であることの証明として、その人間はそれらのレコードを他者に向けて展示する必要がある。レコード消費者として自身を提示することは、他の連中もコレクターの所有するレコードを通じてその人格を大まかに把握できる、との仮説にかかっている。このプロセスにおいて、複雑な音楽作品について熱心に考えを巡らせ何かを感じようとする行為は、既に有名なレコードのジャケットやレーベルの画像を次々アップすることに置き換えられる。だがレコード画像の連続は、レコードの所有者がそれらをどう使い、それらに何を感じるかは教えてくれない。言い方を変えれば、所有者のパーソナリティや彼らの生き様、倫理的な人物であるか否かは伝えていない。共和党上院議員マルコ・ルビオのお気に入りのレコードは意外にもトゥパックの『オール・アイズ・オン・ミー』だが【註4】、このシンプルな事実を彼の政治姿勢と結びつけるのには苦労させられるだろう。誰かがとあるレコードを聴き楽しんでいる程度の事実は、その人間がそのレコードとどう交流しているか、あるいはそのレコードがどんな風に彼らのアイデンティティを形成したかについて何も語っていない。

そのようなレコード・コレクションを通じての自己提示が実に明白に上っ面なものだとしたら、なぜその行為はコレクターの間でとても人気が高いのか？　とあなたは疑問に思うかもしれない。第一に、レコードの写真をシェアするのは楽しいからだ！　しかし、それは部分的に階級不安にも根ざしているかもしれない。愛するレコードをたまに紹介するのと、所有するレコードをひっきりなしに展示することで自己を定義するのはまた別の話であり、後者は我々の暮らす階級意識の強い、ハイパーな競争社会にそそのかされているように思える。ということはコレクターも他の誰もと同じく、自分自身と自らのコレクションを他の人々のそれを尺度に測っていることになる。オンラインと実生活の双方で起きるヴァイナル商品展示の多くはこの事実で説明がつく――人々は本質的に他のコレクターたちに自らを売り込んでおり、レコードの世界から評価されるべく他の人々と競い合っているのだ。

この競争は所属意識の形――「自分もこの作品を持っている」――をとることもあれば、相手と距離を置く形――「自分はこれを持っているが、お前は持っていない」――になる場合もある。前者のフォルムはしばしばハッシュタグ――#vinyligclub、#vinylcommunity、#vinyljunkie等――で表現され、純粋に、他の音楽フォーマットよりヴァイナルを好む点を基盤に帰属意識を表している。この場合、ありふれたレコードの写真をアップすることですら、その人間はクラブの一員だとの信号を発する。第二のフォルムは、本書でも既に触れたように、稀少盤の展示として現れる。ここでのポイントは、友人やコレクター仲間の中に興味、場合によっては羨望の念を掻き立てることで自らを際立たせるところにある。第一のタイプの展示がレコード・ゲームの参加者であることを示すとしたら、第二のタイプはそのゲームの界隈で何か特別なことをやっている点の証明になる。

レコードとステイタス希求の関連性を明快に示すものとして、稀少なLP（常にそうとは限らないが多くの場合ジャズのレコード、古い〈ブルーノート〉盤が好ましい）に小じゃれたワインやウィスキー、あるいは贅沢な食べ物とを組み合わせた写真のインスタグラム投稿ジャンルほど分かりやすいものはない。計算されたカジュアルさを伴うそうした投稿は、まず大体は「フルボディのマルベックを傾けながらハンク・モブレーの『No Room For Squares』でリラックス中。#straightnochaser」といった類いのキャプション付きだ。こうした場では、#analogonlyといった類いのハッシュタグの隣に#jazzandwine、#singlemaltwhiskeyといったタグが並ぶのも珍しくない。こうしたレジャー階級によるヴァイナル関連投稿ジャンルでは、それ以外の様々なひけらかし展示と同様、レコードは他の色々な「高級感ある」ライフスタイルを示す象徴と同じく扱われる。つまり、レコードはその人間が真剣な特権的コレクターである点を売り込むのに使用されるだけではなく、その人間のもっと広い意味での目利きな通ぶりを世界に向けて自己マーケティングするための道具として利用されていることになる。

しかしある人間のレコードに関する腕前の競争的な誇示は、#dustyfingersや#digginginthecratesといった類いのハッシュタグのしるしの下に、もっと現実的で堅実なフォルムをとる場合もある。このジャンルの投稿は、その人間の卓越した経済力や趣味を自慢するよりも、むしろ、（デジタルではなく）フィジカルな世界で価値あるレコードを見つけ出す能力を誇るものだ。この手のハッシュタグに含まれる「汚れ（dirt）」や「埃（dust）」といった言葉（そしてそこに添えられた写真群）が物語るように、これらの投稿はきつい、力仕事である「ディギング（レコード掘り）」におけるその人間の腕前を祝福する。これらは、レコードの入手にeBayとDiscogsしか使わないインターネット・オンリーのコレクターと自らとを区別する方法のひとつだ。「野に出ています」と称したどこかの地下室や小さなショップ、そしてそれ以外の様々な「掘りのスポット」でよく撮影されるこれらの投稿は、単なるインターネット・ショッパーではない、リアルなディガーとしての投稿者の真正さを証明しようとする。この手の投稿は、しばしばマッチョさにまみれたものになる——埃で汚れた両手の写った触ると痛そうな写真の数々は投稿者の男らしさの証だ。通人の投稿が彼らの誇る富の威力を示唆するとしたら、ディガーの投稿は彼らの精神と肉体のパワーを示唆する。とはいえそのどちらも、はるか昔の時代の、実体を伴わない影絵芝居な競争に参加している。実際はどうかと言えば、オールドスクールな「タフガイ」のレコード掘りも洗練されたヴァイナル愛好趣味も、インターネットによってその立脚点を奪われてしまった。求めるレコードのほぼすべてをオンラインで購入できる(もしくは少なくともダウンロードで入手可能な)時代に、レコード収集にまつわる胸を張った偉そうな誇示のすべては、おそらく常にそうであったその正体を明かしてみせた——要は、それは男性にとっての競争型ショッピングである、と。これらふたつのフォルムがヴァイナル経済に起こった変化の中で合法性を失ったことに伴い、今や焦点を再びレコードそのものを聴き、考え、感じることに戻す頃合いだろう。ここでもまた、私はもっと若い世代のレコード・コレクターに望みを託している。彼らは文化資本ゲーム内における自己の位置づけ以上の根拠、たとえば純粋にこのレコードに感動したとか、興味を掻き立てられる、あるいはその作品を生み出した歴史的な瞬間に好奇心を抱かされる、といった理由からソーシャル・メディア上でレコードのリンクを他者と共有しているようだ。若いコレクターの中でもベストな連中は、デイヴィッド・マンクーゾのおこなった「ニューヨーク・レコード・プール」のような共同型のレコード・プールの精神にのっとって音楽をオンラインでシェアしているし、それは本章冒頭で引用したグレッグ・ターキントンが実に辛辣に描写したレコード市の精神ではない。レコード文化が活発なリスニングと新たなサウンド発見のためのゾーンであり続けようとするのなら、コレクターはよく知られた「古典」とそれに付随する後付けの知恵のひけらかしを通じて自らの地位を確保しようとする行為をストップする必要がある。だが、こうしてレコード収集における男らしさについて触れたところで、続く本章最後のセクションを、レコードの世界におけるジェンダーの機能について割こうと思う。

ジェンダー

レコード収集の分野は圧倒的に男性が占める。カロライナ

・ソウルのインスタグラムの一万六千強のフォロワーにしても、自らを女性と認識しているのは二十一パーセントに過ぎない。レコード収集の世界でよく知られた「あの人」――テフテラー（Tefteller）、モーラー（Moerer）、マンシップ（Manship）――は、全員男性だ。ターキントンによるレコード市の描写――「女性はひとりもいない」――は誇張とはいえ、まったくもってリアルな問題を指し示している。音楽愛がすべてのジェンダーの境界線をまたぐ普遍的なものだとしたら、というか私はそう信じているが、レコード収集界において女性が実に悲惨なほど過小評価グループ扱いされているのは（生体学的な「事実」ではなく）政治的な現象のように思える。生体学に基づく決定論（ありがちな、「まあ、男ってのは掘って狩るのが好きだから」的な話をれっきとした科学のごとく仕立てること）でこの深刻なジェンダー・アンバランスを説明しきれないとしたら、何をもって説明すればいいのだろう？

既に我々は、前のセクションでひとつの説明のヒントを示した――男性的な消費行動だ。この手の振る舞いを突き動かす有毒なマスキュリニティは男女問わず多くの音楽好きを辟易させるとはいえ、中でも特にそれにウンザリさせられるのが女性およびノンバイナリーな人々だ。競争するように社会化させられてきた男たち――ビジネス、スポーツ、戦争、セックスにおいて――は、自らの非人類平等主義的な社会適応術をレコード収集の世界にも持ち込む。その結果、基本的にレコード収集行為を「血を流し合い闘う競技」と思っていない連中はすべて、素晴らしいレコードを見つけ出すのにあくせくするのは、やるだけの甲斐があることなのか？ を見極めなくてはならなくなる。我が社で働く同僚の女性兼コレクター友だちでもある誰もが、攻撃的で競争心満々な姿勢の男性コレクターから性的ないやがらせや脅しを受ける、あるいは見下した物言いに晒された体験リストをすらすら列挙してくれる。あなたがレコード店のカウンターで働く女性であれば、とある男性から「この店で犬は何度も見かけてきたが、『女』は初めて見たな」と声をかけられることもある――もしかしたら、彼はあなたにモーションをかけたくて女性アーティストの数の少なさをネタにしているだけかもしれないし、妻にどのレコードを買えばいいか女性の助言を求めているのかもしれない。あるいは、単に大雑把に、レコードに関する知識も経験もない人間か何かのごとくあなたを見下しているだけかもしれない――言うまでもなく、あなたは「レコード店で働いている」にも関わらず。

「アナログ・レコードを手にする男（guy with vinyl records）」をグーグル検索すると、レコードのラックを漁る、似たり寄ったりなレコードおたくの写真が山ほど出てくるだろう。しかし「アナログ・レコードを手にする女（woman with vinyl records)」でグーグル検索をかけると、相当に違う結果になる。これは二〇一九年の時点での話だが、最初に出てくるイメージはLPを舌で舐める女性の画像だ。二番目は、ミニスカと半分はだけたフランネルのシャツ姿でレコードの山の横に立つ女性。検索結果の一ページ目はほぼいずれも、何らかの形でセクシー度を高められ様々なレベルの露出度を誇るモデル女性がレコードとポーズをとるスタジオ写真だ。こうした写真の中ではレコードも女性も小道具として使われる――「レコードと男」写真の多くは男性が実際のレコード相手に専門家役を演じる様を描く一方で、女性の写真のほとんどは非常に芝居がかったやらせイメージと読み取れる。レコードのインスタグラムにはアルバム相手にエロいポーズをとる女性イメージや卑猥なアルバム・ジャケットの再現が専門なアカウントが山ほどある。DJセットやレコード市のマーケティングに色っぽい写真が使われるのは珍しくない。この手の投稿では、#vinylporn（レコードのポルノ）のハッシュタグはほぼ文字通りの意味になる。これは性欲との関連ゆえに#vinylpornハッシュタグは品位を落とす、という意味ではない。しかしこうした使い方は音楽そのものとまったく関係がないため、女性はレコード収集にいそしむ同志ではなく、むしろ欲望の対象としてレコードと同一視されやすくなる。この文脈での「ポルノ」は、何であれ「セクシーな」、あるいは贅沢さでそそる画像ということになる。おまけに、レコード店やダンス・パーティのポスターの多くはいまだにこの手のソフト・ポルノな図像を店やイヴェントの「引き」に利用している――自分たちのパーティに本物っぽい雰囲気を醸すために、多くのファンクやソウルのイヴェントが古臭い黒人生活のイメージを用いる頭の悪さを発揮するのと変わりない。

メッセージははっきりしている――ヒゲ面の白人男性は誰もがコレクターであり、一方で女性はアクセサリーに過ぎない。黒人性と「ブラックの」レコードに時につきまとう二重のフェティシズムは、このような性対象化された「レコードと女」のイメージでも作動している――生きているカルチャーを一枚のプラスチックへと具象化することは、音楽の中の女性をモノと看做すことと密接に関わっている。サフィヤ・ウモジャ・ノーブルは著書『Algorithms of Oppression』でサーチ・エンジンは古いバイアスを繰り返し新たなバイアスをはぐくんでいるとの説得力ある論を展開したとはいえ、これをグーグルの問題だけのせいにするわけにはいかないだろう。少し前までとあるジャンルを「オッパイを揺するレコード（titty-shakers）」（我々は「モッド・インストゥルメンタル」と呼ぶ）と呼んでも構わないと考え、一九五〇年代と六〇年代のソフト・ポルノ調な「チーズケーキ・レコード」（※エロチックな女性モデルの写真をジャケットに用いたレコード。代表例は一九六五年のハーブ・アルパート&ザ・ティファナ・ブラス『Whipped Cream & Other Delights』)のマーケットをいまだ活発に支えている文化には、男女同権の面でやるべき仕事がまだいくらでもある。レコード収集をその始まりから政治的に、また数の面でも支配してきたのは男性であり、時間の経過と共に彼らは女性に対し良くて無関心、しかししばしば露骨に敵意剝き出しなカルチャーを築いてきた。自分たちはそこから排除されている/含められたとしても形ばかりのおしるしやセックスを強調したアクセサリー程度の存在だ、と感じる女性とノンバイナリーな連中が増えても不思議はない。

少し前に音楽批評家のマイク・マクゴニガルがフェイスブックのスレッドで我々に思い返させてくれたように、レコードの「ディギング」は男性にとって、レコードの「ショッピング」=歴史的に女らしい活動として暗号化されてきた行為を男性化するマッチョな方法になった。もちろんこの姿勢も、そこに備わる何気ない性差別と併せ、レコードのゲームで女性がもっと活発になるのを阻止している。ショッピングが陳腐な、店から店へのんびり歩き回るイメージを醸すとしたら、ディギングは困難な肉体労働を伴う活動的な世界を打ち出す。ディガー(掘る人夫)のイメージは本来男性的なものであり、結果として、レコード収集家のインスタグラムには無頓着な「タフな男っぽさ」がかなり見受けられる。人々は自らの「ディグス(掘って得た収穫)」(#DITCもしくは#digginginthecratesのハッシュタグ付きであることが多い)を展示するが、それは猛獣ハンターが仕留めた獲物の記念写真を撮るのと変わりない。#waxwarsといったハッシュタグは収集行為の競争型で好戦的な側面を強調するもので、オンラインでレコードを見つけることのたやすさがこうした威勢のいいポーズすべてを時代遅れ、かつお笑いぐさにしたことを無視するかのようだ。大抵の場合、かなりの量~そこそこの量のヴァイナルの山を掘る人々の姿を映し出す無数のヴィデオ映像には、消費活動を通じて自らのクールさを無形空間に投影しようとする人々の必死な感覚が伴う。どんな標準的なレコード店も「フィールド(競技場/戦地)」や「スタックス(レコードの山)」と言ったご大層な呼び名で誇張される様は、サウンドクラウド・ラッパーの使うレベルの宅録スタジオ設備がどれも「ラボ(実験室)」と強調されるのと同じだ。男性コレクターは発見したレコードの価格も頻繁に記載する——そしてもちろん、常にエサ箱から#greatfindsを漁り出してくるのは彼らだ。部外者がこうした投稿をそっくり鵜呑みにしたら、彼らがレコード収集を荒っぽいコンタクト・スポーツの一種と勘違いしてもおかしくない。

女性が#vinylporn系の投稿で性的アクセサリーとしてフェチの対象化しない場合、彼女たちは例外的な飛び地あるいは変わり者の「お飾りコレクター」になる。レコード収集が少年あるいは男性の趣味としてまったくノーマルかつ自然なものと受け止められるのに対し、女性のレコード収集は決してそうはいかない。自らとレコードとの関係に性的な色合いをもたせようとしない女性もしくはノンバイナリーの収集家は、「声明を打ち出している」あるいは「ただ目立とうとしているだけ」のエキセントリックな変人として扱われる。彼らはやや常軌を逸した、あるいは変わったことをやっている――彼らと対を成す存在である、男性コレクター陣が前提とする音楽愛の追求の形をフォローしていないのだ。私の女性コレクターの友人のほとんどは、男性コレクターよりももっと静かな、これみよがしな度合いの低いやり方で収集をやっている。ゲットしたレコードの写真をひっきりなしに投稿することもなく、ツィッターやフェイスブック・グループの友人相手に自慢話もしない。これはひとつには、同じ収集家仲間というよりも物珍しい存在、変わり者として扱われる例外待遇を彼女たちが避けようとしている面もあるのではないかと私はにらんでいる。何か言おうとしても大声に掻き消され、見下され、あるいは性の対象化されるのだから、男性レコードおたくのひしめく大海原の中で女性であることは概して不愉快な経験になりかねない。女性は「女の子っぽい」レコードにしか興味を抱かない、の思い込みは言わずもがなだ――ジョニ・ミッチェルの『ブルー』は素晴らしいレコードだとはいえ、ヴァイナル界の女性住人はもう二度とあの作品について男性レコード収集家と語り合わずに済めばどんなにせいせいするだろう、そう思っているに違いない。

性の対象化されることも、お飾り扱いされることもない場合、女性はたまにヴァイナル専門家としての男性コレクターの地位に磨きをかける引き立て役に使われることがある――すなわち、コレクターの妻という存在だ。収集界における女性描写のこのジャンルはしばしば、長らく苦しめられてきたレコード収集家の妻という形をとる。『My Husband's Stupid Record Collection（私の夫のしょうもないレコード・コレクション）』というタイトルのブログは、今（二〇二〇年）から二年ほど前に収集家サークル内でちょっとした騒ぎを巻き起こした――ブロガーの夫が収集してきたレコードのレヴューとセルフィーが目玉のブログだ。支援派も批判派もいて賛否両論だったとはいえ、同ブログは詰まるところ「より一般的な意味での、ヘテロな恋愛関係は男性が女性を教育することを中心に回っている、という七〇年代のウッディ・アレンばりのアイディアを永続させる」【註5】と述べたライターのジュディ・バーマンはずばり言い当ててみせた、我々はそう思っている。俯瞰的に捉えれば、無害に思えるブログだ――別に男女同権の足を大きく引っ張りはしないし、闘うべき大きな相手は他にもっといる。しかし、同ブログは収集をやっていく中で頻繁に出くわす男性と女性の間の父権社会的な力関係を確かに反映するもので、そこでの女性は彼女たち自身が自主自助的な音楽ファンとまではいかない、ヴァイナル収集の補佐役（妻／配偶者）に位置づけられる。レコード店でたまに見かける、夫やボーイフレンドがレコードの山を次々にディグる傍らで我慢強く待つのを強いられる、従順で支えるタイプの女性がこれに当たる。同ブログ、そして私がこれまで出会ってきた男性コレクターのパートナーの多くから発されるちょっとクセのある「世間知らずを装った」雰囲気というのは、おそらく、彼女たちを知的に対等な相手として扱ってくれない夫に付き合うための手段として理解するのが一番無難なのだろう。しかしそれは、レコード収集を牛耳るボーイズ・クラブを揺るがすのに必須な類いの、声高なフェミニズムからもほど遠い。

最後にもうひとつ、女性がレコードの世界の最上レベルに達することを押し止めているものには、姿勢面だけでなく構造的なバリアも数々存在する。たとえば考えてみて欲しいが、レコード買取のための自宅訪問にしても、赤の他人の家に足を踏み入れる状況下では、言うまでもなく男性の方が女性やノンバイナリーな者よりはるかに自由で安全に振る舞える。この面で、性別に由来する暴力の脅威は、それがなければもっと真剣にヴァイナル購入にハマっているかもしれない多くの女性を踏みとどまらせているのは間違いない。それと同じことは、残念なことに多くの実店舗にも当てはまる――彼らは男性以外の顧客をあまり歓迎しないのだ。こうした空間にいる男性は、レコードに関する女性の知識および権限全般に対して異議を唱える率がはるかに高い。意識的にかつ無意識のうちに、レコードを売り買いする野郎なら当然誰でも持っているはずとされる能力は、女性には付与されない。

本章で述べたあれこれの主張は、おそらくふたつのうちどちらかひとつの形で受け取られるだろうと私も自覚している。一部の者にとって、レコード収集の中でほんのわずかでも政治に言及するのは「ＰＣ過剰」であり、政治から「逃避」するために使っている趣味の世界に不和を生じさせる話題を持ち込むのは無礼かつ不必要なことになる。そういう意見の持ち主に対して私はただ、目を覚ませ、としか言わない。ホビーを介して政治から逃避したい、との欲望自体が政治的声明なのだし、それは多くの場合非常に特権的な立場から発している――「趣味」を政治的に解釈することを許容できない・許容しようとしない特権だ。ヴァイナル産業で何年も働いてきた私にとって、人々の政治はその人間の収集するレコードに、彼らの音楽に関する考え方と話しぶりに、レコードの使い方に表れてくるものだというのは明白な事実だ。問題が生じると砂の中に頭を突っ込んで聞こえないふりをするのは、最も確実に問題を長引かせる方法だ。

もしくは、あなたは本章を読んで「もちろん、仰る通り」と考えるかもしれない。言うまでもなく、階級として捉えてみた場合、白人男性コレクターは「問題的存在」になり得る。そんなあなたには、理論と実践のふたつは別物である点を思い返してみても損はないですよ、とお薦めしたい。自らの信念を、いざ実行する段になって裏切ったことのある人はいくらでもいるんじゃないだろうか？　本章でこれまで述べてきたことの大半に同意できると思うのであれば、あなたの認めるそれらの取り組みを、果たしてあなたは一貫して揺るぎなく実践しているかどうか考えてみて欲しい。反人種差別、反父主性、経済平等は、日常生活の中で実際に起こすより、主張する方が楽なものだ。

我々が論じてきた事柄の多くは構造的かつ制度的な問題であって、バラバラに、個人が折りに触れておこなう親切行為の数々をもってすれば変わるようなものではない。パーソナルはポリティカルとはいえ、政治は単に個人的なだけではない——倫理と政治は結びついているが、まったく同一ではない。そのふたつの間にはスケール面で違いがある。ひとりの人間にやれることは制度を批判し、個人として、各種レコード・コミュニティのメンバーとして、自分にできることは何かに常に気を配ることだけだ。

CHAPTER 5

レコードを経験しよう

我々はこの世界を感じながら探っていく。神経科医の中には二十一の別個な知覚能力が存在すると信じる者もいる。しかし音楽は抽象的——見ることも触ることもできない——なだけに、感覚のすべてを等しく使っていない。むしろ、音楽は我々の根元的な内的知覚に、見えていない何かがあるという感覚に働きかける。そして、最も強烈で直接的に音楽を経験させてくれるフォルムであるゆえに、レコードには我々の知覚を根底から形成し直させてくれる、最大のポテンシャルが備わっている。正しくふさわしいレコードは、我々が何を考え感じるかだけではなく、考え方と感じ方にすら革命を起こすことができる。

この章で我々は、それらを操作することでレコードが我々の知覚を変容させる四つの基礎単位——時間、声、空間、ダイナミクス（力学）——を論じる。これらの四つの要素を選んだのは、生活とリスニングの双方にとって同じくらい中心的な存在だからだ。日常のテンポ、様々な声、雰囲気、変化の起きるパターンの手応えなしにこの世界をフルに航行していくのは無理だろう。そして、これらの体験ゾーンを把握しないままでは音楽を聴くのも同じくらいむずかしいはずだ。

しかし、感覚は勝手に生まれるのではなく、作られるものだ。現実生活はそれらをある方向に引っ張っていき、レコードはまた別の方向へ引いていく。そのふたつはますます、互いに矛盾し合うようにすらなっている。一方で、我々の日常は大企業と国家が押しつけてくる標準的な行動様式に形成される度合いが強まっている。権力側は特定のテンポと雰囲気、特定のアイデンティティと変化の概念とを、ノーマルで自然で避けがたいものとして提示する。彼らは、我々をもっと従順な消費者でもっと管理しやすい市民に仕立てるべくこれをやっている。他方で、レコード（少なくとも良い作品）は社会が絶え間なく我々に叩き込んでくる典型の縛りを解き、それを超越するべく作用する。レコードは我々をもっと予測しにくい、より喜びに満ちた、より自由な人間に変えてくれる。レコードに耳を傾ける行為は我々の時間、声、空間、ダイナミクスの感覚を作り替えることができるし、それを通じて我々自身の変容にも働きかける。別の言い方をすれば、世界が我々の感覚を統制するのに対し、最良なレコードは感覚を教育してくれるのだ。レコードは社会管理の作用を反故にするためのツールだ——それは我々にとって最も初歩的な世界の経験の仕方を用いて実験する手段のひとつだ。レコードは今日の支配的な政治および経済システムに妨げられている新たな生き方を明かしてくれる。「システム」が宿命として提示するものを、レコードは想像力と探究心に向けて再び解き放ってくれる。

だが、レコードのもつ物事を変容させる潜在能力を、どうやって解き放つのがベストなのだろう？　聴き手とコレクターの誰もがこの経験への道筋を各々で発見できるし、そうするべきだとはいえ、健全な手法に代わるものがないのもまた事実だ。その手法なしには、ヴァイナルの荒野で道に迷い、進路を求めて闇の中でもがくようになりやすい。というわけで以下に、願わくは日常的なレコードを聴く行為から読者諸氏が最も多くを得る助けになってもらえればと思う、リスニングのメソッドを詳述していこうと思う。

レコードをフル体験するためには、まずレコードが作り直す知覚的慣習を理解しておく必要があるだろう。今日の世界で主流を成す、時間、声、空間、ダイナミクスの標準的な形態をざっと要約するところから始めよう。これらは、日常の中で規定事実として我々にのしかかってくる様々な圧力を知覚するための方法だ。第一に、時間を考えてみる。雇われ労働者として、消費者として、市民として、ユーザーとして、我々は生活のひとつのスピードから次のスピードへ、絶え間なくギアを変えていくことを求められる。第二に、声を考えてみる。オンラインでも「現実の」生活でも、自分の声探しはあまりに多くの自己ブランディング行為へと変容してしまった。より複雑なものである自己形成の経験は、ソーシャル・メディア内および外での劇場型な自己マーケティングに取って代わられている。第三に、音響の空間——我々を取り囲むサウンド環境——を考えてみよう。我々は私的空間から公的空間へ移り、また戻るだけに、ジェントリフィケーションと「開発・発展」に付随する当たり障りのないサウンド環境を受け入れることが我々にますます求められるようになっている。そして第四に、ダイナミクスに関しては、この世界で変わり得るものと変わり得ないものは何かについて我々自身の抱く見込みを検討する必要がある。というのも我々は、自分たちにはもはやこの世界を想像し直したり作り替える力はないのだ、と信じるよう仕向けられてきた。大企業と政府が好き勝手に「中断」し「革新」をおこなう一方で、我々は彼ら権威側の忠実な追従者としてぺこぺこしへつらうがままだ。

ありがたいことに、レコードは今の時代のこれらの典型的行動様式からの脱出路をもたらしてくれる。私が選んだこれら四つの行動パターンそれぞれについて、レコードの力が扉を開けてくれるそれに替わる経験の三つのモードを探っていこうと思う。時間については、レコードがいかに我々のペースを遅め、ゆったり流させ、あるいは逆に内的な時間感覚を速めることができるかについて検証していく。そうすることで、レコードは標準の行動様式から外れたところにある、まとまりがありエキサイティングな生活のためのペースを塑像していく。声については、何が表現可能かという我々の感覚を押し広げるために人間の声を用いたレコード——我々各自が互いに売り込むことを期待されている、経済的に理にかなった利己的な自己ブランドを超越するための、特異な単声、重ねられた声、ふたり以上の集団歌唱の様々な使用ぶり——に目を向ける。空間に関しては、今や公的空間とデジタル空間の至るところで出くわす出来合いの環境音を越えたところにある、局地的で、拡大された、サウンドの仮想世界の数々のための環境を作り出すレコード群を分析していく。最後にダイナミクスに関しては、刻々と分裂しリサイクルしラディカルに変容していく音楽システム、昨今の歴史にも関わらず世界にはまだいくらでも変化の可能性があると感じられるよう聴き手を力づけてくれる、そんなシステムを検証していく。

これらの体験ゾーンそれぞれに、標準パターンから外れたオルタナな考え方と感じ方のひな型となる三つの参考例を用いる。その上で、異なるジャンルがいかにして一定のテクニックを用い、主要例からそれぞれ別の効果を生み出すかにもざっと目を通していく。ジャンルの理解なしには、たとえばスローなテンポやアンビエントな雰囲気といったスタイル面での特徴の一部を共有するレコードをすべて一緒くたにしてしまいやすい。しかしこれから見ていくように、その同じ音楽的な特性もジャンル次第で異なる結果に作用し得る。たとえばザ・キュアーの〝フェイス〟（同名アルバム収録、フィクション／一九八一）の引きずるようなテンポの効果は、同じテンポの曲であるにも関わらず、ジョー・ブラウン・アンド・ザ・ソウル・エルドラドズ（Joe Brown & The Soul Elderados）のソウル・サイケなバラード〝Vibration〟（F.F.A. Records／一九七四）が我々にもたらすそれとはずいぶん違う。キュアー／ジョー・ブラウンのこの例と同様、私はディスカッション材料としてLP、45回転、12インチのレアなものとおなじみなものの双方を選ぶことにした。こうすることで読者諸氏が既におなじみのレコードの新たな聴き方に触れ、かつ、もっと知名度の低いレコードがより広いレコードの世界と保っている繋がりに気づいてもらえれば幸いだ。

私はこの、レコード体験向けの一般的メソッドをお勧めす

経験ゾーン	標準	選択肢1	選択肢2	選択肢3
時間	断片的	抑制	ミッドテンポ	加速
声	ブランド化	唯一無二	二重	集団
空間	一般的	疎外	異化	没入
ダイナミクス	均衡／静止	分解	リサイクル	変容

る。あなたのレコード・リスニング体験の中にある複数の層を結びつける方法としてお勧めする。それは一枚のレコードに対する個としての、本能的な反応から始まり、諸ジャンル全体に内包された夢の数々を考慮するに至って終わる。現在において機能することで、未来の可能性の数々も明かしてくれる。レコードがヴァイナルの深いところから引っ張り出すことで生み出してみせる、息を呑むほど驚異的に多彩なフィーリングと夢の数々に見合うだけのことをやろうと試みる。このメソッドを使うことで、あなたが他から切り離されたレコードの聴き手としての私的な経験を、より良い世界を求めて人類の描いてきた最も長く続く最もパワフルなヴィジョンのいくつかと繋げてもらえるようになったら幸いだ。では、時間から始めよう。

経験ゾーンその一：時間

現代における時間体験は断片的だ——我々は来る日も来る日も、私的な時間から公的な時間へ移り、そしてまた戻ることを求められる。ソーシャル・メディアのプラットフォームをさばき、ケーブル・テレビ報道の二十四時間サイクルを出たり入ったりし、株価ニュースや賭けのオッズをチェックし、ヴィデオ・ゲームに興じ、友人や愛する者と共に過ごす。働き、そして眠りに就き、そのプロセスも明くる日も繰り返す。加速する気候変動のペースを憂慮することもあるだろう。原子力科学者たちによる終末時計（Doomsday Clock）のブレティンを、分針が徐々に午前零時に迫るのを不安と共に見守るかもしれない。ドローン、核ミサイル、テロリストの攻撃といった一瞬にして生命を奪う今日の戦力、あるいはこの世が熱死する可能性に神経をすり減らしているかもしれない。あるいは、誰かと会って会話したり、散歩やランニング、ドライヴに時間を割くのかもしれない。どこにいようが、何をやっていようが、我々はバラバラで均衡に欠けた時間界にどっぷり浸かっている。これらの時間界はそれぞれ固有のテンポを備えており、互いに相容れない。それ以外の上に立つ、ただひとつの一貫したリズムは存在しない。

それについていくために我々は常にオンな状態にいなければならず、それぞれのシステムに固有のペースに合わせ、自分の内的テンポを絶え間なく調整している。そしてひとつのテンポから別のテンポに切り替えるたび、やや消耗させられる。このようなテンポ面でのギア・チェンジは疲れるし、混沌としていて力も萎える。この状況は我々をえんえん続く不安と注意力散漫の狭間に置き去りにしがちだが、浄化のカタルシスや恍惚感のように広がりのある感情を得るだけの安定した状態は決して訪れない。自分のペースの感覚をひっきりなしに測り直しながら、大抵はただ、かすかに苛立たされるなとか退屈だと感じている。せいぜい良くて、常に時間に追われている気がする――最悪の場合、バラバラで同期せず、我々の内的な時間感覚にまったくお構いなしの、大企業と政府の司る時計の乱打の犠牲になる。そうやって常に動揺させられていれば、リズムがズレている、足並みが乱れている、時間の関節が外れていると感じずにいられないのも当然だ。

そこでレコードの登場と相成る――レコードは人生のためのまとまりがある、解放的なリズムの実例を示す。現在我々が体験しているテンポ面でとりとめのない乱雑状態からの出口を指し示す様々な形で時間を組織する。良いレコードは、今日のズレ合ったリズムのごたまぜを越えたところにある生活のペースに合わせられるよう、我々を鍛えてくれる。シャーリー・マードック（Shirley Murdock）の〝The Beauty of It All〟（同名コンピレーション収録、Sound Track／一九八X）はブレーキを繰り返し踏むことで我々が日常の中に神聖さを見出すのを助けてくれるし、ロッグ（Logg）の〝I Know You Will〟（12インチ、サルソウル／一九八一）は我々にゆったり過ごさせるべく時計の刻むビートをかく乱し、ギュンター・シッカート（Günter Schickert）の〝Puls〟（『Überfällig』収録、Sky／一九七九）は圧倒的な目的意識をもって脈動する。時計が多過ぎる世界において、こうしたレコードは我々が自分たち自身の時間を維持するのに役立ってくれる。

時間の選択肢一：抑制

知られざるゴスペル・レコードであるシャーリー・マードックの〝The Beauty of It All〟は、世界を新たな目で見られるよう、我々にスロー・ダウンしてはどうかと誘ってくる。〝The Beauty of It All〟は一九八〇年代初期にオハイオ州トレドの私家版ゴスペル・レーベル〈Sound Track〉から発表された。マードックがザップのロジャー・トラウトマンと（Zapp名義の）〝Computer Love〟（ワーナー・ブラザーズ／一九八五）でデュエットし、ソロとしてR&B曲〝As We Lay〟（エレクトラ／一九八六）でヒットを飛ばす何年も前に出た曲だ。ゴスペル収集家の間ですらあまりよく知られていないが、しかしそうあるべき曲だ。おそらく他のどれよりも見事に、この曲は我々のテンポの感覚を抑制させるレコードの持つ潜在能力を体現している。様々な面で違いがあるにも関わらず、知覚のリズムを落とさせるジャンルはすべて、この〝The Beauty of It All〟のように我々に周囲の世界を解釈し直すのに必要な時間をかけてみないかと問う。

〝The Beauty of It All〟は、冒頭から聴き手に内的なペースをゆるめることを求めてくる。波が穏やかに浜辺を洗うそのサウンドにはたちまち引き込まれる。いつの間にか歌は我々をその中に吸い込んでいる——寄せる波のリズムに合わせるべく、我々はスピードを落としている。数秒ほどすると、フルートとけだるいドラム・ビートが登場する。そしてマードックが瞑想的な、優しいヴォーカルでそこに加わる。ローズ・ピアノがそれに続き、全体の進行にサウンドの底流を重ねていく。流れる水のように始まるこの曲はその時間のかかるペースの中に聴き手を浸していく。歌詞は神の創造物のより深遠な意味を見出すべく表層の見かけを突き破ろうと乞う。この歌は日常生活のカオスの中で、我々は周囲にあふれる神聖なるミステリーを摑みそこねていると示唆する。そうした神秘を当たり前のものと考え、誤解し、あるいは単純にそれらを見つけようとするのをやめてしまっている、と。マードックにとって、世俗生活のテンポはある種の偽りの意識を作り出す存在だ。ゆえに、神の愛と美は普遍的で永遠であるにも関わらず我々の目から隠されている。それらを知覚するためには、現代性に備わった競合するおびただしいリズム群にブレーキを踏み、集中する必要がある。目に見えない物事の証しに気づくのを助けるべく、〝The Beauty of It All〟は聴き手をあたたかく包み込むようなテンポの中に一時停止状態にする。

だがこの曲は説教ではない——ただ単に第二の視界の必要性を説いてはいない。むしろ、〝The Beauty of It All〟はペースをゆるめ、マードックと彼女の仲間が眺めるように世界を眺めたいとのあこがれの念を我々の中に生み出す。心を落ち着かせなだめ、文字通りの意味と神学的な意味の双方における潮の変化のリズムに身体で調子を合わせられるようにしてくれる。こうして、このレコードはドグマに頼ることなしに信仰を作り出す。熱弁をふるうのではなく聴き手を魅惑する。〝The Beauty of It All〟のようにスローで夢見心地なゴスペルで最良な曲の非凡さは、この、言葉で語るのではなく何かを明かし示すパワーから発している。こうした曲はレコードの上で信仰の感覚を具体化させてしまう。このようなアンビエントなゴスペル曲は、根元的な物事とスピリチュアルな関係性を結ぶための余裕を心に生み出すべく現代生活の無秩序なタイム・コードを中断させる。ザ・シンギング・トルネードズ（The Singing Tornadoes）のアトモスフェリックなゴスペルの傑作〝Walking on the Sean of Galilee〟（『In That Great Getting' Up Morning』収録、Expression Records／一九八四）からボブ・ディランの書いた最後の素晴らしいクリスチャン・ソング〝エヴリィ・グレイン・オブ・サンド〟（収録アルバム『ショット・オブ・ラブ』、コロムビア／一九八一）まで、我々は聖なる音楽の中に、聴き手が神聖なるものの足跡をたどることができるようペースを半減された時間を発見する。ジャンルを問わず、時間にブレーキをかける歌は表層のあれこれに気をとられて時間を無駄にするのをやめ、現代生活の表面に穴をうがちその下にあるものを探り始めませんかと誘ってくる。だが、我々が本当に何もかもの速度を落としたらいったい何が現れるかに関して各ジャンルが抱く夢は異なるもので、時に矛盾し合う。以下に、それら競合するヴィジョンをいくつか検討してみよう。

一九六〇~七〇年代ブリティッシュ・フォーク・リヴァイヴァルのバラッド、シー・シャンティ（※船員が歌った古い労働歌）、哀歌は、我々の内的な時間感覚のスピードを落とすことで共同体精神を作り上げる。組織的宗教に懐疑的だったカウンターカルチャーから生まれたUKフォーク・リヴァイヴァルの抑制されたテンポは、共同し合って暮らすより良き生き様を想像するよう聴き手を慣らしていく。アン・ブリッグス（Anne Briggs）の〝Willie O'Winsbury〟やニック・ジョーンズ（Nic Jones）の〝Annan Water〟といった歌、ザ・ウォーターソンズ（The Watersons）の『Frost and Fire』やシャーリィ&ドリー・コリンズ（Shirley Collins & Dolly Collins）の『Anthems in Eden』といったアルバムは、産業主義以前の儀式的な民謡のフォルムを利用している。これらの音楽が現代の黎明期（一五〇〇~一八〇〇年代）のスローさを探究するのは、神の威厳に触れさせるためではなく、我々が新たな有機的なコミュニティの形を想像するのを助けるためだ。機械仕掛けの時計や時間の標準化すらより以前の、田園的な時間感覚に我々を浸らせてくれる。UKフォークのアーティストがそこにエレクトリック・ギターやジャズのタッチを加えた時点ですら、彼らはやはり樹々や海、荘園の発する波動にテンポを合わせようとした。その素敵な例をほんの少し挙げる：スティーライ・スパン（Steeleye Span）の〝Prince Charlie Stuart〟（『Please to See The King』収録、Big Tree／一九七一）、フェアポート・コンヴェンションの〝Who Knows Where the Time Goes?〟（『Unhalfbricking』収録、アイランド／一九六九）、ペンタングルの〝Lord Franklin〟（『Cruel Sister』収録、トランスアトランティック／一九七〇）。これらはいずれも牧歌的な時代を振り返って希求し、聴き手にも同じことをやろうと呼びかけている。それらのテンポは、現在のプラスティックな在り方より明らかに素晴らしいものとして提示される昔流の生き方に我々を結びつける媒介だ。言い換えれば、ブリテン諸島のフォーク・リヴァイヴァル勢のスローさは緑豊かな森の時代の職人めいた暮らし向きへの願望に火を点ける。過去の共同体儀式を再燃させるチャンスを提示してくれる。もちろん、フォーク・リヴァイヴァルの牧歌的な田園詩は常に歴史的な事実と同じくらい神話にも根ざしていた――だがその点は、このジャンルの時間を逆行するトリップが放つ魅力をなんら損ならものではない。これらのレコードは我々を離れればなれにし続ける現代の時間感覚に一時停止ボタンを押し、全員が共有できる生活のペースを生み出しやすくしてくれる。この花咲き乱れる理想郷の伝統はリチャード・ヤングス、アラステア・ガルブレイス（Alastair Galbraith）、トレンブリング・ベルズ（Trembling Bells）といったアクトの作品にはっきりと残っているし、もう少し潜在的な形で、ヴァージニア・アストレイ（Virginia Astley）の驚異的な田園レコード『From Gardens Where We Feel Secure』（Happy Valley／一九八三）にも見て取れる。

同じ時期のアメリカのシンガー・ソングライターは、牧歌時代にそこまで確信を抱いていない。彼らが中世的な幻想に関わる場合、それはティム・バックリィの〝Once I Was〟（『グッバイ&ハロー』収録、エレクトラ／一九六七）のような過去形、もしくはティム・ハーディンの〝If I Were a Carpenter〟（『Tim Hardin 2』収録、ヴァーヴ・フォーキャスト／一九六七）の一連の仮定形においてだった。別の言い方をすれば、彼らは田園時代を過去のコスチューム、意のままに脱ぎ着できる衣装として扱った。中世リヴァイヴァルの夢の満開を丹誠込めて作り出すのではなく、アメリカ人フォーク・シンガーはスロー・テンポを自分探しや実存的な探究に用いがちだった。

北米アメリカ人の手にかかると、トールキンの「彷徨う者のすべてが道に迷っているわけではない」（※『指輪物語』の引用）は声明というよりむしろ疑問になった。ブリテン人にはローマ帝国まで遡れる歴史があるわけで、ブリティッシュ・ミュージシャンにとって「自分たちは実際に現代史初期の時間感覚を再び捕まえることができる」と想像するのはごく当たり前でたやすかった。オックスフォードもケンブリッジも中世以来の学術施設であり、『カンタベリー物語』はクリストファー・コロンブスが生まれる一世紀前に書かれ、『チャイルドのバラッド』（※文献学者フランシス・ジェイムズ・チャイルドが一九世紀後半に編纂したイングランドおよびスコットランドの大衆曲集）の一部はその起源を一三世紀にまで遡れる。しかしUKフォーク勢と同世代のアメリカ勢には、神話の中の深い過去へと完全に引きこもるのに必須な歴史が欠けていた。

にも関わらず一九六〇年代と七〇年代のアメリカのシンガー・ソングライターも、モダン・ライフの砕け散るようなスピードから逃避する必要があるとの思いをブリティッシュ勢と共有していた。彼らのバラッドは王侯や貴婦人、丘陵や谷間の光景というより、地獄の辺土で何かを待つ内的状態についてのものだった。ティム・バックリィの〝ソング・トゥ・ザ・サイレン〟（『スターセイラー』収録、Straight／一九七〇）とティム・ハーディンの〝If I Knew〟（『Tim Hardin 2』アウトテイク）を例にとると、この二曲は無人の海で叩きつける波に揺られる小舟のテンポを用いている。彼らにとって、スロー・モーションは目的を確約しない――ある人間の魂の旅路も、別の人間からすれば舵のない漂流になり得る。レナード・コーエンの全作品は、この状態とそれが作り出すディープなどっちつかずの感覚の折衝を基盤にしていた。(北米)アメリカ人シンガー・ソングライターにとって、速度を抑制された時間は何よりも疑念の媒介になりがちだ。ジュディー・シル(Judee Sill)の神学的には揺るぎない〝Lopin' Along thru the Cosmos〟(『Judee Sill』収録、アサイラム/一九七一)ですら、速度を落とすのは危険なことだと見極めている。〝Lopin'〜〟はこれといった目的地なしにぶらつく曲で、地図もガイドもない巡礼者の道のりを描く。こうした歌が唯一確かなものとして示すのは、「ストレートな連中」の世界の時間から脱出したいというニーズだけだ。しかし、アメリカン・フォークの長い遍歴はいずれも難破の危険を伴う:時が経つのに任せるほかない。この伝統を継ぐもっと近年の作品――ケイス・ブルーム(Kath Bloom)とローレン・マザケイン・コナーズ(Loren Mazzacane Connors)の『Sing the Children Over』(Ambiguous Records/一九八二)、ヴィック・チェスナット(Vic Chesnutt)の『West of Rome』(Texas Hotel/一九九二)、ジャナ・ハンター(Jana Hunter)の『Blank Unstaring Heirs of Doom』(Gnomonsong/二〇〇五)、グルーパー(Grouper)の『The Man Who Died in His Boat』(Kranky/二〇一三)等――は更にダークさを増しており、自問探究型のスロー・ペースを保ちつつ、そこから回答が導かれることへの期待は過去より低くなっている。

一九六〇年代と七〇年代初期のスウィート・ソウルも、ゆったりとしたペースを扱う。しかしそれは都会的なフォルムで、ヒースの茂みや峡谷で見つかる深遠な時間への回帰に強い思慕を発しはしない。かつ、アメリカ人フォーク勢を虜にした自身を顧みる内的な時間を探究しているわけでもない。むしろ、それは現代のロマンスのあらゆる細部をじっくり吟味するべく、我々の時間感覚を窒息させようとする。しかもそれをメロドラマ調な激しさでやってのける。スウィート・ソウルのレコードのほとんどと同様、〝サンデー〟・ウィリアムス(Sunday名義)の〝Where Did He Come From〟(45回転、チェス/一九六九)はたったひとつのロマンチックな恋愛関係につぶさに集中すべく、それ以外の全世界を蚊帳の外に追い出す。ウィリアムスのフレージングは、ありがちなボーイ・ミーツ・ガールの物語に世界レベルの重要性を吹き込む――この関係に較べれば、それ以外の何もかもは吹き飛ぶ。スウィート・ソウルのレコードの場合、愛情に満ちたデリケートな性愛のフィーリングにはとろ火でじっくりのペースが求められる。その愛の時間の中に留まる聴き手にとって、それ以外の世界の時間のペースはどうでもよくなってしまう。

〝Where Did He Come From〟とは異なり、最近発見されたリトル・アン・ブリッジフォース（Little Ann Bridgeforth）の〝Deep Shadows〟（未発表Kent音源／一九六六）に幸せな結末は待っていない。だがこの曲も、愛（もしくは愛の欠如）がもたらす苦痛と快感のあらゆるニュアンスに聴き手の神経を集中させるべく時間の速度を落とす。スウィート・ソウルおよびそのいとこに当たるサブジャンルのディープ・ソウルにとっては、ストーリー性よりも感性の方が重要だ。スウィートおよびディープ・ソウルをもっと深く掘ってみようと思う面々は、とりあえずザ・ブリーフ・エンカウンター（The Brief Encounter）の〝Where Will I Go〟（未発表Seventy Seven音源／一九七〇年代）とザ・ハイライターズ（The Highlighters）の〝Have a Little Faith〟（45回転、Lulu／一九七〇年代）といった知られざる「オールディーズ」なジャムを手始めに、それに続くものをフォローしていってはどうだろうか。

愛にかまけるよりもっと大事なことがあるふりをする世界の中で、他のどのジャンル以上に愛にちゃんと時間を割こうとするのがスウィート・ソウルだ。しかしソウル音楽が一九七〇年代に移行していく中で、テンポの遅さは心にグッとくる断腸の思いというより、もっと洗練された心理効果をもたらすために使われるようになっていった。ザ・フローターズの〝Float On〟（『Floaters』収録、ABC／一九七七）のような歌は曲名（＝ふわりと浮遊する）を裏切らず、スウィート・ソウルのじかに刺さってくる痛みからは遠い、距離を置いたクールさの世界を作り出す。ロバータ・フラックとダニー・ハサウェイの〝Be Real Black For Me〟（『Roberta Flack and Donny Hathaway』収録、アトランティック／一九七二）やマーヴィン・ゲイとダイアナ・ロスの〝Just Say, Just Say〟（『Diana & Marvin』収録、モータウン／一九七三）といった七〇年代のデュエットは生々しい心痛とクールな超然ぶりを二分し、スムーズな時代だった七〇年代でもヒットするよう、スローなスウィート・ソウル・バラードの直接性を洗練させている。八〇年代に入ってすら、ソウル・バラードのフォルムはラジオ向けな「クワイエット・ストーム」ジャンル、アニタ・ベイカーやシャーデー、ルーサー・ヴァンドロスといったアーティストの作品に残っていき、ケイト・ブッシュのクロスオーヴァー・ヒット〝ディス・ウーマンズ・ワーク〟（『ザ・センシュアル・ワールド』収録、EMI／一九八九）のような曲にまで形を変えて続いていった。

スウィート・ソウルと同様、カントリー・バラードもロマンチックなひとときの拍動にすがるためにスローさを用いる。たとえばグラム・パーソンズとエミルー・ハリスの（Gram Parsons名義による）〝Hearts on Fire〟（『Grievous Angel』収録、リプリーズ／一九七四）は、聴き手を愛と喪失の物語の中に閉じ込めるべくアル・パーキンスのペダル・スティールを用いる。ペダル・スティール（概して時間感覚を遅くする楽器だ）の有る無しに関わらず、ザ・デルモア・ブラザーズの〝I'll Be There〟（78回転、King／一九五一）やウィリー・ネルソン(Willie Nelson)の〝Blue Eyes Cryin' in the Rain〟（『Red Headed Stranger』収録、コロムビア／一九七五）、ジョン・アンダーソン(John Anderson)の〝Wild and Blue〟（同名アルバム収録、ワーナー・ブラザーズ／一九八二）のようなバラードも同じことをやっており、同様の夢見るような効果を作り出している。これらの曲も日常生活を愛の内的なロジックに沿わせるべく、我々の認識する時間のテンポを遅くする。

それとは実に対照的に、ゴスのレコードは人間関係の時間を超越するためにスローさを用いる。これは時に、虚無的だとして同ジャンルが却下されることにも繋がってきた。事実、ジョイ・ディヴィジョンの〝ジ・エターナル〟（『Closer』収録、ファクトリー／一九八〇）のように死者の時間を表現するために、あるいはバウハウスが〝ホロウ・ヒルズ〟（『Mask』収録、ベガーズ・バンケット／一九八一）で千年以上前の神や怪物が支配した原生期と触れようとしたように、ゴシックなレコードは時間をスロー・ダウンさせる。しかしそれはニヒルな虚無ではない。むしろゴスにとってのスローさは、永劫に続いてきた人間以外の何物かの勢力と人間が自己同一化するための手段だ。それは聴き手の内面にストイックな別世界感覚を啓発しようとするもので、破壊の欲望を掻き立てはしない。この恒久不変を求める念は、彫像、そして時間のコズミックな巨大さの中の人間のはかない生を据えた物語や小説を書いたアーサー・マッケンやH.P.ラヴクラフト、J.G.バラードといった作家たちの双方にゴスが抱いたオブセッションに顕われている。ジョイ・ディヴィジョンの〝ジ・エターナル〟の氷山を思わせるスロー・モーションは絶望的なイメージを表現するが、しかし希望を失ってはいない。ジョイ・ディヴィジョンが探求するのは、より峻厳で不変な何かとの繋がりの方が強い世界観を優先する、否定的な超越――人間的なニーズを乗り越えること――だ。バウハウスの這うような〝ホロウ・ヒルズ〟もまた、感覚世界の明るく陽光に照らされた様々な物事の誘惑を遠ざける。だが、〝ジ・エターナル〟が痛いほどに無意味な人間の時間に対する冷徹な無関心さを発言させるためにスローさを用いるとしたら、〝ホロウ・ヒルズ〟はオカルトな反時間、真の恐れとミステリーとにまだアクセス可能な領域を想像するべくスローさを利用する。ジョイ・ディヴィジョンもバウハウスも、魔法を解いてしまうモダニティの威力への抵抗手段をスローさの中に見出している。ブラック・サバスの最初のLP五枚から派生した、重くどろっと粘っこいジャンルであるドゥーム・メタルも、これと非常に似たことをやっていると言えるかもしれない。かつスローコアのジャンルも、少なくともその一九九〇年代における最良のバンドであるロウとベッドヘッドの作品は、郊外住人の抱くありふれたブルーズ（悩み）を形而上学的なメランコリーのレベルにまで持ち上げる手段をこの引きずるようなテンポの中に見出している。この面においてスローコアは、苦悩からの抜け道を見つけるための、それが敵わないとしても苦悩を受け入れるための力を得ようとする、ゴス勢の必死な探索の念を共有していたことになる。

サイケ、スピリチュアル・ジャズ、ニューエイジ、アンビエントのレコードは、スローさの中からもっと明白に肯定的な世界を構築する傾向がある。これらの音楽もシンガー・ソングライターが焦点を据えた内的経験の拡大を追求するとはいえ、内省的な優柔不断にはほとんど時間を割かない。むしろうっとりさせられる、催眠効果をもたらすサウンドを用いて聴き手の中に変容状態を生み出す。そうすることで彼らは、我々がコズミックで、喜ばしい時間感覚に自らを開くのを助けようとしている。サイケの開拓者：ザ・13thフロアー・エレヴェイターズはトミー・ホールのエレクトリック・ジャグの疾走、ロッキー・エリクソンの表情豊かなフレージング、ステイシー・サザーランドのエコーするギター・ラインの中から、頭を混乱させ方向感覚を失わせる聖歌をクリエイトした。〝Dust〟（『Easter Everywhere』収録、International Artists／一九六七）や〝May the Circle Remain Unbroken〟（『Bull of the Woods』収録、International Artists／一九六九）のような曲はコズミックな祈禱だ。これらの曲は、広大な宇宙の全パーツと繋がっているとの大海原めいた雄大な感覚を生み出すべくリスナーの時間認識をねじ曲げる。〝Dust〟の歌詞は愛と快楽のバナーの下に、一見バラバラに思える経験の諸カテゴリーを統合する――一塵のチリから始まり、彼らは聴き手を宇宙時間の中に取り残す。13th・フロアー・エレヴェイターズや彼らに似たバンドにとってのスローさは、日常生活のいくつもの食い違ったテンポの堆積物の下に埋もれたままになっている、存在の真の言語を象徴している。

〝Dust〟と同様、ブラジル発のカルトなサイケ・グループ：サトワ（Satwa）の〝Valsa dos Cogumelos〟（『Satwa』収録、Rozenblit／一九七三）も聴き手をリセルグ酸（ＬＳＤ）色の時間旅行に連れ出す。少しずつ移動するハリケーンのごとく、この曲はめまいを引き起こすエネルギーで渦巻いている。ルラ・コルテスの弾くヒプノティックなアコースティック・ギターの旋律に牽引され、曲は慈愛に満ちた宇宙との安らかな和合状態に向けて聴き手をワルツのステップで導いていく。しかしこのような瞑想効果はサイケのレコードに限ったものではない。インスト曲のスタンダード、たとえばフリートウッド・マックの〝アルバトロス〟（45回転、Blue Horizon／一九六八）やサント・アンド・ジョニーの〝スリープウォーク〟（『Santo and Johnny』収録、Canadian American／一九五九）、言うまでもなくそのサント・アンド・ジョニーの寝坊気味なまどろみ〝シー・ドリーム〟（『Disco d'Oro』収録、Pausa／一九七五）はいずれも、同じようにゆったりとした時間の別世界感覚を醸し出す。そしてデイヴィッド・リンチの『ツイン・ピークス』の基調を定めたジュリー・クルーズの『フローティング・イントゥ・ザ・ナイト』（ワーナー・ブラザーズ／一九八九）のようなドリームポップは、ゴス的なコズミック・ホラー感覚とフォーク勢の自然界の平静の牧歌的ヴィジョンの折衷を生み出すべく、スローさを用いる。サイケ、そしてその遺産を受け継いだドリームポップ勢もまた、この宇宙に見つかる偉大なものと微細なもの、そのすべてを繋ぐリンクを夢想するためにスローさを使っている。

　スピリチュアル・ジャズは減速度の実験を通じて神秘的な真実を探ろうとする。だが、ジャズは本来的にインプロ型なフォルムであるだけに、力点は一般的な意味での完璧さの理想の追求よりもプロセスに置かれる。むしろスピリチュアル・ジャズにおけるスローさは、実際にレコーディングがおこなわれている瞬間にミュージシャンたちが共に真実を見つけるための前提条件になっている。フィル・コーランの〝White Nile〟（『African Skies』収録、Captcha／二〇一〇）やファラオ・サンダースの〝ハーヴェスト・タイム〟（『Pharaoh』収録、India Navigation／一九七七）、カーン・ジャマル（Khan Jamal）の〝The Known Unknown〟といったトラックでは、徐々に加速する時間の流れを生み出すべくバンドが一体となっていく様がフィーチャーされる。彼らはふわっと漂う、平和な意識状態を聴き手の中に作り出す。アリス・コルトレーンの〝トゥーリヤ〟（『Huntington Ashram Monastery』収録、インパルス！／一九六九）は彼女のグリッサンドするハープを中心に構成され、うっとりした陶酔効果を生み出す。聴き手は豊潤な質感の雲霞の中で宙ぶらりんな状態になり、一方で各楽器群はそれぞれのスローなテンポを追い始め、全員共通の時間感覚が見つかるまで即興を続けていく。サトワの〝Vasla dos Cogumelos〟と同様、〝トゥーリヤ〟も伝統的な意味ではあまり展開していかない曲で、むしろひとつのテーマの無限に近いヴァリエーションで実験している。進行するというより、コルトレーンのハープという固定点の周囲に徐々にパワーを集中させていく、というのに近い。

　最後に例にとるニューエイジ、これはどのジャンルよりもスローなテンポを売りにする音楽だ。しかし他ジャンルのレコードとは異なり、ニューエイジのアルバムはしばしば聴き手のストレスを軽減し身体をリラックスさせる明確な目的をもって制作される。別の言い方をすれば、ニューエイジにおけるスローさにはよく明白なセラピー機能が伴う。グラミー受賞者のニューエイジのパイオニア、スティーヴ・ハルパーンが『Sound Health』といった題名の音楽療法書を出版し、一九九四年の『Overcoming Substance Abuse』のように非常に的を絞った治療目的のアルバムをリリースするのもいわれがあってのことなのだ。ニューエイジの古典〝Darkness of Space〟(『Sunborne』収録、Gandarva/一九八〇)を送り出したコンスタンス・デンビー(Constance Demby)は今日に至るまで、彼女いわく参加者に「細胞レベルでのセラピー効果をもつ音の風呂」をもたらす音響ヒーリングのワークショップを運営している。ニューエイジの請け合うもっと珍妙な医学的効能の数々の真偽はどうあれ、同ジャンルが身体と精神の中に深遠なリラックス状態を生み出すことができるのは間違いない。たとえばピタゴロンの二十一分の曲〝TR1〟は、のどかさのサブリミナルな拍動を耳に届けるために心を落ち着かせてくれるシンセをぽろぽろ鳴らす。ケヴィン・ブラヘニー(Kevin Braheny)の〝Lullaby for the Hearts of Space〟(『Lullaby』収録、レーベルなし/一九八〇)は減速していくサウンドを中心に構成され、一九六〇年代のSFテレビ連ドラからそのまま引っ張ってきたようなスペイシーなシンセで幕を開ける。この曲は聴き手を中心に据え、時間の経過に伴い発展していくコントロールの感覚を彼らの手に委ねるべく働きかける。それは伝統的な水平パターンの楽曲構造を、始まりと終わりが入れ替え可能な穏やかな円環パターンへ歪曲させていく。

ニューエイジと分類されない作曲家の作品にしても、やはり時に聴き手の中にヒーリング効果を生み出すべくスローな、反復型の形状を用いることがある。大抵はレコード店のクラシック音楽コーナーで見つかる作品、たとえば吉村弘の『ナイン・ポストカード』(Sound Process/一九八二)、ロバート・アシュリーの『Automatic Writing』(Lovely Music/一九七九)、エリアーヌ・ラディーグ(Eliane Radigue)の『Biogenesis』(レーベルなし/一九七四)の気持ちをリフレッシュし心に平静をもたらす様は、典型的なニューエイジと感じられる。引き伸ばしたドローンの使用、もしくは質感に富んだサウンドで豊潤に塗ることによって、これらの作品もまたこの回り続ける世界の中にまだ残っているいくつかの静止点に向けて聴き手を導いてくれる。

時間の選択肢二：ミッドテンポ

スローなレコードが沈思の状態を作り出すとすれば、速いレコードはその逆の状態を生み出す。次のセクションで検証していくように、加速型のレコードはけたたましく騒ぎながら我々を引きずっていき、反応させてはくれるが内省する余地は与えてくれない。では、スローとスピーディの間に位置する多くのレコードはどうだろう？ ミッドテンポの音楽を面白みのない妥協的フォルムとして却下するのにはそそられるかもしれないが、それはもったいない。結局のところ、膨大な量の音楽作品は速くも遅くもない――かつ、ガレージからG－ファンク、古風なフィドル曲からハウスにテクノまで、大衆音楽音源のあらゆるジャンルで中速の作品が見つかる。それとはっきり分かる個性がない限り、ミッドテンポのヴァイナルがこれだけ至るところにある状態になっていないはずだ。

実は、その中庸の位置こそミッドテンポを強力なものにしている。黙考と興奮のふたつのスピードの中間にあるミッドテンポは、聴き手が感覚と思考を橋渡しするのを助けてくれる。精神と身体を一体化させることで、我々に夢を実際にテストするよう呼びかける。それが可能なのは、ミッドテンポの音楽はノーマルな心拍や標準の歩行ペース、最もポピュラーなダンスのテンポを含む日常的なリズムの帯域で動いているからだ。ミッドテンポのレコードはフィジカル（歌う、踊る）であれ心理的（未来像、計画）であれ、能動的な関与を求めてくる。我々に参加を乞うがゆえに、ミッドテンポのレコードは民俗学者ハリー・スミスが呼ぶところの「ソーシャル・ミュージック」として分類できるだろう――それは誰かとシェアするために作られた音楽だ。孤立の中で始まり終わる私的な喜びや心痛とは異なり、ミッドテンポのレコードが運んでくる希望と恐れは本質的にパブリックなものだ。最も入手困難なレコード――個人のプレスした最高に「私家版」な45回転、あるいはヴォイジャー探査機のレコード盤（地球外生命体とのコミュニケーションを図るために一九七七年に宇宙に送られた）のように一枚限りの作品――ですら、公衆を想定して作られた。そしてすべてのレコードの中でも、ミッドテンポはジョージ・リプシッツが「新たな社会関係の複数性」【註1】と呼ぶもの――それらの関係性が築かれた場がダンスフロアであれレコードの山で囲まれたレコード店であれ――を最も生み出しやすい。ミッドテンポのレコードはインスピレーションを共有することと共有をインスパイアすること、その双方のために作られてきた。

心地よい速度で進む――「チューグル」する（※chooglはクリーデンス・クリアウォーター・リヴァイヴァルの〝Keep on Chooglin〟で広まったとされる言葉。小気味よいリズムにノって楽しむ、の意味合い）、ノる、滑る（グライド）、あるいは気取って歩く（ストラット）と言ってもいい――ミッドテンポのレコードにハマっている時、我々は欲望と興味をもって世界と接する。この状態にあると、実際目に映るもの・心の目に浮かぶものの双方が意味と可能性でいっぱいになる。身体を動かし、誰かを愛し、状況を判断する。友人や見知らぬ人々を楽しませる。新たなプロジェクトの計画を立てる――それらに対する欲望を解き放つことで、ミッドテンポのレコードは行動を促す。我々を楽しませ心をくすぐることで、しばしば生彩に欠ける我々の単調な社会的存在に「賭けてみようか」の思いを再注入する。大事な現在と未来とを心に描かせるし、それに対して我々は無頓着ではいられない。仕事にあくせくする日常感覚の代わりに詩的な人生観をもつことを我々に求めてくる。最良なミッドテンポ曲は、自室でおとなしくしている「壁の花」タイプと無類のダンスフロア好きの双方の中から無関心や倦怠感を消し去る。そして聴き手の喜びと心痛を操ることを通じ、これらのレコードは現在と未来とに情熱的に取っ組み合うことを我々に求めてくる。もはやこのパッションを聴き手の中に掻き立てないミッドテンポ作品は、ゴミの山に葬られても仕方ない。しかしリズムは得てしてメロディより風化に耐えるだけに、素晴らしいミッドテンポのグルーヴとグライドとはいまだにしょっちゅう過去から我々に手を伸ばしてくる。

これが可能なのは、それらが我々の抱くテンションの感覚を快いものにしてくれる場合だ。ミッドテンポのレコードの作用の仕方には大きなものがふたつある。ミッドテンポを用いるよりヘヴィでグルーヴ指向なジャンル――ファンク、アフロビート、ハード・ロック、EBM等――は、解放することなくテンションを積み上げていきがちだ。対してミッドテンポを用いるもっとポップなジャンル――イージー・グライド、ハイ・ライフ、モダン・ソウル、「クラシック」ロック等――は、解放することを目指してプレッシャーを高めていく。だが下記に記すように、これらは一般的なパターンに過ぎない――すべてのジャンルで、リスナーの中にヘヴィな快楽とソフトな苦痛の双方を誘発すべくミッドテンポが使われる。この世界のほとんどが、つまるところは虚無的な目的――利益と特権――を追求するよう我々に求めてくるのだとしたら、ミッドテンポのレコードは愛と情熱から生まれる信念、そしてたかが既存事実に過ぎないものの縛りを断ち切るイマジネーションを生み出す。

この快楽と苦痛の相互作用に最も頼っているミッドテンポのジャンルがブギーであり、ふたつの関係を見事にさばいたアーティストとして、プロデューサー／ミキサー／パラダイス・ガラージのDJのラリー・レヴァンほど優れたアーティストはなかなかいない。これよりも前の章で述べたことを思い返す読者もいるだろうが、ブギーは一九七九年に起きたロック至上主義からの揺り戻しを受けてディスコがその姿を変えたものだ。一般大衆向けのディスコの価値に陰りが見えていくのにしたがいブギーのミュージシャンは生のオーケストラをシンセサイザーとドラム・マシンにすげ替えたが、ディスコの踊りやすい四つ打ちのリズムには忠実なままだった。前世代のディスコ・アーティストおよびその後に続いたハウス&テクノのアーティストと同様、成功したブギーのミュージシャンは聴き手を縛り解放すること、その双方に取り組んだ。ラリー・レヴァンはミッドテンポのそのふたつのモードの達人だった——彼は瞬時の満足感を与えるレコードと欲求不満と期待感のもたらすもっと複雑な快楽の目盛りをじりじり高めていくレコードの双方で素晴らしいレコードを作ってみせた。

ひとつめのカテゴリーとしては、レヴァンがロッグ（Logg）の〝I Know You Will〟（12インチ、サルソウル／一九八一）でおこなったタイトで簡潔なプロデュース仕事がある。レヴァンとブラック・アイヴォリーのリロイ・バージェスとのコラボレーションである〝I Know You Will〟はブギーの記念碑だ。ひとつのベース／ドラム／シンセのグルーヴを中心に構築されており、もしもインスト曲だったとしたら、このリズムの反復するループはテンションを高めていくことだろう。しかしバージェスのヴォーカルが「I Know You Will」のコーラスを炸裂させるたび、聴き手は圧力から解き放たれる。彼の歌唱はこの歌にリラックスできる短くも解放的な瞬間を数多く埋め込んでおり、それらはトラック全体を通じ繰り返される。レヴァンがミックスした〝I Know You Will〟の九分三十秒の12インチ・エクステンデッド・ヴァージョンですら、ややテンポが遅く脇道に逸れるところもあるとはいえ、このテンションの高まり／発散のフォーマットは維持している——グルーヴがひもをきつく絞るたび、バージェスが登場しその緊張感をゆるめる。〝I Know You Will〟はダンスフロアに喜びに満ちた結びつきの瞬間を生み出すために作られたレコードだ。だがクラブの外ですら、この曲は一体感を希求するあたたかな思い、ひとりきりの私的な思いの殻を突き破って他の人々と世界をシェアする必要性を心に掻き立ててくれる。

これに対してEP『Padlock』（ガラージ／一九八五）、レヴァンによるグウェン・ガスリーの五トラックの「スペシャル・ミックス」がある。『Padlock』は期待を引っ張りつつ、しかし聴き手が恍惚状態になる瞬間を常に遅らせるレコードだ。ダブ・レゲエのテクニックを拝借し、レヴァンはガスリーのオリジナルのヴォーカル・トラックをエコーたっぷりの、幽霊めいた存在に作り替えている。ゆえに力点はヘヴィで執拗なキーボード、ベース、ドラムのリズム（ウォーリー・バダルーにスライ&ロビーというまさにキラ星な面々がプレイしている）に置かれている——そしてリスナーを強制的に『Padlock』のグルーヴにロックインさせる。シンセの間隙とビート・マッチングを用いて〝Hopscotch〟、〝Seventh Heaven〟、〝Getting Hot〟、〝Peanut Butter〟、〝Padlock〟を縫合することで、レヴァンはひとつの統一体を作り出した。全体的な効果はカタルシスをもたらすことなくテンションをガンガン高めていくことにある――このＥＰは時間の経過にしたがい、リスナーの中に捌け口のない欲望を募らせていく。このたまった欲望はどこか別の場所で発散させなければならないし、この点がリスナーに興味と積極的な関与と共に未来へ足を向けることを強要する。それにふさわしく、この三十四分のミニ・アルバムはクレッシェンドもしくは何らかの結末へと高まることもほぼなく、ただ唐突に終わる――とどのつまり、欲望を長引かせることを目的とするレコードに、どんな結末のつけようがあるだろう？　同ＥＰやそれに似たミッドテンポのレコードは、この質問は「実生活」の中で回答を出すように、とリスナー側の手に解決を委ねる。

〝I Know You Will〟が世界との関わりを我々が維持していくための小さな喜びの爆発を数多く提供するとしたら、『Padlock』はそうした発散の瞬間を据え置きにし、聴き手が後から起動できるよう、彼らの中に潜在的なエネルギーをビルドアップしていく。このいずれのミッドテンポのモードも、生に対する欲を高める――前者は今その場での、直観的な本質把握の歓喜の瞬間を通じてそれをやるし、後者は我々の知覚の鋭敏化、将来的に満たされるであろう欲望を強めることによってそれをやっている。レヴァンのミックス群に備わった、現在進行形で快楽を作り出すモードと今後訪れる快楽への趣向を高めるモードとの間にあるこのテンションは、ミッドテンポのリズムを用いるどのダンス・ジャンルの中でも作用している。これと同じ境界線は、一九七〇年代、八〇年代、九〇年代のリズム重視なジャンル――たとえばイタロ、ＥＢＭ、シンセ・ポップ、ハウス、テクノ、モダン・ソウル――の中でも引かれているのが見て取れる。これらのジャンルのいずれも、ふたつのタイプに分けることができる――即時の充足感をもたらすものと、そのような満足感に対する期待を煽るものとに。

この境界線はダンス・ヴァイナルだけに留まらない――概してどのミッドテンポ・ジャンルにも当てはまる。たとえばフリートウッド・マックのような王道ロック・グループは、今述べた手法の双方でミッドテンポを用いた。〝ドリームス〟（『フリートウッド・マック』収録、リプリーズ／一九七五）や〝セーラ〟（『牙』収録、ワーナー・ブラザーズ／一九七九）のような曲は解決をチラつかせるもののそれを与えはしないし、一方で〝ジプシー〟（『ミラージュ』収録、ワーナー・ブラザーズ／一九八二）はひとつばかりかふたつのカタルシスの瞬間、スティーヴィー・ニックスの後半のヴォーカル・ブリッジとリンジー

・バッキンガムの白熱するギター・ソロのフィナーレへと盛り上げていく。これと同じ二分法はクラシック・ロックの聖典のどこにでも発見できる――たとえばクリーデンス・クリアウォーター・リヴァイヴァル（Creedence Clearwater Revival）のレコードだ。CCRの「チューグルする」ミッドテンポ曲、〝ラン・スルー・ザ・ジャングル〟（『Cosmo's Factory』収録、Fantasy／一九七〇）や〝キープ・オン・チューグリン〟（『Bayou Country』収録、Fantasy／一九六九）は我々をピンと張り詰めた、高まった精神状態に閉じ込める。これらの曲は強力なメロディよりもリフとグルーヴの反復を軸に展開し、したがってオチがつかない。対して、〝ヘイ・トゥナイト〟（『Pendulum』収録、Fantasy／一九七〇）や〝フォーチュネイト・サン〟（『Willy And The Poor Boys』収録、Fantasy／一九六九）のような激しいアンセムは、ジョン・フォガティのガラガラ声のコーラスが爆発するたび聴き手の中に歓喜を数々炸裂させる、あるいは正義感に満ちた怒りを解放するのが狙いだ。

そしてミッドテンポのファンク・レコードがある。ザ・ミーターズとジェイムズ・ブラウン＆ザ・JBズの二組は紛れもないファンク・ジャンルのパイオニアとはいえ、ミッドテンポのペースに関しては逆のことをやっている。ミーターズは〝Cissy Strut〟や〝Cardova〟（共に『The Meters』収録、Josie／一九六九）、〝Chicken Strut〟や〝Joog〟（共に『Struttin'』収録、Josie／一九七〇）のようなトラックで、これ以上ないほどタイトなリズムを用いてミニマルな、自分たちの中で完結したフォルムを作っていく。アレンジは無駄をそぎ落とされ、グルーヴは執拗に反復する。ミーターズは閉じたシステム群を作り出しており、リスナーとしての我々の喜びはそれらが誘発する油断を許さない心理状態に由来する。満たすことのできない欲望を聴き手の中に掻き立てることによって、ミーターズのレコードは聴き手を絶えず集中し生き生きとした状態に置く。それは我々に希望と不安を胸に未来に向かうことを求めてくる――冷ややかな無関心さはもってのほかだ。

対してザ・JBズの〝The Grunt〟（45回転、King／一九七〇）や〝コールド・スウェット〟（45回転、King／一九六七）といったミッドテンポ曲は、次々現れる新たなサウンドや質感の意外さであふれている。〝The Grunt〟のどの小節にもJBズのホーン・セクションが放つ新たな音符が詰まっている。叫び、うなり、悲嘆にくれ、と表情豊かなジェイムズ・ブラウンのリード・ヴォーカルは、メインのグルーヴが戻ってくるたび異なるダイナミクスを組み合わせてホーン隊と対話を繰り広げる。このタイプのファンクは、遅延なしにその場で快楽を提供する。

最後に、ダブ・レゲエのアーティストが元ネタ素材に施す手術に関して考えてみよう。ダブ・レコードはリミックスの数々だ——ゆえに我々にとっても「例A／例B」という具合に素材とダブ盤とを比較しやすい。ダブの「ヴァージョンズ」はオリジナル曲のもつ伝統的な楽曲構造を分解し、その過程の中で楽曲を自らをループし再利用するべく発展・成長していくものに作り替える。ダブはレゲエを光から闇へと変え、即座に楽しくなるというより、もっと陶然とさせるフォルムに向けて動かしていく。史上最高のダブLPの候補の一枚、サイエンティストの『Scientist Rids The World Of The Evil Curse Of The Vampires』(Greensleeves／一九八一)を例にとってみよう。

サイエンティストはたった四組のルーツ・レゲエ・アーティスト——ザ・ウェイリング・ソウルズ、ウェイン・ジャレット、マイケル・プロフェット、ジョニー・オズボーン——のレコードを用いて『Scientist Rids the World〜』を作り上げた。彼がウェイン・ジャレットの原曲〝Love in Mi Heart〟(『Chip In』収録、Greensleeves／一九八二。後から作られたサイエンティストのダブ・ヴァージョンが先に発表された)でやっていることは、ストレートなレゲエとダブとの違いの典型的な例だ。〝Love in Mi Heart〟は泡立つ活気に満ちたトラックで、ジャレットのメロディックで甘いテナーと滑らかなポルタメントが主役の座を占める。ホーン・トリオのスタッカートな調べをバックに、ジャレットのヴォーカルが楽曲に構造——明快な始まり・中盤・結末——を与えている。しかしサイエンティストのヴァージョン〝Blood on His Lips〟は、ジャレットのヴォーカルもザ・ルーツ・ラディクスのホーンの旋律もすっかり取り除く——ベーシックな「リディム」と、昆虫を思わせる、テープ加工されたハイハットのクリック(原曲のミックスではサブリミナルに低位置に置かれている)だけが残る。そうすることで、サイエンティストは表情豊かなラヴ・ソングを閉所恐怖症的な脳内トリップに改造する。

同じことはウェイリング・ソウルズの〝Fire House Rock〟(Greensleeves／一九八一)を『リッズ・ザ・ワールド』の〝The Mummy's Shroud〟に変容させたサイエンティストの手際についても言える。この曲で、サイエンティストは脇役のリズム・ギターのフィギュアに焦点を当てることを選び、ウェイリング・ソウルズの情熱的なルーツ味のヴォーカルの大半を取り去っている。彼はこのギターのフィギュアをミックスの上位に引き上げ、新たなトラックのリズム面での中心に変える。例外もあるとはいえ、ルーツ・レゲエは全般的にミッドテンポを感情のほとばしりのために用い、ダブはミッドテンポで心地よい緊張感を育て、フラストレーションと未来への期待感をためていく傾向がある。

サンプリングを基盤とするミッドテンポのラップはこの二分法をダブから直接受け継いだ。たとえば東海岸と西海岸のラップ・プロダクションの主な違いのひとつは、伝統的なレゲエのように解放をもたらすか、あるいはダブのようにそれを引き延ばすべく作用するかにかかってくる。ドクター・ドレーとDJクィックのGーファンクなプロダクションがもたらす純化された歓喜と、RZA（ウータン・クラン）やハヴォック（モブ・ディープ）らNY勢のダイナミックなテンションを較べてみて欲しい。西海岸流プロダクションは歓喜に満ち、外向きなエネルギーではじけたものになる傾向がある一方で、東海岸のそれはもっとダークで緊張感のある物事を掘り下げていく。全盛期のドクター・ドレーはパーラメントーファンカデリック、クリーアー、ザップ、マイケル・マクドナルドといった一九七〇〜八〇年代のイキのいいパーティ・ミュージックをよくサンプリングしたが、RZAはムーディで黙考型のディープおよびクロスオーヴァーのソウル曲、たとえばウェンディ・レーン（Wendy Rene）の〝After Laughter〟（45回転、スタックス／一九六四）やザ・チャーメルズ（The Charmels）の〝As Long As I've Got You〟（45回転、スタックス／一九六七）等の方を好んだ。優れたGーファンクのレコードが聴き手を奔放に自由電流を発散する活線に変えようとするとしたら、優れた東海岸ラップのレコードは聴き手をコンデンサのように扱い、後で使えるように彼らのパワーを取り込んでいく。

選択肢三：加速

フランス人理論家ポール・ヴィリリオによれば、我々はすべてスピードの犠牲者ということになる。彼の一九七七年の著書『速度と政治――地政学から時政学へ』を信じるとすれば、加速的な軍用テクノロジーは我々の日常を乗っ取り、その過程で我々を骨抜きにしたという。この現象の例としてヴィリリオは核兵器を中心に据える――原子力時代において、全面戦争はほんの一瞬で勃発しかねない。『速度と政治』の中で、その「爆弾」は市民と戦闘員の間の境界線を掻き消し、我々はすべて不承不承それに従属させられることになる。モダンなスピードは我々を「無目的かつ恒久的な緊急状態」に置く【註2】。ヴィリリオはこの新たな存在の状態の中で、我々は「人生」を「生存」に交換すると主張する【註3】。速過ぎて我々には制御できない、軍用化した速度による統治の支配下で経済的・政治的な変革は不可能に思える。『速度と政治』によれば、かつて歴史を推進した原動力の数々――大衆運動や集団イデオロギー――は新たなる主権である戦争マシンに圧倒され取って代わられたことになる。

明らかに、我々の日常生活へのスピードの浸透ぶりは徹底している。『速度と政治』が一九七七年に出版されて以来、我々の認識を形作る諸システムはスピードを更に上げ、混沌さを増す一方だった。核の脅威は今も暗雲のように立ちこめている。我々の暮らす環境が破壊されるペースも悪夢のように速まっている（アメリカ人ジャーナリスト、ディヴィッド・ウォレス‐ウェルズは『地球に住めなくなる日：「気候崩壊」の避けられない真実』の一ページ目で「気象変動のスピードの遅さなるものはおとぎ話」と警告する【註4】）。地球の至るところで大災害と暴力が新たな形をとって次から次へと吹きこぼれる。かつてないほど、スピードは命を奪う。

しかし現代が直面する困難の記述としての『速度と政治』は今なおつり込まれずにいられない内容だとしても、未来に対する処方箋としては役不足だ。同書は、今日のシステムの限界を越えたところにある生活に我々が想像をめぐらすための助けにならない。ヴィリリオにとって、モダンなスピードは本質的に全能の存在だ。彼の論議それ自体に抵抗の余地が一切残っていない。それは我々に対するスピードの勝利を、完膚なき、最終的な、取り返しのつかないものとして思い描いている。

さて、数々のレコードだけでは、もちろん戦争マシンを解体することも、地球規模の気象崩壊のペースに待ったをかけることも、徹底的にシステマチックな不平等の上に築かれた世界に正義をもたらすこともできないだろう。我々はとにかく、一九六一年に「おそらく、世界を救うのは音楽だろう」【註5】との感慨を（しかも広島と長崎の国を訪れた際に）述べたチェロの名人パブロ・カザルスほど賢く達観するわけにはいかないのだ。しかし我々の限界を押し広げ、速過ぎてついていけない気がするレコードは、突破への希望を抱く余地を確かに作り出す。最良な「加速型」レコードを聴いていると、ゆったりしたペースの生活形態に戻るのは不可能に思えてくる。スローおよびミッドテンポのレコードとは異なり、高速レコードは音楽的なスピードを用いて、世界全般の軍用化された速度にカウンターを仕掛ける。いくつかのジャンル、たとえばパンク、ハードコア、スラッシュ等はダイレクトにこれをやる――あるスピードのフォルムを、自らのそれで破壊しようとする。ポスト・パンクのような別のジャンルは、我々がこのあっという間に変化する時代に追いつき、その上でそれを批判できるよう、スピードを一種の診断用ツールとして使う。ポスト・パンクの痙攣する風変わりなリズムは、極めてこぎれいに整ったスムーズな生活形態の中にすら潜在的に備わっている分断線を提示してみせる。そしてハウス、テクノ、フリー・ジャズ、ラップといったジャンルは、聴き手を疎外しないスピードの未来のフォルムの見本を示す。

ギタリストのギュンター・シッカート（Günter Schickert）は耳慣れない名前で、クラウトロックや「コズミッチェ」音楽の数多のファンの間ですら知名度は低い。彼自身のソロ諸作と同じくらい、ベルリン派のパイオニア＝クラウス・シュルツェとの連携で知られる人物だ。少し前に〈Bureau B〉が再発したシッカートの最初のLP二枚、『Samtvogel』（原盤は自主リリース／一九七四）と『Uberfallig』（Sky／一九七九）にしても、彼をコレクターの意識内にかつかつ呼び戻した程度だ。これらはムラがあるレコードだが、そこに収録された中でもベストな楽曲群はシッカートの同期生で彼以上の称賛を集める、音楽的に最も近い存在であるマニュエル・ゲッチングが達した高みに匹敵する。

こうしたトラックのひとつが、『Überfällig』の一曲目、十五分にわたる〝Puls〟だ。テンポの速いレコードについてのセクションの皮切りにこの曲を選んだのは、まるで図解するかのごとく、この曲がスピードの主要な三つのフォルム――無骨な武器として、転覆の道具として、スピードの新たな使い方の見本として――を用いているからだ。クラウトロックはロック、ジャズ、現代クラシック音楽、エレクトロニック・ミュージックの交差地点から発生した音楽なだけに、そのジャンルの作品のひとつが十五分の尺の中に三つの異なる時間の使い方を含むのは実にふさわしい。

〝Puls〟は桟橋に穏やかに打ち寄せる波の水音から始まる。少しすると後方で子供の声が反響し、鳥のさえずりと頭上に吹く風の音が聞こえる。四人のダイバーが次々にザブンと水に飛び込み、スキューバのレギュレータ越しに酸素を吸引する音がそれに続く。ドラムスティックが金属を叩く執拗なパターンは始まるものの突然ストップし、続いて本格的に再開する。このカチ・カチ・カチ……と鳴るパターンは曲の終わりまで続く。ひたすら円環を描きループするエレクトリック・ギターのフィギュアがスタートし、それに伴い心拍を思わせるバスドラが入ってくる。その間に、曲の周縁部に奇妙な質感のあれこが忍び込んでくる。第二の「エコーするギター」が主要なギター・メロディから分派し始めると共に、曲は荒々しさと激しさを増す。空と海からの環境音――ギャアギャア鳴きながらなめらかに急降下するカモメの群れ、遠くでかすかに聞こえる声とスキューバの呼吸音――は一貫して混ぜ込まれており、聴き手は陸に、海に、それとも空にいるのかさだかでない状態になる。メインのエレクトリック・ギターが直線ルートを疾走する一方で、第二の繰り返し「エコーするギター」は思いがけない箇所に顔を出し続け、もっと攻撃的なリード・ギターの描くパターンからよろよろと離れていく。新たにややディストーションのかかった子供たちの立てる雑音や声がそこに加わり、曲全体が迫力を募らせていく。注がれる水の音が聞こえ、聴き手と陸／海／空との感覚は依然としてあやふやなままだ。エコーするギターの耳ざわりなドローンがメインのギターに加わり、そして突然、メトロノームのようにカチカチ刻む音と親を相手に遊びながらクスクス笑う子供たちのサウンドを除き、何もかもが軋みをあげて停止する。やがてその金属をコッコツ叩く音も途絶え、最後に聞こえるのは遊んでいる子供たちの立てるサウンドだけになる。

つまり〝Puls〟の中では、三つのくっきりしたスピードの形が具現化しているということになる。第一のフォルムはギターとドラムの執拗なリズム、叩きつけるキックと規則正しいカチ・カチ、の刻みを伴う――これらは攻めてくる、前進するスピードのフォルムだ。ゆるむことなく、あなたをその後ろに引きずっていく。曲のこの層はヴィリリオの描写したスピードの形態を音楽に転移したものに最も近い――推進型の暴力がある。次の層、もっとさりげない「エコーするギター」の層は、しばしば曲の主要な「心拍（pulse）」に割り込む働きをする。このスピードのフォルム、突然介入してくる勢力は、スピードを批判と論評のために使っている。層を削ってこのレベルまで達すると、聴き手は加速に対するもっと探求型の、即興的な関係性を発見する。最後に、環境音のサウンドスケープがスピードの第三のフォルムを実現させる。曲の最初から最後まで続くのはこれらのファウンド・サウンドだけだ。それらは楽曲の様々なピースを縫い合わせる役目を果たしている。それ自体のテンポは速くないものの、これがあるおかげで我々はこの曲のふたつのスピードの形態、ダイレクトに攻撃的なそれと間接的で介入型のそれとを一貫性のあるひとつの総体に繋ぎ合わせることができる。アンビエントなフィールド・レコーディング群によってまとめられた一個の作品として捉えると、〝Puls〟の中で執拗なメインのギターと実験的で何かを暴いていく「エコーするギター」とが、同じ音楽システムのふたつのパートとして存在する様が聞こえてくる。

〝Puls〟をこのように考えると、我々はこの曲を輪郭のはっきりしたふたつのスピードのフォルムが相互作用し合う戦場と見ることができる。この曲は層を重ねながらの音楽の作り方、より大きな全体像を作るために同じサウンドの別のフォルムをひとつにまとめていくやり方を教えてくれる。異なるフォルムとスピード、そしてその相関関係について考える機会をもたらす。世界と音楽双方における彼ら自身のスピードへのアプローチを再考することに聴き手を駆り立てる。クラウトロックとは異なり、ほとんどのジャンルはスピードの用い方においてこれほど多態的ではない。多くのジャンルは〝Puls〟に見出せる三つのタイプのスピードのひとつだけに集中し、戦闘型、介入型、もしくはオルタナティヴなスピードの使い方の一種類を拡張しそれ以外は排除する。以下に、その格好な例をいくつかを詳述していこう。

パンク、ハードコア、スラッシュの第一波はスピードを戦闘に用いた。パンクの開始地点には、レコード上では172BPMで疾走するドラムがライヴによっては250BPMになることもあったザ・ラモーンズのファースト・シングル〝ブリッツクリーグ・バップ（Blitzkrieg Bop）〟（7インチ、サイアー／一九七六）がある。パンクを切って落としたとも言えるこの7インチは、そのスピーディなフォルムと主題をミリタリーから拝借している——もっと具体的に言えば、ナチスのいわゆる機甲猛撃、「電撃戦（blitzkrieg）」のことだ。おそらくトミー・ラモーンは、曲名の最後に「バップ」を付け足すことで「電撃戦」から働くファシスト連想をアイロニーで冗談めかそうとしたのだろうが、曲の起源が軍隊調であることに変わりはない。モーターヘッドの「速くて残忍（fast and vicious）」（彼のバンドに対するレミーのモットー）なLP『オヴァーキル』と『ボマー』（共にブロンズ、一九七九）からザ・ウィアドース（The Weirdos）の〝We Got the Neutron Bomb〟（7インチ、Dangerhouse、一九七八）、そしてスレイヤーの〝Chemical Warfare〟（『Haunting the Chapel』収録、メタル・ブレード／一九八四）まで、パンクとメタルのレコードはヴィリリオが『速度と政治』で描いた軍隊化したモダニティの世界に取り憑かれている。一面で、多くのパンクとメタルのアーティストは自らの反権威主義な政治学を当たり前のごとく誇りにする。別の面で、彼らは戦争マシンのスピードとパワーから絶えずインスピレーションを受け、兵器類の暴力的なリズムをよく模倣する。ディスチャージ、ザ・ヴァルーカーズ（Varukers）、コロージョン・オブ・コンフォーミティ（Corrosion of Conformity）、ナパーム・デス（Napalm Death）のようなグループが露骨に左派な歌詞を書く際ですら、彼らの音楽のスピードと激しさはしばしば明らかに戦争調な雰囲気を保っている。ここに一部のメタルおよびハードコアのグループのファシストのイメージとの「戯れ」、そして彼らのファンの好むクルーカットや迷彩服、コンバット・ブーツを加えると、繋がりははっきりしているように思える。

しかしこのふたつの間の関係性はあらかじめ決まってはいない——ファストで攻撃的な音楽が自動的に戦争屋政治に通じるわけではない。「ロック・アゲインスト・コミュニズム」（※英国の白人至上主義パンク・ロックのムーヴメント／ジャンル）、スクリュードライヴァー（Screwdriver）、メイヘム（Mayhem）のファシスト剥き出しな白痴ぶりは、物語の一部であってそのすべてではない。ハードコアとスラッシュの荒々しいスピードは、暴力の考察——軍隊主義、激しい怒り、憤慨の批評——へのドアを開けるのと同じくらい簡単に暴力を鼓舞することもできる。これらのレコードは平和主義ではない——憤怒と不安が現代生活の中で果たす役割を中心に置くことに固執している。この点は、一部のコレクターがこれらのジャンルを本質的に汚らわしいもののごとく拒絶することにも繋がっているが、そうした道徳主義はこれらのレコードそのものの本当の意味での分析の代わりにはならない。

「速くて残忍」なレコードの最良なものは、モダンな暴力の果たす中心的役割を認識せよと我々に求めるだけで、この暴力のどのフォルムが正当かの判断はこちらに任せてくれる。この音楽フォルムにおけるスピードは世界のこれ以上の軍隊化を進めはしない。むしろ、自然にそうなるものだとされている軍隊化の状況をオープンな政治的疑問へと変える。これらのレコードは暴力的なスピードの現実であなたと対峙する。あなたの中の怒りと憤りの感覚に触れさせてくれる。結果、これらのレコードは戦争と革命、犯罪と正義、抑圧と解放との違いを識別する方向への最初の一歩になり得る。それは挑発であり、中立で無関心、満足し無頓着になっている聴き手から決断を引っ張り出すツールだ。

特にスラッシュとハードコアは、スピードと暴力の世界に向かい合うことをこちらに強いてくる。しかし『速度と政治』と同様、これらのレコードは自らの提起した問題に対する答えを提示しない。スラッシュの古典作、たとえばメタリカの『Master of Puppets』（エレクトラ／一九八六）とスレイヤーの『Reign in Blood』（デフ・ジャム／一九八六）は、えんえん引き延ばされたスピードとパワーの攻撃で聴き手を圧倒しようとする。メタリカの〝Battery〟と〝Damage, Inc.〟は、彼ら以外の数多くの八〇年代初期のモンスターたちと同じようにどの楽器も猛スピードで激しく叩きつけ、うめく全面攻撃をこちらに仕掛けてくる。彼らはこちらを見つけ出し破壊する――その響きはしばしば軍隊が戦争に突入する様を露骨に思わせる。スレイヤーの220BPMの曲〝Raining Blood〟は同じ青写真を踏襲しているが、それどころかアルバムのラストを飾るギター・ソロでメタリカのスピードさえしのいでいる。スラッシュが威力を発揮すると、こちらの感覚を乗っ取っていく――長く続くムチ打ちと極度に激しい怒りの感覚とを生み出す。その電光石火のリフと機械的に猛速な／あるいは削岩機めいたドラム・ビートの爆発とで聴き手を感服させようとする。その手の音楽を作るミュージシャンも大抵の場合、スピードの壮大な世界を築き上げ、ヘヴィで激怒に満ちた演奏を通じて聴き手が畏怖の念を抱くことを要求してくるくらい自らをシリアスに捉えている。だが聴いていた間の生々しいエモーションが薄れたところで、自身のより本能的な反応の数々を整理し、それらの違いを見極めるのはリスナーの側だ。

ハードコアも同種の効果をもたらすが、スラッシュが詰め込み過ぎなスピードの叙事詩を構築しがちなのに対し、ハードコアは可能な限り最短なフォルムに何もかも突っ込もうとする。ハードコアはスピードを用いて簡潔なミニチュアを作り上げ、できるだけ短い尺の中で最大限をやろうとする。ネガティヴ・アプローチ（Negative Approach）の〝Pressure〟（7インチ、Touch and Go／一九八二）は八秒の曲に七行の歌詞を叩き込み、救いようのない極度の不安発作に伴う激しい逆上をドラマ化する。約一分強で終わるバッド・ブレインズの〝Fearless Vampire Killers〟（『バッド・ブレインズ』収録、ROIR／一九八二）はあっという間に聴き手を抜いて走り去る、スラッシュになり得たトラックを短い衝撃波に圧縮した曲だ。「最初の」ハードコア・レコードとされるザ・ミドル・クラスの7インチ（Joke Records／一九七八）のタイトル曲〝Out of Vogue〟は一分フラットで、曲が展開するというより爆発し消える感じだ——競い合うヴォーカル勢がコーラスを短くがなりぶつけ合う一方でドラムスとギターは進撃しストップし、それで終わる。スラッシュの叙事詩とは異なり、これらの歌は飾りが一切ない——最良のメタルですら悩まされるヴォーカルの芝居臭さは抜きで歌詞は吐き出されシャウトされ、ギター・ソロに溺れることもめったにない。メタリカとスレイヤーのアルバムが全面的な戦闘作戦だとしたら、ハードコアのシングルはゲリラ攻撃だ。スラッシュ曲は暴力的なスピードに支配された世界の図を提示する。ハードコア曲はそのスピードが勃発する短い瞬間を見せる。

となると、スラッシュとハードコアはモダニティの暴力的なスピードをじかに盤に移し替える試みだということになる。この直接的なアプローチにもそれ固有の限界がある。しばらくすると、熾烈なスピードはミュージシャンとリスナー双方にとって単調になってくる——その道具箱に入ったトリックの数はたかが知れているし、どのレコードも同じに聞こえ始める。ハードコア・パンクとスラッシュだけではなく超高速なダンス・ジャンルのいくつか（そのひとつはやや混乱を招くことにこれまた「ハードコア」と呼ばれる）にも共通するが、この点ゆえにジャンルが成長・発展しにくくなる。皮肉なことに、光の速度に乗るとすべてが混ざり合い始めるのだ。時に、ハードコアとスラッシュにやれることはすべてやり尽くされたのではないか、両ジャンルの達した最高水準点は今後も突破されることのない最終声明なのではないか、という感じがする。

対照的に、ポスト・パンクが速度を上げるとそのリズムはバラバラにほぐれる。ハードコアとメタルに較べるとポスト・パンクのスピードの使い方は遠回しだ。加速するにつれ、スピードはよりギクシャクし混乱したものになっていく——あたかも、ポスト・パンクのグループはもはや速度と権威との繋がりを信じていないかのように。ディス・ヒート（This Heat）やエッセンシャル・ロジック（Essential Logic）のようなバンドは、攻撃の手段ではなくむしろ実験装置としてスピードを使う。その結果彼らのレコードはしばしば完成作というより、前世代パンク勢の剥き出しな攻撃性に陥ることなくスピードを扱う試みとしての、制作途中段階の作品に聞こえる。最も良い状態のポスト・パンクは、活気に満ちテンポが速いと同時に知的かつ自己批判的でもある音楽だ。最悪な場合、それはパンクより興奮に欠けるものの気取りはそれ以上という離れ業をやってのける。

ディス・ヒートが12インチ『Health and Efficiency』(ピアノ/一九八一)やLP『Deceit』(ラフ・トレード/一九八一)でおこなったスピードの使い方は相当に複雑だ。たとえばタイトル曲〝Health and Efficiency〟はたくましいドラムを伴う、攻撃的でアンセミックなパンク曲として始まる。しかし二分三十秒あたりまで聴き進めると、バンドは奇妙でオープンなハイハットのグルーヴへと連結し、ドラムとギターのリズムはファウンド・サウンドのサンプリング、テープ操作されたエコー、行き当たりばったりにガーンと鳴る金属板等々と合わさり変容していく。この五分間のセクションは同じくらい速い、しかしもっと隙間のあるコーダに座を譲り、そこでは金属を削る音と断片的なリズムが曲のフェード・アウトまで続いていく。三つのセクションを通じて、この曲はリンクした、しかしはっきり異なる三つの音楽的スピードのフォルムを探る——冒頭は伝統的なパンクを象徴し、続くフォルムはインダストリアルなブレイクダウンをもたらし、最終楽章は曲のオープニングのルーズなフリー・ジャズ解釈を提示する。ひとつのヴァージョンのどれにも落ち着かないことで、この曲は三つの速いモードがひっくり返り、かつそのどれもがバラバラになる瀬戸際にある様を提示する。『Deceit』収録の傑作〝S.P.Q.R.〟は我々の生きる帝国時代における生のパラドックスを代弁する——それは単調な繰り返しであると同時に、ぞっとするほど抑制不能な状態にあるように響く。この曲の引きつったギャロップは、混乱したシステムがループを次々に重ねながらどうにか自らを機能させる様を表している。この曲(と、更に言えば『Deceit』全般)でのスピードは、帝国期を生きる者たちが送るトチ狂った人生レース——あまりに速く動いていて、いつなんどき車輪が外れてもおかしくない世界——を提示するために使われている。これはかつての古代ローマから大英帝国、そしてアメリカ合衆国が主権を握る「新帝国主義」へと重複する、帝国の活況/不況の周期を生きる上で日常的に感じるエネルギーとフラストレーションを捉えている——帝国制度のように、〝S.P.Q.R.〟もまた、崩壊する危険に常にさらされているにも関わらずしゃにむに進み続ける。ディス・ヒートは、現代世界を支配するシステムに走る割れ目や亀裂を見せるべくスピードを用いる。

ポスト・パンクのサキソフォン奏者、ローラ・ロジックの率いたエッセンシャル・ロジックも、高速でカオティックな編曲をそれに似た脱構築効果をもたらすために用いた。"Aerosol Burns"（7インチ、Cells／一九七八）、"Wake Up"（12インチ『Beat Rhythms News』収録、ラフ・トレード／一九七九）や"Quality Crayon Wax O.K. Horn"（同上）、"Born in Flames"（レッド・クレイヨラとの共演7インチ、ラフ・トレード／一九八〇）のようなレコードに耳を傾けていると、音楽のふたつの階層が同時に聞こえてくる。第一に、これらの曲の短気なエネルギーがある――音楽と言葉が猛進し、どれひとつ細部を聞き逃すまいと聴き手は懸命になる。しかしそれと同時に、隙をみて足を掬うような風刺精神も機能している――これはストップ／スタートのアレンジ、そして何よりロジックの分離型なサックスの演奏と歌唱からもたらされる。たとえば"Wake Up"での彼女のホーンは、ファンクの旋律をフリー・ジャズの本能的衝動でプレイしたものだ――グルーヴしてはいるが、不協和音の、調子の外れた拍子であるがゆえに、聴き手は常にハラハラさせられる。"Born in Flames"でのロジックのヴォーカルの幅は軽快なソプラノからアルペジオのかかった詠唱、熱狂的な悲鳴にまでわたり、聴き手は不安を抱き警戒し続けることになる。概して言うと、このようなポスト・パンクのレコード群はスピードを多数のフォルムに再分している。それらは初期パンクやメタルに見受けられるスピードに対する一元的で攻撃型なアプローチを解体し、そうすることでスピードの多種多様な可能性を、しばしば一個の曲の中にさらけ出してみせた。

エレクトロニック・ダンス・ミュージックのほとんどはそこまで攻撃的ではない目的のためにスピードを用いる。スラッシュやハードコアとは異なり、ＥＤＭ勢は支配者の戦争マシンを解体するためにその暴力的なスピードを利用しようとはしない。かといってポスト・パンクの脱構築的アプローチを取り入れるわけでもない。むしろシカゴ・ハウス、アシッド・ハウス、テクノ、シンセ・ポップ、ＥＢＭといったジャンルは、今存在するスピードに代わる、新たなスピードのフォルムを生み出そうとする。もちろんここにも例外はある――先にも触れたガバ、ダブステップ、ブレイクビーツ、ＢＰＭ３００〜１０００以上のナンセンスであるスピードコアやエクストラトーンのようなジャンル――とはいえ、これらはさして収集価値の高くない、もしくは幅広いアピールに欠けるジャンルだ。最良なダンス・レコードは一回限りの新奇なトリック効果を目当てにスピードを使わないし、それを楽しむためにクラブに行く（あるいは映画『マトリックス』や『ブレイド』を見返す）必要はない。パンクとメタルもそうだが、ダンス・ミュージックのテンポがあまりに速くなって変わりがなくなると、聴き手はそれらをスピーディなものとして認識しなくなる。厳密に言えば高速かもしれないが、そう感じられない。字義通りのテンポとBPMにも意味があるとはいえ、それらは決定的な要素ではない。ではこのセクションで、加速感とスピードに乗っている感覚をもたらすレコードについてもっと考察してみよう。

スピーディなダンス・レコードは本質的によりなめらかなもので、つま弾かれ、かき鳴らされ、叩かれる楽器で作ったレコードよりもっと固定したリズムを使う。たとえ壊れたドラム・マシンやシンセを不規則に再プログラムしても、やはりそれらは人の手で演奏される楽器のパターン以上に規則正しく、ブレのないものを作り出す。フィルや腕を見せびらかすお飾りの演奏、ミス（最も「モータリック」なライヴ盤ですら聞こえる）を取り去ったファストなダンス・レコードは、聴き手が思考、フィーリング、動きを向けていく中心により安定したグルーヴを据えている。展開を予想しやすいとはいえ、スピーディな拍動により音楽の魔法は解けにくくなるし、ビートの合間に気の散る要素が闖入する率も低くなる。ドクター・キャットのイタロ古典 "Feel the Drive"（12インチ、Il Discotto／一九八三）のようにダンス曲の題名にすら記されているその安定した前進力（ドライヴ）は、その場でのロボットめいたリズムへの隷属に繋がるのではなく、聴き手の中に別の類いの創造力を解放する。次のビートへの期待をどんどん高まらせることで聴き手を未来へと駆り立てていく。最良のファストなダンス・レコードは現在に対するほぼ神秘的と言っていい見当識を作り出し、そこを来るべき欲望で充電する。それらのレコードは、未来は変化にオープンだとの感覚を発生させる——そして新たな存り方の予感を現出させる。

シカゴ・ハウス、デトロイト・テクノ、シンセ・ポップははっきり異なる三つのジャンルとはいえ、いずれも上記の目的でスピードを用いている。そのすべてがドラム・マシンの安定した拍動を使って聴き手を前へ引きずっていく。先に論じたミッドテンポのダンス・レコードとは異なり、これらテンポの速いレコードは緊張／解放の間の相克を丸ごとよけて通る。聴き手を快楽と苦痛を越えた地点に連れていこうとする。人工的なリズムのスピードとまばらに重なった何層ものムードの双方を通じ、それらのレコードは本質的にSF調な時間との関わり方へ聴き手を導いていく。リズムは常に攻撃的とは限らない——ストレートな「バンガーズ」をもたらすのと同じくらい、これらのリズムは類推された未来世界の図としても機能する。たとえばフランキー・ナックルズとジェイミー・プリンシプルによる、クラフトワークに影響されたハウスの古典 "ユア・ラヴ"（12インチ、トラックス／一九八七）は叩きつけるリズム・トラックにアルペジオのかかったこの世のものとは思えないシンセを組み合わせる——その響きは未来っぽく、あるいは少なくとも、我々が実現する機会を逃した「あったかもしれない」未来図を想起させるものだ。ステディなビートをたどっていくうちにシンセ（ひとつはリード、もうひとつは伴奏）がどうにも言葉で言い表せないフィーリングを解き放っていき、それは聴き手の理解の追随を許さない。今ではやや使い古された感もあるが、フューチャー（Phuture）の〝アシッド・トラックス〟（12インチ、Trax／一九八七）は聴き手の身体と心に未来はどうなり得るかを考えさせる、人工的なスピードの興奮を今なお保っている。

デトロイト・テクノに至ると、音楽はそれ以上に更に未来志向になりリズムも能率的になる。ホアン・アトキンスによるモデル500名義の〝Testing 1-2〟（12インチ、Metroplex／一九八六）を例にとると、このトラックは疾走するビートに元気に跳ねる、切り刻まれ速度を上げた、曲に終始残響し続けるヴォーカル・サンプル群を混ぜている。経験の新たな可能性を見つけるべく、人間の時間が引き伸ばされ加速される感覚をもたらす曲だ。ドレクシアの旧譜はスピードに関するこのような実験の数々に満ちている。〝Positron Island〟（12インチ『Bubble Metropolis』収録、Underground Resistance／一九九三）はくねくねと動き摑みどころなく加速する世界を表現し、〝Triangular Hydrogen Strain〟（『Neptune's Lair』収録、Tresor／一九九九）では疾走しつつも平静という、潜水艦航行に似たペースを達成している。〝Black Sea〟（12インチ『The Journey Home』収録、ワープ／一九九五）は彼らにとって最も直球なダンス・チューンに近い曲だが、それでもなお聴く者を黙考型の、前兆を待つ状態に置く。また、シカゴとデトロイトではなくそれぞれシェフィールドとフィラデルフィアから登場したとはいえ、キャバレー・ヴォルテールの高速なシンセ・ポップ曲〝I Want You〟（12インチ、Some Bizarre／一九八五）とエクスペリメンタル・プロダクツ（Experimental Products）の〝Glowing in the Dark〟（12インチ、Short Circuit／一九八四）もリスナーに同様の効果をもたらし、古い習慣を打破し世界をもっと新しく速い見方で認識するよう彼らをプッシュしていく。

動きを速めたジャズとラップのレコードも、聴き手を未来に向かわせる。それらは若いミュージシャンに向けて新たな手法のモデルをはっきり提示している——秘密の暗号を解くまで、彼らはレコードを遅く再生し、繰り返し、それに合わせて演奏できる。これは全ジャンルに当てはまる話とはいえ（若き日のジョージ・ハリスンがお気に入りのR&B曲の45回転を33⅓回転に落とし、それに合わせて練習していた姿を思い浮かべて欲しい）、緻密で厚く、アドリブなパフォーマンスが収められたラップとジャズのLPに関しては特にそうだ。録音音源なしには、スピーディでとっさに生じたラップとジャズのプレイのいくつかは真似しようがない。ジョン・コルトレーンが〝ジャイアント・ステップス〟（『ジャイアント・ステップス』、アトランティック／一九六〇）でやった有名なBPM３００で三つのキーを用いた転調であれ、ノトーリアスB．I．G．とボーン・サグスン・ハーモニー（Bone Thugs-N-Harmony）の〝ノトーリアス・サグス〟（『ライフ・アフター・デス』収録、バッド・ボーイ／一九九七）での速射砲のライミングであれ、ラップとジャズのレコードの数々の劇的なスピードの用い方は聴き手の課題のレベルを上げる。それらは暗号を解読しつまびらかにせよと求めてくる。これは音符ひとつひとつ・言葉を逐一書き取っての解析、もしくはもっと抽象的な、レコードの構築およびメソッド分析のどちらかに繋がっていくだろう。そのいずれにせよ、高速なジャズとラップの分速一マイルの疾走とリズムは未来のポテンシャルを教育し、塑像する。記録された人工遺物として、これらは全リスナーの中に分析と能動的な学習心を掻き立てるし、ミュージシャンを目指す者にはとりわけそうだ。この点は、ジュリアード音楽院やバークリー音楽大学といったエリート音楽校のジャズ教育では長きにわたり理解され実践されてきたが、ことラップ・レコードとなるとまだあまり探究されていない。

早口ラッピングは賛否両論で、一部のヘッズは忌み嫌い、他の連中は大ファンだ。ひどい作品の場合は確かに、アーティスト性の熟練した見せ方というより学校でやる単調な練習に近いと感じる。巷に転がる技術的に高速なラップのいくつかを聴くのは、ペンキが乾くのをぼーっと眺めるのと同じくらいエキサイティングなこともある。イングヴェイ・マルムスティーンの弾く速いものの活気のないメタル・リフもそうだが、スピーディにまくしたてるラッピングは興奮させられる音楽を保証してはくれない。実際、丸暗記で機械的なエクササイズ型の高速ラップは聴き手が加速感覚を維持するのには役立たずだ。しかしいざ早口ラップが功を奏すると、その効き目は甚大だ。録音音源とはいえ、そのスピードが作品を制御不能で即興的な、常軌を逸した感じのするものにしている。初めて聴いた段階ではついていくだけで精一杯になる。ベストな早口ラップのレコードは我々の神経を常にとがらせた状態にし、その速力の勢いすべてをフォローしようとの思いを掻き立てる。

このようにスリリングなスピードを生み出すことは、初期のラップが真価を発揮していく上で不可欠な要素だった。たとえばシュガーヒル・ギャングのようなディスコ・ラップは、子守唄の合唱のフローに閉じ込められていた。現在の耳に彼らのレコードはぎこちなく古臭く響く。革新はスプーニー・ジー・アンド・ザ・トレチャラス・スリー（Spoonie Gee & The Treacherous Three）の〝The New Rap Language〟（12インチ、

Enjoy／一九八〇）のような曲でもたらされた。古いディスコ・ラップのスタイルに片足を突っ込みつつ（たとえば彼らもまだ子守唄を参照していた）、このハーレム発のグループはもっと速く息もつかせぬラップのスタイルをミックスの中に持ち込んだ。この曲は一種のリレー競走だ――ひとりめのラッパーが彼のヴァースを次のラッパーにパスし、渡されたラッパーは切れ目なくそのヴァースを拡張して終わらせ、そして彼自身も三人めのラッパーにトラックを引き継がせる。結果生まれたのは、今なおスリリングで、疲れ知らずの容赦ないパフォーマンスだ。この曲は細かく分析するのも憶えて歌うのも楽しい、独創的なフローで満ちている。引く手あまたなワイルド・ウィリーの一九八二年のアセテート盤（Sterling Sound Incorporated）は、トレチャラス・スリーの足跡を踏襲しつつカオスの要素を導入している。パーティ向けのブギー・ラップ〝Wild Willie〟は、せかせかした、調子外れな話しぶりを使って面白さを維持している。ウィリーの演じる親指トムのペルソナと言語障害気味な口調が詰まったこのコミック・ソングは、我々がディスコ・ラップに抱く予想を裏切るべく不正確なスピードのフォルムを用いる。消耗され尽くした感のある〈シュガーヒル・レコーズ〉産レコードの多くに較べ、いまだにクセになるレコードだ。〝The New Rap Language〟と同じように、この曲も聴き手に繰り返し聴き、その仕組みを理解することを促す。

ラッピングの加速自体、一九八〇年代が終わりを迎えるにつれ加速した。言うまでもなく、パブリック・エネミーは〝レベル・ウィズアウト・ア・ポーズ〟や〝ファイト・ザ・パワー〟（共に『It Takes a Nation of Millions to Hold Us Back』収録、デフ・ジャム／一九八九）、〝バーン・ハリウッド・バーン〟（『Fear of a Black Planet』、デフ・ジャム／一九九〇）といったトラックでヴォーカルとプロダクション双方のスピードと攻撃性を増した。ラッパーもテンポの速いプロダクションに複雑なライムを乗せるのに長けるようになった。ウルトラマグネティックMCズの〝Kool Keith Housing Things〟（『Critical Beatdown』収録、Next Plateau／一九八八）は早回しした〝Cold Sweat〟のサンプリングと〝Giving Up Food for Funk〟から引っ張ってきたリフを凝縮し、次のディケイドのメインストリームと「ランダム」ラップの双方のテンプレートを敷いた。首尾一貫したラインとピシャリと簡潔に反駁の数々を高速でまくしたてるクール・キースの能力は今なお圧倒的だ。ランダム・ラップのジェムであるロニー・O（Lonnie O）の〝Dream On〟（12インチ、Hot Comb Hits／一九九二）も、そのヘリウウムを吸ったごときエヴァリー・ブラザーズのサンプリングとビッグ・ダディー・ケーン流のハイパーなフローで同じ系列にある。ア・トライブ・コールド・クウェストのブレイク曲のひとつ、ポッシー・カット（※複数のラッパーがヴァースを続けていくスタイル）の〝Scenario〟（12インチ、ジャイヴ／一九九一）はひときわ電光石火なバスタ・ライムスのラッピングをフィーチャーしており、自分の聴いたものは何だったのか、その暗号を解読するために『Yo! MTV Raps』視聴者の一世代をATCQ作品購入に走らせた。マイアミ・ベースとLAエレクトロ・ラップは、エレクトロのスピーディな808のビートを取りあげ、そこにラップを乗せ始めた――ウィリー・ウィルの〝Rap Terminator〟（12インチ、Franki Flight／一九八九）のようなラップはミニマルなエレクトロ型のビートの上を滑走していく。エジプシャン・ラヴァーの〝Egypt, Egypt〟（12インチ、Freak Beat／一九八四）といったレコードは、同種のエレクトロ・スタイルなヒット曲――アイスーTの〝パワー〟（同名LP収録、サイアー／一九八八）、そしてJJファッド（J.J. Fad）の〝スーパーソニック〟（12インチ、Dream Team／一九八八）やソルトン・ペパの〝プッシュ・イット〟（12インチ、Next Plateau／一九八七）やエルトリム（L'Trimm）の〝Cars That Go Boom〟（Time-X／一九八八）といったクロスオーヴァー・ヒット――の先鞭をつけた。これらの曲がポップ・ヒットになったのはそのスピーディなエネルギーと、エレクトロのビートに速いフローを乗せるコツを聴き手に教えた、クセになりやすいレコードだったからだ。

一九九〇年代にスピーディなフローは更に複雑さを増し、暗号解読の対象として聴き手にとってますますエキサイティングなものになった。先述した〝ノトーリアス・サグス〟は、初期スリー・6・マフィアのトラックを踏まえたか踏まえなかったかは定かではないが、ボーン・サグスン・ハーモニーの革新的でとりわけ謎めいた、燃えるような早口をショウケースした。ボーン・サグスン・ハーモニーのラッパー勢よりスローだとはいえ、ビッグ・パンの〝The Dream Shatterer〟、〝Twinz〟、〝Fast Money〟（『Capital Punishment』収録、Loud／一九九八）のようなトラックは息もつかせぬバイリンガルな速射フローをフィーチャーしており、一回聴いただけでは聴き取るのがむずかしい。アウトキャストのヒット曲〝ボムス・オーヴァー・バグダッド〟（『スタンコニカ』収録、LaFace／アリスタ／二〇〇〇）でアンドレ3000とビッグ・ボーイはハイパーな速さのエレクトロニック・ダンス・トラックを軸に元気に動き回りその合間を縫い、それによって状況をよりデジタルな、サンプリング志向の低い方向へもっていった。同年出た、バイナリー・スター（Binary Star）の「オルタナティヴ」ラップの古典アルバム『Masters of the Universe』（Subterraneous／二〇〇〇）はセニム・シラーとワン・ビローの両MCが複雑に入り組んだライムの詰まった重厚なリリックを吐き出すように速射する様を捉え、二〇〇〇年代および〈ディフィニティヴ・ジャックス〉といったこの時期のインディ・レーベルの模範を示した。もっと最近で言えば、フランク・オーシャンの〝コム・デ・ギャルソン〟（『Endless』収録、デフ・ジャム／二〇一六）やヴィンス・ステイプルズの〝War Ready〟（10インチEP『Prima Donna』収録、デフ・ジャム／二〇一六）といったトラック――後者がアンドレ3000をサンプリングしているのは偶然ではない――はシンコペートしたスピーディなラップを使うことで聴き手の足を掬い、ラッパーの口調に埋め込まれた歌詞を解読しようと彼らを必死にさせる。

最良のファストなラップは、ファンが歌詞を暗記することを求めてくる。この点において、レコードは助けになる――いったん針を上げてストップし再開し、もっと楽に解読できるよう遅く再生することもできる。こうして、レコードは二部構成の経験をもたらす――まず、聴き手はビッグ・ボーイやビジー・ボーンといったラッパーの名人芸なスピードに圧倒される。それに続く経験は、繰り返し再生してラップとそれがどう機能しているかを分析することにある。卓越したスピードの経験とその分析との間に生じるこの回路に、丸ごとひとつの世界が扉を開ける。あなたの理解力に挑んでくる、とある作品に備わったマジックと謎の双方を手に入れ、しかもそれを理解しあなた自身の未来の作品へと変容させるチャンスがもたらされる。昔の学童は強制的に詩を暗記させられ、それによって記憶力だけではなく言語と文の組み立てに関する能力も鍛えたものだった。この訓練は彼らを詩のより良い理解者にしただけではなく、彼らを未来の詩人に変えた。残念ながら、それはしばしば社会統制の道具――学生の認識の仕方そのものにイデオロギーを叩き込むための方法――でもあった。定められた一連の文章とメッセージとが、創造性に取って代わった。ラップ・レコードに耳を傾けるDIYな経験、とりわけテンポの速いレコードを聴くことは、このプロセスの利点をキープしつつ完全に自主的で自由な状態を保つ。それは制度的な教育から離れた場で、ある美学的形態に対する愛情を刷り込んでくれる。ジャズと詩がかつてそうであったように、スピーディなラップのレコードは解読するのがエキサイティングな古いフォルムを提示することで、新たな音楽をインスパイアする力を今なお備えている。

経験ゾーンその二：声

「あなたの声を見つけましょう」、自助のアドヴァイスはそう繰り返す。広告主やマーケティング担当者を信じるとしたら、我々ひとりひとりの中に、発見される日を今か今かと待つ独自の声が備わっていることになる。内に秘めた「ひとつだけの声」を見つけるために、我々はとにかく日常生活につきものの様々な雑音を切り開いていかなくてはならない。それをやった上でやっと我々は、人類の精神を綴った年代記に世界がこの声を真の貢献として組み入れてくれる、との確証を得ることができる。

もちろんこの見方は、我々は生まれつきの声を持っている、更に言えば我々には固定したアイデンティティがあるとの仮定の上に成り立っている。しかし我々の声そして自己という感覚は発達中のそれであり、もしくは少なくともそうあるべきだ。たとえ歌声は身体から直接発するかのように思えても、最も力強いヴォーカル・パフォーマンスの数々ですら技術と偶然の産物だ。たとえばアメリカ人ロッカーのロバート・ポラード、アレックス・チルトン、クリス・ベルらは、まったく作り物の英国なまりを使って素晴らしいレコードを作った。シンガーは社会通念と音楽慣習、この世界の幅広いタブーや誘惑の数々に対する反応として自らの声——および彼らの録音されたアイデンティティ——を形作る。人には生まれつき歌声が備わっているが、レコードで我々が耳にする歌声はプロデュースされたものだ。批評家エドワード・セッドは、それが聴き手に及ぼす効果は「パラドックス（逆説）」だと書いた——「ひとつの文章、あるいは一枚のレコード（斜体強調は筆者によるもの）くらい人格のない非人間的なものであってもやはり、〝声〟のように生き生きした、直接的で、移ろいやすい何かのしるしあるいは痕跡をもたらすことは可能だ」【註6】。ことヴァイナルに関して言えばこれは、録音された歌い声は技術の産物ではあるものの、それでもやはり真に迫って「生き生きした、直接的な、移ろいやすい」ものに響き得るという意味になる。セッドは更に、すべての芸術的選択は過去と未来の受け手の期待を念頭に入れて下されるものだと述べる。これは、おそらく全音楽楽器の中で最もありのままで無条件に出てくると思われている録音された歌声にまで当てはまる、というのが私の意見だ。だがこれにおいては、最終的な彼らのヴォーカル・サウンドを決定する要素はシンガー自身の技術ばかりではない。

録音音楽において、歌声に適用されるプロダクションのスタイルは決定的だ。プロダクションはある声が聴き手にどう響き、伝わるかを根本から変えるため、想定されたオーディエンスおよび消費者基盤の特定のセクター向けに声を変性させるのにも利用できる。ヴォーカル・プロダクションは歌手とその対象となる聴き手との間の仲介フィルターとして機能する——レコーディングそのものにおいて聴き手の期待が推測され、かなえられる場所がここになる。

現在のヴォーカル・プロダクションの嗜好傾向は、広く万人受けする声らしい。これは過去に較べて歌い手の個性に強弱の差があるからではなく、彼らはすべて昔に較べてもっと均一で標準化された手法でプロデュースされているからだ。結果、最も人気のある歌声は、そのジャンル内で既に成功を収めた他の声と響きが似たものになる。ラップであれポップであれカントリーであれ、当代のヴォーカル・プロダクションはどのヴォーカリストも他と似たり寄ったりにする効果を備えている。こうなる理由は、デジタルなヴォーカル・プロダクションは同じテクニック体制を適用し続けるからだ。コンプレッション、ピッチ修正、甘くラウドで単色な効果を生み出すコーラス・ヴォーカルのエフェクト。これはジャンル内および各種ジャンル間に当てはまる。インディペンデント音楽界では美学面でこの支配的パラダイムから離れたり逸れる余裕がもっとあるものの、同じ現象は商業ラジオだけではなくBandcampでも起きているのが見て取れる——レコードから聞こえるヴォーカルの幅と多様性は、本質的に狭められたように思える。さて、これは何も過去に較べると今の音楽は劣るという意味ではない——単に、デジタル録音技術の数々とそれを好む風潮が録音された歌声を使ってやれることの幅と多様性を覆い隠してしまったというのに過ぎない。トラップのプロデューサーもマックス・マーティン（ブリトニー・スピアーズ、バックストリート・ボーイズ）に続く世代のポップのプロデューサーも手がけるヴォーカリストすべてに対し画一的なプロダクション体制を敷きがちで、彼らはいずれも非常に楽しく革新的な音楽を作り出している。だがたまに、ヴォーカリストが誰かを聴き分けにくいこともある。

　過去のヴァイナルは、トップ40はおろかコンテンポラリーなBandcampが現在提供しているものよりはるかに広い幅を誇る歌声の数々を提示してくれる。これら過去に録音された声の数々にしても今日と同じくらい「製造」されたものとはいえ、その間にある差は著しい。こうなるのは、プロダクションのスタイルとヴォーカル・パフォーマンスのいくつもの組み合わせがまだ実験段階にあり、たったひとつのアプローチが業界スタンダードとして凝固していなかったからだ。ヴァイナルのアーカイヴと長くつき合えばつき合うほど、録音スタジオの内と外での人間の声の可能性という概念はますます広がる。過去の声は今日のそれよりももっと雑多で不均一にプロデュースされていた——ローファイにハイファイ、厚いリヴァーブとエコー処理をかけたもの／かけないもの、ヴォコーダーを通したものと剝き出しのままの声、民家のポーチや野原で録音されたものもあればアビィ・ロード・スタジオ録音もあり、プロの歌手から趣味で歌う者、子供たちの歌唱まで様々だ。今日多数派を占めるデジタル・プロダクションに対照すると、これらの声は唯一無二のものと響く。今の時代、ヴォーカル・プロダクションとヴォーカルの関係性は固定したものになっている。それゆえに、ヴァイナルのアーカイヴに舞い戻り、他に類を見ないヴォーカルの録音音源を掘り起こすのは極めて重大な懸案事項のように思える。そうすることによって、我々は未来の録音音楽にとって今もなお可能性を秘める、過去におこなわれた数多くのユニークなヴォーカル・プロダクションとパフォーマンスの組み合わせに光を当てることができるはずだ。

声の選択肢その一：唯一無二

唯一無二の録音された声は、その定義からしてユニークだ――たったひとつの例だけではその全体を代弁できない。というわけで、前記の時間に関するセクションとは異なり、このセクションの導入部としてどれかひとつのレコーディングを例に抜き出すのはやめておくことにする。唯一無二な歌声の中にはメランコリーの感覚を生み出すものもあれば神秘の念を生むものもあり、パワーで我々を充電してくれるものもある。いずれもパッと聴いただけでそれと分かるものの模倣は不可能。小手先なヴォーカルの仕掛けを越えたところで、これらの声は複雑で、強烈なフィーリングの世界を聴き手のために構築する。

ダメージの表現

いくつかの声は様々なダメージの感覚を表現し、引き起こす。ここで我々が言うダメージとは社会的／制度的に与えられた苦しみのことであり、「痛み」、すなわちどの生物にも共通する、もっと一般的で誰でも身に覚えのあるそれとは違う。ダメージを表現する上で、唯一無二の録音された声はふたつのカテゴリーに分類できる。それらはトラウマな経験をアトーナルで耳ざわりな歌唱で擬態する、もしくは追悼やメランコリーのトラウマ状態を表す。前者はダメージと直接取っ組み合い、一方後者はダメージの後遺症を推し量る。

第一カテゴリーには、悲劇的な体験の生々しさを描き出すべくハーモニーやメロディの慣例に積極的に攻撃をかけてくる声が存在する。『The Litanies of Satan』（Y／一九八二）、『Masque of the Red Death』（ミュート／一九八八）、『Plague Mass』（ミュート／一九九一）といったレコードで、ディアマンダ・ガラスは自らの名歌手としての自然な歌声（彼女の声域は三オクターヴにわたる）を一連の悲鳴、うめき声、すすり泣き、ささやきへと解体する。人生のもたらす悲惨な苦しみを体現することで、ガラスはその存在に目をつぶり満足している世界を突破しようとする。彼女の声は、苦しむ者の個としての存在やニーズに無関心なシステムによって搾取され、いたぶられ、狂わされることの苦痛を伝える。

ジャズ／フォークのスタンダード曲〝Black Is the Colour

of My True Love's Hair〟のパティ・ウォーターズによる解釈は、それ以前のこの曲の音源を無効にする。この歌の伝統的な物語と情感は取り払われ、ウォーターズが苦悶に満ちた声で繰り返す「black」の言葉と、ところどころ挟まれる、鳥が友を呼ぶ声に似た痛ましいノイズだけが残る。ローリング・ストーンズはもちろん、「何もかも黒く塗り込めろ」という有名なポップ・ソングを書いた——だがウォーターズのパフォーマンスは、実際にそれをやってのける。〝Black Is the Colour of My True Love's Hair〟(『Sings』収録、ESPディスク/一九六六)は、荒涼とした虚空の無色の世界から歌われるかのようだ。

〝フランキー・ティアドロップ〟(『Suicide』収録、Red Star/一九七七)でのアラン・ヴェガの歌唱は悪鬼めいた語りから耳をつんざく悲鳴にまでわたり、人造地獄と化した地平をさまよう感覚はいかなるものかを描き出す。スコット・ウォーカーの「後期」の歌声(『Tilt』、フォンタナ/一九九五や『The Drift』、4AD/二〇〇六といったアルバム)は、生ける屍の発するバリトンだ。これらの声——金切り声であれ、絶叫であれ、陰気なしわがれ声であれ——は、モダン・ライフの深淵の数々との対峙を我々に強いてくる。人間的な何もかもが剝ぎ取られると、住人のいない我々の生活と死者のそれとを区別するのは畏怖と恐怖の剝き出しの叫びだけだ。このように過剰でゾッとさせられる声は我々の拒絶する力を貫通し、この世でも起こり得る絶望状態の深みをさらけ出す。それらは解放の前に立ちはだかるバリアの数々を苦しくなるくらい細部にわたり描写する。ゆえに、これらのシンガーをスターバックスの店内PAで耳にすることはまずおそらくないだろう。

人間の声をこれほどぼろぼろに裂き、生にまで剝ぐ例は当然のごとくレアだとはいえ、ダメージのもたらす後遺症を捉えるシンガーはもっと一般的だ。言うまでもなくレコードのアーカイヴに悲しい歌はたっぷりある——バラードや哀歌のスタンダードなサウンドに我々は過剰にさらされてきた。名人が歌うスタイルも、「ただの普通の人々」調のスタイルも、もはや胸に突き刺さってこない。今なお嘆きとメランコリーとを伝えるパワーを持つレコードは、奇妙に壊れた、過剰な、唯一無二のものだけだ。シルヴァー・ジュウズの故デイヴィッド・バーマンの発言を引用させてもらえば、「僕の大好きな歌い手は皆、歌が下手だった」になる。伝統のずっしりした重みを突破できる、吹き飛ばすような力を備えているのは風変わりな声だけだ。この点は、無名なシンガーだけではなく人気歌手にも当てはまる。たとえば悲しみに満ちた声の持ち主であるロバータ・フラックとダニー・ハサウェイは、高いレコード売り上げを誇ったにも関わらず完全に唯一無二の存在だ。また、ビリー・ホリデイの無比の歌声は、今なおその一行一行からダメージを伝えてくる――その正確でぶっきらぼうな断言調の歌いぶりと明らかに疲れ果てた震え声とが交互に現れる様の中に、我々は彼女の苦痛を感じる。彼女の予測を裏切るフレージングは、幸せな思いにすらブルーに沈んだ調子の刻み目を入れガス抜きする。

それより知名度の低い声、たとえばワヒーダ・マッセイ(Waheeda Massey)、ロビー・バショー(Robbie Basho)、ロバート・ワイアット、キャス・ブルーム(Kath Bloom)、ヴィック・チェスナット(Vic Chesnutt)らのそれは、いずれもそれぞれに固有な不思議な壊れ方を呈している。彼らのスタイルの歌唱はセンチメンタルなヴォーカル常套句を破ることによってだけダメージを伝えてくる。「ヴェトナムの子供たち」に捧げられたハンニバル・ピーターソン(Hannibal Peterson)のアルバム『Children of the Fire』(Sunrise／一九七四)で、〝Forest Sunrise : Song of Life〟を歌う八歳のワヒーダ・マッセイの歌声は我々の急所をついてくる。訓練を受けていない、音程の外れた声で彼女の歌う子供時代の喜びへの祈りは、ディエドレ・マレイ(Diedre Murray)のむせび泣くチェロと最終戦争後を思わせる風のサウンドとはまったく対照的だ。マッセイの声は全面包囲された無垢さにしがみつこうとする子供のそれだ。シンプルな喜びを歌う原石のままの彼女の歌唱が不吉なムードを背景にして響くのを聴きながら、我々は炎の中で失われたものが何だったのかを推し量る。このようなパフォーマンスはプロのジャズ・シンガーにはやれなかったはずだ。

〝Florida〟(『West of Rome』収録、Texas Hotel／一九九二)でのヴィック・チェスナットの歌唱は彼が描写する状況と同じくらい「不安定」で「ぐらついて」いる。一行の歌詞の中で、チェスナットの声は暗いしわがれ声から震えるような詩的なトーン、半ば語りに近い冷笑へと変容していく。自殺した友に捧げられたこの曲は、直線上を進むのにまったく固執しない――それが我々の心を突き刺すパワーを持つのは、絶え間なく変化し心をかき乱す喪失の念を代弁しているからだ。〝The Breeze / My Baby Cries〟(『Sing the Children Over』収録、Ambiguous／一九八二)でのキャス・ブルームの声は曲の様々なポイントで口ごもり、割れ、高く舞う――胸を打つすべての声がそうであるように、彼女の声も壊れた器であり、技術的な正確さと洗練にはほど遠い。ブルームの声は何かが消えたという現実に向かい合い、その声が素朴で粗い形で表現する権利を主張する。

〝A Beautiful War〟(『Comicopera』収録、ドミノ／二〇〇七)でのロバート・ワイアットの歌唱は『ロック・ボトム』(ヴァージン、一九七四)や『ルース・イズ・ストレンジャー・ザン・リチャード』(ヴァージン、一九七五)といった彼の初期傑作群と同様、とてつもない壊れやすさを伝える。「対テロ戦争」のまったただ中に書かれたこの曲で、彼の平坦なトーンのファルセットはタカ派や将軍連中の使うユートピア調の専門語――「(作戦の)全面成功」、そして「大胆不敵な襲撃」を通じてもたらされるはずの完全なる自由――を使い遊んでみせる。その歌詞が曲名に含まれる「戦争」を提供したとしたら、ワイアットの声(とサンプリングされたカレン・マントラー(Karen Mantler)の声)は「美しさ」をもたらす。歌詞が綴るオーウェルめいた軍事的ダブルスピーク(※小説『1984』に由来する矛盾した二重語法)と、「我々はみな自由になるだろう(we'll all be free)」のフレーズをゆっくりと引き伸ばすワイアットの優しくも抑制された歌い方との間にはギャップがある。彼の声に備わった聴く者の胸を引き裂くパワーをもって、ワイアットは「不朽の自由作戦」(※「対テロ戦争」の一環。二〇〇一年九月のアメリカ同時多発テロの報復として主にアフガニスタンで展開した軍事作戦)の名にシニカルに用いられた自由というコンセプトを彼らの手からもぎ取り、それを愛に満ちた集団的なヴィジョンとしての解放へ、まだ実現していない本当の自由へと取り戻していく。

ロビー・バショーは主に「アメリカン・プリミティヴ」派のギターの達人としておなじみだが、"Orphan's Lament"(『Visions of the Country』収録、ウィンダム・ヒル／一九七八)では珍しく歌いピアノを弾いている。彼の声は気取りのある、しかし胸に迫ってくるバリトンだ。えせオペラ調とアングローアメリカンなバラッドのフォルムを不安定な化合物へと混ぜ合わせつつ、バショーは広大で冷たい世界にひとりきり残されたヒリヒリした痛みを抱える若者のサウンドを醸し出す。バショーの素人っぽくも芝居がかった奇妙な声は、疎外され、繋がりを失った孤児の人生を完璧に捉えている。彼は必死なニーズを抱えた、その声をうまく伝え誰かの耳に届けるにはどうすればいいか分からず戸惑う声でこの歌を歌う。

これら怒り、あるいは悲しみにくれるシンガーたちのひとりひとりが、コピー不可能な声の持ち主だ――無類の声であるだけではなく、それらはいずれも特定の場所と時間で起きたとある経験を表している。そして逆説的に、この点こそが我々をその中へ引き込む――これらの声により、我々は違いを、我々自身は経なかったもののそれでもエモーション面で繋がりを感じることのできる経験を目撃し、それらに自らを重ねる。人々は従来、彼ら自身の人生にパーソナルな形で関連づけられる経験しか自己同一視できないものと考えがちだ。これらの声はもっとむずかしい、しかしやる甲斐のある、歌い手と聴き手の間に結びつきを生む行為を求めている。同一視を求めるより、むしろこれらの声は我々がおいそれと共感できないダメージを伝え、自分以外の他者の状況を理解するために想像力を活用して欲しいと乞うている。

謎の構築

シンガーによってはもっと回りくどい、謎めいた目的のために唯一無二な歌声を磨く者もいる。マーク・E・スミス、U−ロイ、キース・ハドソン、ミスター・フォックスのキャロルアン・ペッグ（Carolanne Pegg）、シスター・アン、コーマス（Comus）のロジャー・ウッテン（Roger Wooten）、ヴァン・ダイク・パークス、ピーター・アイヴァース、カレン・ドールトン、デイヴィッド・トーマス、アブナー・ジェイ、ディリンジャーらはすべて、自らの声を操作することで歌を曖昧にし解釈しにくくする。サラ・マクラクランには謝るが、こうしたヴォーカリストは「謎を構築している」のだ（※マクラクランの一九九七年のヒット曲の題名は〝Building a Mystery〟）。彼らは自らのパフォーマンスに抽象作用を導入することでそれらを説明しにくくする。これが我々にもたらす効果は我々の日常感覚を変性させること――我々を取り囲む普段の光景を異化することにある。

クリーヴランドのパンク・シーンがブリテン諸島のフォーク・リヴァイヴァルに興味を示していた点は、工業地帯クリーヴランド発の攻撃的に奇天烈なバンドであるペル・ウブのようなバンドと、「電気仕掛けの楽園」系のミュージシャン（※『Electric Eden』は一九六〇～七〇年代のブリティッシュ・フォークを評したロブ・ヤングの著作のタイトル）が生んだ牧歌調で英国的な作品との落差に戸惑う一部の者にとって不可解だった。だが、ペル・ウブのデイヴィッド・トーマスともっと神秘的なUK産フォーク・シンガー勢による「暗号化」された声の使い方を考えると両者のリンクはもっと納得しやすくなる。ペル・ウブの〝Chinese Radiation〟（『The Modern Dance』収録、Blank／一九七八）で聞ける歌唱と、キャロルアン・ペッグの〝Mr. Fox〟（同名アルバム収録、トランスアトランティック／一九七〇）での歌い方およびコーマスのロジャー・ウッテンが『First Utterance』（Dawn／一九七一）で披露したそれに共通しているのは、物質界をその下に隠蔽されたもの――どうにでも解釈できる曖昧な記号と驚異の世界――の覆いとして扱う神秘性だ。ペル・ウブは自らを「インダストリアルなフォーク」と称したが、私が察するにそれは、彼らおよびブリティッシュ・フォーク・リヴァイヴァル勢のもっと妙なバンドは、日常の表面とは平坦で退屈なものであり、そこで本当に何が起きているかを把握するためには新たな歌唱スタイルを発展させる必要があると察知していたからだろう。

たとえば〝Chinese Radiation〟で、トーマスは薄気味悪い震えるヴォーカルで歌い始め、この第一セクションを理解しにくい半ばつぶやきに近いもぐもぐした叫びで締めくくる。そこから彼は早口でろれつの回らない震え声に、聴き取りにくい甲高い叫びで句読点をつけていく。毛沢東の死を受けて書かれた歌詞は「紅衛兵」と「新世界」とのロマンチックな関係の輪郭をスケッチし、政治用語や人民帽、毛主席語録といった文化大革命のもろもろの規範を用いながらパーソナルとポリティカルを混ぜ返す。だが驚異的な効果を作り出しているのはトーマスの声だ。曲の中盤で、一九五〇年代調のお祭り騒ぎと出来合いの群衆ノイズに被る彼のトーンはもっとハイパーな、時にヒステリーと言っていいくらい甲高いものになる。そしてブリッジの間、トーマスはよりロック度を増した演奏をバックに怒りっぽい、しかし皮肉めいたトーン（彼は毛沢東主義のファンではない）で歌う——ただしそれも、音量を増した群衆ノイズが彼の声を掻き消し始めるまでのことだ。この後に残るのはピアノとドラムのみを伴うコーダだけで、トーマスは無表情な調子でささやき出す。いったい何が示されていて何が問題なのか分からないまま神経質な震えと弱々しい低意との間を行き来するトーマスの声は、日常の世界を大きなコンスピラシーの舞台に変える。〝Chinese Radiation〟の中の現代世界では、足場を得てしっかり立つことは不可能に近く、長く立っていることもままならない。トーマスの声は変化し続け、我々をパラノイアから熱狂、そして平静へと様々な状態に引きずり回すものの、それらの精神状態いずれの相対的価値も明かしてはくれない。

ザ・フォールのマーク・E・スミスの声はよく、その最も分かりやすいギミック——多くの言葉に彼が絶え間なく接尾辞としてつけ足す、目立つ「アッ」——を風刺ネタにされる。しかし彼の声はそれ以上のものだ。明らかにそこにはむせぶ細い歌声が混ぜ込まれているし、機関銃速射のスポークン・ワードを放つ胸声になることもあれば、彼の描くキャラクターたちの発言にしばしば強弱をつける電撃的な悲鳴もあげる。彼のベストなレコーディング、たとえば『Hex Enduction Hour』収録の〝Winter〟（Kamera／一九八二）のBBC『ピール・セッション』版は、持てるトリックすべてを使って現実世界を神秘の中に覆い隠そうとする彼の姿を伝える。この曲の歌詞面で核になるのは社会主義志向な自然主義のそれだ。後回しにされた夢の巣食う落ちぶれたスラム環境（おそらくマンチェスターのスミスの自宅のことだろう）、子供時代の身体的障害、手に負えないアルコール中毒が描写される。しかしスミスのシュールな歌詞とヴォーカルは、〝Winter〟を生の汚い部分まで見せる社会派リアリズムの伝統からかけ離れた何かへと変えてみせる。スミスは自身のヴォーカル・リズムを探り当てていて、それはバンド側がプレイするストレートなリズムからは半ば自律している。彼の声がバンドと同期したりしなかったりしながら歌の中を縫っていく様を聴きつつ、我々は次にスミスが何をしでかすか予測するのに四苦八苦する。スミスの提示ぶりを通じ、マンチェスターの冬の何の助けにもならない冷え込みの中から異様な作り事の数々——秘密の道路標識、隠されたポータル、霊魂の憑依、そしてそれ以外の後ろ暗い事態のあれこれ——が飛び出してくる。"Winter" では空に鳩もクラーケン（※ノルウェー沖にいるとされる伝説上の海の怪物）もいるし、どの登場人物の筋書きもグロテスクあるいは超現実的な展開を迎える。時に極度の皮肉家に過ぎないと片づけられることもあるスミスはここで、他のアーティストの手にかかったら一見退屈そうな社会学的場面になっていたであろうものに、自らの声を用いて欲望と共感を送り込む。スミスの声は日常茶飯事なあれこれに対して暗号化のアプローチをとることで、我々の欲望をそれらに再投資させようとしている。

この声の暗号化が生む効果はパンクとポスト・パンクでは一般的とはいえ、それらだけには限らない。レゲエ・ダブ曲にはパーティとグッド・タイム向けに作られたものもあるが、キース・ハドソンのもっと不吉なレコード、たとえば "Darkest Night on a Wet Looking Road"（45回転、Spur／一九七一）や "Satan Side"（45回転、Duke／一九七二）、"No Friend of Mine"（『Flesh of My Flesh, Blood of My Blood』収録、Mamba／一九七四）や "Turn the Heater On"（『Touch of Freedom』収録、Atra／一九七五）、"Troubles"（『Nuh Skin Up Dub』収録、Joint／一九七九）等は、彼のかすれしわがれたバリトンとエコーのエフェクトを用いて聴き手を不明瞭で曲がりくねった小道へと導いていく——それはメタファーとしての暗い晩の、雨に濡れたように見える道をたどるライドだ。名プロデューサーにしてシンガーでもあるハドソンは自身の声を明瞭さと不明瞭さとの間に完璧な塩梅で配置し、声はトラックのバックに鳴るヘヴィな「リディム群」の下に半分浸かっている。我々はそこに何やら掬い取るべき意味があるのを感知するものの、それは捕まえにくいと感じる。ハドソンの描写するシナリオの全体像を誰もきちんと把握できない。ストレス、苛立ち、心からどうしても離れない何かの存在は示唆されるものの、それらが具体的に描かれることはない。これらの曲がダークに心を魅了するのは、何かを明かすのと同じくらい何かを隠蔽していて、その原因を説明することなしに拘束の効果を我々に見せるからだ。

このような秘密主義のヴォーカルの効果は、聴き手を魅了するために用いられるのと同じくらい、目に見えない水面下で起きているダークな動きを匂わせるのにも使いやすい。一部の声は不吉な意図というより遊び心を目指し、その意味を謎解きする行為に聴き手を引き込むことで日常の表層にゲームを重ねる。〝デッド・フィンクス・ドント・トーク〟（『ヒア・カム・ザ・ウォーム・ジェッツ』収録、アイランド／一九七四）でブライアン・イーノがやったブライアン・フェリーの物真似の極端なキャンプさであれ、アブナー・ジェイが『The Backbone of America Is a Mule and Cotton』（Brandie／一九七六）のタイトル曲で披露する「まいったな、よしてくれや」系の見せかけの純朴さであれ、ザ・レインコーツの冗談たっぷりなキンクスの〝ローラ〟のカヴァー（『ザ・レインコーツ』収録、ラフ・トレード／一九七九）であれ、パロディ型の歌唱は批判の対象をあなたが見極めることを求めてくる。ここで生じる楽しさは、こうしたヴォーカル模倣のテキストとサブテキスト双方を理解するコミュニティの一部になることにある。また別のトラックでは、ヴォーカリストが自分だけのプライヴェートな言語と想像上の人物の数々と戯れ、シュールなナンセンスの世界を築き出すところから遊び心が発する――たとえばボブ・マーリィのカーニヴァル調な〝ミスター・ブラウン〟（45回転、Upsetters／一九七一）、U－ロイが『Rasta Ambassador』（ヴァージン／一九七七）のようなレコードで一九七〇年代にやったボソボソしたエコーのかかったトースティング、ピーター・アイヴァースの『Terminal Love』（ワーナー・ブラザーズ／一九七四）での不埒なヘリウム歌唱、ザ・ローチェズの響かせる軽くイカれた和声等。聴き手の喜びは、一種のプライヴェートなお芝居に参加している声の使われ方をこっそり耳にするところから生じる。そのようなレコードはシンガー自身がナンセンスな楽しさの感覚を追求することを優先し、リスナーの中にある意味を理解したいとの欲求に対する無関心さが表れている。

堂々たる声

それでも、他の声は通常の表現の域を越えた絶対的なフォースをもって、我々に信じよと命じてくる。それらの声はフレージングに込めたニュアンス、そしてまさにその音色とトーンとで権威を発する。そうした声が権威主義だという意味ではないし、それらはリスナーの服従を求めはしない。名前を四つ上げるだけでもニーナ・シモン、エヴァンジェリスト・マリア・スコット（Evangelist Maria Scott）、ケン・ブース、カレン・ドールトンらがいるが、彼らのような歌い手はむしろ、その迫力で我々を圧倒する。激怒やメランコリーや歓喜であれ、あるいはそれらの組合わさったものであれ、彼らは我々の中に過剰なフィーリングを生み出す。そうすることにより彼らは、美学的なフィーリングがそのフィーリングの充足を妨害するものすべてを乗っ取ってしまうように思える、そんな瞬間の数々を我々に明かしてくれる。彼らの声は我々に、ありふれた物事をそのあるべき場所に留め、彼らの声が顕在化させる自由が恒久的な存在状態になり得ないのはなぜなのか？　と疑問を発し始めること鼓舞する。

マーティン・ルーサー・キング・ジュニアが暗殺されたわずか三日後に録音されたニーナ・シモンの〝ホワイ？（ザ・キング・オブ・ラヴ・イズ・デッド）〟（45回転、RCA／一九六八）は、哀悼に宿るパワーと優しさに宿る厳かさを表現する。ライヴでの演奏を捉えたこの曲で、シモンの声は彼女が前にした観衆の深い悲しみとキング牧師を殺した白人至上主義に積極的に抵抗する必要性、その双方を捉えてみせる。知られざるゴスペル歌手、エヴァンジェリスト・マリア・スコットの声はシモンのそれより安定感がありもっと甘いものの、傑出したトラック〝I've Got a God That Is Real〟（同名アルバム収録、Champ／一九七X）で彼女のヴィブラートがピアノとドラムにシンクロする様は絶対的な名手の腕前をありあり伝えてくる。彼女の声は本物の帰依の力で奮い立っており、彼女の信仰が作動する様を顕在化させる。伝統的なヴァース／コーラス／ヴァース構成を完全に放棄し、歌詞もほんの数行だ。にも関わらずこの曲は聴き手に電気ショックを走らせるもので、スコットは「神」の一語を繰り返すたび、その中からいくつもの意味の色合いを引き出す。このような声は奇跡を起こすし、歌が続く間、あなたをまったき確信の世界の中に置く。

ケン・ブースによるスライ・ジョンソンの〝Is It Because I'm Black〟のカヴァー（45回転、Splash／一九七二）、これもシモンの歌と同様にキング牧師殺害を受けて書かれた曲だが、その歌詞一行一行の解釈に豊かさが備わっている。歌い出しの瞬間だけで、ブースがフレージングの達人であることは証明される。彼は、このヴァージョンと同じくらい素晴らしいジョンソンの原曲に欠けている重厚な、全力で振り絞るパワーをはっきり伝えてくる。ブースのフレージングはジョンソンのオリジナルの優雅さから逸脱し、それを生々しく、エモーションを喚起するパワーで置き換える。ジョンソン版の結論である「ひとかどの人物になりたい／キャディラックを乗り回したい」云々の向上心の箇所を省くことで、ブースはジョンソンの条件つきの希望的声明すらなしに曲を終わらせ、何かを待ちわび期待する状態のまま聴き手を置き去りにする。ブースも魅力いっぱいな〝エヴリシング・アイ・オウン〟（45回転、トロージャン／一九七四）のようなレコードでたまに素敵な高域を使うことはあったものの、ここでの彼はより深く、もっと共振するトーンに向かっている。彼がとりわけ長く引っ張るのが身体と魂についての歌詞の箇所で、フレーズを伸ばし、彼にかかる抑圧の重みをドラマ化してみせる。曲を通じて涙と街の情景が現れては消える中、歌の中では名がなく明言化されていない、しかし歌い手を常に押し止める勢力、白人至上主義の手先は圧迫し続ける。ブースの声は我々に彼の苦痛を信じさせると共に、その痛みの原因の根本を叩いてみせる。

そしてカレン・ドールトンの声は時にもろく響くことがあり、それは彼女の一作目のLP『It's So Hard to Tell Who's Going to Love You the Best』(キャピトル/一九六九)では特にそうだとはいえ、後にリリースされたテープ群での彼女の声は常に絶対的な権威を伴う。ピーター・スタンプフェル(Peter Stampfel)による「ヒルビリー・ホリデイ」なるドールトン像の形容を真面目に受け取れない一因もここにある。その形容は、″Something on Your Mind〟(『In My Own Time』収録、パラマウント/一九七二)を始めとするトラックに実に明白に響く彼女の声に備わったユニークで卓越したフォースを本物と認めていない。一種の教訓という意味で、ドールトンのヴァージョンの前ではディノ・ヴァレンティのオリジナルも、後に生まれたジャッキー・オー・マザーファッカーとセイント・ヴィンセントそれぞれのカヴァーもかすんでしまう。それらのヴァージョンは注意を惹きつけないし、リアルな困難に立ち向かう激しい葛藤の念を一切引き起こさない。危険に賭すこともなく、散漫で、当たりさわりがない。それらがせいぜいかき集められるのは自己憐憫、美しい魂のそれ自身の苦しみに対する執着だけだ。″Something on Your Mind〟でのドールトンの声に備わっていて、それ以外のすべての声に欠けているのは力――とどろくような権威でもって、感情面での弱さ・傷つきやすさを伝える能力だ。それ以外のヴァージョンの″Something on Your Mind〟が曲をダウナーでイージー・リスニングな方向にもっていくのに対し、ドールトンの解釈には葛藤と格闘が聞こえる。フォークのパラダイムが持つ唯我論を越えたところにある、これは人に聴かれ、その荘厳な優しさに敬意を表されるべく闘う唯一無二の声だ。

選択肢二:二重

前述した唯一無二/単一の声は、それ以外の声以上に意義深い、あるいは心を動かさずにいられないわけではないが、やはりそういう風に感じられる。テクニックの使用を通じ、それらの声は感情面でダイレクトで、生々しく、激しい効果を達成する。ゆえにこれらのパフォーマンスは歌い手の人生から直接湧き出した、人生と芸術との間に一切フィルターを通さないものだ、と我々が信じることにも繋がり得る。これらの声は単一性を、我々が耳にしているシンガーの強固なアイデンティティを信じさせるものであり、かつ、ひとつの声とペルソナを表現する際に関わってくる編集のプロセスと技巧とを我々の頭から追い出してしまう。だが他のシンガーたちは、自らの歌唱とペルソナに対してもっと抽象的で、芝居がかったアプローチをかけている。

レコード制作の技術面での様々な可能性が、このような抽象的で、お芝居じみた効果を促進させている。ライヴ・パフォーマンスと異なり、レコーディング音源を作っている際のアーティストには自らの声のサウンドを増やし、ひずませ、全般的に巧みに操ることが可能だ。大抵の場合、ヴォーカル加工は通常の歌声を少し「甘く」あるいは「力強く」する時くらいしか使われないとはいえ、ビートルズの〝アンド・ユア・バード・キャン・シング〟(『リボルバー』収録、EMI／一九六六)のようなトラックを注意深く聴いてみるだけでも、ジョン・レノンのふたつの別個のパフォーマンスが溶け合ってあのコーラス部が作り出されていたのが明らかになる。習慣的なマルチトラッキング使用に本質的に備わっているのは、歌い手の自然発生的な声をスタジオで実験し、遊び、いじくり回す対象へと変える、ある種の分離性だ。

アビィ・ロードで使われたマルチトラッキング初期の時代以来、人間の歌声を録音する際につきものである暗黙の技巧を隠すより、むしろそれを強調するレコードは多く作られてきた。そうしたレコードは録音音源はとある声の忠実な複製ではなく制作物である、との事実を強調する——彼ら自身の歌唱の複数のテイクの間にある違いを際立たせる。たとえば、デローリス・イーリー(Deloris Ealy)の白熱のファンク45回転〝Deloris Is Back with Jerome and His Band〟(Big Vic Hammond／一九七三)を例にとってみよう。一見したところヴォーカリストのイーリーと十代のドラマーのジェロームとによる無駄をそぎ落としたコラボレーションと思える曲だが、聴いていくうちに事態は妙な具合になっていく。この曲でのヴォーカルの二重録音が果たして意図的だったのか偶然の産物だったのかを確実に知ることはかなわないが、45回転上をふたつの別個な、ズレたイーリーのヴォーカル・テイクがジグザグに縫う様は実にすばらしい！　ひとつのヴォーカルはもう一方よりラウドで、ゆえに静かな方の声は第一の声の幽霊めいたエコーのように機能する。折りに触れてこの第二のヴォーカルが音の大きい方の声のあらましを再現することもあるものの、それ以外の場面では両者は激しくずれている。ここから豊かなリスナー体験が開けてくる——ふたつのヴォーカルの分岐、あるいは合流のどちらに焦点を合わせるか次第で曲のふたつのヴァージョンを同時に楽しめる。この歌がタイムラプス写真のように作用し、同じ歌のふたつのヴァージョンを重ね合わせていても我々の側の楽しさは一切損なわれない。実際、楽しさを高めている。イーリーの提示するヴォーカルのペルソナは断片的で、この曲は人格性とは結果ではなくむしろ進行中のプロセスであるという点に我々の関心を引き寄せる。このような歌を聴くことは、それらが我々に変化と変容の喜びを教えてくれる限り、解放感をもたらす経験になり得る。同じシンガーによるふたつのヴァージョンの自己がひとつの歌の中で提示されると、我々は事実に沿って受動的に聴くというより、実験的かつ積極的に聴く状態へ解き放たれる。

〝Jerome〟のようなレコードは、それがイーリーの意図だったか否かは別として、レコーディング技術の介入そのものを、我々がレコードを聴いていて遭遇する最も自然に聞こえる歌声とペルソナですらいかに「そのまま捉えた」だけではなく「プロデュース」されたものであるかを我々に思い出させる。しかし〝Jerome〟は、このセクションで取り上げる声を二重にしたこれ以外のレコードと同じく、我々がポストモダンから連想する使い古されたアイデンティティのパスティーシュ――シンディ・シャーマンの写真の意外性のない空虚さや詩人ケネス・ゴールドスミスが無快感症的に讃える「非創造的な文章」――を象徴してはいない。私が選んだのはもっと喜びいっぱいに我々を「自己」の抑圧から脱出させる歌の数々であり、その楽しさはあなたも自身のアイデンティティで実験できる点に気づくところから生まれる。録音スタジオのテクノロジーは、詩人や哲学者が長い間主張してきた、自己とは可能性の群集であるとの考えを文字通りに解釈する――ランボーの「私とは他者である」が阿片に染まった類推型の奇想から抜け、四トラック・レコーダーを所有する誰もにとっての現実に入ってくるとこうなる。録音した声で実験し、それを増幅できる可能性は、我々を死ぬまでひとつきりの存在に縛る牢獄から解放してくれる。

これらのレコードはポストモダンなアンニュイではなく、我々はすべて内なる可能性を数多く秘めている事実、そしてそれらの可能性は我々の実験を受け入れてくれるものだという歓喜に満ちた認識をもたらす。たとえば〝Jerome〟は、同じ曲のふたつのパフォーマンスの類似点と相違点を同じ日に我々にたどらせ、双方に共通する点はどこで逆に変化した箇所はどこかを追跡させてくれる。このような歌は、モダンな録音スタジオにがっちり組み込まれたヴォーカル・ペルソナの常套句と慣例に対しても、実験の可能性があることを告げている。定義上からして、マルチトラック録音はシンガーが自らの声の一部を他から引っ張ってきた上で、その声をふたつ重ねたヴァージョンでこれに反応することを可能にした。そして以下に記すように、即興をおこなうためのごく当たり前な対象物として自身の声を扱う能力は、アイデンティティというコンセプトに関する数々の爆発を引き起こしてきた――自己があるというのは何を意味するのか、そしてその自己を用いて何ができるかの双方において。

ケイト・ブッシュの〝サスペンデッド・イン・ギャッファ〟(『ザ・ドリーミング』収録、EMI/一九八二)を例にとってみよう。超越を果たせなかった挫折感に関するこの歌の歌詞は、美しいとはいえおなじみのロマン派な領域を踏む。にも関わらず、歌に聞こえる声の数々の関連性が伝える物語は、劇的で心奪われるものだ。この一個の曲でケイト・ブッシュが展開する四つの別個の声のフォルムを腑分けしていくうちに、これはアイデンティティ形成の主題をドラマ化した歌であることに気づかされる。ブッシュの第一の声はおどけ気味ながらも落ち着いた、道理をわきまえた語り手のそれだ。第二の魔女っぽい声は周期的に「そのすべてが欲しい（I want it all）」と叫ぶ。ギリギリ聴き取れる程度のかすみのような第三の声は言葉で言い表せない存在の夢に捧げられ、最後の第四の声は語り手が抱く宙吊り状態の感覚を描写する（「ギャッファ」はアメリカで言うところのガファー・テープのことで、イメージとしては四肢を粘着テープできつく拘束された状態だ）。

それぞれの声は明確なペルソナを備えているが、互いに交錯し合う。それらは歌い手のペルソナの別個の部分として——超自我（理性）とイド（本能）は闘い合う云々の、フロイト論の誤解のように——提示されてはいない。ここでの声はすべて互いに跳ね返り反射し合う。やがて疲れ諦めた語り手の声の中に、執拗に要求してくるピッチの高い声が繰り出すラインが登場してくる。曲の後半で役回りはひっくり返り、そのヒステリックな声は落ち着いた声が歌っていたラインを繰り返す。ブッシュのプロダクションはこれらの声を互いに被せ合っており、それはまるでこの歌のアイディアはひとつのアイデンティティの形から別のアイデンティティへとぐるぐる回路するもので、そのどれひとつとして決定的なコントロール力を提供することがない、と示唆するかのようだ。ここで起きているアイデンティティ形成プロセスは、一方は理性的で対して他方は狂気の沙汰という状況としてではなく、むしろ理解と知恵をつかむための入り組んだ手段の数々の間で起こる終わりなき拮抗として表される。〝サスペンデッド・イン・ギャッファ〟には、登場する数々の声の関係性に明白に顕われている心理のアレゴリーがそっくり含まれている。

ブッシュ崇拝者のひとりであるプリンスは、キャリアを通じて自身の歌声に多くの変化を施してきた。最も顕著なのは声のピッチを変化させたことで、彼は低域と高域の双方に声を歪ませた。彼が声のダブル・トラッキングでおこなった最もラディカルな実験と言えばおそらく『Camille』（未発表、ペイズリー・パーク／一九八六）で、これはプリンスの悪名高い、今ではもっと知られている『ザ・ブラック・アルバム』の先駆者に当たる。『Camille』からの三曲は、後に二枚組『サイン・オブ・ザ・タイムス』の一部になっていった。このアルバムはプリンス名義ではなく、同作収録の〝Shockadelica〟のメイン・キャラクターとして登場する女性的ペルソナ・カミールの名だけを付した作品としてリリースされるはずだった。しかしレコードはお蔵入りになり、それはおそらくプリンスが世界には彼のカミールのペルソナを受け入れる準備がまだ整っていないと判断したからだろう。

『Camille』でのピッチを上げたフェミニンなペルソナの声のおかげで、彼は『1999』や『パープル・レイン』で用いた声で歌っていたらショッキングに響くであろう事柄の数々を歌えるようになった――これは欲望の生むめまいについての、ある人間のアイデンティティが愛情を注ぐ対象のそれと気味悪く混じり合っていくことについてのレコードだ。プリンスはこれらの歌で、強い欲望に必然的に伴う感情面でのサディズムとマゾヒズム、そして個人のアイデンティティの境界線をぼかしてしまう欲望のこのパワーについての思いを吐き出すためにカミールの声を使う。

たとえば〝Shockadelica〟で、プリンスはカミールのことを彼女が魅惑するすべての者に絶対服従を求めるサディストと形容する。そのとりこになった者にとって、彼女が掻き立てる愛欲と苦痛とは区別がつかない――彼女は金色のロープを使い、彼女の支配下にある者がギターを弾くのを禁じる。しかし多くを語るのは〝Strange Relationship〟でサディストを演じるのがプリンスの側である点で、彼は愛する者の喜びよりも苦痛からより多くの快楽を得ている――そして彼女の身体と魂を支配し彼女の「自己尊厳」を破壊してやったと彼はほくそえむ。しかしこのトラックでも彼の声は高域に入り込む――対して一九八三年に作った以前のピアノのデモでは自然な声で歌っている。また『Camille』の中で最も有名な曲〝If I Was Your Girlfriend〟のヴァージョンですら、その気まぐれな思いつきめいたうわべの光沢が示唆するほど、素直に感受性の豊かなトラックではない。カミールの声を使うことで彼の愛する者の生活への全面的なアクセスを夢想する限り、この曲は恋人を理解したいとの思いやりから発した試みというより、恋人の人生の中に彼女の女友だちが占める居場所を乗っ取る妄想との印象が強くなる。ロジャー・トラウトマンのトーキング・モジュレーター経由の声や〝Voice of Q〟（12インチ、Philly World／一九八二）でQの用いたヴォコーダー声のように、カミールの声はプリンスが彼のもっと有名なペルソナを土台にキャラクターを発明することを可能にしたが、そこにはひとつ重要な違いがある。ポップ界における欲望の第一理論家のひとりであるプリンスは、『Camille』の中で愛と欲望がもたらすリスクをドラマ化している。「我を忘れて」愛に溺れる系のあらゆる類いのロマンチックなクリシェを越えたところで、プリンスはもっと複雑で、潜在的にもっと不穏な可能性を描き出す――愛に落ちるとその人間は自らの声とアイデンティティを失い、ゆえに欲望に支配されてしまうだろう、と。あなたが誘惑する側であれされる側であれ、『Camille』の世界ではあなたの声とアイデンティティがどこで終わり、あなたの愛する者のそれがどこから始まるのか見当がつかなくなる。

アネット・ピーコックも欲望のメカニズムに対する関心をプリンスと共有しているとはいえ、彼女の自身の声の重ねぶりは異なるポイントに力点を置いている。ムーグ・シンセサイザー経由で歌声を加工したアーティストのひとり（彼女は六〇年代末に、ムーグの発明家であるボブ・ムーグ本人からプロトタイプの一台を入手した）である彼女が『The Bigger the Love the Greater the Hate』（再発以降のタイトルは『Revenge』）、そしてなんといっても一九七二年の『I'm the One』でおこなったヴォーカルのダブル・トラッキングは、ハイテクそれ自体がアイデンティティに及ぼす影響を探っている。一九六五年に劇作家サミュエル・ベケットはバスター・キートンを使い、シンプルに『Film』と題された実験映画を制作した。それは寓話の形式をとり、カメラの視線を避けようと様々に試み何度も失敗するひとりの人物を描いている。『Film』はたったひとつのポイントを、しかし力強く打ち出す——現代の写真および映画の登場に伴い、我々のアイデンティティはこれからは常に、我々のおこないや日常を捉え流通させるテクノロジーによって我々のために構築されるようになるだろう、と。

アネット・ピーコックの六〇年代後期および七〇年代初期のレコード群はそれと同じ主題を音響テクノロジーに関して探究したものと言えるだろうが、ただしそれらは常にメランコリックなベケットよりも活気があり、かつ運命論的なあきらめの念も薄い。

複雑な問題——「ニュー・メディアはいかにして我々のアイデンティティとそのアイデンティティの認識を形成するのか？」——に単純な回答をひとつ出すのではなく、ピーコックのパフォーマンスはむしろ様々な可能な回答群を打ち出す。〝I'm the One〟（同名アルバム収録、RCA／一九七二）の中で、ピーコックは時にムーグ・ボックスにフィードした自身の声をすさまじくオーヴァードライヴさせ、結果純粋なノイズにまでつぶしていくが、続いて彼女はそれをまた歌唱と認識できるフォルムへ戻していく。〝Seven Days〟および〝Been Gone〟（同上）では、この信号に転じた声はバラードを歌うピーコックの声に低音量でつきまとうストーカーとして背景にほぼ留められている。しかしここですら、時たま前景に飛び出してきて我々にその存在を思い出させる。ムーグのセットアップがピーコックの声にもたらす歪みの効果は、時に意図的なそれに感じられる。他方では、その効果はマシンがおかしくなり、人間のコントロールから離れたごとき印象をもたらす。ピーコックのストレートなヴォーカルが、技術的にフォルムを変容させられた彼女の声を相手に即興を展開する場面もたまにあるし、別の場面ではノイズが単声を圧倒する。有機的な音楽とテクノロジー重視のそれとの間に生じる生産的な押し引きを寓話化したものという意味で『I'm the One』に勝るものはないものの、ピーコックはいまだに彼女が果たした業績に見合う評価を受けていない。

最後に、そこまで知性主義ではなく、もっとアクション指向なエフェクトとして声を重ねた面々もいる。"Gimme the Loot"（『レディ・トゥ・ダイ』収録、Bad Boy／一九九四）で、ノトーリアスB.I.G.は高い声のヴァージョンの、若き日の自分自身のオルター・エゴとデュエットする。歌が描写するアクションの中で、彼と彼の悪たれな替え玉の二名はニューヨークのストリートを次々に襲い、自分たちの手柄を克明に描く愉快で反社会的なヴァースをやり取りしつつ互いを出し抜き上に立とうとする。それは犯罪生活を高度に様式化された、芝居がかった手際で扱う——二重の声ほどこの様を活写するものはない。B.I.G.のペルソナの分裂は彼に都市を虚構の場へと転じさせ、物事をシュールでコミカルな方向にもっていくことを許す。想像力の貧困な批評家はしょっちゅうこの点を見落とし、B.I.G.や彼以外の連中のリリックを暴力的だと批判するが、多くのラッパーはラップ、ストリート、信憑性のステレオタイプと自らとの間に距離を置くためにペルソナを用いてきた。トゥパック（マキャヴェリ）、MFドゥーム（本名ダニエル・ドゥーマレイ）、T.I.（T.I.P.）、ニッキー・ミナージュ（ローマン）らはすべて、創造性とロール・プレイングが生む解放感とにスポットを当てるべく、ヴォーカルを変容させたペルソナを用いてきた。こうしたペルソナは、字義通り（例：ティ・Kやテカシといった実犯罪についての歌をリリースする近年のラッパーの波）とまったくナンセンス調（例：多くのマンブルおよびSoundCloud勢）のラップ、その間をいく第三のフォルムを追求する機会をもたらす。

選択肢三：集団

ミュージシャンが声とアイデンティティで実験する際の最後のモードが集団型で、これはふたりかそれ以上のグループを通じておこなわれる。単声やふたつ重ねた声とは異なり、シンガーの集団は共同作業しなくてはならない。これら複数の声を持つ曲は必然的にひとつの社会状況を、バンド・メンバーの関係性のシンプルな寓話をほのめかす。複数のシンガーが歌う様を聴く時、我々はそれらのシンガーを結びつけるドラマ的な文脈について我々の思い浮かべた概念もそこに持ち込む。グループによる歌唱は常に、さりげなくであれ明瞭にであれ、歌い手同士の関係を探っていくものだ。もちろん、このようなグループ内の関係はバンド名にはっきり表れている——ザ・ルーヴィン・ブラザーズ（The Louvin Brothers）、ザ・ビーチ・ボーイズ、バッキンガム・ニックス、ザ・ソース・ファミリー（The Source Family）といった具合に。だが、たとえバンド名がはっきりそう告げない場合でも、ヴォーカルの関係性は対人関係を示唆する——ロマンチックなデュエットは、シンガー両名が録音現場に来るまで会ったことがなくてもカップルのイメージを投げかける。他のシンガーたちは、家族のメンバー、友人、ギャング、新興宗教団体の信徒、信仰を共にする集団といった人間関係をドラマ化する。しかしそのどれもが、集団的な在り方の実験を外に向けて発している——グループが声を合わせて歌う場合、彼らは共同生活という個人を越えた形態に取り組む必要があるからだ。

こうした集団型の表現は一九八〇年代（マドンナ、マイケル・ジャクソン、プリンス、スプリングスティーンといった個人の大スターの時代）以来落ち目になっている感はあるものの、録音音源の歴史は多彩なグループ歌唱でひしめいている。集団生活の図を想像することがむずかしくなる一方のこの時代、我々が音楽に集団的な声を欲する思いは衰えつつあるらしい。グループ歌唱における実験は周縁部で続いているものの、一般の好みはそれとは逆の方向に向かっているようだ。

カントリー歌手であるチャーリーとアイラ・ルーヴィンの密なハーモニーは、彼らに最大の影響を与えたザ・デルモア・ブラザーズ（The Delmore Brothers）と同様、ほぼ完璧に近いヴォーカルの混合を達成している。舞台裏での関係は完全に機能不全だったものの（チャーリーの自伝『Satan Is Real』でそのむごい詳細をご確認いただきたい）、彼らの歌声は実に見事にフィットしていて、その歌は共有された声とヴィジョンを伝えてくる。彼らの精密なハモりは、ぴったり息の合った断つことのできない兄弟の絆に権威を添える。正義のヒーローと悲劇的な罪人を描くレコードの数々で、彼らのデュエットはアイラとチャーリーとがそこに立って現世の男女を裁けるモラル中枢のイメージを醸し出す。〝Broadminded〟（45回転、キャピトル／一九五三）や〝Wreck on the Highway〟（『The Great Roy Acuff Songs』収録、キャピトル／一九六七）のような曲と『Nearer My God』、『The Family Who Prays』といったLP全般において、ルーヴィン兄弟は良くも悪くも彼らの道徳観念を研ぎ澄ます、兄弟の連合をねつ造している。

対照的に、ケヴィン・コインとダグマー・クラウゼ（Kevin Coyne And Dagmar Krause）の『Babble』（ヴァージン／一九七九）は、ルーヴィン・ブラザーズの「ふたりはひとり」なモラル面での確信からデュエットのフォルムをどこまで引き離せるか、その距離を測る。コインとクラウゼは、イギリスの二〇世紀史上最も悪名高い殺人犯カップル——「ムーアズ殺人事件」のマイラ・ヒンドリーとイアン・ブレイディ——のペルソナを通じて歌う。コインとクラウゼは、世界に対する厳しい審判の数々を固めるためではなく、それらを保留にするべくデュエット形式を使う。児童殺害犯ふたりのアイデンティティに立って歌うことは言うまでもなく聴き手を憤慨させ、『Babble』は英国のマスコミやレコード購買層から拒絶された。

だがこのレコードはブレイディとヒンドリーを是認するものではなく、歌詞はこのカップルが実際におかした犯罪の陰惨な詳細には一切触れない。むしろこれは共依存についての、疎外される現代生活のるつぼの中でパートナー関係がとり得る反社会的な形態についてのレコードだ。ルーヴィン兄弟が声を美しく溶け合わせたとすれば、コインとクラウゼはきしりを立てて衝突し合う。英国ダービー出身のコインの声はイングリッシュ・ブルースのそれで、ブツブツつぶやかれる罵りから嫌悪の叫びへ推移するガラガラ声の喋り／歌う楽器だ。スラップ・ハッピー、ヘンリー・カウ、アート・ベアーズで名高いドイツ人のクラウゼは、おそらく現在ではブレヒト、ヴァイル、アイスラーの歌集の傑出した現代解釈者として最もおなじみだろう。彼女の声は、先述した用語をまた持ち出させてもらうが、唯一無二だ。最も静かに歌われる時ですら、その声は強く鳴り響き圧倒する。音量に関わらず聴く者の心をざわつかせる、舞台系のオペラ的な声だ。『Babble』の〝Sweetheart〟のようなもっと錯乱気味のパフォーマンスでは、彼女は世界の壊滅を決意した殺戮の天使の絶対的な自信をもって歌う。

ひとつに合わさることで、彼らの歌唱はボニーとクライド的な、「我々VS世界」神話の核にある虚無主義を捉える。ふたりそろって歌う〝Stand Up〟、〝The Sun Shines Down on Me〟、〝Shaking Hands with the Sun〟、〝It Doesn't Matter / We Know Who We Are〟で、両者のジョイント歌唱は決して緊密なハーモニーに丸く収まらない。むしろ、繰り返し何度も耳に響いてくるのは、どうにも成し遂げられない同一性に達しようと懸命なふたつの声だ。それは精神の錯乱したふたりの個人がひとつの共有された狂気へ一体化しようと試みるものの、結局は彼らの狂気ですら相容れないものだった、というサウンドだ。『Babble』において、あらゆる外的拘束から解放されたモラルの世界を切り出そうとする試みが生むのは、パラノイアと誇大妄想の共有だけだ。ルーヴィン・ブラザーズのデュエットが道徳的権威を確立するべくふたつの声がひとつになるサウンドだとしたら、『Babble』はより暗さを増した時代の圧力の下でそのような企てが瓦解するサウンドだ。だが一枚のレコードとしては、それは身の引き締まる、活気を与えてくれる作品だ。

ヴォーカル・グループと複数のヴォーカリストを抱えるバンドはもちろん、デュオとはまったく異なるエネルギーをレコードに持ち込む。歌うデュオ勢が一対一の関係をドラマ化する一方で、数の多い歌唱グループは大型集団の力学を通じて作品に取り組む。無数のマイクロカルチャーとニッチな嗜好に向けバラバラに分離していく以前に、我々が大規模な人数で夢と悪夢とを集団共有した最後の時代は一九六〇年代だった。これがヴォーカル・グループがソロ・シンガーに影響を振るった最後の時期でもあったのは偶然ではない。一九五〇年代のR&B、ドゥーワップ、バーバーショップ・グループの歌唱伝統を経て登場した一九六〇年代は、歌唱を通じ集団的アイデンティティをはっきり打ち出すグループを多く生んだ時代だった。

この文脈において、しばしばハーモニー歌唱の頂点として讃えられるビーチ・ボーイズをないがしろにしたくはない。だが、一九六六年以来ブライアン・ウィルソンはグループを背後で操る「天才」としてマーケティングされ、あたかも彼の「神に捧げる十代のシンフォニー」を達成すべく独力でバンドを導いたかのように思えるものの、音楽そのものはもっと複雑なストーリーを語る。ウィルソンは驚異的な作曲家とはいえ、『トゥデイ！』(キャピトル／一九六五)、『ペット・サウンズ』(キャピトル／一九六六)、『スマイル』(録音期一九六六―六七)といったレコードが伝えるのは、ひとりの天才と彼に嬉々として従う追随者たちの作品ではない。むしろ、『トゥデイ！』B面から始まるこれらのレコードは、多様な個々の声を取り入れると同時に、ウィルソン当人の声も含めそれらから一切の個性を取り去るハーモニー・システムで出来ている。ウィルソンのファルセットへの跳躍やマイク・ラヴの威張りくさった甲高い声が時たま目立つことはあるものの、これらのLPを聴いているとしばしば誰が何をどこで歌っているのか聞き分けにくくなる。まるで背景と前景が入れ替わったかのようだ。重複する何層ものヴォーカルの潮流でリード部を包み込むべく、グループのハーモニーと対旋律はかなりトップにミックスされている。〝I'm So Young〟、〝Kiss Me Baby〟、〝I'm Waiting for the Day〟、〝Sloop John B〟、〝Good Vibrations〟、〝Heroes and Villains〟といった歌に聞こえるのは一種の音楽的な高次元の魂、明確な個人や諸事から成り立つ現実世界を霊魂化し脱物質化するために共に歌うグループの創出だ。

声の調子と音色のわずかな違いはさておき、そこには明らかにメンバー全員が目指す理想、均一なビーチ・ボーイズ「特有の声」が存在する。この似通った複数の声の重複は、個性を奪われ中心を欠いた、明確なリーダーを持たない、相互に繋がり合った存在の数々というイメージを作り出す。この効果は『サーフズ・アップ』(ブラザー／リプリーズ／一九七一〉までにあまりに見事に完成されていたため、ビーチ・ボーイズのマネージャーだったジャック・ライリーとヴァン・ダイク・パークスが歌った気の滅入る〝A Day in the Life of a Tree〟ですら、そのプロダクションゆえにビーチ・ボーイズっぽい曲として受け入れられた。別の言い方をすれば、ビーチ・ボーイズのプロダクション体制は個を尊重しないということになる。

ビーチ・ボーイズの同期生であるジ・インプレッションズ（その、カーティス・メイフィールド、サム・グッデン、フレッド・キャッシュから成る六〇年代の姿）は共同でのヴォーカル録音にかなり異なるアプローチをとった。ビーチ・ボーイズが集団無意識をこしらえようとしたとすれば、インプレッションズはもっとしっかりした、現代生活の図を相手に協力し合える骨組みを示そうとした。ビーチ・ボーイズのヴォーカルが星々の世界へ飛び立つことを乞うとしたら、時代動向を意識したインプレッションズの楽曲は今この場の世俗のあれこれに関わっていくことを求める。結果、彼らはビーチ・ボーイズとは非常に異なる互いの声の関係性を伝える。〝People Get Ready〟、〝Choice of Colors〟、〝Keep on Pushin'〟、〝We're a Winner〟、〝Mighty Mighty〟、〝This is My Country〟といった曲で、カーティスのテナーは最高のヴォリュームでリードをとり、フレッド・キャッシュの声はそれを支え、サム・グッデンのバリトンは随所で顔を出し旋律を歌う。ビーチ・ボーイズの歌唱の本質的な流動性とは異なり、インプレッションズのそれは構成されていて正確だ――彼らはルールと歌唱のパターンを確立し、他のグループも模倣した／模倣できるようにした。彼らが打ち出すのは、明白なリーダーがひとりいて各自が個性的なヴォーカル特性を誇る緊密に結びついたバンド像だ。彼らはダイレクトで押しが強くも美しい、行動を熱く訴え、「準備しよう（get ready）」、「進み続けろ（keep pushing）」、「我々は闘うだろう（we're going to fight）」、「これは私の国だ（this is my country）」等のキャッチーなスローガンを宣言する歌を作り出す。これらの曲がブラック・パワーのアンセムになったのはメイフィールドの書いたパワフルで人々を団結させる歌詞ゆえだ。しかし彼らは、それらの歌詞の実践例ももたらした――ひとつのムーヴメントの共通の声を生み出すべく集まったひとつのグループの姿、そして各人にそれぞれの長所を生かし貢献させ、彼らがひとりで作る以上に強力な何かクリエイトさせる参加型の組織構造を。そうすることを通じ、彼らはひとつのタイプの集団行動の見本を示す。グループとしての政治はブラック・パンサーやマルコム・Xほどの急進性に達しなかったものの（もしそうだったら、バラク・オバマは二〇〇四年にジョン・ケリーを大統領候補として支持するために〝Keep on Pushin'〟を使うことはできなかったはずだ）、彼らの歌唱スタイルが今なお、声明を打ち出そうとするバンドなら、いずれも頭を悩まされる、個と多数の間に走る緊張を解決するためのお手本であることは証明されてきた。

デュオやグループ歌唱のレコードがやや流行遅れになってきているとしたら、本格的な合唱団のレコードはすっかり使い古された伝統を象徴する。ゴスペルであれクラシック音楽であれ、歌い手のアンサンブルをフィーチャーしたヴァイナルは現代生活や今の音楽とほとんど繋がりがないように思える。グレゴリオ聖歌とザ・ラングレー・スクールズ・ミュージック・プロジェクト（※一九七六―七七年にカナダで制作された児童合唱団によるヒット曲カヴァー集）のキッチュさはさておき、コーラス音楽は教会や上位文化の権威の衰えと救いがたく結びついているようだ。当代におけるゴスペル・レコードへの関心の復活はゴスペルの大合唱作品はほぼ素通りし、ソロ歌手もしくは少人数のバンドが作ったソウルフルでファンキィな、ジャズっぽいサウンドの方を好む。対してクラシックの合唱団レコードが今の時代にエキサイティングになるのは、一九世紀以来の伝統の因襲に積極的にアタックをかける時だけだ。このようなレコードがめったに現れないのは、現代のコンポーザーの大半がそのフォルムを完全に避けているからだ。仮に、我々の集団的表現を求める思いが衰えたせいで少人数によるグループ歌唱が後方に押しやられたのだとしたら、その衰えはコーラス合唱様式を絶滅寸前に追い込んだことになる。

これゆえ、私が例に持ち出すエキサイティングな合唱レコードも、必然的にやや秘教めいた常道を外れたものになってくる。それらはどのコレクターのレコード棚にも並ぶ定番作品ではない。私が選んだ二枚の合唱レコードは、普遍主義のヴィジョン、堂々たる集団理念を生み出すべく一体化した多数の声の力強いサウンドを明確に打ち出すべく、伝統を用いてラディカルな実験をおこなう作品だ。現主流を成す戦闘的で企業系のそれではない、国際的なアイデンティティの徹底的な作り直しが大いに求められるこの時代において、合唱サウンドの実験はどのメンバーも平等な声を擁し誰もが全体の一部として欠かせない共同体型表現のヴィジョンを保持している。これらは、たとえフラつき失敗に終わったとしても、我々すべてに当てはまる真実を摑もうと努力する歌だ。

イギリス人作曲家のコーネリアス・カーデュー（Cornelius Cardew）は、一般人と合唱の形式を踏まえた大衆向けマルクス―レーニン主義音楽を作るために前衛作曲家としての立派なキャリアを棒に振ったことで知られる。クラシック音楽批評家とファンの多くは、この移行を洗練から俗悪な政治的スローガン作りへの転落だとして嘆いた。彼のマルクス主義転向以前の作品もいまだに興味をそそり楽しめるとはいえ、カーデューの後期作品すべてを無用扱いしようとする批評が殺到したことで、彼が〝There Is Only One Lie, There is Only One Truth〟（『Memorial Concert』収録／一九八五）でおこなったコーラス形式のユニークな復活は一般の目に触れないことになった。たしかに一九八〇年までに、カーデューは非常識で耳ざわりな政治的糾弾（デイヴィッド・ボウイはファシストである／ザ・クラッシュと全パンクスは反動的である／シュトックハウゼンは帝国主義の手先である）をいくつかおこなっていたとはいえ、その面は〝There Is Only One Lie, There Is Only One Truth〟の放つ魅惑を損ないはしない。

この曲は歴史のレッスンであると同時に、抑圧された者たちのスピリットをストレートに讃える歌であり、レーニン以来の「ソビエト型社会・帝国主義」の批評であり、ウィンク混じりで社会主義リアリズムを滑稽化するもじりであり、また奇妙な美しさをたたえた作品でもある。その弱点と看做されかねない面――そのユルさといたずらっぽいユーモア感覚――は、実はその強みだ。歌声は一行にあまりに多くの言葉を詰め込むし、寄せ集めなヴォーカル編曲ゆえに独自のリズムを持つ多くの声がオーヴァーラップし合い、時に歌詞を理解するのすら困難になる。合唱団がひとつの声で歌うのは、一九二四年以来のソ連（と毛沢東主義）による革命の裏切りに対し真の正義のヴィジョンで抵抗するリフレインの箇所だけだ。この曲の楽しさは国家主義芸術の堂々とした伝統を反転させると同時に、本物の民主主義への希望を断言するところから発している。まとまったかと思えばバラバラになるのは、プロの歌手数人と一緒にこの曲を歌うのがごく普通の一般人だからだ。手の込んだ作りの壺というより、これはむしろ合唱団のフォルムに備わった壮大な気負いを荒削りに解体したものだ。雑然と羅列されるマルクスとレーニンに対するソビエト・ロシアの裏切りの数々に対し、カーデューの書いた未来の真実の訪れに関する曲名のラインを合唱団が歌う時だけ美しさが出現する。その結果、カーデューは壮大な合唱団のフォルムとそれに付随する狂信的な排外主義を打倒することにより、いずれ実現するコミュニティのポジティヴなイメージを我々にもたらしている。

アンドリュー・ブラウンと全米バプテスト連盟聖歌隊（the National Baptist Convention Choir）の〝Lord, Lord〟（『Lord, Lord』収録、Mark／一九七四）はカーデューが拒絶した堂々たるフォルムを保持しているものの、ひとつひねりがある。マルクス主義と同様、キリスト教信仰はこの世界のすべてに説明がつくと公言する。そしてカーデューと同様、アンドリュー・ブラウンと彼の仲間もまた、普遍的な視点を丸ごと放棄するのではなく、欠陥のある過去の普遍的なヴィジョンを彼ら自身の描くヴィジョンで置き換えようとする。〝Lord, Lord〟の革新性は聖歌隊のふたつの大セクションと女性ソリストとの掛け合いから生じる。なるほど、紛れもなくファンキィなドラムと淀みなく連打されるピアノとが全編を通じ活気を与えてはいるが、このトラックを実に特別なものにしているのは大合唱のもたらす効果だ（ジャスト・ブレイズがドレイクの二〇一一年のアルバム『テイク・ケア』収録曲〝ロード・ノウズ〟でサンプリングしたのもこの箇所だ）。

ＮＢＣシンガーズは、楽曲の最初と最後で同じ「主よ、主よ」のとどろくようなユニゾンを歌う。聖歌隊の全力の歌声は楽曲を疾走する走者として、巨大にラウドで凝縮されたサウンドの爆風として使われる。この荘厳なノイズの瀑布はカウンター・リフレインと入れ替わり立ち代わりに、神が自らの羊の群れを養い守る様を描いていく。同じく大人数のヴォーカリストが歌うものの、これらのパッセージでのトーンは威風堂々から優しさへと変化する。「主よ、主よ」の絶叫を通じ信者の剝き出しのパワーにさらされたところで、続いて信徒のコミュニティにもたらす聖なる効果が示される。神の力はたちどころにふたつの側面、あらゆる者と万物に触れる本質的なフォースとしての外的な強大な力、そしてその存在を聴き取れる者すべての精神に内的な変容をもたらす触媒の形で提示される。この主権的パワーと信徒の大群の間で交わされるやり取りが何度か繰り返されたところでやっとソリスト（クレジットなし）が登場し、彼女は信徒のリフレインを自身の声で再解釈していく。この複数の歌声の演出の仕方において、個の声は神の声としもべたちの声が対話を果たした後でやっと出番を与えられる。そしてソリストが歌う場面ですら、彼女の声はもっとラウドで前面にいる二組の歌手集団と絡まり合う。コール＆レスポンス形式から我々が予期するものを越えた地点にゴスペル聖歌隊を連れていくことで、我々は神の普遍的なパワーへの信徒衆の集団型依存、そして神と集団双方への個人の依存のアレゴリーを耳にする。

カーデューとブラウンの作品に共通しているのは、誰もが潜る一般的な生を代弁することへの献身、そして参加者ひとりひとりが貢献し生まれる多数のヴィジョンを表現しようという強い意志だ。だが両者の民主主義的なヴィジョンそれ自体に違いがある。カーデューは自らの政治的な第一教義にしたがい、主に素人歌手を起用した。ブラウンの聖歌隊は神の力の荘厳な威厳を代弁するのに必須な力量を備えた職業歌手だ。カーデューと歌い手たちが二〇世紀集団主義の歴史的な批評を集団の声でおこなったのに対し、ブラウンと聖歌隊は神聖なるものへの我々の尽きせぬ依存という啓示を表現する。カーデューが未来の理想の名の下に書かれた風刺を軸に彼のコミュニティを築いたのに対し、ブラウンのグループは徹頭徹尾シリアスだ。ふたつを合わせて考えると、両者は集団歌唱にも我々が集団型の夢（と悪夢もあるが、ここでは夢だけに焦点を絞っておこう）と絆を保つための力がまだ残っていることを証明してみせる。カーデューに見られる批評の共有であれブラウンの共有された強大な力の表現であれ、生き残っていくために、未来の世界はこのような新たな集団表現のフォルムを必要としていくことだろう。

経験ゾーンその三：空間

ミューザックはもはやそのオリジナルの名称で存在しないものの、その精神は生き続ける。ジェントリフィケーションの均一化の勢力がますます多くの空間を制していくにつれ、我々のアンビエント環境があまりに多くの音の壁紙で飾られる状況が進んだ。高級化した空間のどこでも、人が世界を渡っていく際の潤滑剤役を目指す無害なBGMが低音量で流れている気がする。今や現代の職場には、聴き手から特定のムードや反応を引き出すべくデザインされた企業型プレイリストの形でそれ独自のフォルムのミューザックが存在する。これらのプレイリストには、言明されたものであれほのめかしであれ、労働者の生産能力を向上させるというゴールが備わっている——彼らの集中力を強化するため（「あなたの禅を見つけよう」）、注意力を長引かせるため（「勉強している時に聴くローファイなヒップホップ・ビート」、「職場で聴くジャズ」）、安眠を補助するため、等々。昨今の新しいポップ・ミュージックすらしばしばこの手の音の壁紙に似ていて、あまり注意を傾けず片手間に聴いていると効果を発揮する。これは知的な面でもエモーショナルな面でも、リスナーに多くを要求しない音楽だ。こうしたエッジのない音楽、慇懃なインスト、磨かれたポップ、すっかりおなじみなオールディーズは、我々の物質生活の実空間を曖昧なサウンドスケープの数々でますます覆っていく。

前章で論じたはっきりと「アトモスフェリック」を謳うものに限らず、すべてのレコードは想像上の音世界を作り出す。あらかじめ埋め込まれているこの空間的な広がりの次元こそ、ジョニ・ミッチェルをして音楽を「流動的な建築」【註7】と言わしめたものだ。音楽は実に明白に時間から作り出された芸術形態であり、そのあまり認識されていない次元の重要さを強調するのがためになることは、ジョニ・ミッチェルの定義を鵜呑みにしなくても気づくと思う。そしてレコードは繰り返し聴くことができるがゆえに、我々がこの「流動的な建築」なるもの、繰り返し聴かない限り「流動的」なままの、つかの間の一回限りの経験のイメージ構築を助けてくれる。すべてのレコード・ジャンルは聴き手のために音響空間を作り出す——環境、ムード、雰囲気がそれに当たる。言うまでもなく時間の経過に伴い展開するテンポとは対照的に、録音音源の空間はより全体構造型なゲシュタルト経験であり、総じたパターン、ムード、あるいはトーンということになる。この意味で、すべてのレコードはアトモスフェリックもしくは環境音楽的だ。どの作品も質感、相対的な音量、パニング、マイク位置、ミックス上の楽器間の間隔等々——これらはレコードの全体的な構造を生む構成要素だ——を使うことで特有の音の世界を作り出している。たとえば、マイ・ブラッディ・ヴァレンタインの『ラヴレス』（クリエイション／一九九一）のようなレコードで広範におこなわれたヴォーカルおよびギターのオーヴァーダブを考えてみよう。主要なハーモニーおよびメロディ・ラインから独立したところで、『ラヴレス』はLP全体を通して続く、空間的な広がりとして創案されたとしか思えない没入型の音世界を含んでいる。この空間的な次元、『ラヴレス』の過剰主義な構造とそれが作り出す豊潤なムード空間は、レコードに収録された個々の楽曲や様々な場面と同じくらい我々に強烈な印象を残す。

ここで我々が論じる三つの音響空間は、疎外・異化・没入と形容できると思う。この三つはすべて、ストリーミング・サイトの高級化したサウンドスケープ、実用本位なプレイリスト、そして我々の公私双方の空間をますます網羅している多くの新作リリース群に対してすら、オルタナティヴを提示する。私の選んだ単語が示すように、こちらを疎外する音世界は攻撃的で不快、ザラついている。威嚇型でこちらをそそらない音世界を作ることで聴き手と距離を置こうとする。対して異化作用のあるレコードは、なじみのある世界の一部を取りあげ、それに関連して我々がこれまでと違う聞き方や考え方をするのを助けてくれる。そして没入型の音世界は、我々の音世界を超越するまったく別の世界を生み出そうとする。レコードの作り出し得る音響の新世界の多様さは深い。廃墟もあれば幽霊屋敷のレコードもあり、現実空間を組み立て直すこともあれば、風格あふれる精神の大邸宅を内宇宙もしくは外宇宙に構築するレコードもある。

空間的な選択肢一：疎外

多くの意味で、聴き手を疎外する音世界を作り出すレコードというのは用語として矛盾している。疎外の雰囲気を発生するジャンル——ハーシュ・ノイズ、インダストリアル、パワー・エレクトロニクス、フリー・ジャズ、インプロ——はライヴ・パフォーマンスに依存している。しかしレコードは本質的に、最も偶発的で自然に起きた、何かのはずみで生まれたサウンドすら後世に保存するメディアだ。聴き手を威嚇し、苦しめ、心を乱すためのサウンドとノイズも繰り返し聴かれることでそのショック値を失う。最も混沌とした暴力的なノイズですら音楽——それでもやはり剣呑で近づくのがはばかられる音楽ではあるが——へと変えていく、パターンを見つけようとする我々の習慣をレコードは補佐する。ということはこの文脈において、疎外するレコードは吸収されることも飼いならされることもない反表象主義なノイズを作り出そうとする、ということになる。言葉を変えれば、この音楽はショックと畏怖を通じて我々の習慣的な想像のパターンを打破しようとする。

これはリスナーと対決する音楽だ。音楽にはリスナーのために想像上の空間を現出させることができる、との思い込みそのものに対する耳ざわりな攻撃だ。むしろそれは聴き手がサウンドの醜悪な物質性に集中するのを強要してくる。前衛の産物すべてと同様、それは表象の可能性は錯覚だとしてアタックをかける。ホワイトハウス、ラムレー（Ramleh）、インキャパシタンツ（Incapacitants）といったノイズ界の「顔」をフィーチャーしたコンピレーションのひとつが『Even Anti-Art Is Art··That Is Why We Reject It』（Statutory Tape（ひどいレーベル名だ／※Statutory Rape＝強姦とのひっかけ）／一九九一）のタイトルなのは多くを語っている。空間的に言えば、ハーシュ・ノイズは「音楽は環境の感覚を作り出すべきだ」という発想そのものを標的にする。理想的なノイズ作品は聴き手の心と精神に空間を一切生み出さない。その代わり、それは津波や地震のように機能し、聴き手を物理的に圧倒するだろう。

しかしどんな作品も音響空間の提示を省くわけにはいかない。あるいはそれをやれたとしても、今度は我々がそれを音楽として認識しなくなる。その地点までいくと、それは単に我々の暮らす音空間を切り取っただけの惰性の作品になる。最もブルータルなメルツバウのレコードすら、たとえばランダムに選んだ建設現場やリサイクル・センターの雑音と勘違いされないよう、聴き手のために空間を作る必要がある。更に言えばレコードのリスナーは、たとえそれが意図されていなくても音響の醸す雰囲気を推し量ろうとするだろう。この場合、常軌を逸したレコードは想像力の中に廃墟を、破壊された空間を作る傾向がある。

ハナタラシの『3』（RRRecords／一九八九）のようなレコードを例にとってみよう。日本は限界をギリギリまで押し広げる多くのノイズ実験者——メルツバウ、インキャパシタンツ、K.K.ナル（KK Null）——を生んできた国だが、そんな中でもハナタラシは独自の立ち位置を誇った。彼らはしばしば演奏する際に文字通り廃墟を作り出した——ライヴの参加者に権利放棄証書への署名を強要すると、彼らは演奏中に会場のクラブを油圧ショベルや電ノコで襲撃した。ハナタラシの『3』はそのような破壊行為に似たものを音で作り出す——もはや何も機能しなくなった世界のサウンドだ。そこには機能不全の機械類や蒸気パイプ、間違った方向に進むテープ、金属を引っ掻くひどく不快な音、吹っ飛ぶアンプ、そして渦巻くノイズの中で詠唱する歪んだ声があふれる。それは音響の残骸から音世界を作り出す――壊れ、機能しなくなったテクノロジーの寄せ集めだ。それが発するサウンドスケープは全滅した世界、近づきにくい、汚染された、人間の生命を寄せつけない荒涼だ。このようなサウンドの廃墟が最も効果を発揮すると、それは我々を自己満足から激しい勢いで引きずり出し、事態が悪い方向に進むとどうなるか、日常はどれだけ恐ろしいものになり得るかの感覚を我々の中にしみこませる。世界から日々受ける疎外感の方がレコードで耳にするそれを上回るような時代において、世の終わりは間近に迫っているとリマインドされる必要があるか否かはの疑問にはまだ答えが出ていない。

おそらく自らの音響に関してもっと折衷型なのがノイズ・ロックとインダストリアルのグループだ。ニュージーランドのデッドC、イギリスのザ・シャドウ・リング（Shadow Ring）、アメリカのソニック・ユースのようなノイズ・ロッカーは、やはりミニマルで傷がついてはいるものの、曲としてもっと認識可能な構成に前衛の混乱を組み込む。対してアインシュテュルツェンデ・ノイバウテン、スロッビング・グリッスル、コイルといったインダストリアルのグループはガラガラ、シューッといったノイズを縫ってそれと分かるリズムを用い、スロッビング・グリッスルに至っては〝Hot on the Heels of Love〟のような歪んだダンス曲をいくつか作ったほどだった。これらのグループはすべて概してダークな、威嚇型の雰囲気を醸し出すとはいえ、もっと前衛な作品のそれよりも美学面で幅が広く複数の層を備えている。これゆえ、彼らはその音の残骸から欲望、ミステリー、時には希望すら浮上してくる空間を作り出す。『Harsh 70s Reality』、『Put the Music in Its Coffin』、『Bad Moon Rising』、『Kollaps』、『Horse Rotorbator』を聴くのがどれだけ苦しく犠牲を伴う行為だとしても、オルタナティヴな雰囲気の底流が脈打っているのはやはり感じる。ただ破壊するだけでは飽き足らないこれらのアーティストは、チラリとしたユーモアや、もっと認識しやすい音楽フォルムとノイズとの対比を提供する。結果、彼らはピュア・ノイズの中心を吹き抜ける混沌とした絶望を超越してみせる。

選択肢二：異化

フランス人歴史学者ピエール・ノラの「lieux de memoire（記憶の場もしくは敷地）」というコンセプトは、音楽にとって特に重要だとは普通思わない概念だろう。ノラによれば、「記憶の場」はひとつの共同体の集団記憶が具体化する、想像上の「敷地」だ――「〝記憶の場〟は何であれ意義ある実在のことで、それが本質的に物体を伴う／伴わないに関わらず、人間の意思あるいは時間の作用の力によって、幾多のコミュニティの記念碑的遺産の象徴的な要素を担うようになったものだ」【註8】。ノラが挙げるフランス文化の例は、実体を伴うオブジェ（エッフェル塔）からより比喩的なもの（ジャンヌ・ダルク）――にまでわたるが、記憶の場はリアルと象徴とが出会い結びつくことで、コミュニティが共有する記憶を作り出すものになりがちだ。上記のノラの定義にしたがえば、この現象のアメリカでの例にワシントンD．C．、リンカーン記念堂、アメリカ国旗等が「記憶の場」に数えられるのは間違いないだろう。

このセクションでは、レコードがどんな風に我々の集団型記憶とそのシンボルを作り変える雰囲気とムードとを生み出すかを検証する。これらのレコードは既存の「記憶の場」に新たなムードとコンセプトをピン留めしようとする、カウンターな記憶空間を作り出す。そうすることで、これらのレコードは我々が共同体的なアイデンティティ感覚を構成する助けになる象徴的な空間についての新たな関連づけやフィーリングを聴き手に投入し、受け入れやすく満足のいく一般的なヴァージョンの記憶を異化する。作家W．G．ゼーバルトの『土星の環』が典型的に田園調な英国のカントリー・サイドを未来の廃墟ゾーンに変容させ、屋敷の数々を歴史の亡霊の住処に変えたように、レコードも我々にとって大切な空間のもつ感覚を、いわば再雰囲気化することで変容させることができる。他のどのアート以上に、音楽には内面のエモーショナルな空間と外にある公的空間とを縫い合わせ、パワフルな「記憶の場」を生み出すことができる。

レコードはその空間的文脈を様々な形――題名、曲名、ジャケット、解説、裏ジャケに寄せた覚書、そしてもちろんその音楽そのものに含まれるサウンドとフォルム――を通じて指示してくる。このように、我々が先入観や美学的な期待を抱かずに一枚のレコードに接するのは無理だ。これから俎上にあげるザ・ロイド・マクニール・カルテット（The Lloyd McNeill Quartet）の『Washington Suite』は、そのタイトルと曲名でこの文脈を指示している。チェスター・ルイス（Chester Lewis）の〝Wade in the Water / Precious Lord〟はライヴ盤で、我々はルイスの演奏に対する観客のリアクションを聴くことができるし、それで彼が小さな米南部の教会で演奏していると察しがつく。この45回転に記載されたちっぽけな私家版レーベルの名称〈Eternal Gold Ltd.〉も、この文脈をほのめかす。アブドゥル・ワダッド（Abdul Wadud）の『By Myself』の解説は作品のインスピレーションが「母なるアフリカ」と「自然界」の二組のコンセプトにあること――これはアルバムの中核的ピース〝In a Breeze〟が作り出す音響空間を理解するのに必須の文脈だ――を伝えるし、森の中で撮影された、巨大な樹のそばに立ち、その中に飲み込まれんばかりのワダッドとチェロの姿を捉えた写真も同様だ。これらの記憶の場所――ワシントンD.C.、典型的なアメリカの黒人教会、アフリカ――に対して我々が抱く感覚を作り変えることで、マクニールとルイスとワダッドは集団記憶の土台に入り込むことのできる音楽的な雰囲気の力を証明する。

題名が示唆する通り、ロイド・マクニールのソウル・ジャズの傑作『Washington Suite』(ASHA／一九七〇)はアメリカの連邦都市をテーマ面中心に据えている。『Washington Suite』は、一九六〇年代後期の黒人にとってのワシントンD.C.のコンセプチュアルな位置づけを作り出す。アメリカ美術館(現在はスミソニアン博物館の一部)とコーコラン美術大学(現在はジョージ・ワシントン大学の一部)で録音されたこのレコードは、D.C.のキャピトル・バレエ・カンパニー、アメリカ合衆国初のアフリカ系アメリカ人が多数を占めるプロのバレエ団からの依託だった。ダンス界の先駆者ドリス・ジョーンズとクレア・ヘイウッドのために書き下ろされた『Washington Suite』は、黒人のバレエ・パフォーマンスの劇伴音楽として始まった。曲名は当時最新の、D.C.に暮らす黒人の生活の様々な側面を参照したもので、細かくパーソナルなものから広い意味で政治的なものまで多岐にわたる。「代表なき課税」の地であるコロンビア特別区は長きにわたり地方自治を、アメリカ合衆国連邦政府からの自立を訴えてきたし、したがってアルバムのオープニング曲のタイトルも〝Home Rule(地方自治)〟になる。アルバムが録音された当時、D.C.は「チョコレート・シティ」――一九七〇年は住民の七十一パーセントが黒人だった――として広く知られており、LPの二曲目のタイトルもそれにひっかけた〝Just 71% Moor(ムーア人度はたった七十一パーセント)〟に由来する。『Washington Suite』録音時にはリンドン・ジョンソンが制限付きで地方自治を認可したものの、D.C.に連邦管轄外の完全な政治的自立を与えることに対する白人層の恐れの大半は、同都市の黒人の多さに関わるものだった。〝The Black Mayor(黒人市長)〟は当時の市長だったウォルター・E・ワシントンを指す。もともとジョンソン大統領の任命でこの役職に就いた人物とはいえ、ワシントンはアメリカの主要都市で最初の黒人市長だった。〝Sandra Is the City〟はキャピトル・バレエ・カンパニーのリード・ダンサー、当時たった十九歳だったサンドラ・フォーチュンのことで、彼女の写真はLPの裏ジャケットにも使われている。この時期のアーティストやアウトサイダーたちのボヘミアンなたまり場でカウンターカルチャーのハブとして機能していた、デュポン・サークル広場にある噴水周辺のシーンは〝Fountain in the Circle（サークル広場の噴水）〟から浮かび上がる。アルバムの三曲目、〝2504 Cliffbourne Pl.（クリフボーン・プレイス二五〇四番）〟は、アダムスーモーガン地区に暮らす住人の住所だ——おそらく、ハワード大学で教鞭をとっていた時期のマクニール本人の住所と思われる。

ということは、このレコードは作品の象徴的な震源地として、勢いで力づいた、クリエイティヴな黒いD.C.の姿——アート、政治、個人生活の面で——を用いたことになる。D.C.における黒人の経験の様々な領域を考慮に入れるべく、『Washington Suite』のモードは一曲ごとに変化する。激しく叩きつけるファンキィな自己主張（〝Home Rule〟）から始まり、都会の幻想（〝Just 71% Moor〟）、長く引っ張るジャム（〝City Triptych〟）へと動き、品位のあるネオ・クラシカル調（〝Fountain in the Circle〟）の結末まで来てやっと落ち着きが訪れる。それはふたつのスケール——至るところで聞こえる（曲名の数々が示唆する）黒人の自立への盛り上がる期待感と、そしてもっと多様で緊張感に満ちたこの都市の当時の政治情勢——を同時に動かし続ける。その音楽は、楽曲タイトルに埋め込まれた夢に対し、それらの夢を実現させるための葛藤を音楽そのものの中で表現することで拮抗する。D.C.各地の様々な空間に異なるジャンルの音楽を組み合わせることで、このレコードは一定のエリア群を黒人にとってのD.C.の飛び地として定義しようとする。マクニールのヴァージョンのD.C.ライフでは、連邦都市の碁盤目状の区画はそれぞれはっきり異なる体験ゾーンに分割される。黒人にとってのD.C.はひとつのジャンルだけでは代弁できない。いくつものスタイルをくぐり抜ける旅路が求められる。

ジャンルからジャンルへ、ひとつのエモーショナルな雰囲気から別のそれへと流れていくこの作品の複雑さは、均一ではなく雑多な、分断された都市のリアリティを映し出す。スピリチュアル面で最も一体化の度合いが高い曲〝Imani（Faith／信仰）〟ですら、人種と階級のラインに沿って生じるD.C.の政治的な分断について語りかける——イマーニは、当時はまだ始まったばかりだった祝日クワンザ（一九六六年にマウラナ・カレンガが提唱してスタート）の七日目にして最後の日のことだ。まだ今日のように確立していなかったクワンザは、ブラック・パワー運動にその起源をもち、創設の意図に汎アフリカ主義があったゆえに当時の時代にとって生来的に政治論争の発火点だった。仮に収録曲の曲名の数々が総体として、あの都市の生活のすみずみに存在していたブラック・パワーの当時のリアリティを指すとしたら、では音楽そのものは、その多様さとジャンルの変化において、その実現を目指し闘うのに必要な具体的な探求と政治的葛藤とを体現しているのだろう。『Washington Suite』は名フルート奏者と彼のバンドが様々なフォルムを通じ、黒人にとってのD.C.像およびまだその政治的・集団的な威力を充分発揮していない都市の中で達成された黒人文化を表現するための手段を探ろうとするサウンドだ。『Washington Suite』に耳を傾けたことがあれば、その人間が今日ワシントンを歩いているところにこのレコードはそこここに宿っている。D.C.の都市景観のどこを眺めても、マクニールのサントラの断片が頭に浮かぶ。『Washington Suite』を聴く者は、マクニールの描いた夢のイメージを現前の都市と対比させ、その夢が実現しなかったことに気づく。

アメリカの想像力にとって黒人教会ほど象徴的な場として重要なものはあまりない。アングロサクソン白人系プロテスタント教徒の真面目で様式化された信仰ぶりに対し、アメリカ人は黒人の教会は崇拝面でもっと自由かつ情熱的、表現豊かだと考えがちだ。歴史的に、黒人教会は奴隷制時代の黒人たちにとっての避難所として、白人至上主義の上に建てられた国における黒人の市民生活の土台として機能してきた。それればかりか、黒人教会はアメリカ大衆音楽の源泉——ブルース、R&B、ソウル、ロックetcに重要な影響を与えた——として正当に評価されてもきた。

しかしアメリカン・ライフにおける黒人教会の中心的役割は否定できないとはいえ、それは制度的に誤った描かれ方をしてきた。我々の生きるポストモダン時代の中で、アメリカ人は黒人教会に関するクリシェの数々を典型的なやり方で攻撃することを頼りにしてきた。それらの多くは、もっと複雑で、実際に生きているリアリティに取って代わった。これらのクリシェは、いくらかでも現在のアメリカのポピュラー・カルチャーになじみのある者にはすぐピンとくるはずだ——そこでは黒人教会は正真正銘の、ソウルフルな崇拝を象徴する。アメリカの想像力において黒人教会が原始主義的なステレオタイプに要約される例はあまりに多い。教会は黒人が彼らにとってごく自然な振る舞い（内省的で理性的なそれではなく）をし、生々しい歓喜と苦痛を表現する場、ということになる。

これら白人にとって分かりやすいクリシェの数々は黒人のヴァイタリティに対する賛辞の姿を装うものの、それは両刃の剣でもある。それらは黒人教会とその崇拝者をスピリットの圧倒的な表現として讃えることで、既存の黒人コミュニティ内に存在する多様な表現の現実を否定している。黒人教会音楽のパッション面を強調しつつ、その音楽の創作に注がれたテクニックとミュージシャンの手腕は覆い隠す。この、ゴスペル音楽の荒削りな直接性の賛美は、そのような熱気はもっとナイーヴな、あまり近代化されていない文化からしか生まれてこないとの考えに基づいている。つまり一般的な黒人教会のイメージは、黒人による多彩でリアルな崇拝の場において何が起きているかを表すより、むしろそれをのぞき見する白人側を安心させ楽しませるのに奉仕している。

だが黒人教会から登場した数々のゴスペルのレコードを聴けば、そのようなクリシェな見方で物事を考え続けられなくなる。これらのレコードは黒人教会はひとつのことしか意味しないという考えを吹き飛ばす。ゴスペル・レコードをじっくり探ってみた後で、もはやあなたは黒人教会をアメリカ国家の「ハート」の象徴として見ることも、あるいはどれかひとつの神学教義を信奉する有機的な総体として考えることもできなくなる。以下に、我々は霊歌〝Wade in Water〟の三つのヴァージョンが明らかに異なる、矛盾するとすら言えるサウンドスケープを聴き手の耳に生み出す様を検証する。それを通じ、我々は現アメリカにおける神話の生成が許す以上に、ゴスペル音楽はもっと豊かで複雑な黒人教会の内情のヴィジョンを提供しているのを知る。起点として同じコンテンツを用いながら、これら三枚のレコードが描き出す黒人教会の音の地勢図はそれぞれ大いに異なる。チェスター・ルイス（Chester Lewis）版はファンキィで親密な、参列者が実際に参加できる空間を聴かせる。ステイプル・シンガーズ版は広くアピールする、人種を越えた大衆迎合型の空間を作り出す。ケネス・モールズ（Kenneth Moales）のそれは、人間を尊重しない神の支配する威嚇的な空間を構築する。

一枚の45回転に過ぎないチェスター・ルイスの〝Wade in the Water〟（Eternal Gold Ltd.／一九七X）も、先述したような黒人教会に対するクリシェがいまだに頭にこびりついている連中を排除するには大いに効果的だ。一九七〇年代のどこかの時点で、このセイクリッド・スティール・ギター音源は教会大会の一環として制作され、ルイスと彼のバンドはノース・カロライナ州ロッキー・マウントにあるエベニーザー宣教師バプテスト教会の教区民の代表だった。〝Wade in the Water〟は独立戦争にまでさかのぼる有名な霊歌で、地下鉄道（※一九世紀の米黒人奴隷の逃亡を支援した奴隷制廃止論者による地下組織、もしくはその径路）で歌われたことすらあると言われる。最初に商業的なレコードとして吹き込まれたのは一九二五年のサンセット・フォー・ジュビリー・シンガーズ（Sunset Four Jubilee Singers）による〈パラマウント・レコーズ〉版で、以後数多くのアクトに取りあげられてきたが、最も良く知られるヴァージョンは市民権運動の非公式アンセムとなった一九六〇年のステイプル・シンガーズ版だ。

となれば、ルイスの果たした功績を測るひとつの目安は、彼が〝Wade in the Water〟でステイプル・シンガーズのヴァージョンとラディカルに異なる音響空間を作り出した手法を記していくことだろう。ステイプル・シンガーズ版はキャッチーなスタジオ録音で、頑健なグルーヴと味わいぶかいエレクトリック・ギターが伴奏を務める。メイヴィス・ステイプルズの驚異的な歌声をショウケースする曲で、歌詞とリード歌手の声を強調する、おなじみのコール＆レスポンスのフォルムを中心に組み立てられている。そこに鳴る、バンドに合わせて叩かれるひとりきりの手拍子は、歌の起源である野原と教会に対する控えめなジェスチャーだ。歌を成り立たせているのはメイヴィス・ステイプルズの声で、それは広い意味での解放のメッセージを伝えてくる。伝統的なスタジオ録音作であり、ラジオ向きだ。ステイプル・シンガーズの〝Wade in the Water〟にはとっつきやすい魅力があり、アンセムになったのも不思議はない。それは大人数の集まる公的な集会の場で鳴らされるべく作られた、見事に録音された、洗練されたスタジオ収録曲だ。

チェスター・ルイスが作り出すのは、この霊歌のもっと親密な、誓いとしてのヴァージョンだ。彼のラディカルなアレンジは、ファンキィでミニマルなベースとドラムのバッキングに乗る、彼の弾くセイクリッド・スティール・ギターの歌声に力点を置く。ルイスはその歌詞で有名な霊歌をインスト曲に変える。この点だけでも彼のヴァージョンはもっと親密なものになる。ルイスの〝Wade in the Water〟は信者の捧げる祈りだが、それは観客とシェアされるものでもある。そしてこの観客は曲のサウンドに積極的に参加する——彼らの騒々しい、熱狂的な手拍子はドラムとテンポを合わせ、様々な観客はとりわけファンキィで迫力に満ちたルイスの演奏場面で、喝采しやんやの声援を送る。録音はやや低音質でその響きはほとんど客席録りのブートレッグに近く、それゆえに演奏空間の室内のトーンを捉えている。その結果、聴き手はまるで自分自身もその数多くの信者のひとりであるような気がしてくる。しかしこの録音に、壇上から説教するという意味での教会臭さはない。むしろそれは、信仰の場とそのオーディオ版とを同一視し、聴き手がその中で何かを感じることを求めてくる。ステイプル・シンガーズのヴァージョンが作り出したアンセミックで大衆迎合的なサウンドスケープとはかけ離れたチェスター・ルイス版〝Wade in the Water〟録音は、ひとりの信者が言葉を使わず捧げる誓いを観衆と分かち合い、受け手が自らの誓いをもって彼に応酬する様を捉えた、そぎ落とされた、ヘヴィなグルーヴで揺れるサウンドだ。それは、その場の瞬間に観衆から承認を得る美学的な実験のサウンドだ。かつ、そのドキュメンタリー調な録音の仕方ゆえに、我々リスナーはその信心の空間により近く引っ張られる。

最後に登場するのは、ケネス・モールズ・アンド・ザ・ケネス・モールズ・アンサンブルの〝The Waterside〟（『Serve the Lord』収録、Glori／一九七二）だ。このヴァージョンの〝Wade in the Water〟は会衆メンバーのジミー・ミッチェルによるオリジナルなヴァースを組み込み、ラディカルに異なる音響空間を発する。ステイプル・シンガーズが世俗的なラジオ／大衆受けする〝Wade in the Water〟のスタジオ・ヴァージョンを作り、ルイスが観衆と演奏者との間に生まれる親密な繋がりをドラマ化した一方で、モールズは世の終わりめいた光景を作り出した。〝The Waterside〟はこの世界に対する神の審判の場を提示する――ゴシックな歌詞は赤い装束に身を包んだ子供たち、終末の時といったイメージでいっぱいだ。このヴァージョンは「水に波を立てる神（God troubling the waters）」を聖なる審判の大変動として表現する。ぞっとするようなコーラスに風音のエフェクト、そして何よりも執拗に不気味なピアノのリフで、この曲は神の声の権威を主張する。このヴァージョンの〝Wade in the Water〟によって作り出された音響空間は、不安を掻き立て、脅かし、こちらを圧倒するそれだ。それは完全に非人間化された、神聖なるものが人類の空間を超越するサウンドの表現だ。黒人教会のヴィジョンは個人を越えた何か、神の崇高で計り知れない至上な意思の導管として提示されている。

理論家アキレ・ムベンベは著書『On the Postcolony』の冒頭で、アフリカ大陸に関して理性的に考え語ることのできない西側について思いをめぐらせる――「アフリカは、れっきとした『人類の本質』の一部である物事や属性を保有していると看做されていない。あるいは看做されるとしても、そうした物事や属性は概して価値の面で劣り、重要性に欠け、質が悪い。この初歩性と原始性こそアフリカをすべての不完全で、傷つけられ損なわれた、未完成なものの中でもずば抜けた存在にしており、その歴史はアフリカにおける人類の探求に降りかかってきた自然による妨害の連続に要約される」【註9】。『On the Postcolony』に重要なインスピレーションを与えたのが、ムベンベのコンゴ音楽の経験だったのは多くを語っている【註10】。我々が西側のブラック・アーツ運動の音楽の中に見出すもの、特にスピリチュアル・ジャズに見出すそれは、西側諸国の内側から植民地コンセプトを批評する音響空間を作り出そうとし、それに替わる想像上のコンセプトをもたらそうとする試みだ。最良のスピリチュアル・ジャズの多くはアフリカのイメージをネガティヴな迷信から取り返し、その代わりそこにアフリカとそれ以外の世界とが平等な条件で繋がり合える音響空間を据えようとする。

本セクションは前セクションとコンセプト面で地続きなので、ここではアメリカのど真ん中にいても音楽には「アフリカ」のカウンター的音響空間を作り出せる、その例をひとつだけ検討することにしよう。クリーヴランド出身のチェロ奏者でジュリアス・ヘンフィルの長年のコラボレーターだったアブドゥル・ワダッドは、フランク・ロウ（Frank Lowe）、ジョージ・ルイス（George Lewis）、チャールズ・〝ボーボー〟・ショウ（Charles〝Bobo〟Shaw）といった前衛ジャズ界のきら星の面々のバックを務めてきた。ワダッドの一九七七年の傑作『By Myself』（Bishara）は、そのタイトルが示唆する通り、ワダッドと彼のチェロだけをフィーチャーしたソロ作品だ。このレコードは「私の両親と母なるアフリカに捧げる」ものであり、「なぜならそれは、彼らの存在なしには私には私のやり方で音楽を喋ることができなかったはずだから」だ。この献辞の中で、ワダッドは彼のアメリカ人の家族を「母なるアフリカ」にリンクさせる――そうすることで、両者を『By Myself』の音楽にとっての対を成す源泉として扱う。ワダッド自身のコンセプトにおいて、彼の音楽は彼のアメリカ人家族を彼の精神面での家族および「母なるアフリカ」に結びつける生成的なゾーンからやって来ることになる。『By Myself』はこの想像の中の大西洋横断ゾーンに音楽的なフォルムを与えようと試みる。作品に寄せた手記の他の箇所でワダッドが「可能性の世界、新鮮で新しい」と呼ぶこのゾーンは、前出のムベンベが述べた、何世紀にもわたるアフリカに対する西側の怠慢な過ちを正すものだろう。

『By Myself』収録曲でこれを最も見事にやっているのが、B面の傑出したトラック〝In a Breeze〟だ。ワダッドの手記から、我々はこの曲名のそよ風を大西洋発の、アフリカ奴隷貿易による強制的な分離およびそのふたつの地域の何世紀にもわたる歴史的な変化から作り出された分断を橋渡しする勢力である海風として考える。繊細なピースである〝In a Breeze〟は、聴き手をふたつの音楽的ゾーンに据える――ひとつはサステインされたチェロの調べ、もう一方はチェロの素早い走り。このふたつが矢継ぎ早に入れ替わることで曲に構成が生まれる。このように作られた〝In a Breeze〟は、その活発な走りで強く吹きつける空気を模倣しドローン音で穏やかな瞬間を描きつつ、ふたつの空間を結び吹いていく風の強さと凪いだ状態とを象徴する。〝In a Breeze〟は聴き手を絶え間ない動きの中に、ふたつの空間のどちらに達することもなくその狭間に捉えられた経由状態に置く。それはアフリカとアメリカが共有する過去、そして両者が共有する未来を夢見るための音楽的な図であり、そのふたつの間に吹く自然でクリエイティヴな勢力の象徴を通じて果たされる和解のヴィジョンだ。それは、政治および経済面での達成が実現するのに先立ち、生、愛、互いに対する敬意とが共有された音楽的な未来像を作り出す。

選択肢三：没入

録音された空間に関する最後のセクションでは、現実世界から完全に自らを切り離すレコードに目を向ける。ポスト工業時代の混沌とした地獄絵を代弁する（疎外型の音楽）のでもなく、これらのレコードは物質的な地平から封印された秘密の世界を構築しようとする。我々が目を覚まし動いている間に遭遇する空間とはまったく別物であることを意図したこれらの空間は、三つのサウンドスケープのフォルムをとる傾向がある。第一のフォルムはＳＦ小説や物語が作り出した世界に類似すると言えるし、第二はファンタジー作品に、第三はＳＦとファンタジーの混ざり合ったものになぞらえることができる。あまりに大雑把であることは承知の上で言えば、第一のフォルムは別世界的な、宇宙の深みから発される宇宙人の響きを作り出す——これは、宇宙の前人未到のエリアを行く未来の旅路を連想させるＳＦ的作品だ。この対極にあるフォルムは、あたたかみのある没入型のファンタジーの世界を作り出し、その中で聴き手を現実世界の鎖から放つのは宇宙人のハイテクではなくマジックだ。そして三番目のタイプは、これらの没入型サウンドの世界をミックスすることで予想のつかない結果を生み出す。ご想像通り、没入型の音世界を作り出すレコードのほとんどはインストだ——歌唱と歌詞はどちらも、曲を我々の物理的現実に引き留めがちだ。没入型レコードのこれら三つの主なタイプは、あなたをその中に引き込み、世界を象徴するのではなくそれを別の物に置き換えようとする。

没入型レコードの冷ややかさとあたたかさの違いは、厳格な広大さ——レコードで言えばクラウス・シュルツェの『Timewind』（Brain／一九七五）と『Moondawn』（Brain／一九七六）、タンジェリン・ドリームの『Phaedra』（ヴァージン／一九七四）、アブドゥア・ラザークとラフィーク（Abdur Razzaq and Rafiyq）のレアな〝Reflection from the Grave〟（『The Night of Power』収録、Green Essence／一九八三）——と、それに対しどっぷりと浸かれるあたたかさ——スティーヴ・ティベッツ（Steve Tibbetts）の『Northern Song』（ECM／一九八二）、ダラー・ブランド（Dollar Brand）の〝Jabulani-Easter Joy〟（『African Space Program』収録、ENJA／一九七四）、アーサー・ラッセルの『World of Echo』（Upside／一九八六）、スーニ・マッグラス（Suni McGrath）の『Cornflower Suite』（Adelphi／一九六九）といったレコード——との違いにある。前者はシンセサイザーとシークエンサー——音楽的なハイテク——をよく使い、聴き手を人間のスケールも人間の意味も越えた氷のように冷たい音世界に浸らせる。第二のタイプも聴き手をその中に浸らせるが、それは繊細で神秘的な、内的な景観でのことだ。それらも時にテープ・ループやシンセサイザー、コンピュータ、合成サウンドを用いるとはいえ、第一カテゴリーに含まれたレコードのように、それらが美学面全体で主要な位置を占めることはまずない。それらは宇宙人的なサウンドスケープの創作を通じてではなく、うっとりするような喜びと魔法の王国への神秘的な投資を通じ、想像の中にエスケープの領域をもたらす。第三のタイプは、エイリアンな外界と神秘的な内界とを繋げるべくその双方のアプローチの間を行き来する。

ベルリン派のパイオニア、クラウス・シュルツェの四十分近い作品〝Echoes of Time〟(『Timewind』収録)は冷たくも没入できる音楽的空間の模範例を示す。我々に聴き取れる限り、ここには有機的に生み出されたサウンドは一切含まれない――シークエンスされたもの、あるいはスタジオのミキシング卓を通して処理された音しか鳴っていない。それは別ゾーンに入っていく頭がくらくらするようなライドであり、すべてはアルペジオのかかったループ群と継続して打ち寄せるシンセの波だ。さえずるマシンの繰り返しでいっぱいの不自然な領域にいる感覚をループがもたらす一方で、それと同時にシンセの波は深宇宙の無限に続く漆黒の中を漂っていく感覚を生み出す。ふたつが合わさることで、それらは人類を越えた音の世界を築き上げる――〝Echoes of Time〟を聴いていて、その空間に何であれ生命体が意味ある侵入を果たすことができる感覚は一切浮かばない。それは完結した、人類に達することのできない領域だ。『Timewind』のジャケット・アート、三体の巨大でメタリックな宇宙人と天使のハイブリッドが小さな人間の頭蓋骨の上をそびえるように跳ね回る図は、トータルな効果を表す。タンジェリン・ドリームの『Phaedra』やそれに続いた数多くのレコードと同様、『Timewind』は人間サイズの世界の矮小さと愚かさとに愛想を尽かしたレコードだ。このように冷淡な没入型の音楽は、パワフルな、しかし危険なファンタジーに耽溺させてくれる――いつの日か、人類と機械の間の違いは消え去るだろう、と。この点は我々が地球上の存在としての限界を捨て去り、この宇宙の非人間的存在と融合することにも繋がる。

『Timewind』の身の引き締まるような冷えに較べ、スティーヴ・ティベッツの『Northern Song』はあたたかな風呂のようなレコードだ。たっぷりというより部分的に没入型とはいえ、『Northern Song』は内面世界の拡張を誘導するあたたかく、催眠術的なサウンドスケープを作り出す。これは、角のない、優しく、心を落ち着かせるユートピア調の音世界を作り出すという意味だ。曲名も単純素朴――〝The Big Wind〟、〝Form〟、〝Walking〟、〝Aerial View〟――であり、レコードの焦点は内面世界を作り出すことにあるだけに、シンプルなタイトルはそれらの名を持つ緻密な音楽世界をざっとスケッチしただけの代用語に過ぎない。ティベッツのギターとカリンバ、マーク・アンダーソンのパーカッションのみ（そう、テープ・ループも含まれるが、非常に地味に使用されているので気づかないほどだ）のこのレコードは、ありふれた物事を圧倒的な美できらめかせる。どの曲も存在にまつわる基本的な事実を自己発見の場に変えていく。『Northern Song』のようなレコードは、深く平和な音の世界に身を沈めることを通じ、聴き手に他愛のない心配や懸念の一切をいったん頭から締め出させてくれる。催眠効果と正確な演奏によって、このレコードは内省的な思いと存在のデリケートな魅惑への気遣いだけが重要な空間を想像の中に作り出す。

だが、聴き手をトータルな音の世界に没入させるレコードの大半は、上記の傾向を混ぜ合わせた、もしくは交互に用いたハイブリッドだ。デトロイト・テクノの伝説、ドレクシア（Drexciya）のクリエイトした音世界を例にとってみよう。トラック名、インタヴュー、文章を通じ、ドレクシアは意識的に彼ら自身と彼らの音楽のための神話を作り出した。Discogsのまとめによれば、ドレクシアは「海底に棲息する種族で、大西洋横断の強制移送中に船から突き落とされた妊娠した女性奴隷の末裔」【註11】になる。彼らのレコードは「彼らのブラック・アフリカンなルーツと現代アメリカの間に渡された次元間のジャンプゲート」を代弁し、SFなストーリーとアメリカ合衆国の構造に備わった歴史的な悲劇、奴隷貿易とを統合する。

これだけ野心的に考案された神話があるだけに、批評家が同グループの自己描写の中に迷い、音楽そのものをじっくり聴くのを避けるのもたやすかった。『Journey of the Deep Sea Dweller』コンピレーション第一弾についてのフィリップ・シャーバーンの優れたレヴューは、「ドレクシアを主に、その人目を引く風変わりな趣向で思い出すのは簡単なことだ」【註12】と述べた。シャーバーンはこの「趣向」をその音楽のもっと「不可解な」サウンドと対比させるが、それよりドレクシアの想像上の海底神話を作り出し維持しているのは音楽だと考える方が話は早いように思える。彼らの音楽はフル・スケールな音世界を作り出し、冷たいテクノ（例："Hydro Cubes"）にあたたかなピアノのライン（"Davey Jones Locker"）とキャンプなヴォーカル・サンプルをミックスする。ドレクシアの作り出す音世界の抜かりなさと多様さ――その風変わりなSF調の過剰さと時に訪れる美しさやハードなテクノのスペイシーさとの組み合わせ――は、歴史の恐怖から切り出されたものだ。このように聴き手が一曲ごとに自分の居場所を把握していく、つかみどころのない、没入させる、変化に富んだ音の世界を作り上げることにより、ドレクシアは想像力の生んだより優れた空間というオルタナティヴを提示し、現実世界に対する霊感に富んだ批評をもたらす。冷たさとあたたかさ、ハイテクとファンタジーを交互に用いながら、ドレクシアは黒人生活の過去の姿と、それがどんなものになり得るかの可能性との違いをくっきり掲げてみせる。

　ドレクシアがその完結性において圧倒的な世界を築いていくとしたら、コクトー・ツインズのようなグループはまた別のことをやろうとしている。彼ら流の没入型世界はより優しく、もっと田園調なそれだ。やや狭いかもしれないが、おそらくドレクシアのそれよりピントの絞れた世界だ。しかしそれは、彼らが自らの音楽で違うものを目指しているからだ。ヴァージニア・アストレイの『From Gardens Where We Feel Secure』（Happy Valley／一九八三）のように、コクトー・ツインズの『ブルー・ベル・ノール』（4AD／一九八八）はうっとり魅了されるような第二の自然を音の中で新たに創案しようとする。現実世界における地球規模の環境崩壊を背景に、コクトー・ツインズ作品のようなドリームポップは意識的にマインドの中の緑地を再建しようとしがちだ。これにおいて、『ブルー・ベル・ノール』は既に確立されたブリテン島の美学伝統、ウィリアム・モリス系の田園ユートピアの範疇で機能している。とはいえ違いはあり、それは『ブルー・ベル・ノール』のようなレコードは自意識をもって作られた架空の空間であり、実際の自然とは一切関わりのない点だ。それらの歌は、発明された言語の「無意味な」フレーズで歌われる――シンガーのエリザベス・フレイザーは、ただ「サウンドと喜び」に任せてそれらのフレーズを作ったと語っている。それが目指すのは人間の言語構造を越えたところにある、突然の悟りに似た喜びの感覚だ。どの曲でも、テンションはフレイザーのあたたかで豊潤な声がそれよりも冷たいギターとシンセのバッキングを乗り越えるところで生まれる。

　『ブルー・ベル・ノール』収録曲の曲名は幼年期、民俗伝統、おとぎ話、自然の生命等から引いてきたもので、イギリス言語にも時おり遠回しに居場所を作る。〝Athol-Brose〟はスコットランド高地の古いグロッグ（※ラム酒ベースのカクテル。Athol-Broseはオートミール、ウィスキー、ハチミツを混ぜた飲み物）であり、〝Suckling the Mender〟と〝For Phoebe Still a Baby〟は幼年期のユートピアを示唆し、〝The Itchy Glowbo Blow〟は田園の妖精たちのイメージを浮かび上がらせる。

　〝Carolyn's Fingers〟のような曲の音楽は植物的な落ち着き、静けさ、平和なムードを醸す。これは人間の生が生存のための絶え間ない苦闘を超越した、実現されたユートピアの音楽だ。そこに描かれる存在のヴィジョンは人類のレベルを追い越し、再び穏やかなネイチャーの一部になっている。「非情で苛酷」どころか、ここでの自然はすべての動き、推力、競合を一時停止させる。周囲の何もかもを露のしたたる霧の中に包み込む、フレイザーの自由に浮遊するあたたかな声の表現だけが残る。

コクトー・ツインズと同じ時期に、シューゲイザーはドリームポップに対して攻撃的で過負荷な過剰なアプローチをとった。その結果、聴き手は混交した音空間へ、心をなだめると共に違和感もあり、何がどうなっているのかさっぱり分からない空間に埋没することになった。このふたつのジャンルはよく一緒に結びつけられるものの、マイ・ブラッディ・ヴァレンタイン、メディシン、スロウダイヴといったシューゲイザー・バンドの音響空間は反田園調と考えることが可能だろう。その過剰なペダル・エフェクトと無限に重ねられた音の層は自然界と無縁だ。メディシン（Medicine）の〝One More〟（『Shot Forth Self Living』収録、デフ・アメリカン／一九九二）、マイ・ブラッディ・ヴァレンタインの〝What You Want〟（『ラヴレス』収録、クリエイション／一九九一）、スロウダイヴの〝Souvlaki Space Station〟（『Souvlaki』収録、クリエイション／一九九三）といった作品は方向性を見失わせる、混乱したサウンドスケープを作り出す。シューゲイザーの中では、田園調は想像上の空間においてですら表現されない――同じ時期のレイヴ・ミュージックと同様、シューゲイズのレコードはテクノロジーで支配された世界の範疇でだけ機能している。

最近になって、ローファイでシンセとドラム・マシンを使った宅録実験調の、主にアフリカン・アメリカンが作る音楽を形容するものとして、コンピレーション盤の編纂者たちは「パーソナル・スペース」なる造語を作り出した。「エレクトロニック・ソウル」は、ダンテ・カーファーニャが〈チョコレート・インダストリーズ〉向けにまとめた二〇一二年のコンピ『Personal Space』の副題だ。ギター・レッド（Guitar Red）、メイカーズ（Makers）、デボラ・ワシントン（Deborah Washington）らのトラックも傑出しているが、このコンピに二曲フィーチャーされた唯一の作品であるジェフ・フェルプス（Jeff Phelps）のLP『Magnetic Eyes』（Engineered for Sound／一九八五）は、やはり最も明快に独自の「パーソナル・スペース」の音を発生させている。ドレクシアのフルで完結した仮想世界やコクトー・ツインズやヴァージニア・アストレイの田園の幻想、シューゲイズのコントロールされた混沌に対して、フェルプスとヴォーカルのアントワネット・メアリー・ピューはあたたかな没入というよりうっとりさせられる、魅惑的なおもちゃの世界を作り出す。ＤＩＹなシンセ・レコードであるこの作品のサウンドは、ダンスフロアには向かない、ちっぽけでかわいらしいものだ。にも関わらず、すばらしいドラム・プログラミングとユニークなタイム感をフィーチャーしている。そこから、家庭団らんのサウンドを新たに作り直しているアーティストの姿が浮かぶ。聴いていても、その混ざり切れていない音楽の中に我を忘れることはまずないだろうが、フェルプスとピューがテキサス州ミズーリ・シティに構えたホーム・スタジオで、わずかな予算で可能な限りベストなものを作ろうとするロマンチックなヴィジョンは変わらず残る。それは、低価格な音楽テクノロジーの生気に欠けるプリセットの中からあたたかで没入型の音世界を作り出そうとするアーティストの出すサウンドだ。最良な「パーソナル・スペース」レコードの数々と同様、『Magnetic Eyes』も自家製の音響空間を作り出す。それは聴き手をその世界に浸らせようとするものの、しくじる――だがそのプロセスを通じ、聴き手はいつなんどき熱が急上昇するか分からない冷たい世界に魅了されることになる。

経験ゾーンその四：ダイナミクス

日頃交わす音楽談義の中で、我々は無意識のうちにダイナミクス（力学）の言語を使って話している。我々はとある曲のビルドアップぶり、あるいは別の曲が沈黙に向かい次第に消えていく様を好む。特定の曲に関して、それらが変化し、崩れ、爆発する様に愛着を抱いてきた。ある曲を「ダイナミック」と呼ぶことは、多くの人間にとって概して褒め言葉だ。ザ・ピクシーズとニルヴァーナはソフト／ラウド／ソフトとヴァース／コーラス／ヴァースの力学を中心としてインディ・ロック界にサブジャンルをまるごとひとつ築き上げたし、ジャズ・フュージョン（融合）のようなジャンルはその名称を基本的な原始物理学からいただいている。ギャラクシー500のデーモン・クルコウスキーは、デジタルは純粋な信号音を優先するがゆえにレコーディング音源からノイズを差し引き、それによって我々の「空間的なヒアリング」の感覚を乏しくした、と述べる【註13】。プロダクションについて、ソングライティングについて、ジャンルについて語るのであれ、時間の経過に伴い音楽のエネルギーが変化する様は不可欠な要素だ。最近の音楽史に関するセオリーのひとつは、音楽プロダクションのダイナミクスに関する主張にすべてがかかっている。「ラウドネス・ウォー」（※現代の録音技術で可能になった、音量レベルの上昇やダイナミック・レンジの圧縮で「ラウドさ」を競う傾向。音質を損なうとして批判する声もある）と闘う者、たとえばライターのグレッグ・ミルナーによれば、コンプレッションを使ってのデジタル・エンジニアリングはレコーディングにとってののどかな時代だった一九六〇年代や七〇年代以来の「音楽のダイナミック・レンジを減少させてきた」【註14】ことになる。

ミルナーのような批評家にとって、モダンな録音テクノロジーは単にうるさいだけのラウドさのために静かさとラウドさの間の多様なバランスを犠牲にした。彼の主張の中心にあるのはソフトウェア・エンジニアのクリス・ジョンソンがおこなった研究で、ジョンソンの描いたダイナミクスの多様さVS商業的成功（売り上げ数）の比較図を用いてミルナーはこのように論じた――「（ジョンソンいわく）商業的に最も重要なアルバムは、多くの『激しいコントラスト』の瞬間、すなわち『インスト部の短い攻撃』――ごく短い、高エネルギーの噴出――が『インスト群の配置された背景空間』から飛び出し目立つ瞬間をいくつも備えているという」【註15】。ジョンソンの研究からミルナーが得た収穫は「ラウドネスにも居場所はあるが、我々の大半は音楽にひと息つける空間があるのを望むもので、そうして鼓膜は絶え間なく小さな音の爆発でくすぐられることになる。きつく圧縮された空間では、音楽は窒息することがある」【註16】だった。ラウドネスが「鼓膜のくすぐり」を短く爆発させてはまた背景に引っ込むバランスのとれたレコーディングは、ミルナー、ジョンソン、そして他の多くの人間の理想を表している。しかしダイナミクスは、社会的なそれであれ音楽的なそれであれ単純なx－y図に集約できない。個々の作品の解釈はやはり必要だ。たとえばジョンソンは、彼が計算し音響的に最もダイナミックなレコードとして割り出したザ・イーグルスの『グレイテスト・ヒッツ』が「アメリカレコード協会史上、商業的に最も重要な一枚のアルバム」【註17】でもある事実を自慢する。だがセールスと音楽的な重要性は等価ではない。ある作品がダイナミックか否かは音波の統計的分析だけでは決まらない。イーグルスを愛する者もいれば嫌う者もいるのだ。イーグルスの『グレイテスト・ヒッツ』とメタリカの『デス・マグネティック』の数値上の大きな対比を伝える数字は、どちらもより広い層の音楽ファンにとって聴くに耐えない音楽である点を隠している。それに、おそらくジャンルによってコンプレッションの使い方も違うのだろう。一九七〇年代に作られたソウル・レコードと二〇一九年に作られたトラップは較べものにならない。我々が「ダイナミクス」について話している時も、フォルム、ジャンル、歴史的文脈はやはり重要なのだ――それらを無視すると結局はデータから自分の気に入ったものだけ選ぶことになるし、しばしば我々の音楽的バイアスに疑問を呈するのではなく強化してしまう。

その上、すべてにおいてバランスを、の理想には物的現実の根拠がない。それは様々な勢力のつり合いが取れているのは常にポジティヴなことである、とのより一般的で軽卒な思い込みから発しているのではないだろうか。たとえば政治では、我々は民主党員と共和党員の間の妥協を尊重せよを教えられてきた。経済では、労働と資本の平和な関係は最も公正なシステムに繋がるだろうと教わった。テレビでは様々な意見に「平等放送時間」が設けられるのが普通だ。バランスを取るための妥協も時に必要とはいえ、それはしばしば悲惨な結果をもたらす。

「小さな音の爆発」は別として、音楽におけるバランスの取れた力学はリスナーの退屈に繋がりがちだ。バランスには意外性がない。最良のレコードはアンバランスな、もしくはそう思えるくらい複雑な音楽を提示してくれる。このセクションで我々は、音楽的なエネルギーを分解し、リサイクルし、変容させながら独自のユニークなダイナミクスを作り出すことで、調和の取れたバランスへの期待を断ち切るレコードについて論じる。

ダイナミクスの選択肢一：分解

最も古めかしいジャズのクリシェのひとつは、ジャズはプレイヤー同士の間で交わされる会話である、だ。まあ、セシル・テイラーの『Unit Structures』が会話だとしたら、私にあんな会話の経験はない――気楽に交わす軽口とは較べようがないのは間違いない。『Unit Structures』に収録された楽器間のインタープレイは「会話としてのジャズ」がほのめかす礼儀正しいやり取りとは無関係だ。それは逸脱、ブレイク、ミュージシャンがまったくお互いに耳を傾けていない場面、そしてわめき声、悲鳴、甲高い叫びに匹敵するほとばしりの数々で埋まっている。音楽の形で表現される、急に途切れるセンテンス、思いがけないモノローグ、脱線した余談も含む。くだんのメタファーがまだ当てはまるとしたら、ここでの会話はコンセンサスの構築――ある者が自らの意見をシェアし、他の者もそれに自身の意見で応え、やがて全員が和合する意見の一致をみる――を意味していない。

実際、ジャズ＝会話のメタファーは、もっと適した表現のために省いてしまうに限る。タイトルが示唆するように、『Unity Structures』は既存のジャズのフォルムをその構成パーツ、ユニット構造の数々に分解していこうとする。その美学的なスリルは今なお、ジャズのもっと大きなフォルムがしばしば耳ざわりな極小のフィギュア群へと小分けされていく際に解放されるエネルギーから発している。そのダイナミクスはそれ以前の伝統、モーダル、バップ、ダウンビート、ビッグ・バンドのバランスを崩すところから来る。最良のフリー・ジャズがそうであるように、『Unit Structures』から浮かび上がってくるのはすべてのフォルムの不在ではなく、新たなフォルムだ。アルバムの解説で、テイラーは「どの楽器もそれぞれの階層がある」と主張する。『Unit Suructures』はこれらの階層を至るところに見出し、確立されたフォルムのバランスをバラバラにしていく。従来のジャズのメロディ、ハーモニー、インタープレイの概念を壊していくプロセス

（「既知の素材の意識的な操作」）の中で、テイラーとバンドは「階層」へ、質感、トーン、隠されたリズムから成るいくつもの層へ聴き手の注意を向ける。ジャズは楽器演奏者同士の均衡の取れた会話である、という発想を爆破するとこうなる。テイラーはそれを「集団連鎖反応」と描写した――ジャズのフュージョン（融合）ならぬ核分裂だ。

『Unit Structures』、そしてそれ以外の作品でも、セシル・テイラーのピアノはしばしば分解剤として機能する。これは、レコード上で他の楽器に提示された旋律を分解する役割をピアノがよく果たす、という意味だ。ひとりのプレイヤーの演奏がまとまりを増すほどに、テイラーのパーカッシヴなピアノ・プレイは「アウト」な響きを増していく。タイトル・トラックはアンドリュー・シリルの伝統的なドラム・ビートで幕を開ける。テイラーはシリルの刻むビートの隙間をギクシャクした調子外れのカウンター・リズムで埋めていく。〝Enter, Evening (Soft Line Structure)〟の二分三十秒あたりでエディー・ゲイルのトランペットのラインとジミー・ライオンズのアルトがつかの間「粗く」鳴り不協和音を立てる場面では、テイラーは珍しく短い、リリカルな走りを聴かせる。もしも何かがパターンに落ち着き始めると、テイラーはよくそのパターンを粉々にしようとする。だがバンドがアトーナルに演奏し出し、それ自体がパターンに陥りそうになるや、テイラーはしばし方向転換しなめらかな鍵盤さばきに入る。その機能は二重のイメージを絶え間なく作り出すところにある――プレイヤーのひとりの表現、そしてテイラーによるその表現の分析のふたつだ。個別の旋律のレベルですら、パフォーマンスは協和音から不協和音へ、表現からその解体へと分解していく。ミュージシャンたちはある種の瞬間的な自己批判をパフォーマンスでおこなっている。〝Enter Night〟ではテイラーの撹乱されたピアノの旋律に乗せ、ストレートで美しいサックス・ソロが始まる。このソロも徐々にもっと攻撃的なものに姿を変え、やがて完全にフェード・アウトしてしまう。

ある時点では、五人のプレイヤー全員がパラレルなそれぞれの小道を一斉に追っているように見える。単体の不可分なサウンドへ統合するのではなく、このレコードはむしろ五人の個人がそれぞれ特徴的な歩み方とスタイルでもって同じ方向を目指し競走しているかのごとく聞こえる。レコードの一曲目〝Steps〟の大部分はこのように作動していく。出だしから、このトラックはシリル、ライオンズ、テイラーの三者に同等の音響空間を与える。彼らはお互いに追いつくべくレースを展開し、同じ基本のスピードを維持している。しかし彼らの演奏のサウンドはおのおの独立した働き方をする。それはまるで三つの明瞭なソロが被さり合い、そのそれぞれが他のふたつのソロとは無関係に自分なりの優れたトラックを作っていくかのようだ。

アレックス・ロスは「十二音技法は実のところ、反復に対するシェーンベルクの恐れが表されたものだった」【註18】と書いている。『Unit Structures』も念入りに反復を回避するが、それは即興の場面においてだ。テイラーが〝As of a Now〟の中盤で同じベーシックなメロディを弾く時ですら、ヴァージョンごとにその音量とリズムはやや変化する。テイラーにはどの音符を避けるか数理的に定める厳格なルールのシステムを作り出す必要はなかった。彼と彼のバンドは、現存の慣習のバランスを引っくり返す相互作用を通じて新しいものを発明できることを証明してみせた。したがって、彼らはシェーンベルクがシステムを構築する上で犠牲にした自由を手放してはいないし、一方でフリー・ジャズが十二音技法と共有するクリシェを破っていくパワーも保っている。

この音楽的前衛主義は極度のクリエイティヴィティと知性とを要するもの（テイラーいわく「経験の前に発想ありき」）だったが、音楽学の博士号は必要なかった（とはいえテイラー、シリル、ライオンズはいずれも才能豊かな教師で、一九七〇年代にはアンティオーク・カレッジで学部生を育てた）。フリー・ジャズは難解だとの風評は、音楽好きとされる人々の間ですら存在する。だが怖がる必要はまったくないし、特にシェーンベルクと彼の新ウィーン楽派のようなシステム構築者たちの極端な音楽に較べればそうだ。『Unit Structures』のようなレコードをエンジョイし始めるためには、ハーモニー・メロディ・バランスは良い音楽の普遍的な基本要素である、というダイナミクス理論に対する信仰を放棄しさえすればいい。

『Unit Structures』は、古い慣習との戦いがカオスと虚無主義に終わるのではなく、新たなエネルギーの解放と新たなフォルムの創作を導く世界を我々に提示する。過去の大雑把なクリシェは一掃され、今なお我々を興奮させるパワーを備えたより新たな「構造（structures）」の具体例が示された。それは過去のものでまだ機能するのは何かをテストし、役に立たないものは捨て、使えるものを未来に向けて適応させていく集団のサウンドだ。それは試験、探索、実験に満ちた活発な未来の地図を描く。最良のフリー・ジャズLPと同じように、『Unit Structures』はバランスは退屈なだけではなく、あらゆる状況でそれを望ましい結果のよう扱うと泣きをみることも教えてくれる。それは我々に進化しよう、ライオンズのサックスがテイラーのピアノを追跡するように変化を追っていこうと呼びかけている。

ダイナミクスの選択肢二：リサイクル

ミニマリズムの周辺に凝り固まった常識を信じるとしたら、それは一組の公式群にまで凝縮できるだろう。どれでもいい、音楽百科事典を引いてみれば、本質的には同じ基本要素から成る記述に出くわすはずだ：

短い音楽フィギュアの反復

時間と共に漸次変化する作品のことだが、音楽批評家カイル・ギャンが言うように、「目標指向な欧州勢との関連がきれいに取り除かれた」もの【註19】

半音階を用いる欧州モダニズムの複雑な抽象化から離れ、シンプルで心地よい調性表現に立ち返ろうとするアメリカのポストモダンな意図

このジャンルの最も有名な実践者はフィリップ・グラスとスティーヴ・ライヒであり、彼らの音楽はミニマリズムの標準的定義の形成に用いられてきた。ギャンの述べたように、両者とミニマリズムは名を馳せたが、彼らの引いた青写真を拡張しポストーミニマリズム、トータリズム、ロック、ダンスへ分派した多くのミュージシャンは無名に終わった【註20】。だがグラスとライヒ（そして彼らほどではないがジョン・ルーサー・アダムス）の名声は同期の他のミニマリストの活動の影も薄くした。たとえばジョン・ギブソン（Jon Gibson）、アルヴィン・ルシエ（Alvin Lucier）、フレデリック・ジェフスキー（Frederic Rzewski）といった面々で、三者はジェフスキーの『Attica / Coming Together / Les Moutons de Panurge』（Opus One／一九七二）で共演している。ルシエの『I Am Sitting in a Room』は大学生ばりに未熟な模倣作品を数多くインスパイアし、ウィリアム・バシンスキ（William Basinski）の過大評価されている『The Disintegration Loops』はしったかぶりな会話でえんえん引用されるものの、ジェフスキーの『Attica』に同じことは当てはまらない。コーネリアス・カーデューの『Four Principles on Ireland and Other Pieces』（一九七五）やジュリアス・イーストマンが一九七〇年代を通じておこなった全仕事のように、この作品と急進的な政治との関連はうるさ型のクラシック音楽ファンを敬遠させたらしい。したがって、ミニマリズムはしばしばMOR（middle of the road＝中道）リスナー向け、徐々に起きる変化の控えめな喜びを好み、（音楽と政治の双方で）革命的な変容よりも穏当な変更を選ぶ連中のジャンルと片づけられる。

とはいえ、ジェフスキーが取りあげた主題は明らかに政治的だった——一九七一年に起きたアッティカ刑務所暴動だ。アッティカ服役囚は所内の劣悪な生活状況改善を求め抗

議をおこなった。改善を達成すべく彼らは人質をとり、その四日後にニューヨーク州知事ネルソン・ロックフェラーはスト鎮圧のために州警察を送り込んだ。四十人以上の死者を出し、そのほとんどは囚人だった。これは当時大きな反響を呼び、ブラック・パワー運動、並びに大量収監反対勢にとっての引火点になった。今では事件の詳細よりも映画『狼たちの午後』で参照された点がよく憶えられている——アル・パチーノが「アッティカ！　アッティカ！」と連呼する場面は、ポップ・カルチャーに長い影を落としてきた。

先に挙げたリストのような一般的なミニマリストの属性は、政治的な次元を欠いている。リストの基準が焦点を合わせるのはフォルムとしてのダイナミクスだ。反対者と賛美者のどちらも大抵、ミニマリズムを政治に関心のないジャンルと看做している。自身の二〇世紀の重い悲劇の数々に対処するのはヨーロッパ人の役目であり、対してミニマリズムの目的はポスト政治の楽しさをクラシック音楽に取り戻すことだった。それが心地よいのは表層だけの音楽だからだ。水深を測ろうにも、ミニマリズムに深さは存在しない。その雰囲気通り、シンプルで気軽な消費のためのエンジンだ。ミニマリストが政治的な主題に取り組む時、たとえばスティーヴ・ライヒの『Different Trains』や『WTC 9/11』ですら、それは政治的な悲劇に対する既存の反応を切り刻み、再処理・再編成するためであって、政治的解釈を作り出すためではない。批評家のほとんどからすれば、ミニマリズムはせいぜい良くて政治的になることなしに政治を引用する程度だ。

しかし『Attica / Coming Together / Les Moutons de Panurge』のようなレコードで、政治的なダイナミクスと美学的なそれとは密接に絡み合っている。9.11とホロコーストについてのライヒ作品がそれぞれ十年、ひとつの世代の時間的な隔たりを経て作られたのに対し、『Attica』は事件がまだ人々の記憶に新しい一九七三年に作られ、翌年発表された。したがって、「ミニマリズムは政治的か？」の質問に、この作品は「政治的にならずにいられないだろう？」と返している。質問はただひとつ、「どれほど政治的か？」なのだ。

〝Coming Together〟は新左翼過激派のサム・メルヴィルの書いた手紙の長い抜粋を軸とする曲で、彼はアッティカ蜂起の間に射殺された囚人のひとりだった（※メルヴィルはヴェトナム反戦と反米を唱え一九六九年に八件の爆弾事件を起こし逮捕。暴動をオルグしたグループの一名で無抵抗状態で射殺された）。タイトル曲〝Attica〟はリチャードX．クラークの残した「アッティカは私の前に立ちはだかる」のセンテンスひとつを用いて構成された曲で、彼は死亡記事の中で蜂起時の「囚人の内部保安部チーフ」【註21】と形容された（※クラークは七二年に釈放され市民権運動や執筆活動をおこなった。二〇一五年没）。ジェフスキーは単にしったかぶりで彼らの名前を出してはいない――アッティカで起きた事件は、ジェフスキーと仲間たちによるこの音楽の中心を占めるインスピレーションにして彼らを導く情熱だ。政治的な声明を打ち出すには、これらは素材として実に乏しいものと思える。にも関わらずこの曲は課題を達成しているし、それはなぜかを認識するために、我々はまずそこでの「反復」の用い方を見直す必要がある。

　他のミニマル作品の大半と同様に〝Attica〟も短いフィギュアの反復に頼る曲とはいえ、それはとある目的のために短いフィギュアを「リサイクル」する、と言った方がより正確だろう。目的はアッティカをリスナーの前に据え続けることにある。この曲はそれを、スティーヴ・ベン・イスラエルによる朗読に間隔を空け、個々の単語に分けることでやっている。

Attica
Attica…is
Attica…is…in
Attica…is…in…front
Attica…is…in…front…of
Attica…is…in…front…of…me
Attica…is…in…front…of…me
Is…in…front…of…me
In…front…of…me
Front…of…me
Of…me…
Me

　ベン・イスラエルのフレージングは厳密で、どのラインもほぼ同じに響く。音楽部はヴィオラ奏者ジョーン・カリッシュの奏でる静かなドローンを背景にジェフスキーがピアノを弾く形で始まり、一貫して同じフィギュアを周期し続ける。「Attica is in front of me」の全センテンスが発されるパートに高まるにつれアルト・サックスのジョー・ギブソン、ヴィブラフォンのカール・バージャー、ピッコロ・トランペットのアルヴィン・カランがサウンドを厚くし、楽曲の冒頭で確立したドローンとピアノのメロディを再現していく。我々がこれを反復ではなくリサイクルと呼ぶのは、続いて始まるラインがどれもその前の周期から繰り越されてきた過度のエネルギーを伴って表現されるからだ。それがリスナーにもたらす効果は、彼らの集中力を独自のエネルギーをもつ個々のサイクルと単語が集まりセンテンスが完成形に近づくにつれ膨張していくピースとしての前進方向性、その双方に据えることにある。そして曲の中間点でいったんひとつにまとまったところで、センテンスは再びばらけ始め、最後は「Me」の一語で締めくくられる。

このダイナミクスはそれぞれの単語と完成したセンテンスの双方に重点を置いている。それは聴き手から一連の質問を引き出す――アッティカとは何か？何者かの前にアッティカが立ちはだかることの意味は？　アッティカが常に前に立ちはだかる経験を通じて変わらされた、結論としてのこの「私」とは何なのか？　それぞれの単語はベン・イスラエルの朗読と、歌のダイナミックにリサイクルするエネルギーを通じ固有のエネルギーを増していく。〝Attica〟は悪名高い歴史的な悲劇についての歌とはいえ、音楽部は聴き手の中に快感、そして謎を追う感覚を誘発する。

エネルギーのリサイクルに宿るこの快感が、聴き手に過去を振り返り、この曲に霊感をもたらした事件を調べてみようとの欲求を吹き込む。〝Attica〟が首尾よく決まると、この曲はあなたのそばを離れなくなる――先にもそれが目的だと書いたように、この曲はアッティカを恒久的にリスナーの前に据える。少なくとも曲を聴いている間は、今起きている事件として息吹き始める。そして聴き手は、この曲のエネルギーのおかげで新たなものに感じられるようになった過去を遡る旅路に乗り出し、リチャードX.クラーク、サム・メルヴィル、アッティカの三つの名前と自己との関連性を見出していく。この曲のダイナミクスからもたらされる快感は、過去の出来事を退屈で不動な歴史のゴミ箱から蘇生させる誘発剤だ。レコードは過去への欲求と、その繋がり現在の中に見出したいとの思いを我々に植えつける。それなしには、今の我々にとって過去はまったく無意味になってしまう。本作は過去を「片のついたもの」としてではなく、我々にとっての未解決な課題として生き返らせ、アッティカの壁――いくつか挙げるだけでも大量収監、人種差別、搾取、国家の暴力がある――を我々すべての前に据え続ける。

ダイナミクスの選択肢三：変容

長尺音源は壮大な音響ダイナミクスを目指すが、よく失敗に終わる。ドラマチックでスケールの大きい変容の曲、たとえば〝Here in the Year〟（コールド・サン『Dark Shadow』収録）、〝E2-E4〟（マニュエル・ゲッチング『E2-E4』）、〝Been This Way Before〟（ロジャー・アンド・ザ・ヒューマン・ボディ『Introducing Roger』）もある一方で、叙事詩（エピック）の崇高さを自称しつつ口先だけのプログレやジャズのレコードはごまんとある。長らく批評家は現代社会においてエピックはまだ可能なのか？　を議論してきた。長たらしい音源は、フォルムとしての持続する生命力を証明するのではなく、むしろモダン・ライフにおけるエピックの失墜を示唆しがちだ。「変容型」

ダイナミクスの例として、私は意図的にたった四分三十秒の歌、ミルトン・ナシメントの〝Ponta de Areia〟（『Minas』収録、EMIブラジル／一九七五）を選んだ。エピックな曲ではない。ひとつの世界を完全に描いていると主張したりしないし、フル・オーケストラも使っておらず、ワーグナー的な「総合芸術」のようにもったいぶったことをやろうともしない。

だがこの曲は絶え間なく変化していく。そのダイナミクスは決して安定しない。〝Ponta de Areia〟の構成要素の間の関係――ラウドな音とソフトな音、単純あるいは複雑なフォルム、陽気なトーンと悲しげなそれ――が、バランスの取れた形で解決することはない。絶えず何か他のものになりつつある曲で、聴き手にとってはほぼ無尽蔵なレコードになっている。ポルトガル語で歌われる歌詞の中ですら、曲のもつ不安定なダイナミクスを通じて過去と現在とのバランスが表現される。この歌は原マジック・リアリスト的なスタイルで、ナシメントの子供時代の失われた世界――ミナス・ジェライス州。その町や都市はバイーア―ミナス鉄道網で新たに結ばれたばかりだった――に形を与える。ナシメントと作曲パートナーのフェルナンド・ブラントはユートピアを描き出し、そこでは機関車「マリア・フマッサ」の現代テクノロジーすら、ミナス・ジェライスを花々、ビーチ、田舎道の楽しくコミュナルな祝福でひとつにまとめるために奉仕する。だがこれは懐旧の歌であり、ブラジル軍事独裁政権が線路を解体した後に歌われた――人影のない公共空間、荒れ果てたかつての大邸宅、夫を失い嘆きにくれる女たちが残された。急激な発展、それと同じくらい急激な崩壊の物語を描くことで、〝Ponta de Areia〟は歴史的な変化の中で常に流動にさらされる世界を喚起する。

だが聴き手の中にその絶え間ない変化のフィーリングをもたらすのは音楽だ。〝Ponta de Areia〟は短い、調子外れなソプラノ・サックスのイントロで始まり、それは登場したと思った途端、すぐに素人の子供たちの合唱とチャントに道を譲る。子供たちの声はドラマチックにフェード・アウトし、一息おいてミルトン・ナシメントのファルセットが登場し子供たちが始めた歌い方を引き継ぐ。ナシメントはすぐにファルセットをやめ、大きな朗々とした声でポルトガル語で歌い出す。エレクトリック・ピアノが彼のリードを追い、フレージングを強調する。ヴォーカルが音量と激しさを募らせていく中、非常にヘヴィな響きのベースとドラム・サウンドが偉そうな風情で入ってくる。彼らは4／9拍子で演奏しており、スタンダードな4／4拍子ならここで終わりだと思うところにリズム・セクションかナシメントが追加のリズムを放り込んでくる。このせいでリスナーは常に気が張った状態になるし、また音楽フレーズが終わるごとに即興っぽいことをやる余裕も生まれる。曲がパワーを増すにつれ、ドラムはもっと複雑になっていき、優雅なシンバル・プレイをフィーチャーした演奏は曲の冒頭のドラム・パターン（列車のホイッスルの単調なバン！バン！の音を真似たもの）からすっかり離れていく。そしてソプラノ・サックスがソロを吹くため復活し、ナシメントももう一度歌声を聴かせ、そして唐突に音楽がストップする。素早いエディットで子供合唱に切り替わり、登場時の歌を繰り返したところでスピーディなフェード・アウト、そして曲は終わる。

このように敏捷な音楽的変容には畏怖の念さえ抱く。『Unit Structures』がさえない、均衡の取れた日常のフォルムをどう解体したらいいか我々に教えてくれるとしたら、そして〝Attica〟が新たな意味を生み出すためにそれらのフォルムをどう変えればいいか教えてくれるのだとしたら、〝Ponta de Areia〟は新たなフォルムはまだ可能なことを示してくれる。古いフォルムの数々から、意外なほど新しいサウンドが出現し得る。我々はこの世の規範や標準的な在り方をエンドレスに繰り返すよう運命づけられてはいない——合理性の鉄の檻に閉じ込められてもいないし、遺伝子や政治、更に言えばグローバル資本主義そのものから前もって方向づけされてもいない。少なくとも、我々がこのようなレコードに耳を傾けている間、我々は自由になり、別の世界を想像しやすくなる。〝Ponta de Areia〟のようなレコードは聴き手に変身のチャンスを請け負ってくれるし、私はそれは希望の別の呼び方だと思っている。

結び――我々の時代の雲行きにマッチしたレコード

お気づきではないかもしれないが、森林は燃え、海面レベルは上昇している。「気候変動」（婉曲表現とはこのことだ）はおそらく、レコード収集家に具体的な黙示録の絵――溶けたヴァイナルと洪水で水浸しのレコード保管所――を思い浮かばせるだろう。事態が今のペースで続いていけば、レコードの世界も今世紀のどこかの時点で実存的な危機に直面しかねない。

では、世界が全滅するかもしれない兆候の下でレコードを収集することは何を意味するのだろう？　本書はこれまでにヴァイナルの過去と現在の在り方を検証してきた。想像の中の未来に我々を送り込むレコードの力を論じる場面もあったとはいえ、主に焦点を当ててきたのは「かつてと現在」であり、「これから」ではなかった。

未来はまったく予測がつかないものだとよく思い込まれる――英語言語は「知ることのできない」、「まだ記されていない」、「謎めいた」未来の状態に関することわざを数多く含む。そのうちひとつを用いるだけでも、未来は白紙の状態、なんでも起こり得る時間のように思えてくる。もちろん、これは論としては正しい――デイヴィッド・ボウイの〝五年間〟（『ジギー・スターダスト』、RCA／一九七二）のSF調であれドロシー・ノーウッドの〝Time Is Winding Up〟（『Jesus Is the Answer』、Atlanta International／一九八二）の神学的なそれであれ（※いずれも終末論の歌）、ありそうにない筋書きが起きる可能性は否定できない。しかし現実になることはまずないし、それよりレコード収集の最もあり得る未来の進路を考察してみたい。

現状モデルが維持できないのは明白なことのように思える。気候が今後ますます人類の生活に適さないものになるとしたら、最も耐候性の高いレコード保管室ですら、究極的にはその中にしまわれたレコードを守ってくれないだろう。仮に守れたとしても、人間は互いからすっかり切り離されて社会的世界と呼べるものすら存在しないだろうし、ということは感心させる相手もいない。音楽を聴き、愛するのとは対照的に、レコードを抱え込み、転売する行為の空虚さはますます明らかになっていくだろう。ヴァイナル市場自体が崩壊するかもしれない。少し前にグレアム・スティールとグレッグ・ジェルジニスがブルームバーグに寄せた論説「気候変動は経済危機でもある」で述べたように、「地球はリストラ可能な契約ではないし、気候破滅にベイルアウトはない」【註1】のだ。純粋にそれだけを目的とするレコードの富の蓄積、しかもそれをコスト度外視でやる行為は、もはや今日性がなく、おそらく未来の世代にとっては不可解でしかない、在りし日のフィクションとしての正体をもうじき明かされるかもしれない。

歪みやすくスリ傷がつきやすいヴァイナルの性質を考えれば、読者の一部はここで「やれやれ、ストリーミングとダウンロードがあって助かった!」と考えるかもしれない。しょせんヴァイナルのようなフィジカル・メディアは、デジタル・ファイルやストリーミングよりはるかに太陽、海、大気の怒りの影響を受けやすく思える。だがデジタル音楽は我々を救ってくれない――実際、事態を悪化させている可能性もある。ミュージシャンをひどく買い叩いているばかりか、デジタル音楽産業はおそらく過去のどの生産様式より環境にダメージを与えやすい。カイル・デヴァインの『Decomposed：The Political Ecology of Music』【註2】によると、ストリーミングのサーバファームおよび利用者が消費するエネルギーはクリーンとはほど遠いという。デヴァインの研究の大意として、『ローリング・ストーン』はこう要約した：「デジタル音楽をストリームしダウンロードするのに消費されるエネルギーは温室効果ガス（GHG）排出量を急激に上昇させた。この研究の推定では二〇〇〇年代の音楽消費による温室効果ガス排出量は約一億五千七百万キロに匹敵。そして現在、音楽をストリーミング向けに発信するのに必要なエネルギーから発生するGHG量は推定二億から三億五千万キロとされる」【註3】。その上、ストリーミング・サーヴィスは音楽を売るのではなくレンタルしている。レコードを一枚買うのとは異なり、あなたは音楽作品への一時的アクセスのために料金を支払っていることになる。このアクセスは、アップル・ミュージックであれスポティファイであれ、サーヴィス提供で金利を得ている企業側の権限によりいつでも取り消される可能性がある。そしてエンド・ユーザーの目には無形と映るものの、音楽のストリーミングにしてもサーバやコンピュータ上にフィジカルなストレージを要する。このストレージ・システムそのものが脆弱だ。個人のハードドライヴが破損することもあるし、サーバが壊滅的なデータ損失をこうむることもある。ファイルはペイウォールにブロックされ、暗号化され、あるいはプライヴェートなコンテンツ化することもある。レコードによる音楽の物的保存の代わりになるものはいまだ存在しない（それはCDとテープも同様だ）。コンピュータも、おそらく図書館やその他の「旧式メディア」保管所と同じくらい気候変動に左右されることがいずれ分かるだろう。最後に、アナログの何もかもがデジタル・フォーマットに移行したなどと考えるのは誤りだ——まだ一度も、そしておそらくこれからもデジタル化されないであろうヴァイナル盤は巷にごまんとある。これらの理由やそれ以外を考え合わせると、おそらくヴァイナルも、ストリーミングと同じくらい二一世紀を長く生き残っていく可能性があると思われる。（※本稿の主旨とは異なるところだが、近年ではリサイクル可能な環境にやさしいグリーン・ヴァイナルの開発も注目されていることも付記しておく）

　これゆえに、我々レコード収集家は我々のカルチャーの未来をよく考える必要がある。我々は選択を迫られている。何ごともなかったかのごとく従来通りのやり方にしがみつくのか、それとも事態が手遅れになる前に別の道を思いつこうと努力するのか？ 私からすれば第一の反応は不十分、悲惨なことにすらなりかねないのは明らかで、その理由は上述した通りだ。一方で、多くの者が現状維持を続けるだろうと信じる根拠もある――批評家ジェフ・チャンが書いたように、消費者は革命をリードするのではなくそれにしたがうことはこれまでの歴史が証明してきた【註4】。結果、多くのコレクターが事態は変化していないふりをし、レコードは外の世界全体と無関係と考えたがるのは間違いない。レコードのもたらす癒しと平静を経験してきた我々は、そんなヴァイナルの「静寂主義」が放つ魅力を理解している。だが、そのような自己慰撫は長期的戦略の基盤にならない――レコード文化を維持してきた経済、社会、フィジカルなインフラを気候変動が破壊するとしたら、何者も被害は免れない。

ゆえに手遅れになる前に、我々は再び心の広い、録音音楽を共有しその面倒をみる世話役になる必要がある。環境問題の未来がアレクサンドリア図書館（※古代ギリシャにあった「知の宝庫」。内戦で起きた火災で多数の稀覯本が失われたとされる）と同じ運命をたどるおそれがあるのなら、我々は我々の音楽史を形成するレコードを全力を尽くして救済しなくてはならない。特権と蓄積を誇示することをやめ、再び音楽を聴き、語り合う必要がある。世界が炎上し、洪水に押し流される中で、古いタイプの身分争いはますます愚行と映るようになるだろう。我々はレコードとの関係を活性化すべきだ。感覚を教育し直し現世生活のための新たな地平線を想像するために、我々はレコードのパワーと再び結びつかなければならない。

録音音楽だけでは世界を救えない。だが、それは我々が手探りで新たな存在の状態を進み、考えるのを助けてくれる。我々の中に眠る、しかしまだ実現できていない存在の可能性、その諸モードを象徴する。すなわち、我々には貴重な物体として、知識と知恵の担い手として、その双方の意味でヴァイナル・レコードを保存保護していく必要がある。どんなに暗黒世界めいた未来ですら、生は必死に努力するに値するものであるのに変わりはない――レコードはその理由を体現している。

生き残りに不可欠な集団型の生活を築くために、我々には広大なヴァイナル・アーカイヴに埋め込まれた情熱、想像力、メソッドが必要になるだろう。我々は新たな精神状態の数々を育てなくてはならない——時にはスティーヴン・ハルパーンの『Spectrum Suite』(SRI/一九七六)のような瞑想状態もあるだろうし、クラスの『Feeding of the 5000』(Small Wonder/一九七九)のように反乱に立ち上がる状態かもしれない。セシル・テイラーとアリス・コルトレーンがそれぞれやったような、古いフォルムの解体/もしくは新たな構築ということもあるだろう。我々は歴史的な健忘症とそれがもたらす欺瞞の多くを克服する必要があるし、それを現世記憶のプロジェクトであるロイド・マクニールの『Washington Suite』(ASHA/一九七〇)のような作品で、あるいはバーニング・スピアーの『Garvey's Ghost』(アイランド/一九七六)のようにより神秘主義的な歴史を描いた作品を通じておこなうだろう。我々は純粋に楽しいクラウド・ワンの解放感やもっと抽象的なドレクシアの快感に耳を傾けることで、喜びを保ち、幸福を探し続けなくてはならない。そして我々には、新たなコンセプトや感覚を明瞭に表現できるお手本が必要になってくる——レックス・ハーリィの"Dread in a PRA"(Trex/一九七九)のように固有の政治グループの一員としての表現と、マニュエル・ゲッチングの『E2-E4』(Inteam GmbH/一九八四)のように普遍主義な国際人としての表現の双方が。レコードに残された過去は、まだ生きる甲斐のある人生のヴィジョンをかすかにきらめかせると同時に、その人生に達するためのルートを敷くよう我々を訓練してくれる。

どうか、レコードに備わる潜在的な約束を我々が果たせますように。

謝辞

以前、私は英語教授だった。学術界の多くの人間は「精神生活」を牛耳るのは彼らの側と思い込んでいるように見えた。誰もがこう考えるわけではないものの、「現実の世界」のことを見下し気味に「単に実用的な何かに過ぎない」、と言い表す声を耳にするのは珍しくなかった。しかし二〇一三年にカロライナ・ソウルで働き始めた時、私はこの見方のばからしさをすぐに悟った。私は頭の良い、気取りのない、それぞれ得意分野と眼識をもつ音楽好きな仕事仲間に囲まれた。会社としての黎明期、まだダーラムのジェイソン・パールマッターの自宅経営だったあの頃に、私はオーガニックな知的共同体とはどんなものになり得るか教わった。この点とそれ以外の多くのゆえに、私はカロライナ・ソウル・レコーズで過去働いた／現在働いている同僚ひとりひとりに感謝したい。我々のハード・ワークがビジネスを築き、経営を維持してきた。

　中でも最も長く一緒に働き、レコードについて最もよく語り合ってきた仲の面々には特別な感謝の恩義を感じている。うち何人かは発言を引用させてもらったし、以下の面々は彼らの知性、知識、友情を通じて本書をより良いものにしてくれた：グラント・ビシャー、ジャック・ボニー、カイル・ボースト、ネイサン・ボウルズ、カイル・ブリッグス、アリアン・アーダラン・クラーク、ジェイムズ・フィネガン、ジェイク・ゼラキーソズ・ファセル、デイヴィッド・グリフィス、キャット・クセラ、カーリー・マクレディ・ビンガム、ザック・ナスバウム、ケイティー・オニール、ジェイソン・パールマッター、ザック・リチャードソン、イアン・ローズ、ジェフ・シリング、テイラー・サイモンズ、ネイト・スミス、グラヴズ・ウィラー。

カロライナ・ソウルのネイト・スミス、私のノース・カロライナでいちばん古い音楽好きな友人である彼は、全データをそろえ、本書に収めた図表やランキングの多くを考案した。デューク大学のラジオ局WXDUでネイトと私がDJをやっていた時に知り合ったDJ仲間のマット・トークは、『ヴァイナルの時代』の図版やグラフィック要素を作ってくれた。本書執筆で最もやりがいを感じたことのひとつは、レコードに関するプロジェクトを通じ、独立ラジオ局DJの同志ふたりとプロとして仕事ができたことだった。共にとんでもなく才能にあふれた彼らのがんばりと創意の才に感謝する。

長年にわたり、私はたくさんの素晴らしい友人から音楽と批評手法について多く学んできた。彼らは気づいていないかもしれないが、彼らの思考やテイストは私が音楽を聴き、音楽についての文章を読み、書く時にいつも心の片隅にいる。我々はよく音楽と文学を通じて仲良くなり、友情を維持してきただけに、我々が共にしてきた過去を彼らが本書の中に少しでも感じてくれたら幸いだ。ネイサン・ヘンズリー、ビル・ナイト、エリック・ノフル、ラターシャ・ポー、トッド・シュミットへ、ありがとう。

続いて、ブラック・ドッグ&レヴェンタールの出版ディレクター、ベッキー・コーに感謝したい。ベッキーは望み得る最高の編集者として、思慮深く、辛抱強く、プロフェッショナルにつき合ってくれた。彼女の提案は常に的確で鋭く、学者あがりのライターである私がジャストな文体を見つけるのを助けてくれた。ベッキーの手引きなしに『ヴァイナルの時代』はこのような本にならなかっただろうし、不適切な箇所が残っているとしたら、その責任はすべて筆者である私に帰されるべきだ。本書の制作担当編集者メラニー・ゴールドは書き手に必要なものをすべて提供し、ピンチの場面を救いにきてくれた。また、ロリ・パクシマディスの見事な原稿編集にも感謝する。文章を向上させてくれたケイティー・ベネズラの装丁仕事を、私は高く評価している。

私の著作権エージェント、ガナート社のサラ・ボーリングとクリス・パリースーラムに対しては称賛しか浮かばない。この企画を初期段階から擁護し、適した出版社を見つけ、執筆中にサポートしてくれた彼らの働きすべてにたいへん感謝している。

はるか昔の一九八二年に、今は亡き私の父、スティーヴ・ブレジンスキーは私に初めてレコード——ソフト・セルの12インチ『Tainted Love／Where Did Our Love Go』——を聴かせてくれた。その時、私は取り憑かれた子供のように居間で踊り狂ったのだそうだ。父の愛情と音楽への愛を思い起こしているし、彼はいつも情熱と知性をこめて音楽について語っていた。私の母、メアリー・ブレジンスキーは『ヴァイナルの時代』執筆中の私をずっと支えてくれた——小さな子供を抱える働き過ぎのライターが今の時代に直面する、きまりが悪いくらい多くのニーズすべてに対し、彼女は実用面・感情面でサポートを与えてくれた。ソウルにいる私の兄弟、ジョー・ブレジンスキーも、海の向こうから応援してくれた。彼とフェイスブック経由で交わしたジョークと同情いっぱいのチャットの数々は、過去二年間の私の精神安定剤であり楽しみだった。

本書を私の妻サラ・ハーランと息子のマルコム・ブレジンスキーに捧げる。ふたりが一九九〇年代にグリネル大学のカレッジ・ラジオ局ＫＤＩＣのＤＪだった頃以来、サラと私は共に音楽とお互いを愛してきた。時に、その愛情の見分けがつかなくなることもあった。出会ってから二十二年の間、サラは私のすべてだったし、これからもきっとそうだろう。『ヴァイナルの時代』の全草稿に目を通した彼女の音楽／スタイルの双方における眼識は、どのページにも感じられる。

我々の息子マックスは、執筆を続けるよう私を励まし、生まれてからずっと私たちふたりの人生を幸せでいっぱいにしてきた存在だ。音楽を聴いても元気が出ない時ですら、マルコムは元気をくれる——こんなに愛情深く、陽気で、賢い子供に恵まれたことに日々感謝している。そして、ここしばらく彼のいちばんのお気に入りのレコード、スティーヴ・ティベッツの『Northern Song』を家族に毎日聴かせてきた意味で、彼は第五章の大きなインスピレーション源と言えるだろう。

マックス・ブレジンスキー
ノース・カロライナ州、ダーラム
二〇一九年十一月

雑誌、メディア、サイト

ジャンル、サブジャンルなど

レーベルその他

INDEX

索引

人名、グループ

14. **Greg Milner**, "Opinion: They Really Don' t Make Music Like They Used To," *New York Times*, February 11, 2019, https://www.nytimes.com/2019/02/07/opinion/what-these-grammy-songs-tell-us-about-the-loudness-wars.html.

15. **Milner**.

16. **Milner**.

17. **Milner**.

18. **Alex Ross**, "Whistling in the Dark," *The New Yorker*, February 2002, https://www.newyorker.com/magazine/2002/02/18/whistling-in-the-dark-2.

19. **Kyle Gann**, "A Forest from the Seeds of Minimalism: An Essay on Postminimal and Totalist Music," kylegann.com, August 1998, https://www.kylegann.com/postminimalism.html.

20. **Gann**.

21. "Richard X. Clark," **ObitTree.com**, https://obittree.com/obituary/us/north-carolina/burlington/omega-funeral-service—crematory-llc/richard-clark/2238017.

結び——我々の時代の雲行きにマッチしたレコード

1. **Gregg Gelzinis and Graham Steele**, "Climate Change Is a Financial Crisis, Too," Bloomberg.com, November 19, 2019, https://www.bloomberg.com/opinion/articles/2019-11-19/climate-change-is-a-financial-crisis-too.

2. **Kyle Devine**, *Decomposed: The Political Ecology of Music* (MIT Press, 2019).

3. **Jon Blistein**, "New Study Details Devastating Environmental Impact of Music Streaming," *Rolling Stone*. https://www.rollingstone.com/music/music-features/environmental-impact-streaming-music-835220, accessed November 20, 2019.

4. **Jeff Chang**, *Who We Be: A Cultural History of Race in Post-Civil Rights America*. Reprint edition, Picador, 2016.

第五章　レコードを経験しよう

1. **George Lipsitz**, *Footsteps in the Dark: The Hidden Histories of Popular Music*, 1st ed. (University of Minnesota Press, 2007), 105.

2. **Paul Virilio**, *Speed and Politics*, trans. Mark Polizzotti (Semiotext, 2006), 137.

3. **Virilio**, 85.

4. **David Wallace-Wells**, *The Uninhabitable Earth: Life After Warming*, 1st ed. (Tim Duggan Books, 2019).

5. **Quoted in Karin S. Hendricks**, *Compassionate Music Teaching: A Framework for Motivation and Engagement in the 21st Century* (Rowman and Littlefield, 2018), 55.

6. **Edward W. Said**, *The World, the Text, and the Critic*, reprint ed. (Harvard University Press, 1983), 33.

7. **Stacey Luftig**, *The Joni Mitchell Companion: Four Decades of Commentary* (Schirmer Books, 2000), 155.

8. **Pierre Nora and Lawrence Kritzman**, eds., *Realms of Memory: The Construction of the French Past, Vol. 3, Symbols*, trans. Arthur Goldhammer (Columbia University Press, 1998), xvii.

9. **Achille Mbembe**, *On the Postcolony*, 1st ed. (University of California Press, 2001), 1.

10. **Achille Mbembe**, "Achille Mbembe: The Value of Africa' s Aesthetics," *The M&G Online*, https://mg.co.za/article/2015-05-14-the-value-of-africas-aesthetics, accessed November 18, 2019.

11. "Drexciya," **Discogs.com**, https://www.discogs.com/artist/1172-Drexciya.

12. **Philip Sherburne**, "Drexciya: Journey of the Deep Sea Dweller I," *Pitchfork*, https://pitchfork.com/reviews/albums/16175-journey-of-the-deep-sea-dweller-i, accessed November 18, 2019.

13. **Damon Krukowski**, *The New Analog: Listening and Reconnecting in a Digital World* (MIT Press, 2017).

8. **Brian Eno**, *Ambient 1* (EG, 1978), ライナーノーツ.

9. **Lance Scott Walker**, *Houston Rap Tapes: An Oral History of Bayou City Hip-Hop*, new ed. (University of Texas Press, 2018).

10. **Tim Lawrence**, *Love Saves the Day: A History of American Dance Music Culture, 1970–1979* (Duke University Press, 2004).

11. **Val Wilmer and Richard Williams**, *As Serious as Your Life: Black Music and the Free Jazz Revolution, 1957–1977*, main-classic ed. (Serpent' s Tail, 2018).

12. **Thom Jurek**, "Message from the Tribe: An Anthology of Tribe Records, 1972–1977," AllMusic, https://www.allmusic.com/album/message-from-the-tribe-an-anthology-of-tribe-records-1972-1977-mw0000557498, accessed November 23, 2019.

第四章　レコード収集の政治学

1. **Nick Newman**, "Gregg Turkington, the World' s #1-Ranked Movie Expert, on Film Bloggers and 'Mister America,' " https://thefilmstage.com/features/gregg-turkington-the-worlds-1-ranked-movie-expert-on-film-bloggers-and-mister-america, accessed November 23, 2019.

2. **Tressie McMillan Cottom and Stephanie Kelton**, *Lower Ed: The Troubling Rise of For-Profit Colleges in the New Economy*, reprint ed. (New Press, 2018).

3. **Keeanga-Yamahtta Taylor**, *Race for Profit: How Banks and the Real Estate Industry Undermined Black Homeownership* (University of North Carolina Press, 2019).

4. **Elspeth Reeve**, "Why Does Marco Rubio Like Tupac So Much?" *The Atlantic*, February 5, 2013, https://www.theatlantic.com/politics/archive/2013/02/why-does-marco-rubio-tupac-so-much/318673.

5. **Judy Berman**, "The Uncomfortable Gender Politics of 'My Husband' s Stupid Record Collection.' " *Flavorwire*, https://www.flavorwire.com/445998/the-uncomfortable-gender-politics-of-my-husbands-stupid-record-collection, accessed November 23, 2019.

10. "Scharpling & Wurster—New Hope for the Ape-Eared." **Discogs**, https://www.discogs.com/Scharpling-Wurster-New-Hope-For-The-Ape-Eared/release/2845432, accessed January 22, 2019.

11. **Stephen Graham**, *Sounds of the Underground: A Cultural, Political and Aesthetic Mapping of Underground and Fringe Music* (University of Michigan Press, 2016), 10–11.

第一章　レコード・ゲームの遊び方

1. **Simon Reynolds**, *Retromania: Pop Culture's Addiction to Its Own Past*, 1st ed. (Farrar, Straus and Giroux, 2011).

第二章　収集のメソッドをはぐくむ

1. See **Thorstein Veblen**, *The Theory of the Leisure Class*, ed. Martha Banta, reissue ed. (Oxford University Press, 2009).

2. **Walter Benjamin**, "Unpacking My Library," in *Illuminations: Essays and Reflections*, ed. Hannah Arendt, trans. Harry Zohn (Schocken Books, 1969), 55–67.

第三章　コレクター向けジャンルおよびサブジャンル解説

1. **Raymond Williams**, "Dominant, Residual, and Emergent," in *Marxism and Literature*, rev. ed. (Oxford University Press, 1978), 121–127.

2. Private Facebook correspondence.

3. **Peter Guralnick**, *Sweet Soul Music: Rhythm and Blues and the Southern Dream of Freedom* (Back Bay Books, 1999).

4. **Johannes Fabian**, *Time and the Other: How Anthropology Makes Its Object, with a New Postscript by the Author* (Columbia University Press, 2014).

5. **Michael E. Veal and E. Tammy Kim**, eds., *Punk Ethnography: Artists and Scholars Listen to Sublime Frequencies* (Wesleyan University Press, 2016).

6. **David Byrne**, "Crossing Music' s Borders in Search of Identity; 'I Hate World Music,' " *New York Times*, October 3, 1999, https://www.nytimes.com/1999/10/03/arts/music-crossing-musics-borders-in-search-of-identity-i-hate-world-music.html, accessed November 23, 2019.

7. **Veal and Kim**, p.147.

NOTES

註

はじめに――今、なぜヴァイナルなのか？

1. **Bill Rosenblatt**, "Vinyl Is Bigger Than We Thought. Much Bigger," *Forbes*, https://www.forbes.com/sites/billrosenblatt/2018/09/18/vinyl-is-bigger-than-we-thought-much-bigger, accessed January 10, 2019.

2. **Dominik Bartmanski and Ian Woodward**, *Vinyl: The Analogue Record in the Digital Age* (Bloomsbury Academic, 2015).

3. **Michael E. Veal and E. Tammy Kim**, eds., *Punk Ethnography: Artists and Scholars Listen to Sublime Frequencies* (Wesleyan University Press, 2016).

4. It' s no accident that one of the most praised books on vinyl collecting treats the record as a sort of sacred object. See **Evan Eisenberg**, *The Recording Angel: Music, Records and Culture from Aristotle to Zappa* (Yale University Press, 2005).

5. **Geeta Dayal**, "A major reason why I like listening to vinyl has NOTHING to do with the sound quality, tactile feel or 'analog warmth.' It' s because it' s not networked. No service is tracking my listening, serving ads, or monetizing my experience. No one knows what I' m listening to, except me…" @geetadayal, Twitter, June 29, 2018, https://twitter.com/geetadayal/status/1012814479917133824.

6. **Pauline Oliveros**, *Deep Listening: A Composer's Sound Practice* (iUniverse, 2005), xxiii.

7. I don' t mean to suggest here that "deep listening" is the best or only way to listen to music. For example, bumping music on your car stereo seems in many ways opposed to "deep listening," but is one of the most enjoyable ways to listen to a lot of music.

8. **Piotr Orlov** et al., *The Record: Contemporary Art and Vinyl*, ed. Trevor Schoonmaker (Duke University Press, 2010).

9. Better Records devote their entire business to finding, reviewing, and selling what they deem to be the best pressings of primarily rock LPs. "Hot Stampers: The Ultimate Analog LP," **Better Records**, https://www.better-records.com/gdept.aspx, accessed January 15, 2019.

国別人気ジャンル

国	人気ジャンル
オーストラリア	70年代ソウル
ベルギー	ポップコーン
ブラジル	レゲエ／ルーツ
カナダ	ラップ／コンテンポラリーR&B
フランス	モダン・ソウル
ドイツ	サイケ
イギリス	ノーザン・ソウル
ギリシャ	サイケ
イタリア	ファンク
日本	モダン・ソウル
オランダ	ゴスペル
ノルウェー	ディスコ／ブギー
ロシア	ディスコ／ブギー
スペイン	モッズ
スウェーデン	モダン・ソウル
スイス	ロックステディ／スカ
アメリカ	ドゥーワップ／ガール・グループ

ジャンル	人気国
フォーク	ロシア
ファンク	日本
ガレージ	ドイツ
ゴスペル	オランダ
ハード・ロック／メタル	ギリシャ
インストゥルメンタル	オランダ
ジャズ	日本
ラテン	スペイン
モッズ	スペイン
モダン・ソウル	スウェーデン
ニューウェイヴ／パワーポップ	アメリカ
ノーザン・ソウル	イギリス
ノヴェルティ	ロシア
ポップコーン	ベルギー
サイケ	ドイツ
パンク／ポスト・パンク	イタリア
R&B	スペイン
ラップ／コンテンポラリーR＆B	ノルウェー
レゲエ／ルーツ	フランス
ロックンロール	オランダ
ロカビリー	スペイン
ロックステディ／スカ	フランス
サーフ	オランダ
スウィート・ソウル	アメリカ
ティーン	スウェーデン

APPENDIX 3

付表3：ジャンル別人気国

付表3「ジャンル別人気国」は付表2のインターナショナル版。最初のランキングは、収集価値の高い39のジャンルおよびサブジャンルに関し、カロライナ・ソウルの売り上げ実績で最上位を占める国のまとめ。その次のリストは、カロライナ・ソウルの最も活発な海外顧客18国それぞれの人気ジャンル／サブジャンルのトップ3（リスト作成データ2012－2018年売上データ）。

ジャンル別人気国

ジャンル	人気国
60年代ソウル／モータウン	ベルギー
70年代ソウル	イギリス
アフリカ	日本
ブルース	日本
カントリー&ウェスタン／ブルーグラス	アメリカ
カリプソ	カナダ
クラシック／オルタナティヴ	アメリカ
クロスオーヴァー・ソウル	イギリス
ダンスホール	オーストラリア
ディープ・ソウル	日本
ディスコ／ブギー	ノルウェー
ドゥーワップ／ガール・グループ	アメリカ
エレクトロ／ベース	ブラジル
エキゾティカ	ブラジル

州	人気ジャンル
モンタナ	パンク／ポスト・パンク
ネブラスカ	ノーザン・ソウル
ネヴァダ	ラップ／コンテンポラリーR&B
ニューハンプシャー	R&B
ニュージャージー	ドゥーワップ
ニューメキシコ	クロスオーヴァー・ソウル
ニューヨーク	ラップ／コンテンポラリーR&B
ノースカロライナ	ガレージ
ノースダコタ	パンク／ポスト・パンク
オハイオ	クラシック／オルタナティヴ・ロック
オクラハマ	ガレージ
オレゴン	サイケ
ペンシルヴェニア	ドゥーワップ
ロードアイランド	レゲエ
サウスカロライナ	R&B
サウスダコタ	ロックンロール
テネシー	クラシック／オルタナティヴ・ロック
テキサス	ファンク
ユタ	スウィート・ソウル
ヴァーモント	ロックンロール
ヴァージニア	ゴスペル
ワシントン	ロカビリー
ウェストヴァージニア	サイケ
ウィスコンシン	ロカビリー
ワイオミング	ラップ／コンテンポラリーR&B

州別人気ジャンル

州	人気ジャンル
アラバマ	ゴスペル
アラスカ	クラシック／オルタナティヴ・ロック
アリゾナ	ラップ／コンテンポラリーR&B
アーカンソー	ロカビリー
カリフォルニア	スウィート・ソウル
コロラド	パンク／ポスト・パンク
コネチカット	ドゥーワップ
デラウェア	モッズ／ビート
フロリダ	70年代ソウル
ジョージア	ロカビリー
ハワイ	レゲエ
アイダホ	Teen
イリノイ	ファンク
インディアナ	レゲエ
アイオワ	モッズ／ビート
カンサス	R&B
ルイジアナ	ロックンロール
メイン	モダン・ソウル
メリーランド	ファンク
マサチューセッツ	ゴスペル
ミシガン	ゴスペル
ミネソタ	ブルース
ミシシッピ	カントリー＆ウェスタン／ブルーグラス
ミズーリ	サイケ

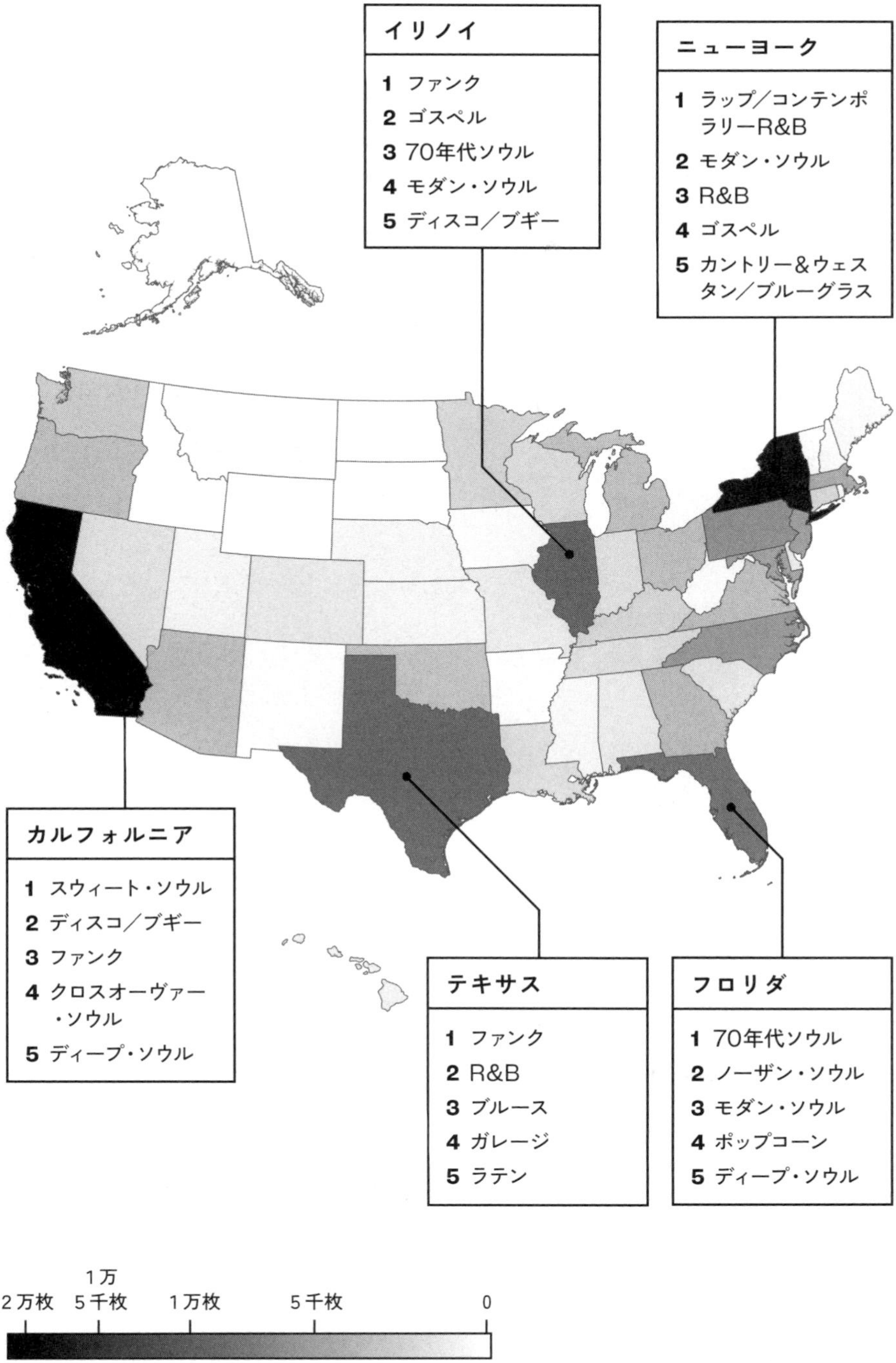
イリノイ
1 ファンク
2 ゴスペル
3 70年代ソウル
4 モダン・ソウル
5 ディスコ／ブギー
ニューヨーク
1 ラップ／コンテンポラリーR&B
2 モダン・ソウル
3 R&B
4 ゴスペル
5 カントリー＆ウェスタン／ブルーグラス
カルフォルニア
1 スウィート・ソウル
2 ディスコ／ブギー
3 ファンク
4 クロスオーヴァー・ソウル
5 ディープ・ソウル
テキサス
1 ファンク
2 R&B
3 ブルース
4 ガレージ
5 ラテン
フロリダ
1 70年代ソウル
2 ノーザン・ソウル
3 モダン・ソウル
4 ポップコーン
5 ディープ・ソウル
2万枚
1万5千枚
1万枚
5千枚
0

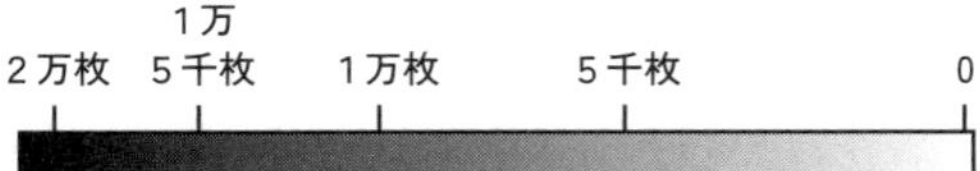

APPENDIX 2

付表２：アメリカの州別人気ジャンル

付表２「アメリカの州別人気ジャンル」は、カロライナ・ソウルの45回転売り上げデータを元に、アメリカ合衆国50州ごとにその最も売れるジャンル／サブジャンルを分析したリスト。ここで言う「最も売れる」は、必ずしもその州内で最も頻繁に購入されるジャンルとイコールではない。そうではなく、そのジャンルの全国平均的な人気に較べると、その州の住民が特に偏って購入するジャンル、の意味になる。たとえばアラバマ州の人気ジャンルが「ゴスペル」になっているのは、①アラバマ人はカロライナ・ソウルでゴスペル盤を多く購入する、②彼らのゴスペル購入の割合は全国平均に較べてはるかに高い、そのふたつの意味だ。第１章の図表10「アメリカ合衆国内のレコード売り上げ」に近いランキングになる（リスト作成データ：2012－2018年売上）。

	12" SINGLE	値段 ($)	ジャンル
19	Skavengaz “10 Mill Stash” (CRE8IVE ENTERTAINMENT)	585	ラップ
20	Detroit Execution Force “Crack Attack” (ELOQUENT)	580	エレクトロ
21	Lonnie O “Dream On” (HOT COMB HITS)	565	ラップ
22	Bertman & the Bandit “S/T” (ALLEY 6)	561	ラップ
22	Sharper LPH “Searching for Your Love” (TBS)	561	エレクトロ
24	Wild Willie “S/T” Acetate (STERLING SOUND)	560	ディスコ／ブギー
24	Dark Forest “The Region (the Remix)” (JUS-MIK)	560	ラップ
24	King Ra-Sean “Powerful Impact” (STOMP)	560	ラップ
24	Egyptian Lover “Dubb Girls” (EGYPTIAN EMPIRE TEST PRESSING)	560	エレクトロ
24	Elements “Foodstamp Flavor” (INSOMNIA PROD.)	560	ラップ
24	Lee Moore “Let’s Get to It” (TEST PRESSING)	560	ディスコ／ブギー

	12" SINGLE	値段($)	ジャンル
1	**Rammellzee vs. K-Rob "Beat Bop" (TAR-TOWN)**	**1,727**	ラップ
2	Fast Forward "Water Bed" (HI-IN-ER-GY)	1,325	ディスコ/ブギー
3	Miles Davis Unreleased Acetate (COLUMBIA)	1,275	ジャズ
4	Misfits "Die Die My Darling" (PLAN 9)	1,150	パンク
5	Lo-Twon "Wicked Leaf" (PLAYER CITY)	1,050	ラップ
6	Family Four "Rap Attack" (TYSON)	922	ディスコ/ブギー
7	Fronzena Harris "Lovetime Guarantee" (BALTIMORE-WASHINGTON INT'L)	870	ディスコ/ブギー
8	Mid Air "Ease Out" (FULL SCOPE)	860	ディスコ/ブギー
9	Le Cop "Le Roc" (K. SHAVONNE)	811	ディスコ/ブギー
10	Mad Drama "Raise Up" (BROKE RATT)	800	ラップ
11	Al Mason "Good Lovin'" (AL THE KIDD)	743	モダン・ソウル
12	Lower Level "Top Notch" (QUEEN CITY)	710	ラップ
13	Plush Bros. "City of Brotherly Hate" (PAY-HILL)	653	ラップ
14	Private Pleasure "Close to the Heart" (UP-TOWN)	650	モダン・ソウル
15	Ardonus "Got to Take a Chance" (LYON'S RECORD CO.)	643	ディスコ/ブギー
16	Subway "You Can Bet I'll Get You Yet" (SCORE)	632	モダン・ソウル
17	Determinations "Too Much Oppression" (DETERMINATION)	627	レゲエ/ルーツ
18	Stevie "Sending Out for Love" (MID-TOWN)	604	モダン・ソウル

	LP ALBUM	値段 ($)	ジャンル
37	Del Jones' Positive Vibes "Court Is Closed" (HIKEAH)	1,356	ファンク
38	Beatles "Yesterday and Today," 3rd State Butcher Cover (CAPITOL)	1,326	クラシック・ロック
39	Louis Smith "Smithville" (BLUE NOTE)	1,324	ジャズ
40	C.A. Quintet "Trip thru Hell" (CANDY FLOSS)	1,299	サイケ
41	Hank Mobley Sextet "Hank" (BLUE NOTE)	1,257	ジャズ
42	Iveys "Maybe Tomorrow" (APPLE)	1,246	パワー・ポップ
43	Douglass High School "Trojans Too Hot" (CENTURY)	1,235	モダン・ソウル
44	Rolling Stones "Big Hits" Withdrawn Cover (LONDON)	1,246	クラシック・ロック
45	John Windhurst "Jazz at Columbus Ave." (TRANSITION)	1,181	ジャズ
46	Dave Lamb & Gye Whiz "I'll Be Alright" (SYMA)	1,158	サイケ
47	Kenny Mann & Liquid Pleasure "S/T" (HEART-BEAT)	1,150	モダン・ソウル
48	13th Floor Elevators "Psychedelic Sounds" (INT'L ARTISTS)	1,145	サイケ
49	Stark Reality "Discovers Hoagy Carmichael's Music Shop" (AJP)	1,126	ファンク
50	Octopus "Restless Night" (PENNY FARTHING TEST PRESSING)	1,125	サイケ

	LP ALBUM	値段 ($)	ジャンル
19	Rhythm Machine “S/T” (LULU)	1,824	モダン・ソウル
20	Bobby Moore & the Rhythm Aces “Dedication of Love” (PHINAL)	1,814	70年代ソウル
21	McNeal & Niles “Thrust” (TINKERTOO)	1,800	ファンク
22	Moses Dillard & the Tex-Town Display “Now” (TEX TOWN)	1,785	ノーザン・ソウル
23	Music Emporium “S/T” (SENTINEL)	1,740	サイケ
24	Maytals “Never Grow Old” (R&B)	1,700	スカ
25	John Coltrane “Blue Train” (BLUE NOTE)	1,614	ジャズ
26	Beatles “Yesterday and Today,” 2nd State Butcher Cover (CAPITOL)	1,602	クラシック・ロック
27	Relatively Clean Rivers “S/T” (PACIFIC IS)	1,580	サイケ
28	Hank Mobley “Peckin’ Time” (BLUE NOTE)	1,576	ジャズ
29	Turner Bros. “Act 1” (MB)	1,560	70年代ソウル
30	Bernard Purdie “Lialeh OST” (BRYAN)	1,536	ファンク
31	Lee Morgan “Vol. 3” (BLUE NOTE)	1,481	ジャズ
32	Mystic Siva “S/T” (VO)	1,430	サイケ
33	Beatles “White Album” (APPLE)	1,423	クラシック・ロック
34	Carl Holmes “Investigation No. 1” (C.R.S.)	1,385	クロスオーヴァー・ソウル
35	John Coltrane “A Love Supreme” (IMPULSE)	1,358	ジャズ
36	Freddie Hubbard “Open Sesame” (BLUE NOTE)	1,358	ジャズ

	LP ALBUM	値段 ($)	ジャンル
1	Mighty Ryeders "Help Us Spread the Message" (SUN-GLO)	**6,200**	ファンク
2	Machine (with the Whatnauts) "S/T" (ALL PLATINUM)	4,950	ファンク
3	Ricardo Marrero & the Group "A Taste" (TSG)	3,550	ラテン
4	Prince Lasha/Clifford Jordan/Don Cherry "It Is Revealed" (ZOUNDS)	3,050	ジャズ
5	Brief Encounter "S/T" (SEVENTY-SEVEN)	3,049	スウィート・ソウル
6	Cook County "Released" (GREEDY)	2,700	70年代ソウル
7	Ray Gant Unreleased Acetate (VARIETY)	2,618	ファンク
8	Misfits "Earth A.D./Wolfs Blood" [sic] (PLAN 9)	2,550	パンク
9	Abdur Razzaq & Rafiyq "The Night of Power" (GREEN ESSENCE)	2,415	ジャズ
10	Isabelle Collin Dufresne "Ultra Violet" (CAPITOL)	2,358	クラシック・ロック
11	Tommy Flanagan "Overseas" (PRESTIGE)	2,255	ジャズ
12	Lee Morgan "Candy" (BLUE NOTE)	2,080	ジャズ
13	Equatics "Doin It!!!!" [sic] (NO LABEL)	2,032	クロスオーヴァー・ソウル
14	M'Boom "Re:Percussion" (STRATA-EAST)	1,913	ジャズ
14	Albert Ayler "Spiritual Unity," Silk-Screened Cover (ESP)	1,913	ジャズ
16	Kenny Dorham "Quiet Kenny" (NEW JAZZ)	1,901	ジャズ
17	Don Pullen & Milford Graves "At Yale," Hand-Painted Cover (SRP)	1,895	ジャズ
18	Hank Mobley "S/T" (BLUE NOTE)	1,894	ジャズ

スカ／ロックステディ › 45 RPM

		値段 ($)
1	**Joe Higgs with Carlos Malcolm "Goodbye" (UP-BEAT)**	**709**
2	Keith & Tex "Stop That Train" (ISLAND)	565
3	Phil Pratt "Reach Out for Me" (BLANK)*	492
4	Gaylads "Africa" (COXSONE)	406
5	Jackie Opel "I Am What I Am" (STUDIO ONE)	380

フォーク › 45 RPM

		値段 ($)
1	**Sebastian "I'll Still Be Loving You" (RIVERMONT)**	**898**
2	Thomas Meloncon "400 Years" (JUDNELL)	493
3	Temptations "Call of the Wind" (CUCA)	417
4	Ellin Amos "It's a Happy Day" (THE MUSIC BANK)	397
5	Halflings of Minas Tirith "Synthesis" (WELHAVEN)	247

ジャズ › 45 RPM

		値段 ($)
1	**Rick Davis "Wonders of Antiquity" (ISIS)**	**560**
2	Wooden Glass "Monkey Hips" (INTERIM)	425
3	Llans Thelwell & His Celestials "Jive Samba" (SOUL)	415
4	Roy Haynes "Dorian" (PRESTIGE)	390
5	Steve Grossman "Zulu Stomp" (P.M.)	370

ゴスペル › 45 RPM

		値段 ($)
1	**Silver Trumpeteers "Understanding" (CALVARY)**	**1,759**
2	Wayne Barnes "Peacemakers" (SALVATION IS FREE)	1,691
3	Gospel Truth "He Can Do It" (MUS-I-COL)	995
4	Willis Sisters "He Rose" (REJO)	968
5	Converters "Live like the Lord Say Live" (ARK)	898

カリプソ › 45 RPM

		値段 ($)
1	**Bert Inniss "Slave" (NATIONAL)**	**1,525**
2	Dutchy Brothers "Canadian Sunset" (EN CEE)	669
3	Mighty Sparrow "Under My Skin" (NATIONAL)	623
4	Cito Fermin Orchestra "Dark Eyes" (HUMMING BIRD)	525
5	Johnnie Gomez' Band "Venezuelan Waltz" (COOK)	492

ロカビリー › 45 RPM

		値段 ($)
1	**Country G-J's "Go Girl Go" (VALLEY)**	**2,037**
2	Mack Banks "Be-Boppin' Daddy" (FAME)	1,113
3	Bob Vidone & the Rhythm Rockers "Untrue" (SENTRY)	1,077
4	Hasil Adkins & His Happy Guitar "She's Mine" (AIR)	1,052
5	Carl Perkins "Movie Magg" (FLIP)	997

ドゥーワップ › 45 RPM

		値段 ($)
1	**Five Crowns "Keep It a Secret" (RAINBOW)**	**3,350**
2	Henry Sawyer & the Jupiters "I Want" (PLANET X)	2,551
3	Mello-Harps "Love Is a Vow" (DO-RE-MI)	2,550
4	Buccaneers "Dear Ruth" (SOUTHERN)	2,303
5	Little Prince & the Freeloaders "Nursery Love" (M&M)	1,200

ガレージ › 45 RPM

		値段 ($)
1	**Fly-Bi-Nites "Found Love" (TIFFANY)**	**2,805**
2	Alarm Clocks "Yeah" (AWAKE)	1,650
3	Paragons "Abba" (BOBBI)	1,425
4	Psychotrons "Death Is a Dream" (BCP)	1,113
5	Cave Dwellers "You Know Why" (JIM-KO)	900

R&B › 45 RPM

		値段 ($)
1	**Barbara Hall "Big Man" (TUSKA)**	**1,890**
2	Priscilla Bowman "Sugar Daddy" (FALCON)	1,613
3	Zenobia Bonner "All Alone" (ACCIDENT)	1,423
4	Little Prince & the Freeloaders "Nursery Love" (M&M)	1,200
5	Family Jewels "One of These Fine Days" (ZEUS)	1,136

ラップ › 45 RPM

		値段 ($)
1	**Breeze "Breeze Rap" (BLUE ROSE)**	**1,303**
2	Manujothi "Shake Your Body" (MANUJOTHI)	688
3	Deacon Jones "Super Jamn" (FREEDOM)	533
4	Freedom of Culture "One of the Many" (RIGHTEOUS)	504
5	Jeff Jay Dog Scott "Burst Out" (J.D.)	425

ハード・ロック › 45 RPM

		値段 ($)
1	**Kiss "Let Me Go, Rock 'n Roll" (CASABLANCA)**	**5,200**
2	TNS "Time's Up" (SOUND ASSOC.)	876
3	Black Ryder "Black Ryder" (NO LABEL)*	446
4	Wrath "Warlord" (STONE COLD)	405
5	Mass Temper "Grave Digger" (KIX INTERNATIONAL)	283

レゲエ／ルーツ › 45 RPM

		値段 ($)
1	**Al & Freddy "Born a Free Man" (BLANK)***	**3,650**
2	Orville Wood "You'll Lose a Good Man" (BLANK)*	1,913
3	Dave Barker "Your Love Is a Game" (BLANK)*	776
4	Rex Harley "Dread in a PRA" (TREX)	735
5	Bob Marley & the Wailers "Feel Alright" (BLANK)*	610

	ポップコーン › 45 RPM	値段 ($)
1	**Priscilla Bowman "Sugar Daddy" (FALCON)**	**1,613**
2	Joe Lewis "Teach Me Right Now" (NORTHERN)	1,113
3	Prince Conley "I'm Going Home" (SATELLITE)	808
4	Dick Ralston "Trouble" (NU-CLEAR)	739
5	Mike Lawing "In L.A." (HAWK)	485

	ラテン › 45 RPM	値段 ($)
1	**Orquesta la Silenciosa "Me Gusta Mi Guaguanco" (LA SILENCIOSA)**	**1,312**
2	Manny Corchado "Pow-Wow" (DECCA)	810
3	Sonny Bravo "Tighten Up" (COLUMBIA)	787
4	Tito Puente "Hit the Bongo" (TICO)	575
5	Unknown Artist "Latin Salsa" (STATLER)	460

	パンク › 45 RPM	値段 ($)
1	**Germs "Lexicon Devil" (SLASH)**	**876**
2	The Exit "Who Asked You" (CITY ROCK)	802
3	Misfits "Night of the Living Dead" (PLAN 9)	569
4	AK-47 "The Badge Means You Suck" (PINEAPPLE)	514
5	Plugz "Move" (SLASH)	493

クラシック・ロック › 33⅓/45 RPM		値段 ($)
1	**Beatles “Ask Me Why” (VEE-JAY)**	**3,050**
2	Beatles “Something New” Jukebox EP (CAPITOL)	1,175
3	Yoko Ono/Plastic Ono Band “Open Your Box” (NO LABEL)*	1,000
4	Rolling Stones “Out of Our Heads” Jukebox EP (LONDON)	647
5	Rolling Stones “The Rolling Stones Now” Jukebox EP (LONDON)	558

ブルース › 45 RPM		値段 ($)
1	**Hot Shot Love “Wolf Call Boogie” (SUN)**	**2,247**
2	Doctor Ross “Chicago Breakdown” (SUN)	1,275
3	Binghampton Blues Boys “Cross Cut Saw” (X-L)	998
4	Tronquista “Hoffa’s Blues” (TRONQUISTA)	780
5	Clarence Johnson & His Tom Cats “That’s Not Right” (JEROME)	609

サイケ › 45 RPM		値段 ($)
1	**Moroccos “Union Depot” (CLEAR HILL)**	**2,977**
2	Calico Wall “I’m a Living Sickness” (DOVE ACETATE)	2,028
3	Richard Marks “Purple Haze” (RSC)	1,825
4	Burning Star “Trip Horns” (WOW!)	1,136
5	Cave Dwellers “You Know Why” (JIM-KO)	900

ディープ・ソウル › 45 RPM

		値段 ($)
1	**Joe Walker "We Need Each Other" (SING SONG)**	**1,392**
2	Elois Scott "Broadway Love" (CAROL G)	1,030
3	Jimmy Thorpe "Don't Let My Love" (TASK)	998
4	Lonnie Hill "Poverty Shack" (ASPEN)	909
5	Lee Bonds "I'll Find a True Love" (UNIDAD)	897
6	Joe Brown & the Soul Elderados "Vibration" (F.F.A.)	867
7	Richard Marks "I Can't Stand" (MIDTOWN)	735
8	Little Ronnie Mudd "A Teardrop Fell" (MALPASS)	709
9	Whole Truth "Can You Lose" (EFE)	560
10	Frank Tenella "You Came Along" (ODEX)	519

ファンク › 45 RPM

		値段 ($)
1	**Ellipsis "People" (BRIARMEADE)**	**4,550**
2	Deceptions "You're Gonna Run to Me" (PEACE)	3,804
3	Willie Wright "Right On for the Darkness" (HOTEL)	3,661
4	Kenyatta "Kick It Off" (NDUGU)	3,578
5	Soulfull Strutters "Let Your Feelings Go" (STRUT)	3,575

ディスコ／ブギー › 45 RPM

		値段 ($)
1	**Mellow Madness "Save the Youth" (MEGA)**	**3,427**
2	Ritz Band "I Should Have Known" (RITZ)	2,247
2	New Xperience "Frisco Disco" (JOY RIDE)	2,247
4	Record Player "Free Your Mind" (GEM CITY)	2,230
5	Fifth Avenue "Do You Feel It" (FIFTH AVENUE)	1,684

クロスオーヴァー・ソウル › 45 RPM		値段 ($)
1	**United Sounds “It’s All Over (Baby)” (UNITED)**	**6,766**
2	Syndicate of Sound “Make Believe” (SOUND TEX)	6,338
3	Sag War Fare “Don’t Be So Jive” (LIBRA)	5,655
4	Chuck Cockerham “Have I Got a Right” (MALA)	2,247
5	Billy Byrd “Lost in the Crowd” (SCREAM)	2,050
6	Just Us “We’ve Got a Good Thing Going” (VINCENT)	1,977
7	August Tide “Far Away Places” (AUGUST TIDE)	1,878
8	Scott Three “Runnin’ Wild” (MARCH)	1,775
9	Wayne Barnes “Peacemakers” (SALVATION IS FREE)	1,691
10	Young Mods “Who You Going to Run” (EVERBLACK)	1,502

モダン・ソウル › 45 RPM		値段 ($)
1	**Ice “Reality” (ICE)**	**5,367**
2	Chocolate Buttermilk Band “Head Games” (C.B.M.)	5,139
3	Mellow Madness “Save the Youth” (MEGA)	3,427
4	5th Degree “You Got Me Hypnotized” (DEGREE)	2,850
5	Skull Sconiers “All & All” (EARTH & SKY)	2,608
6	Bee Vee & the Honey Bee “I’m Lost without Your Love” (STING)	2,297
7	Ritz Band “I Should Have Known” (RITZ)	2,247
7	New Xperience “Frisco Disco” (JOY RIDE)	2,247
9	Record Player “Free Your Mind” (GEM CITY)	2,230
10	Star Quake “Don’t You Know I Love You” (MERIT)	1,952

70年代ソウル › 45 RPM

		値段 ($)
1	**Hamilton Movement "She's Gone" (LOOK-OUT)**	**6,643**
2	Ellipsis "People" (BRIARMEADE)	4,550
3	Faye Hill "Gonna Get Even" (BLUE DOLPHIN)	4,494
4	Kenyatta "Kick It Off" (NDUGU)	3,578
5	Soulfull Strutters "Let Your Feelings Go" (STRUT)	3,575
6	Wanda McDaniel & Ultimate Choice "Gangster Boy" (APPLERAY)	3,506
7	Seville "Show Me the Way" (KAYO)	3,228
8	Lynn Varnado "Wash and Wear Love" (GATOR)	2,550
9	Bobby Rich "There's a Girl Somewhere" (SAMBEA)	2,255
10	Mixed Feelings "Sha-La-La" (UNITED)	2,125

スウィート・ソウル › 45 RPM

		値段 ($)
1	**The Scorpion "Keep On Trying" (SBP)**	**2,850**
2	Soul Seekers "An Extrodinary Dream" [sic] (SOUL HEAD)	2,025
3	Soul Experience "Who's Lips You Been Kissing" [sic] (SMOKE)	1,889
4	Elvin Benjamin "I Knew" (FUNKY FEET)	1,532
5	Young Mods "Gloria" (GANGLAND)	1,327
6	Liquid Fire "Loving You" (FIRE)	1,292
7	Fantastic Soul Revue "Mama's Little Girl" (CRESCENT-CITY)	1,247
8	Willie Griffin "I Love You" (GRIP)	1,225
8	Tridels "This Thing Called Love" (SPEIDEL)	1,225
8	Soul Seekers "An Extrodinary Dream" [second copy, sic] (SOUL HEAD)	1,225

APPENDIX 1

付表１：カロライナ・ソウルのジャンル別トップ売り上げ作品

付表１「カロライナ・ソウルのジャンル別トップ売り上げ作品」は、同社で最高値のセールスを記録したレコードをサブジャンルもしくはフォーマットで分類したもの。45回転のサブジャンルでは以下を含める。

ノーザン・ソウル／70年代ソウル／スウィート・ソウル／クロスオーヴァー・ソウル
モダン・ソウル／ディープ・ソウル／ファンク／ディスコ＆ブギー／クラシック・ロック
ブルース／サイケ／ポップコーン／ラテン／パンク／ラップ／ハード・ロック
レゲエ＆ルーツ／ドゥーワップ／ガレージ／R＆B／ゴスペル／カリプソ／ロカビリー
スカ＆ロックステディ／フォーク／ジャズ

それに続き、カロライナ・ソウル社のセールス史上最高額で売れたアルバム50枚、および12インチのトップ25のリストを記載（リスト作データ：2012－2019年売上）。

(NO LABEL)*＝自主リリース　(BLANK)*＝レーベル表記無し

ノーザン・ソウル › 45 RPM

		値段 ($)
1	**Larry Clinton "She's Wanted" (DYNAMO)**	**10,871**
2	The Four Bars feat. Bettye Wilson "I'm Yours" (EDGEWOOD ACETATE)	6,099
3	Jimmy Burns "I Really Love You" (ERICA)	5,641
4	Appointments "I Saw You There" (DE-LITE)	4,840
5	Soul Incorporated "My Proposal" (COCONUT GROOVE)	4,741
6	Nomads "Somethin's Bad" (MO-GROOV)	4,611
7	Gwen Owens "Just Say You're Wanted" (VELGO)	4,494
8	4 Dynamics "Things That a Lady Ain't Suppose to Do" [sic] (PEACHTREE)	4,450
9	Grey Imprint "Do You Get the Message" (CLEAR HILL)	4,371
10	Combinations "I'm Gonna Make You Love Me" (KIMTONE)	4,050

Max Brzezinski　マックス・ブレジンスキー

カロライナ・ソウル社のマーケティング・ディレクター。デューク大学で英語モダニズムの博士号を取得、以前はウェイクフォレスト大学の英語教授を務めていた。文学エッセイと批評は「Novel」と「The Minnesota Review」に、音楽批評は「Dusted」誌に掲載。長年DJとして活躍し、〈カロライナ・ソウル〉のラジオ放送の司会を毎月務めている。ノースカロライナ州ダーラム在住。

Carolina Soul　カロライナ・ソウル

ノースカロライナ州ダーラムに本拠を置く〈カロライナ・ソウル〉は、世界最大の高級レコード販売店のひとつであり、ダーラムのダウンタウンにある実店舗とオンラインの活発なレコード・コミュニティで広範囲に存在感を示し、週に1000枚以上を動かしている。Instagramではカルト的な人気を誇り、月間150万人のユニークリスナーを持つオンラインラジオ局、NTSでは長時間のラジオ番組が放送されている。

坂本麻里子　さかもと・まりこ

1970年東京生まれ。日本大学芸術学部映画学科卒業。ライター／通訳／翻訳として活動。訳書にイアン・F・マーティン『バンドやめようぜ！』、コージー・ファニ・トゥッティ『アート セックス ミュージック』、ジョン・サヴェージ『この灼けるほどの光、この太陽、そしてそれ以外の何もかも』、マシュー・コリン『レイヴ・カルチャー』、ジェン・ペリー『ザ・レインコーツ』など。ロンドン在住。

ヴァイナルの時代
――21世紀のレコード収集術とその哲学

2022年9月12日　初版印刷
2022年9月12日　初版発行

著　者　マックス・ブレジンスキー
訳　者　坂本麻里子

装　丁　渡辺光子
編　集　野田努（ele-king）
協　力　小林拓音（ele-king）

発行者　水谷聡男
発行所　株式会社Ｐヴァイン
〒150-0031
東京都渋谷区桜丘町21-2 池田ビル2F
編集部：TEL 03-5784-1256
営業部（レコード店）：TEL 03-5784-1250
FAX 03-5784-1251
http://p-vine.jp

発売元　日販アイ・ピー・エス株式会社
〒113-0034
東京都文京区湯島1-3-4
TEL　03-5802-1859
FAX　03-5802-1891

印刷・製本　シナノ印刷株式会社

ISBN　978-4-910511-24-5